玫瑰书香

2017年四川省家庭文化建设年活动

优秀作品汇编

上册

四川省总工会女职工委员会◎编

红旗出版社

图书在版编目（CIP）数据

玫瑰书香：2017年四川省家庭文化建设年活动优秀作品汇编：全2册/四川省总工会女职工委员会编.
—北京：红旗出版社，2018.2
ISBN 978-7-5051-3760-8
Ⅰ. ①玫… Ⅱ. ①四… Ⅲ. ①读书活动－文集
Ⅳ. ①G252.17-53
中国版本图书馆CIP数据核字（2018）第020028号

书　　名　玫瑰书香
编　　者　四川省总工会女职工委员会
出 品 人　高海浩　　总 监 制　李仁国
特约编辑　刘德荣　　责任编辑　赵智熙
插　　图　曾夏兰　　装帧设计　赵志军
出版发行　红旗出版社　　地　　址　北京市沙滩北街2号
邮　　编　100727　　编 辑 部　010-57274504
E－mail　hongqi1608@126.com
发 行 部　010-57270296
印　　刷　三河市恒彩印务有限公司
开　　本　710毫米×1000毫米　1/16
字　　数　460千字　　印　　张　32
版　　次　2018年2月北京第1版　　2018年2月河北第1次印刷
ISBN 978-7-5051-3760-8　　定　　价　76.00元（全2册）

欢迎品牌畅销图书项目合作　　联系电话：010-57274627

序言

轻轻翻阅这本《玫瑰书香》，一股清新的淡雅馨香在心中荡漾，不由掀起脉脉涟漪。书香浸润，吾自芬芳。书是一把钥匙，能开启智慧之门。

“读书如阅世，多读书可以变得更聪明更成熟，即使做不到宠辱不惊，也可学得失意勿灰心，得意勿忘形。”杨绛先生如是说。喜欢读书的女人仿佛是在鲜花丛中漫步，与美丽、芬芳相伴，散发着迷人的魅力，让人神往。

文化是一个国家、一个民族的灵魂。党的十九大报告指出：“要坚持中国特色社会主义文化发展道路，激发全民族文化创新创造活力，建设社会主义文化强国。”在中国特色社会主义新时代，文化建设的地位更加重要，作用更加凸显。为了坚定文化自信，积极培育和践行社会主义核心价值观，大力繁荣发展社会主义文艺，推动家庭文化建设发展，实现社会主义文化的繁荣兴盛，让书香引领智慧女性，让阅读走进每个家庭，自 2016 年以来四川省总工会女职工委员会连续两年在全省各级工会中启动“玫瑰书香”

家庭文化建设年活动。

2017年度四川省“玫瑰书香”家庭文化建设年活动以女性从阅读中获取科学教子的理念与方法，掌握夫妻平等和谐的相处艺术，传承孝亲爱老的家庭美德，涵养爱家爱国的家国情怀，实现幸福美好的家庭梦想，由女性阅读带动家庭阅读，助推全民阅读，建设书香社会。活动与全国“书香三八”读书活动相结合，分为好书推荐、最美家书评选、读书分享、读书征文、书画阅读作品征集、微电影微视频征集、“书香玫瑰”推荐、“书香宝贝”推荐八个版块。活动开展以来，吸引了来自全省各级机关、企事业单位100余万名女职工参与，报送作品6000余件，在全省广大女职工中引起了强烈反响。

该书收集了2017年四川省“玫瑰书香”家庭文化建设年活动读书获奖征文和全国第五届“书香三八”读书征文活动优秀作品。一本好书，就像绿野上的阳光、春风里的雨露一样，启迪思想，温润心灵，陶冶情操。我们希望通过本书的出版，让越来越多的女职工能够爱读书、读好书，以身边人、身边事、身边情的分享和感悟，去引导和带动更多的人去理解幸福的真谛。我们也完全有理由相信，全省女职工必将始终保持昂扬向上的精神风貌、蓬勃旺盛的创造热情、百折不挠的顽强意志，不断求真求实，不断创新创造，为推动企业发展、提升文化繁荣和文化自信建功立业再创辉煌！

“玫瑰书香”读书征文活动评选办公室

2018年1月　**于成都**

目录

（上）

征文篇

永恒的延续

最是家风润无声

让爱延续

患难与共是真情

油灯下的记忆

夜空中最闪亮的星星

我愿化作一片雪

征文篇

Part 01
永恒的延续

我家的家风家教

罗群英　中昊晨光化工研究院有限公司

“家是最小国，国是千万家。”成龙的歌声瞬时萦绕在我的耳边，因为我想写写我家的故事。

50 年前，我的父亲母亲随着支援三线建设的大军从很远的湖南随迁到了富顺这个“弹丸之地”，爸爸建设晨光厂，妈妈建设平南村（正因为我父亲不去搞关系找路子，才让我母亲老老实实从农村来又插队去农村）。一年以后我的出生，让我们家有老有小完整了起来，接着弟弟、妹妹相继出生，我们一家五口算是扎根在了这沱江之滨。那时候，富顺这个地界非常贫瘠，我家属于“半工半农”，比起当地的农民朋友要好一些，因此生出“半工半农一辈子不穷”的晨光俗语来。家里很穷，但还能吃上米饭，在农民眼中我们是“资本家”，在晨光厂工人眼中，我们是“边缘农民”。从小我们姐弟妹三人就生活在“边缘”，在就读的子弟学校中，艰难地完成了学业。弟弟最早因富顺磷肥厂占地招工就业，企业倒闭后进入晨光，妹妹接爸爸班进了晨光，而我最幸运，大专毕业分配到晨光，于是我们一家子都成了晨光人，印证了“为了晨光献青春，献了青春献子孙”的老话。

说到家风，最应该提及的是我的爸爸妈妈。20 世纪六七十年代，家里穷，负担重，可身为共产党员的他们从没想过要搞点儿歪门邪道发家致富，而始终教育我们三姐弟要诚实做人，绝不能占别人的便宜。那时候，父母为了我们这五口之家的“养家糊口”问题就已经很累很忙了，但一直教育我们要好好读书。妈妈常说，只有读书才能改变命运，正所谓“千金易散尽，读书能传家”！初中毕业的妈妈在20 世纪五六十年代算是知识分子了，她以读好书为标准要求我们努力学习，跳出“农门”，这是我们家建家以来最明确的家风，即我们家的价值标准。引用《阅读与家风》中的一句话就是——崇德明理、向善向上、讲求礼仪。在我们这个贫穷却不失和睦的家里，往小了说，姐弟三人不会因争一块糖果而红脸，也不会因谁穿了新衣服而和妈妈闹别扭；往大了讲，不会因为弟弟率先进厂当工人，我和妹妹还身处农家就会有意见。我们总是互相谦让，不会让父母为难，直到现在，我们姐弟三人都从不计较财产，年事已高的父母也从不担心我们姊妹会因为钱而吵架。每当看见隔壁家媳妇逼迫婆婆拿钱拿物，妈妈就会义愤填膺地站出来指责，当起左邻右舍的“片警”，甚至以我们姐弟为榜样要人家多学学。大家的眼中，我们这家人遵从孝道、乐于助人，值得信赖，不求回报，这朴实的家风一直让我们引以为傲！

家庭是人生第一个课堂，父母是孩子的第一任老师，家庭教育之重要，可想而知。说到家教，谈起家庭教育，我肯定会提及我家的三个帅小伙儿，弟弟的儿子大学刚毕业，虽说学习成绩不太好，但根正苗红，身心健康；我的儿子和妹妹的儿子正在念大一，成绩优秀自不必说，能想着加入中国共产党就是他们理想信念的体现（我儿子目前已是党员积极分子），也是我们家正统教育的传承。我知道，家庭是社会的细胞，是“最小国”，是我们生活栖息的地方，也是我们充电加油的地方，是我们可靠的大后方。家庭营建好了，风气端正，和谐和睦，相亲相爱，我们才能心无挂牵地去干工作，搞事业。年近半百的我，没想着如何变着法子提前退休，而是想着如何发挥工会的职能为员工多做事做实事，更想着如何才能和自家的大学生儿子们更好地沟通和交流，与时俱进，继续做朋友！孩子们正在受着高等教育，也迫使我们必须跟着他们共同进步，否则儿子会不愿意和父母沟通的，“对牛弹琴”谁都不愿意吧！所以，多读书、读好书便是捷径一条。

在我家里，父母不是绝对的权威，遇事要大家商量着解决，谁说的有道理就听谁的；孩子们也不必绝对地服从我们，民主平等的家庭关系，培养出来他们三兄弟豁达、自信、自尊、自强的性格。可以说，会读书的孩子们影响了我们，而善读书的我们成就了孩子们的今天！别人家的孩子成天就知道伸手向父母要钱，而我家的孩子们经常说的一句话就是“我有钱，不用寄钱给我”，这就是良好的家教培养出来的孩子！再看看孟母三迁，岳母刺字，陆游教子有方，曾国藩家书治家，钱钟书夫唱妻和，钱学森一家患难与共，等等，都是注重家教的成功范例。

家风与家教，一个家庭的晴雨表。好家风是道德的“涵养池”；好家教是成功的“敲门砖”！平凡的家庭就按照平凡的方式确立自己的家风，自己的家教！愿天下所有的家庭都和睦美满！

不寻常的遗嘱

郭婉蓉　四川省巴中市巴州区曾口镇甘泉小学

爷爷去世快10年了，他在世时的朴实话语，时常响在耳边。特别是他在弥留之际留下的遗嘱，令人震撼。

爷爷的身体历来很好，在我的记忆中，从未见过他打针吃药。他是一个普通的农民，种庄稼是他一生的职业。无论是烈日炎炎的酷暑，还是寒风凛冽的隆冬，他都在田地里耕田耙地，挥锄、舞镰，晴天一身汗，雨天一身泥。

有一次，我看到爷爷为了赶农活，冒着瓢泼大雨干完活回家时，已浑身淋透，雨水从头到脚往下流。我急忙给他拿套干衣服让他换上，他把手一挥："没啥子，用不着！"他只把头上的水擦了擦，吃了两碗饭，又去干活了。就这样，他也没生病。

爷爷生病是在2007年9月20日下午，这天是他的生日。在外地读书工作的孙子、曾孙，还有幺姑婆、幺姑爷等客人陆续来到爷爷家。亲人们在院坝聊天。天快黑的时候，看到爷爷背着一篓苕藤，拄着一根拐杖，一步一步往家走。亲人们都往爷爷跟前走。我看着已驼背的爷爷还背那么重的东西，急忙去扶他，他把手一挥："没啥子，用不着！"不让我扶。爷爷把背篓放在街沿石上，大家都看着爷爷，只见他背向后仰着，想往下蹲，我们都以为他太累了想歇一下，没想到他直直地坐在地上，两只手在背带上直直地伸着。大家都赶紧去扶爷爷，只见他脸色煞白，眼睛微睁，浑身僵硬，手脚冰凉。

幺姑爷说："出大事了！"大家都怀着忐忑不安的心情，手忙脚乱地把爷爷抬到床上。有人掐人中，有人掐虎口，有人打120，有人打电话叫医生。只见爷爷瞳孔放大，脉搏跳动微弱，呼吸细微。因为在乡下，叫的医生和救护车一个多小时后才陆续赶到。诊断结果为脑出血，病情严重，只能保守治疗，靠打点滴维持生命。

爷爷不能动、不能说、不能吃、不能喝，两眼紧闭，两拳紧握。依靠输液维持了两天两夜。第三天一早，医生说："液体不能进入体内了，怕是不行了。"昼夜守护的亲朋好友们都不知所措。到中午，幺姑爷突然发现爷爷的右手动了一下，握着的中指、无名指、小指慢慢伸开，三个手指合拢后又慢慢伸开。大家都很奇怪，猜测"可能是想还有三个孙子没有回来"、"还有三家人借的钱未收回来"、"他死后三天就埋葬，不能花过多的钱"……人们分别对着爷爷的耳朵大声说，均无反应，三个手指仍然伸着。又过了几个小时，人们的猜测均没有得到证实。突然，我爸爸拍了一下额头，大声说："我知道是什么意思了。"随后奔到床前，俯身对着爷爷的耳朵说："爸爸，您伸三个手指，是想教育子孙永远都不去吸毒、不去赌博、不加入黑社会，这三件事吗？您放心，他们都是懂事的孩子，不会干那些违法犯罪的事，我知道这是您的遗嘱。"奇迹出现了，爷爷听了这些话后，紧闭的双眼微微睁开，好像在看周围有哪些人。伸开的三个手指慢慢合拢，僵硬的头一偏……爷爷就这样走了。

事后，人们问我爸，为什么知道爷爷的遗嘱，爸爸说："他老人家不识字，得病后就不能说话，只有用特殊的方式表达该说的遗嘱。他老人家生前多次提到这三件事，还举了一些事例。”以前有一户姓侯的人家，家里很富裕，有钱人的儿子长期吸鸦片烟，没钱买烟，就悄悄把祖上留下的三亩田卖了。他老爹知道后，把儿子暴打了一顿，气头上一棍打在儿子头上，儿子死了。他老爹看到家业没了，儿子死了，自己绝望了，在家里也吊死了。

赌博也是一定不能沾染的。我也听爷爷讲过，一个有钱人家的儿子，把家里的钱输光了，就把老婆和儿子拿去抵债，他还去赌，其父把他抓到后将右手手指剁了两个。没有家了，只有到处乞讨，最后不知死于何处。

当今社会有很多贪官污吏和嗜赌如命的人留下了很多血腥的惨案，弄得妻离子散，家破人亡。

从古至今，那些黑社会同伙拉帮结派，为非作歹，危害一方，都是国家法律不能容忍的。前几年打击的刘汉、刘维黑社会性质的团伙案，当地人民拍手称快。

爷爷去世那年 92 岁，去世快 10 年了。他没有留下万贯家财，但他那不同寻常的遗嘱，是儿孙们用之不竭的宝贵遗产。

永恒的延续

蒋雪琴　岳池县凤山小学校

家风是什么？有人说，一个词，一句话，一个家的故事，一段家的记忆，都是家风的载体。记忆中，我的父母好像从没明确告诉过我，我们的家风是什么，我努力地回忆那些细碎的往事……

奶奶一共有5个儿子，爸爸排第四，奶奶跟最小的儿子——我的五叔住一起。那时候，家里穷，能吃上鸡蛋、肉一类的食品都让我们回味好长一段时间。小时候，家里只要做鸡蛋、炒肉一类好吃的时候，妈妈总会吩咐我："雪儿，你和弟弟去叫奶奶到我们家来吃饭。"我和弟弟便像过节似的，欢天喜地地把奶奶扶到我们家。这时，妈妈站在灶旁，拿着锅铲，不停地翻来翻去，一会儿弯下腰，拾起木柴扔进灶膛，黑黑的长辫子便从背上垂下来，红红的火光将妈妈脸上的笑容照得很美很美。这个画面成了我心中挥之不去的静照。

每到逢场日，奶奶喜欢去赶集，每次回家都是下午两三点了。每个逢场日的下午，妈妈总会叫我和弟弟去外面看奶奶回家没。如果看到奶奶的身影，我和弟弟会喜滋滋地跑回家告诉妈妈："奶奶快回来了，已经走到王家坝（离我们家很近的一个平坝）了。”这时，妈妈才将温在锅里的热气腾腾的饭菜端上桌。夏天，妈妈会将粥提前舀好，这样，奶奶赶集回家总能喝上已经晾好的粥。

后来，我和弟弟慢慢长大，学会做饭了。我们也学妈妈在冬天给奶奶温饭；夏天则提前把粥给奶奶晾好。

我读小学时，妈妈每次路过学校，喜欢亲切地唤我：“雪儿，放学后早点儿回家哦。”墨一般黑的长发，在阳光下，好像发着光的黑锦缎。同学们总是会围着我说：“你妈妈好漂亮！”

记得一个夏天的晚上，漫天的星星点点，衬着门前水田的荷叶，美极了。我依偎在妈妈的怀里听她讲小时候的事情。想起身边的同学因为没有考好而被父母责骂，我不解地问妈妈：“为什么我没有考好，你从来不骂我呢？”

妈妈看看我，笑了。她摸了摸我的头，说：“你没考好，已经很难受了，再责怪你，岂不是更难受？再说，我知道你尽力了，尽力了就是最好的。”星空下，妈妈的脸上洋溢着温柔的光泽，如丝的长发轻轻地拂着我的脸，我深深地觉得妈妈是那样的美丽。

后来，我上师范，弟弟上高中，岁月的年轮渐渐在母亲的眼角和额头刻上一道道深的、浅的痕迹。昂贵的学费和每个月的生活费对于靠种田为生的父母来说，无疑是一笔笔天文数字。村里的人都劝爸爸妈妈：“你们干脆让大的出去打工，既减轻了家里的经济负担，又可以供小的上学”。可爸爸妈妈对我和弟弟说：“不用担心，只要你们用心学，哪怕我们砸锅卖铁也会让你们上学”。

村里有个砖窑厂，每次上窑的时候，需要人把一块块砖背进窑里。出窑时，又得把一块块烧好的砖从窑里背出来，背一块砖的收入还不到1分钱。这样的苦活、脏活，村里的男人很少有人愿意去做。可为了供我和弟弟读书，妈妈非要和爸爸一起去背砖。

有一次，我周末回家，刚走进村里，就闻见浓浓的煤烟味，还参杂着一股酸酸的臭味。远远地，我看见一个妇女，背上搭一块破旧的灰布，她弯着腰，反手朝后地背着，十几块砖层层叠叠地“伏”在她的背上，她走得很慢。走近一看，是我的妈妈——凌乱的短发，疲惫的眼神，布满汗珠的额角，脸上残留着一道道汗水留下的印记。

我的喉咙里像塞满了铅，半天挤不出一个字：“妈……妈……你，你的头发?”我指了指妈妈布满灰尘的短发。妈妈慢慢蹲下身子，将背上的砖一块块放在田埂上，用手擦了擦额头上的汗，说：“哦，干活不方便，剪了。赶紧回去，饭在锅里温着呢。”我呆呆地站在原处，脑子全是刚才母亲擦汗时，我看见的那双龟裂的手，还有龟裂的手上那一道道被砖割破的大大小小的口子。后来，爸爸告诉我，妈妈把头发卖了，才凑足了我当月的生活费。

为了供我和弟弟上学，炎炎烈日下，爸爸妈妈去帮人家打谷子，大清早带着饭团到很远的地方割草，回家时，一身衣服可以拧出水来，肩上竟被晒掉一层又一层的皮；凛冽的寒风中，他们大清早去挖藕，洗菜，双手冻得好似两个红萝卜……那些画面，至今在我脑海鲜明如新。

我有个初中同学梅子，上小学的时候就失去了妈妈。有一年寒假，她没有回家，便在读中专的地方打工挣学费和生活费。想着在万家灯火的佳节，她一个人漂泊异乡，我的心里很不是滋味，便想把考试得的奖学金给梅子寄去当生活费。当我支支吾吾地把想法告诉妈妈时，我不敢看妈妈疲惫的眼睛。因为，我比谁都知道爸爸妈妈的不容易。妈妈看着我，良久才说：“来，我给梅子写一封信。”昏黄的灯光下，妈妈低着头，生疏地握起笔，一笔一画地在纸上缓慢地写着。那一头短发中，钻出的根根白发，似乎在诉说着什么。妈妈写了一会儿，抬起头来问我：“雪儿，‘健康’的‘健’怎么写?”一会儿，又摇摇头，“这几个字没写好，你说梅子能认识不?”那种温柔，那种专注，似乎又让我想起了很久以前，那个繁星满天的夏夜。

终于写完信，妈妈揉揉肩说:“以后，每个学期你得的奖学金，给梅子寄去吧”。那一刻，她好像完全忘记了，为了凑足我和弟弟的学费和生活费，她手上那些或深或浅的伤口；忘了那满手的冻疮；忘了她和父亲多少次彻夜难眠；忘了，她忍痛卖掉的自己一生最爱的如墨的美丽长发……后来，梅子告诉我，打开信的那一刻，看到母亲写下的那一行行歪歪扭扭的字，看到那一句句朴实的叮嘱，她幸福地哭了，因为她闻见了久违的妈妈的味道……

就是这种妈妈的味道，给我的成长路上撒下了满满的爱与感动。

在一幕幕的回忆中，我似乎找到了答案。

我要感谢我的母亲，她用善良和爱滋养着家人，更感化了他人。我要感谢我的母亲，她给了我一个关爱、良善的人生观，这是她留给我生命中最美丽的馈赠。现在，我也当了母亲，我也要让生命中最美丽的馈赠得到永恒的延续与传承。

无言的传承

唐胡琼　中国石油西南油气田公司工程技术研究院

三八节即将来临，院里要求写一篇关于家教家风的文章，我绞尽脑汁地想了又想，我们家到底有什么样的家风？父母对我又是怎样教育的？其实这么多年以来，我自己真没有仔细想过这个问题。因为在我的印象中，父母的那个年代，一个地地道道的农民，他们的认知非常有限，他们每天只知道下地干活，而且总有干不完的活，晚上回到家只会问今天的牛拉出去放了没有？猪草割好了没有？衣服洗了没有？从来不会问你作业做了没有。而我对此也习以为常，并没觉得有何不妥。难道我们家就真的没什么家风，我很疑惑。但是当我回想从前父母对外婆的态度以及外婆去世之前很长一段时间得到的照顾时，我终于明白了，我们家也有属于自己的家风，就是一种纯朴的“孝”。这种家风的形成没有华丽的语言，没有刻意的渲染，只有一种无言的行动。

由于当初外婆只生了4个女儿，在当时的农村很是被人瞧不起，常常被人骂是“五保户”。为了能有人给外婆养老送终，我爸就成了上门女婿。那时的上门女婿是很没有话语权的，所以家里大大小小的事情都是外婆说了算，平时外婆对爸爸的态度也是时好时坏，偶尔还会说些冷嘲热讽的话，有时我听不过去了，还会跟外婆顶撞几句，可经常就是在这种时候，我会听到爸爸妈妈说:“那是你外婆，不要没大没小。”语气非常严厉，当时的我总是觉得很委屈，明明是为了帮他们，还要被挨骂，心里超级不痛快。我们家人都喜欢吃鱼，特别是鱼头，然而在那物资匮乏的年代吃鱼是不常有的，通常要很久才能吃上一次。每次吃鱼的时候，外婆都会把鱼头夹到我碗里，说:“吃鱼头好，吃了聪明。”可正当我美滋滋地想吃时，爸爸妈妈就会对我说:“把鱼头给外婆吃，鱼头刺少。”话语很简单，但我每次都得执行。春节是每个小孩都特别期盼的日子，因为有很多平常吃不到的东西，只有春节才能大饱口福，我们家每年春节都会杀掉一只大公鸡，那可是辛辛苦苦喂了一年的大公鸡呀，想想都觉得美味，可每次吃的时候我都很生气，明明两个大鸡腿，外婆一个，我一个，多好。可我爸爸妈妈就是不同意，两个鸡腿都得给外婆吃，我就只能吃吃鸡翅膀，鸡爪子。时间长了，也就养成了习惯。每次吃东西的时候，好的都先给外婆。

时间过得很快，转眼到我大学毕业，本该好好孝敬外婆的时候，她却一病不起，村里的医生治了好久也没治好，于是爸爸妈妈决定让外婆去镇上住院治疗。这事当时可是轰动了整个村子，大家都说外婆都 86 岁的人了，还住什么院呀，不是浪费钱吗，就随她去吧。可爸爸妈妈并没有被这些难听的话语左右，东拼西凑，借了些钱就把外婆送到了医院，一住就是一个星期，那几天爸爸妈妈轮流照顾，累得疲惫不堪。后来医生也说，按外婆这种情况，只能缓解疼痛，没有其他办法。无奈之下，外婆出院回家，从此爸爸妈妈就过上了端屎端尿的日子。那时的外婆除了知道痛，其他什么都不知道了，有时连人也分不清楚，经常喊错。家里白天晚上都离不开人，而我们家的经济情况依然很糟糕，刚毕业的我根本没法为家里减轻负担，那时妹妹正在上初中，也正是需要钱的时候。没办法，爸爸白天跑到城里打工，晚上一个人骑几十里路的自行车回家，替妈妈分担家务，照顾外婆。

有好几次都因为天太黑，车灯又坏了，差点儿出车祸。然而就是在这种情况下，爸爸依然坚持每天回家。就这样持续了大概半年，外婆终没有熬过病痛的折磨，离开了人世。离开的前几天，她老人家终于清醒了一下，拉着我爸妈的手说："还是你们好。"一辈子的付出，终于得到了她老人家的肯定，我想爸爸妈妈应该也感到欣慰了。

很多时候，很多事情也许并不需要用多么复杂、华丽的语言来表述，也不需要用什么特别的方法来表达。我的父母用他们生活中的点滴来诠释怎样做好子女，怎样孝敬老人，怎样教育孩子，而这一切已根植于我心，我将用孝敬父母的实际行动将这份"孝道"传给儿女。

奶奶教我怎样做人

陈星辰　中国电建水电七局夹江公司

“不管你将来成为什么样的人，一定要做到问心无愧。”时隔多年，想起奶奶曾对我说的话不禁热泪盈眶。我的奶奶离开我们很多年了，但她的音容笑貌，她对我们说的话并没有湮灭在岁月的长河里，而是随着时间的流逝历久弥新，一直在奶奶身边长大的我耳濡目染她的点点滴滴，懂得了很多弥足珍贵的道理，奶奶对我的影响是巨大的。

记忆中的奶奶，眉慈目善，饱读诗书，知书达理。从小奶奶就教我做人要讲诚信，她是这样说的也是这样做的。有一次，她带我去买馒头，轮到奶奶时，老板退回来1元钱说：“多了。”“不多，刚好。”奶奶赶紧解释：“上次买时忘带钱，说好下次一起给的。”老板一下怔住了，随即说：“没事，今天算我请您了。”“那怎么行。”奶奶忙摆手，认真地说：“你们背井离乡做点儿小本生意也不容易，我怎能占你们的便宜。”说完，奶奶放下钱拉着我离开了。这场景给我印象很深，想起那些在菜市场买了东西趁老板忙得不亦乐乎时溜之大吉的不耻行为真是鲜明的对比。

你忘了，不要紧，我会记得如数奉上，奶奶的身上闪烁着诚信的光辉。

“做人要守信，这样才心安理得，问心无愧。不要占人便宜。”我记住了奶奶的教诲，时至今日，扪心自问，我从来没有占过别人的便宜，和朋友交往言而有信，一诺千金，哪怕借人一分钱也要归还，这样人与人之间的交往才会更加和谐美好。而那些欠钱不还，装聋作哑，背信弃义的人最终信誉扫地，被人唾弃和鄙夷。

我至今还能想起奶奶讲的“曾子杀猪”的故事，所以我一旦答应了孩子的事就要说到做到。因为我知道，失信于孩子，孩子以后也会失信父母，从此失去孩子对父母的尊重和爱戴。一言既出，驷马难追。让孩子从小懂得诚信是为人之本，是待人处事应具备的基本素质，是来自内心的自律心态和道德力量，是个人的无形资产，从而自觉地做一个诚信的人。

除了诚信，奶奶还教我做人要和善，并以亲身经历为我上了生动一课。她以前身体很好，可是有一天上街时她被一冒失小伙子撞倒在地，送到医院一检查，左腿粉碎性骨折，余生要拄拐杖了，交费时对方居然一分钱也没有。爸爸赶来时很生气，要扣留小伙子的摩托车，被奶奶阻止并宽宏大量地说：“他也不是故意的，借来的摩托车骑出来还没挣一分钱就出了事，他也后悔，让他走吧。”小伙子回去后出于愧疚让他母亲来照顾奶奶，可奶奶只让她待了一晚上就回去了，因为怕她赶不上当天的车。当我给奶奶擦药时，奶奶没有一声抱怨和后悔，她慈爱地说：“谁没有个闪失呢，她也不容易，家里还有病人等着她伺候呢，得饶人处且饶人吧。”和当今社会那些明明是自己不小心摔倒，被好心人扶起却讹诈对方的老人相比，我觉得奶奶真的太善良了。无形中，我懂得了对人要宽容大度，设身处地为他人着想，对别人无心的伤害不要耿耿于怀、斤斤计较，甚至怨恨报复。一笑了之，这样生活才会快乐。

最美好的记忆，是每次姑姑从外地回来，给奶奶买的好吃的，奶奶都舍不得吃，等到一家人聚齐时，她才颤巍巍地拿出来放在桌上，眉开眼笑地让大家品尝，虽然不多，但欢笑声不绝于耳。奶奶告诉我，好东西要学会分享，才会变成更多的快乐。当我和同学外出郊游时，我会把随身带的零食分给同学吃，也增进了友谊。同学的妈妈知道后直夸我大方，我说这是奶奶教的。

“做人要厚道，心要好，不欺负别人，当别人有困难时要心甘情愿帮一把，老天爷看着呢！”这也是奶奶告诉我的，我一直铭记在心并把它变为自觉的行动。有一年春节我们正在吃团圆饭，门外站着一个乞丐，愁眉苦脸地拿着一个脏兮兮的碗。我见了不忍心，忙舀了一碗饭并添些肉菜送给他；在街上遇到残疾人，看到他们难过的眼神，我不会无动于衷歧视他们，而在他们的碗里放下几块钱哪怕让他们吃一碗面也好。

“小小的善举算不了什么，但能带给他人无比的温暖和快乐。”注重邻里关系的奶奶常说：“远亲不如近邻，你想得到别人的帮助你得先帮助别人。”每次家里煮好豆花之后，奶奶都不忘端一碗给隔壁王奶奶，王奶奶牙不好，特喜欢吃豆花；而王奶奶每次还碗时，也会在碗里盛点儿黑魔芋或烤红薯。没事时奶奶会给周围年轻人牵个线搭个桥，让一对对有情人终成眷属，我经常吃到他们给奶奶送来的喜糖；谁家闹矛盾请奶奶去调解，不一会儿就烟消云散、风平浪静。乡邻越发敬重奶奶，老远看见都会恭敬地招呼她。当奶奶生病时，邻居们纷纷送来水果、蛋糕和牛奶，握着奶奶的手问长问短，关心备至。这些我都看在眼里记在心上，人生在世不能只顾自己，要理解、关心和帮助别人，这样才会更幸福。我会随时提醒孩子在家走路轻些，别吵醒了楼下午休的人；看电视、听歌时，如果时间太晚了会自觉拧低音量，免得打扰别人休息；楼道里碰上邻居搬家，我会主动上前搭一把手；当邻居敲门求助时我会马上放下手中的活能帮则帮，尽力而为。换个灯泡，网上购张车票，举手之劳也不费事，大家住在一起就是缘分；出远门时，我会放心地把孩子托邻居照看两天。奶奶说得没错，还有什么比遇上好邻居更幸运呢？

感谢奶奶，从小到大奶奶没有对我说过一句大道理，但她用实实在在的行动诠释了诚信友善的含义，教我怎样做人，让我快乐地生活、工作。正如《阅读和家风》一书中说的那样：优良的家风是一个家庭或家族宝贵的精神财富，它弥漫于整个家庭或家族之中，影响着每一个家庭成员。我会把“老实做人，本分做事，不伤害别人，宽容大度，诚信友善”的家风不断传承，让幸福和美满不断延伸。这样，我们的社会会更加和谐安稳。这是奶奶给我的启迪和教诲。

我的家风

邓诗瑶　华油公司龙泉驿天然气公司

说起我的家风、家教、家训，我只能用严格、诚信、勤劳来概括。也正是这种家风、家教、家训，让我学会了做人做事的道理，让我走向了成功之道，让我终身受益。

我家的严格之风之教之训：我读二年级的时候，一次洗手时，由于着急，没有把水龙头关好，水一直流到下午。被爸爸发现了，爸爸就把我推到床上一阵乱打，接着就是大声教训我。我说：“就那几滴水，用得着这样打我吗？”爸爸说：“‘勿以恶小而为之，勿以善小而不为。’你不要以为那几滴水不算什么。你知道北方现在多么缺水吗？你却在这里随意浪费水，你对得起他们吗？”我回答道：“爸爸，我知道错了，我不应该顶撞您，我以后一定会珍惜每一滴水的。”“孩子，你一定要记住爸爸刚才说的话，因为这句话是我们家训的其中一句。”爸爸语重心长地说。我回答：“我一定会记住的。”因此，“勿以恶小而为之，勿以善小而不为”就成为我严格的座右铭。

我家的诚信之风之教之训：一次，爸爸答应了他的一位朋友第二天一起去吃中午饭，顺便拉拉家常。第二天，天公不作美，下起了大雨。我对爸爸说："爸爸，下这么大雨，您看还是别去了吧！"爸爸什么也没有说，便撑着雨伞，冒着雨出去了。等爸爸回来了，我发现爸爸的衣服都湿透了。我问爸爸："爸爸，这么大雨，您为什么还要去呢？"爸爸说："因为这是答应别人的事，所以无论如何都要做到啊。法国作家巴尔扎克说过'遵守诺言就像保卫你的荣誉一样'，你知道吗？""我知道，我读四五年级的时候学过。"我说。"这句'遵守诺言就像保卫你的荣誉一样'也是我们的家训。你一定要记住啊！"爸爸说。"我一定会记住的。"我回答。巴尔扎克这句经典名言便成为我诚信的座右铭。

我家的勤劳之风之教之训：去年，我们老家建新村，在老家祖屋基础上建了一层楼。寒假时就建好了，但是，还剩下一堆沙子没有用完。正月二十四晚上，爸爸说："我们明天6点跑步回老家，用装水泥的桶一桶一桶地把剩下的沙子拎到房子后面去，然后7点半再跑步回家。每天都是如此，直到把那些沙子全都搬到房子后面为止。"我说："为什么不叫那些盖房子的人来搬呢？"爸爸说："你以为不用花钱吗？那些盖房子的一个人一天工钱就300元，既然这些事自己能做，又何必花钱去请人呢？"妈妈说："因为'一年之计在于春，一生之计在于勤'，所以人啊还是勤快一点儿好。"爸爸每天回老家去搬沙子，从正月二十五到正月二十八才搬完。爸爸说："'一年之计在于春，一生之计在于勤。'也是我们家的家训之一。"这句话也成为我勤劳的座右铭。

严格、诚信、勤劳，这就是我家的家风、家教、家训，它让我学会了做人、做事的道理，让我终身受益。

周家的“周氏”门风与家训

周　媛　四川华能东西关水电股份有限公司

从古至今，中国人对几代人的历史考究，常常被用来梳理，解读一个家族的延续和文化、道德传承的脉络。在中国历史上，永远不缺乏人们津津乐道的“名门望族”，这些家族背后，依靠的都是家风的传承。“忠厚传家久，诗书继世长。”家风，即门风，是一种综合的教育力量，是随风潜入夜，润物细无声的熏陶。在中国历史上，家族文化与家风，既影响着庙堂中人，又影响着江湖中人。从这个角度来看，说家风决定朝代命运并不为过。

我身处的“周氏”一族，门风刚正不阿、自立自强、勤劳节俭、仁爱礼让、勤学向善。我的祖父，是整个家族的灵魂人物，无论在家族内，还是在家族外，大家都亲切地尊呼他为“周老先生”。他精通马列主义，精通俄语、德语、日语、法语、英语五门外语；他从20世纪90年代开始享受国务院特殊津贴，两次荣立三等功；他的医学研究硕果累累，还培养出许多博士，为国家的医疗建设事业做出卓越贡献。

今天，忆家风的思绪把我带回了童年时代。因为一次事故，我的记事能力较同龄小孩来得晚些，记忆中第一次见到祖父，是1981年6岁时父母带我去看望他。进入苏式风格建筑的家门，祖父带我去的第一个地方就是他的书房，几个高耸的大书柜里满满都是书。从那时起，好多国家“奇形怪状”的文字，在我稚嫩的脑海里留下了深深的印迹。就是那时，我第一次听到了妙不可言、天籁般的英文儿歌。从此，祖父书房的榻榻米成了我每周末固定的床。念书的时候，祖父对我说得最多的就是要排除万难，终身学习，借给我最多的是英文歌曲磁带，而祖母每每看到我的衣服穿得不够整洁、裙子穿得有点儿短了，都要语重心长地告诫我不能为之的道理。

去祖父母家的时间长了，耳闻目染的家族思想、情趣、态度越来越多，对父辈们的言传身教也体会得愈来愈深。大姑妈从北医大毕业时，主动请缨去支援偏远农村的医疗建设。有一次她行完医回到家，忽听村里喇叭呼叫她紧急赶往田间，原来是有人晕倒在地，村医束手无策。大姑妈还从未有过救治无意识病人的经验，她一边指挥村民将病者抬进附近的屋里，一边在有限的医疗条件下，凭着自己专业的和业余继续学习掌握的医疗救护知识，思考着病因和治疗方案。听她说，当时她紧张得汗如雨下，顶着“不成功便可能前途尽毁”的巨大压力，果断地判定病者是低血糖导致的昏迷，立即输入葡萄糖等液体后，病者苏醒了，大家鼓掌欢呼，从此，她被雅称“小神医”……后来，她不惧苦累，踏过村里大大小小的田坎，走遍了家家户户。她在医疗工作中摸索前行，还把村医、“赤脚医生”、喜爱学医的农民都组织起来，毫无保留地传授给他们专业的医学知识、技术和经验。三年转眼即逝，大姑妈动身回北京的那一天，全村人提着家里数量不多的瓜果、鸡蛋，天还没亮就等在了村口，感激的话语连绵不断，道别的泪水流淌而下……再后来，她成为一名医学教授。还有我那以努力钻研见长的小姑母，在“广阔天地大有作为”的年代，以重医大毕业生的身份，毫无怨言地去阿坝州的大山农村医疗站工作，她在兢兢业业、无私奉献的同时，不离不弃的是学习，挑灯自学考取医学硕士，终成儿科教授，三甲医院院长。长辈们的“身教”更胜过言教，我由衷地深深佩服之。

对我工作作风影响最大的人是父亲。8 年的军队生涯，以及“周氏”家风的熏陶，锻造了他良好的品行，脚踏实地地从一名普通工人成长为企业领导。他特别善用家庭餐桌话题这个举足轻重的教育平台，每天晚餐前后对国际国内时政要闻、经济形势、企业管理等的分析、讨论与教导，让我在日后的工作中获益匪浅。子曰：“其身正，不令而行；其身不正，虽令不从。”当我踏上工作岗位并成长为一名基层管理者的时候，父亲把孔夫子的这句话写在笔记本的扉页送予我，时刻提醒我以身作则，带领团队拼搏向上。

如果说“周氏”一族的“根”是有气节有智慧的男人们，那“魂”便是有韧性、勤劳善良、有担当的女人们。从祖母到母亲、姑母再到孙辈的女子，每个人都坐立有仪，教子有方，族内一应事体为己担当，从不拈轻避重。家族三代中，出有 5 位教授、2 位博士、2 位硕士，还有教师、企业领导等。

家风抵万金，家训意深远。门风和家训是一个精神高标，是一族世代相传的道德准则和处世方法。

20 世纪 80 年代，市场上“黄桑桑”的纸张很多，白净净的纸张却又少又贵，正读小学的我和我姐，希望长辈们从单位拿些白纸回来做草稿纸，可是，时任军医大教授的祖父，时任重庆市民政局党支部书记的外祖父，时任国企劳资科科长的父亲，全都当即拒绝，并严肃地对我们说：“一张纸也是公家的，我们不能占公家一丝一毫的便宜，更不能往家里拿，一定要从小做起，从小事做起。”就是家里“大”男人的自律和对儿孙的严苛约束，让我一直对“公家”，对“权力”有种说不清道不明的敬畏之情。

祖父 75 岁正式离休，住进部队安排的军干所，他长舒一口气道：“终于可以问心无愧地落叶归根了。”搬家那天，他手里紧紧抱着他那件不舍得穿，笔挺有型而又从不让我们触碰的军装，因为从未有人提及，所以军衔肩章我并不认识。直到五年后的一天，我与军干所的门卫闲聊，门卫告诉我："你祖父是这个军干所里干部级别最高的，可他很和蔼可亲，就连我们门卫、清洁工身体不舒服了，他不仅给予热心的诊疗建议，甚至还亲自为我们联系专家教授……"那一刻，我感动而好奇地打开衣柜摸了摸那件军装，查了查军衔等级，这才知道，原来我的祖父早已身居高位。

我和我先生领结婚证的第二天，去拜访86岁高龄、重病在身的祖父，他把《曾国藩家书》作为贺婚大礼，双手呈送给我先生，并叮嘱他至少研读三遍，从谦逊的祖父手里接过这珍贵的礼物，我们发现书的封底，留有他亲笔书写的"慎独、主敬、求仁、习劳"几个大字。明了他的用意，我泪眼滂沱，他这是以"曾国藩的遗嘱"为他的遗嘱，来表达寄予我们的厚望啊……

孟子曰："人有恒言，皆曰'天下国家'。天下之本在国，国之本在家，家之本在身。"家风关乎国祚长短。

祖父常说："相比之下，周家的人不善言辞，但以践行道德、践行行为规范著长，这对社会、对国家是有诸多裨益的，希望儿孙保持发扬下去，还要适当练习口才，控制情绪。"我们的家风与家训，恰是在行为和行动的土壤中，孕育成长，枝繁叶茂而又代代相传。

家是最小的国，国是千万家。传承好修养、好习惯、好家风，家风相连才能形成民风，民风相融才能促成社会风气，才能形成政之清风，国之正气，国祚才能延绵。

愿你、我、他一起努力，让于家有训教，于人有诚信，于心有担当，于国有贡献的清清泉水，涓涓长流，汩汩不绝。

家有好家风　润物细无声

何　莉　中国第二重型机械集团公司重机公司

“好雨知时节，当春乃发生。随风潜入夜，润物细无声。”好家风就像这好雨一般，悄悄地影响着每一个家庭，细细密密地滋润着每一个家庭成员。我很幸运生活在一个有好家风的家庭，这对我的工作和生活有着深远影响。

我从小和外公一起生活，直到高中毕业后去外地上大学，才离开他的身边。外公是一个做得多说得少的人，他总是用实际行动给晚辈们做表率，在他的教育和熏陶下，我健康地成长，他是我的亲人，亦是我的老师。

阅读好书，长知识明事理

外公是一个爱书的人，也是一个爱看书的人。

记得小时候家里没有书柜，外公的书都是放在他房间的几个大木箱子里，有名著、有小说、有医书等，那些书页早已发黄，书角也有磨损，整齐地躺在那里等待外公取阅，外公经常在昏黄的灯光下看书直到深夜。受外公的影响，我也喜欢上了那书上的文字，曾偷偷地翻看过外公心爱的

《西游记》，感觉书中的人会和我聊天，讲述着一个个动人的故事，为我解答那“十万个为什么”。从那时起，我便喜欢咬文嚼字，到现在都还有个喜欢挑错别字的“毛病”。

大学毕业后，我便到二重工作，从事焊接工作。当电焊工虽然辛苦，但下班回到宿舍看会儿书，一身的疲累便烟消云散了。由于喜欢阅读，我爱上了写作，便经常写一些文章在《中国二重报》上发表，并多次获奖。因此，我实现了从一名电焊工到保管工，再到行政事务管理人员的转变，实现了从青涩小女生到成熟女性的转变。工作中有大量文字工作，涉及党务、工会、文书方面资料的撰写，这些工作我都能轻松应对，也都得益于阅读。不管在工作中还是生活中，当遇到困难或是烦心事时，读书能让我静下心，使我豁然开朗，从中学会透过现象看本质，明白其中道理，不再钻牛角尖，正如《阅读与家风》中提到的“好书如药，善读可以医愚”，读书“有助于我们冲破困顿的迷雾，勇敢地面对抉择与挑战”。

好书是我们的指路明灯，阅读可以使我们增长知识，明白事理，可以改变我们的性格、气质，甚至是命运。

以诚待人，做事坚守底线

外公是一个真诚的人，也是一个严守底线的人。

在村子里，外公总是笑呵呵的，大家都喜欢和他一起谈天论地、聊家常，连小孩子也愿意和他玩耍；当村民遇到麻烦事时，他会帮他们一起想办法、出主意，但从不做违反法律法规、违反道德良心的事，坚守着做事的底线。大家都这样评价他：“陈老头，是个老好人。”外公总对我说：“外孙女，你真心对别人好，他们是能感受到的。”我总是点点头，表示我会像他一样，以诚待人，坚守底线。

在工会工作，会遇到各种各样的人，有明辨事理的，也有胡搅蛮缠的。作为一名工会工作者，无论何时，我们都要以一颗真诚的心来做他们的思想工作，站在他们的位置上，在坚持工作原则的基础上，设身处地为他们解决实际困难。比如，在困难职工申请帮扶的工作中，单位上有困难的职工比较多，对于确实有困难的职工，我们要尽量为他们申请到合理的补助；对于达不到标准要求的，又确实算不上困难的职工，则不能违反原则申报，必须做到公平、公正，这样才能让人信服，才能真正守护好这个“职工之家”。

我们以真诚待人，别人也会待你以真心，但不能一味地退让，在坚守底线、自尊的同时，才能得到别人的尊重。

及时行孝，从身边事做起

外公是一个孝顺的人，是他，让我理解了“百善孝为先”，“父母在，不远游，游必有方”。

小时候，听外婆讲，在外公年轻时，有人推荐外公去省城做教书先生，在那个年代，这是一个很体面的工作，但由于外公要照顾生病的祖母，便毅然拒绝了。“孝是我们中华民族的传统美德，是衡量一个人品质高低的重要标准之一。”自从上大学开始，我便坚持每周给外公打一个电话，关心他的健康状况，闲聊几句家常，这个习惯一直持续到外公去世前。虽然我们为了生活，为了理想，我们不得已离开了父母和亲人，但请记住：一定要常联系家人，要及时行孝，不一定非要等到有丰厚的物质条件，才去孝顺他们。他们需要的不仅是物质，更需要亲人的关心和陪伴。我与父母一直都保持着电话联系或短信联系，去年，我教会了他们使用智能手机，我们经常微信聊天、视频聊天，我还时常抽时间回去看看他们，陪他们散散心、聊聊天、吃顿饭，就是这些最为平常的小事，他们便心满意足，开心得合不拢嘴。这样，当有一天他们老去，真的要离开我们时，至少我们无愧于心。

孝敬父母和老人，我们就应该从现在做起，从身边的点滴做起，让

“子欲养而亲不待”的现象不再出现。

好家风，是一个家庭文化的积累和沉淀，是美德的一代代传承，好家风潜移默化地影响着家庭成员的行为，做人做事的准则，是家庭美满、社会和谐的基础。

善良的家庭

曾 桢 四川三建装饰工程有限公司

我家是个善良的大家庭，我的祖辈力图将“善良”的品格传给后代，爷爷奶奶经常把“百善孝为先、勤俭持家、积德行善……”挂在嘴上，他们是这样说的，也是这样做的，不仅影响了我的父辈，影响了我，今后也势必会影响我的女儿。

“百善孝为先。”记得小时候我的爷爷手里经常拿着一本族谱和家训的黄本子笑眯眯地读着，有点儿像唱歌。那时我还很小，不大记得里面的内容，但“孝”字却十分清晰地印刻在我的心里。不仅因为爷爷那夸张的表情和声调，更是因为我的父辈，兄弟姐妹每个人都在实践着孝道。俗话说：“久病床前无孝子。”可是爸爸妈妈却用实际行动推翻了这句话。爷爷的最后七八年是在床上度过的，他因为奶奶去世的打击太大而病倒了，在这期间爸爸妈妈不辞辛苦地照顾着爷爷。爷爷长期卧床需要经常翻身、擦洗、按摩，锻炼肺功能，伺候吃喝拉撒并且经常陪他伴说话，一天下来，他们腰酸背痛，劳累不堪。爸爸妈妈孝心的最大表现是对于老人的精神关心，他们还一再警告我们不许在已经患上老年痴呆的爷爷面前提起奶奶过世的事情，万不得已就说奶奶去姑姑家了，唯恐爷爷的病再度恶化。直到爷爷去世时，爸爸妈妈也是头发已花白快60岁的老人了，他们用最好的行动向子女传授着孝道，诠释着首“善”。

“勤俭持家，勤俭持家……”这是我奶奶常挂在嘴边的话，她是从苦日子过来的人，嫁到我爷爷家时据说“穷得连好点儿的碗都没有”，再加上“三年自然灾害”，后来又陆续生养拉扯大了我爸他们兄弟姊妹五个，用奶奶的话说：“要是不会过日子（勤俭），都会饿死，哪有这一大家子?”我爸受奶奶的影响也很节俭，我小的时候，他身上的白色背心穿久了，会洗出来很多小洞。可是他有许多这样的背心，崭新的放着舍不得穿，要等到背心很旧了才会穿新的，那些旧了的背心还要把它们改成抹布接着用。我妈开玩笑说他“寒酸”，他却不以为然，说：“这才叫会过日子。”因此，奶奶生育拉扯大了一大家子都有“敬天惜物，物尽其用”的性格特点。

小时候，爷爷奶奶常给我们这群小孩子讲一些鬼怪陆离的“善有善报”故事，我总是听得津津有味，现在回忆起来这其实也是他们对后辈们的潜移默化的关于“善良”的教育。淳朴善良的他们会请路过家门口的外乡人到家歇口气，喝口水；他们会给外乡讨饭人的米袋里倒一碗大米；他们还会义务帮助需要帮忙的乡邻好友操办红白喜事；这些，都是他们对“善良”的诠释。

善良是祖辈留给子孙后代最宝贵的财富，让我们有了强大的内心，我会将祖辈的美好品格继续传递下去。于我，无论将来遇到顺境还是逆境，都会宠辱不惊，守住心中的“善良”，平淡面对人生，拥有获得幸福的能力。

手比头高

何雯懿　国网四川省电力公司管理培训中心

走在路上，一群人突然聊起关于“家风”的话题，有人说他们家的家训是“勿以善小而不为”，有人说他们家的是“己所不欲，勿施于人”，朋友问我：“你们家的家训是什么？”

这个问题以往我从来没有想过，我们家也从来没有规定过家训，如果非要让我说一个，那大概就是四个字：手比头高。

小时候我家住在那种老式的四合院里，由于父母都在外地上班，每天接送我上下学的任务就落到我爷爷头上。小孩子都爱吃零嘴，我尤其爱，我爷爷怕我贪吃，就提前跟我约法三章：每周只能吃三次，而且必须是能吃饱的（例如锅盔、蛋糕之类的），其他的一律不准吃。

我记得有一周我连着每天放学都要买吃的，爷爷什么也没有说，让我连着吃了三天。到第四天的时候，我还是说我要买吃的，他说什么也不给我买了，我在卖锅盔的店门口哭了好久，他依然不为所动，一个人站在马路对面看着我哭。渐渐地，我也哭累了，更明白了他是铁了心不会给我买的，我灰溜溜地自己站起来跟着他回家了。

回家的路上，我仰起小脸问他：“爷爷，你为什么今天不给我买锅盔了?"

我记得他说:"你答应过我的事就要做到，做人要讲诚信。"然后他把我抱起来接着说:"我们这周的次数用完了，下周才能吃了。以后要记着啊，次数是有限的，你不能都放在头三天了，你可以隔一天吃一次嘛。"

话虽浅显，但是道理却是深厚的，从这件事养成的习惯也一直影响我至今。

放学回家后，爷爷就搬个小桌子在院子里让我练字、写作业。做饭的时候就让我在旁边看着学，喂鸟的时候就让我帮他挑面包虫，总之宗旨就是一定要动起来，不能回家就坐在沙发上看电视。

我在路上也抱怨过，我说为什么别人回家都可以出去玩了，我一定要做那么多事。他背着手，握着茶杯走得飞快，我要两步并作一步才能赶上他的步伐，见我跟上后，他问我:"你觉得你身上什么地方最高啊?"

"那还用说，当然是头了，天灵盖。"我心想这么简单的问题你还要问我。

他转过身来，看着我，把我的双手举过头顶:"现在还是头吗?"

我愣愣地没有回答，他又接着说:"你要知道，手比头高，不管什么事，只有做了才知道能不能成功。"他说着把我的手放下来:"就好比你的脑袋里想到了什么点子，你想学什么知识，如果你不行动，都是空想。"

当时的我懵懂地点头。

后来回想起来，我才惊觉最简单的道理都是从人民群众的生活经验中来的，我的爷爷虽然没有读过很多书，但是他的话和他的行为习惯深深地影响了我们一家人。

在我看来，家风不是一个具象的事物，它看不见也摸不着，但是它却深入你的骨髓，你的血液，在潜移默化中引导着你做人做事。好的家风能让一个人变得谦逊有礼，坚韧强大。

我想，无须赘言。

家庭，就是一个人一生中最重要的学校。

家风伴我行

雷淑芳　四川省眉山市青神县文联

小时候，家风是一句叮咛，一个道理……长大了，家风是一种遵循，一份坚持，一种习惯……

我上小学时，父亲是生产队长。生产队长虽然是个芝麻官，但在集体经济时代，一个小小的队长，却管着全队200多人。队里的生产以及家家户户鸡毛蒜皮、大大小小的事情父亲都要管。乡邻之间的口角，家庭矛盾、分家之类的棘手事，乡亲们总要请父亲去参与调解，或者当个见证人。父亲处理这些事情时，他从不偏袒谁。他总是把情况调查清楚后，站在公正的立场上处理每一件事情，让双方都感到满意。事情完毕之后，有些人家就会送些礼品来感谢父亲，或者请父亲去吃饭。对于礼品，父亲是坚决不会收下的。至于吃饭，常常是在邻居上门请父亲去吃饭时，变成父亲请产生纠纷的双方坐在我的家里吃饭，在饭桌上，父亲劝说双方，让双方在握手言和中走出我们家。父亲对送礼求偏袒的事是一律拒绝的。一次，队里有姓陈和姓李的两家人为争自留地的边界，大动干戈，双方都寸步不让，非得争个输赢不可。姓陈的邻居明知理亏，为了占个上风，晚上悄悄地给父亲送来了几斤白酒。没想到，父亲当着人家的面恼羞成怒，毫不留情地说："我偏袒你，不是害了你吗？队里几百双眼睛都看着呢！人家不戳你的脊梁骨吗？队里人会怎么看你？你在人前人后还抬得起头来吗？我这个队长还有啥脸见乡亲们？"姓陈的邻居只好提着酒回家了。为了不让双方矛盾升级，父亲连夜找到双方，苦口婆心地劝他们说："只有千年的邻居，哪有千年的亲戚？火烧房子都要靠邻居。邻里邻居的，大家互相帮助，生活不是更舒心吗？"父亲的一番话，让两家人重归于好。事隔半年，姓陈的5岁的儿子掉进水塘里，姓李的把姓陈的儿子救起。姓陈的人家为感谢姓李的人家，特地让姓李的当他儿子的干爹。为此，姓陈的对父亲一直心怀感激。

父亲在饭桌上常常对我们几姊妹说："切勿贪恋别人的钱财，去占公家的便宜，拿人手软，吃人嘴短。处理事情要公正，不要收别人的财物，不要贪财，做人要堂堂正正。"父亲经常教育我们，你们长大了，不管做任何事情都要问心无愧，要对得起天地良心。我们有手有脚，要凭自己的双手生活，不必要去做那些见不得人的事情。"手莫伸，伸手必被捉。是你的，就是你的；不是你的，永远也不是你的。做人要诚实，做事要清白，处世要正直。"父亲经常用这些话来告诫我们，奉公守法，踏实做人。

母亲没有文化，说不出高深的大道理，但她用自己的言行为儿女诠释做人做事的根本。在我们眼中，她是个有情有义，乐于帮助别人的人。她常对我们说，姊妹要互相帮助，邻里邻居也要互相帮助。

20世纪70年代中期，我们邻居张婶家特别困难，母亲便隔三岔五地给张婶家送些菜去。一次，张婶家断炊两天，母亲得知后，怕张婶家的孩子饿出个三长两短来，赶紧拿一些红薯、苞谷之类的东西给张婶家送去。这样一来，我们家就得喝几天菜稀粥了。因为母亲给张婶家送去的食物是我们全家人省出来的。不知是母亲觉得愧对我们，还是特别想帮张婶，母亲在我们姐妹几个面前，常常唉声叹气地说："你们张婶家生活得太艰难了。"母亲对张婶的关爱永久而清晰地嵌进了我的记忆深处。

母亲还经常教育我们姊妹要做一个诚实的人，做一个老实人。母亲经常给我们讲“狼来了”的故事，向我说明诚实的可贵，她说骗人的事绝不能做，要说真话，假话说得多了，别人就不会再信任你了。

父母的言传身教，让我体会到了浸润在家中廉洁正直、诚实守信、乐于助人的良好家风，它已经成为我做人、做事的自觉遵循，并深深地根植于我的骨头里、血液中，深深扎根在我的为人处世和言行举止中。

小时候对家风记忆的点点滴滴，时不时泛起晶莹的浪花，勾起最细微、最温暖的情愫，发酵出家风的醇厚和幽香。

家风无声化春雨，滋润心田辈辈传！家风是一种潜在无形的力量，在日常的生活中潜移默化地影响着孩子的心灵，塑造我们的人格，是一种无言的教育，无声的力量，是最基本、最直接、最经常的教育，它对我们的影响是全方位的。家风，是一个家庭立足社会的根本，是启迪下一代成长的摇篮，一代又一代的传承，将深入到家庭成员的骨子里。

家风是一个漫长的言传身教的过程。好的家风需要一个家庭，一代人乃至数代人的日积月累和一定的文化沉淀才能形成。好的家风，教给子女的是优良的品质，传给后代的是精神力量。有家风的熏陶，在人生的路上我们才会风雨无阻，一路前行。

家风是一种传统美德，好的家风对社会就是一种道德的力量。我们的社会需要这种优良的传统，更需要这种力量。家风需要我们一代又一代地传承下去。只有不断地提升我们的小家风，才能更好地塑造我们的民风，中国风。家风是一面鲜艳的旗帜，一面承载着道德、文明、诚信、礼仪、和谐、团结的旗帜。相信有家风这面旗帜的引领，我们的家会更幸福，我们的社会会更加和谐，我们的国家会更强大。

家风之美代代相传

何伶俐　中建新疆建工（集团）有限公司四川分公司

家，给人以温暖，是避风港湾；家风，是一种无形力量，潜移默化地影响着我们。我们就是在这个家中，在代代相传的家风中成长着……

外公外婆那个年代是封建的，由于没有生养男孩而被邻里乡亲、兄弟妯娌讥讽着。外公是个老实巴交的人，只知道在田间地里勤勤恳恳地劳作。外婆作为一个大家庭的大儿媳，不仅要劳作，还有操持家中大小事务，维护家里的安定团结。她弱小的身躯蕴藏着无穷的力量，用她的勤劳朴实撑起了一个大家庭，以她的与人为善赢得了家庭成员和邻里乡亲的尊重，凭她的聪明睿智将 4 个女儿培养长大，不输男儿。

外婆是勤劳节俭的。儿时，只要回到外婆家，总是看到外婆终日忙碌的身影。天刚蒙蒙亮，她已经背着背篼到山顶去和舅舅一起掰玉米，汗流满面地背了满满一背篼玉米回来后，又不停歇地给我们几个孩子做早饭。日当正午，我们在堂屋里凉快，外婆还顶着日头在翻晒粮食。天黑了，外婆忙着把鸡鸭赶进圈，把晾晒的粮食收进屋子。家里人的一日三餐、鸡鸭猪的喂食，日复一日都是外婆勤劳地操持着。只有这一切农活做完，夜已深时，我们才有机会围坐在外婆身边，在满天星穹的院子里，坐在一个大大的簸箕里，听外婆讲些乡野趣事。在村里，外婆是出了名的会过日子的节俭之人，有什么好吃的东西都是给了孩子们，外婆会说她已经吃过了。“新三年，旧三年，缝缝补补又三年。”这是外婆的口头禅。家中虽然不富裕，但是孩子们穿得干干净净，身体健健康康，这足以让邻里乡亲夸赞不已。

外婆是孝老爱幼的。印象最深的是，那年曾外祖父病重，母亲带我回乡下探望。外婆给曾外祖父做了一碗热气腾腾的丸子汤端到病床前，一勺一勺地喂给曾外祖父。刚记事的我站在门槛上盯着外婆的一举一动，也被外婆的孝敬感染。外婆转过头笑着对我说：“想吃了？外婆给你留了几个在碗里，去吃吧。”我到堂屋一看，果真有一个小碗盛着丸子，而桌上其他碗里却是稀饭和咸菜。这一幕场景至今让我难忘，每每想起都会让我热泪盈眶。

外婆是与人为善的。外婆与邻里乡亲的关系相处得非常好，乡亲们说起她时都会竖起大拇指。外婆的秉性是很要强的，却不会得理不饶人，行事还处处让着别人。记得小时候经常有这样的事，农村的房前屋后都会有一些菜地，难免邻居家的鸡鸭鹅会到处串，这样就会吃掉或弄坏菜地里的农作物，这样也时不时能听见邻里之间的吵闹之声。有一次，外婆辛辛苦苦刚栽下去的小苗苗全部被一群乱串的鸡啄掉了，但是外婆没有大吵大闹，更没有说让邻居家赔偿，而是自己再辛苦一次全部补栽上去。

外婆虽然去世10多年了，但她那慈爱、善良、勤劳、节俭、坚强的品德，潜移默化地影响着下一代，教育着下一代，给了我们一生取之不尽用之不竭的财富。

在外婆潜移默化的影响下，“勤劳节俭，孝老爱幼，与人为善”的美德在母亲身上完美地体现，母亲继续传承这样的家风。母亲作为村里第一个走出来的文化女性，第一个在城里当老师的女性，她除了传承外婆的家风，更多地教导我们“读书明理”。母亲用她在工作和生活中的言行给我们姐妹三个做了好的榜样，让我们于无声处懂得：唯有读书明理才能照亮前行的路。

在我上初中之时，父亲工作调动到县城。为了让我们三姐妹有更好的读书环境，母亲放弃了本来良好的工作环境，到距离县城很远的乡村小学任教，让我们都转学到县城的中小学读书。每天天不亮她就得起床为我们做早饭，她草草吃两口饭就去学校。那条通往乡村小学的路我走过，崎岖不平，坡陡路窄，极不好走，特别是下雨天，走起来更加危险。但母亲无论天晴下雨却从没缺课。她经常回来讲那些孩子们的生活学习情况，经常感叹他们学习条件恶劣，告诉我们要珍惜来之不易的学习环境。母亲经常说她自己辛苦点儿没什么，只要我们有良好的环境可以安心读书。那时我们家的条件并不好，屋子很小，设施极其简陋，母亲却让父亲给我们精心做了一个书架放在墙角，上面摆满了我们爱看的书。

母亲操持家里家外的大小事务，在工作上更是尽职尽责，其实是没多少时间陪我们读书的。但是她身上散发出来的对教育的热情，对乡村孩子的关心，她深夜备课的身影，她给我们提供的学习条件，都在无形之中给我们带来更多学习的动力。她还经常说：“你们虽是女孩子，也要有一技之长，以后走到哪里都不怕！”我们从母亲那儿学到太多，最重要的是她让我们明白：身边的一切都可能随着命运的颠簸而失去，只有骨子里的意志和自己的学识技能，才能让自己成为不依附别人的独立的人。

如今，我已是一个高中男生的母亲，我用外婆的“勤、孝、善”，用母亲的“读书明理”教导着他，也用自己的言行给他做榜样。但是在这个日新月异的新时代，我对家风的传承又有了自己的更新，要“自立、自强”。

儿子出生后，家人都欣喜万分，毕竟上两辈都是女孩子。好在父母亲都是通情达理之人，母亲也懂教育之道，他们很配合我对孩子的教育，并不溺爱这个“家中之宝”，孩子就在家人的正确呵护之下成长起来。

但是天有不测风云，由于家庭的一些变故，让儿子的心性有了很大的变化，我虽然很着急，但是也不能乱了方寸。在随后的日子里，我和父母仍然没有因此而溺爱他，而是跟他有更多的沟通，更多的陪伴，多陪他读书，有时间就会带他出去开阔眼界。慢慢地，他逐渐恢复了，能听到他在我面前的喋喋不休，能看到他开心地跟同伴们嬉戏。一个暑假，我们姐妹几个带着孩子一起旅游，在路途中，孩子们嬉戏玩闹好不开心。时不时儿子会问："妈妈，你背的东西重吗？我帮你背一会儿吧。""乐子、睿子（儿子的表妹），你们要小心点儿当心摔了。"这是典型的暖男形象啊！更有意思的是，在一个凉亭里站着一个外国朋友，儿子拿着相机径自走过去，用英语跟人交流了几句，然后合影。我们都有些惊了，这是前所未有的事啊，儿子长大能自立了！

儿子喜欢看书，我会经常陪着他看，他就把书上看到的都讲给我听，我们会一起畅谈梦想，畅想未来。就这样，看到儿子逐渐独立自信，学习也更加专注，对未来充满激情。他经常会说："妈妈，我一定要好好学习，自立自强，以后好好孝敬你们，呵呵。"这样的语言让我很感动。

良好家风的形成绝非一朝一夕之功，需要长期的熏陶和沉淀。正是有了像外婆、母亲这样的女性，她们用肩膀担起了家风，传承了家庭里的美德，才有了一个个安定祥和的家庭。

无形的滋润

于昉忻　水电七局机电安装分局国际事业部

家，肉体的成长处，灵魂的栖息地。

家中总有一种旖旎缱绻浇灌着每一个家庭成员，那是一个家族之魂，它洗涤污秽，幻化出代代都在依靠的精神家园，家风如雨，良好的家风大有“随风潜入夜，润物细无声”之感。

家风对于一个人的成长起着很重要的作用。自古以来每个家庭都“望子成龙，望女成凤”，为了实现这一目标，家长们也是费尽心思。古人在教育下一代时，不管是达官贵人还是平民百姓都几乎是以家训让孩子背诵，已达到启蒙的目的。古人的家训里特别注重对孩子人格上的教育，《三字经》在孩子还不识字时就早已烂熟于心。这些都足以可见自古以来中国家庭对家风的重视程度。不仅如此，民间关于家风家训的美谈不在少数。如颜之推的《颜氏家训》，诸葛亮的《诫子书》，韩愈的《送东阳马升序》，他们将自己的人生见识，人生精华集成白纸黑字用来教育下一代。亦有“处世以谦让为贵，做人以诚信为本”，“勿以善小而不为，勿以恶小而为之”，“君子爱财，取之有道”，“与人为善，与邻为友，严己宽人，既往不咎”，等等，这些在塑造一个完美人格方面举足轻重。孩子们在耳濡目染中，享受这般熏陶，进而将其化为面对跌宕人生的一股强力。

当然，这雨也可能是一场酸雨，造成“万物皆涂炭”，不仅毁坏一个小团体，甚至对大团体的稳定性都构成极大的威胁。

像当今社会上贪污腐败之风盛行，家风也是占一定因素的，当一个人被权利、欲望蒙蔽了双眼时，如果家里有一个正直的人一定会拨开云雾，替他掸去灰尘。

不好的家风会扭曲三观，这就好像是在孩子身上装一颗定时炸弹，将孩子引向歧途。什么“人不为己，天诛地灭”，纯属扯淡，把自私说得那么高尚。如果一味地这样教育孩子，那怎样才能让孩子手有余香呢？

我泱泱中华能绵延数千年，在东方撑起属于自己的一片天，没有那一个个和谐相连的小家庭，想必早已如那其他的文明古国一般，山河日下，辉煌殆尽了。中华文明是在家庭文明“取其精华，去其糟粕”下浑然而成。早在余秋雨先生的《千年一叹》中了解到文明败落的悲哀：硝烟弥漫，战火连天，遍地饿殍。也许你要说，这也太夸大其词了，竟然将文明仙逝进而带来的一切苦果推给一个小小的单位——家。可你殊不知没有我们古往今来每个家庭提倡的“和”这一条坚固的线将每个家庭贯穿起来，文明怎么不会散珠一地呢？

“和”想来是家训中普遍强调的一条。自古就有“家和万事兴”来帮助中华文明源远流长。

孔老夫子的思想在包括古圣先贤及一些统治者的推崇下早已根生寻常百姓家了。《论语·学而》篇中：“礼之用，和为贵。”他强调以和为贵，意识到“和”的重要性。一个家族要想一代胜过一代，从而繁荣昌盛下去是离不开一个“和”字的。和，有家之和、邻之和，国之和。六尺巷的故事总是被老一辈的人视为极好的教材去教育孩子。由家升华到国，中国领导者们机智的将这一管家的思想用到治国上来。历来中国在对外政策上，也将“和”字摆在显眼的位置，古有郑和下西洋，今有周恩来总理轰动一时的“和平共处五项原则”。这为国与国之间的政治、经济等各方面的合作及共同进步带来契机。相反，中东地区，石油之宝库。由于和意识淡薄，本可富甲一方，却是常被死神光顾。

“和”也体现在政治方面，当官的如果想到了“人和”，自然会时常将“规矩”放于心间，不被其他东西所引诱。

哲学说，万物辩证，要以辩证的眼光认识事物。看待家风亦是如此，无形中的滋润，不要臭水熏天，要甘泉一眼。

Part 02
最是家风润无声

传承好家风，传递正能量

郑　瑶　自贡银行股份有限公司

“家是最小国，国是千万家。”家庭是社会的微细胞，家风家德对一个国家的文明进步和社会经济发展有着不可小觑的作用。“优良的家风家德是文明家庭、和谐社会的根基。好的家风是融化在我们血液中的气质，好的家风是沉淀在我们骨髓里的品格，好的家风是我们立世做人的风范，好的家风是我们工作生活的格调。”礼让，则是家风的基础，是家庭文化的沉淀，是一种境界，正所谓：知礼仪，重家风乃国之精髓也。

我出生在一个受传统教育的家庭，姥姥和姥爷都是忠于中国共产党，忠于党的事业，献身革命的老一辈优秀革命者，骨子里透着一种气度不凡、刚直不阿的气质，爱憎分明、正直坦诚。虽然他们没有接受过高等文化教育，但对美好家庭建设和树立良好的家风家德，教育子女却有着独到的方法，在无形中将中华民族“礼让”的传统美德传承下来，影响了我们一代代后人。

姥爷在我出生 6 年前就病逝了，我唯一见过的是曾经在姥姥屋内条柜上一张 16 寸的遗像，虽然素未谋面，但听着他的故事，总带给我亲切感。小时候常从母亲的口中，听到关于姥爷的故事。姥爷是单位干部，在单位不端架子，平易近人，受人拥戴，在家里严肃活泼，和蔼可亲，受人尊敬，不管在哪里，姥爷总是礼让三分，谦逊待人，以身作则，以自己的言行带动和影响身边人。

那是20世纪70年代中期，当时，一般职工家庭收入低，负担重，住房条件差，生活水平不算高。涨工资，福利分房在那个年代对于人们来说那算得上是特幸福的大事情，人们无不翘首盼望，争先恐后。听母亲讲，姥爷虽然参加革命早，又是领导干部，工资相对高一点儿，但家庭负担重，家境也不算宽裕。那年按照当时调资政策，姥爷正好符合条件，单位符合条件的人多，名额少，根本不可能人人都得到满足，为此大家吵吵嚷嚷，更有甚者赤膊上阵，掀起一阵调资风波。当时，单位有一位老职工反映了自己家的特殊困难，申请调资，经过调查核实情况属实，姥爷随即安排，召开专题会议研究，决定首先让满足符合条件的困难职工涨工资并说服其他条件稍好的职工礼让，同时在会上公开表态自己放弃难得的调资机会，率先礼让，单位职工深受感动，顿时纷纷响应，最终解决了这名困难老职工的燃眉之急，也顺利平息了单位的调资风波。

记忆中，与姥姥相处的时间不算太长，主要集中在10岁以前，因为糖尿病的缘故，姥姥视力不太好，不能经常带着我和哥哥出去玩，我们最爱的是端着小板凳，在院子的大树下围坐在姥姥身旁，听她讲当年部队不畏艰险，南征北战，克服艰难，剿匪制胜的故事。听她讲当年部队后方卫生院的伤兵们相互谦让紧俏的麻药，自己则忍着剧痛生生取子弹的故事；听她讲在战火纷飞，刀刃相见的战场上，在白色恐怖无硝烟的地下工作战线上，无数英雄舍生忘死，把生的希望留给战友的故事……那些撼天动地，激励斗志的励志故事让我难忘，那些不畏艰险、克服困难的英雄气概，那些平等相待、团结礼让的优秀品质，在我幼小的心灵深处便早早烙下了深深的印记，影响着我的一言一行。

在我10岁那年的秋天，姥姥因糖尿病恶化，永远地离开了我。母亲家里有七兄妹，当时面临着姥姥遗产分配问题。说到分遗产，也许大多数人脑海中总是浮现出面红耳赤，大打出手，争得你死我活的画面。但在我们这个家风尚好，礼让为先，家德优良的家庭，分配遗产却格外友善和谐。记得是在姥姥过世不久的一个晚上，母亲家中的七兄妹围坐在一起，大舅以家长的身份第一次主持了遗产分配的家庭会议。他将姥姥生前留下的遗产全部罗列出来给大家逐件清点后，拿着姥姥的存折和一些金首饰说："礼让是一种境界，是父母在世时一直倡导并且在家庭中沿袭的传统美德，面对父母的遗产哥哥姐姐理应无条件地扶持和照顾条件相对差一点儿的七妹，她工作性质特殊，又劳累，娃娃也还小，正是用钱的时候，我建议把母亲遗产中的存折和金首饰以及住房留给老七。"话音刚落，其余兄妹出奇的一致，纷纷表示赞成，均无异议。遗产分配得风平浪静，让血浓于水的亲情更加紧密，让姥姥、姥爷倡导的礼让美德更加具有实际意义。这不禁让邻里们赞叹不已，传为佳话。

小时候，父母给我讲得比较多的莫过于孔融让梨、山羊过桥等礼让故事。他们总告诉我，不管是在外对他人，还是在家对亲人长辈，谦让和尊重是必不可少的，礼让美德已经自然地融入我的人生长河中。那是在我一年级的时候，上学高峰期和父母一起挤公交车。那时我个头矮小，好不容易上车了还得夹在让人透不过气的人缝中，每当运气好有座位时心里总是美滋滋的，毕竟免受了拥挤之苦，但因为车上总能看到驼背钩腰、步履蹒跚、瘦弱多病的老奶奶、老爷爷或者比自己更需要座位的人，父母总会让我起身让座。母亲总说："座位应该让给最需要的人坐，等以后你老了，需要别人帮助的时候也会有人帮助。我们所处的社会本就是一个和谐温暖的家园，凡事要学会换位思考，为别人着想，要像对待自己的亲人一样相互谦让，相互帮助。"家风家德对我的影响非常大，它让我学会了谦逊、礼让，学会了平等待人、和睦相处，学会了诚实做人、踏实做事。

随着社会的文明进步，礼让也不断被社会所倡导和传承，渐渐也成为城市的名片。让我记忆深刻的亲历见证了西子湖畔的礼让美德。杭州素来不被人陌生，它之所以成为中国著名的旅游城市之一，成为中国经济、文化对外交流的中心城市，除了它得天独厚的天然资源，我认为更重要的是中国传统美德在市民中的广泛传承。杭州公交线路复杂，但城市交通却井然有序，杭州司机礼让行人传为佳话，我是亲眼所见，亲身感受过。在车水马龙的大街上，不管斑马线上是不是绿灯，只要有行人站在路口，公交车、私家车就一定会停下来，待行人通过后再缓缓驶过，道路交通秩序良好、行车有序，这也让我体味到传统美德在社会进步和经济发展中举足轻重的作用。

近年来，对传统文化的传承越来越受到国家的重视，每一个家庭所表现出来的良好家风和家教，正在武装和改变着我们的社会。每一个家庭进步的一小步，就是社会进步的一大步，家风作为每个家庭文化和美德的“识别码”展现着社会和人类文明的进步，传递着正能量。希望每个家庭将优良的家风传承下去，让我们的社会大家庭更加和谐、友善。

我的家风是润物无声的一场细雨

李海萍　川东北气矿物资采购管理部

我的家是地地道道的农村家庭，在我和姐姐工作之前，父母几乎就没有走出过小镇以外的天地，他们总是默默地把勤劳的汗水挥洒给脚下的土地，靠着微薄的收入撑起我和姐姐用知识改变命运的人生梦想。最终，我们考上大学，离开家乡，离开了父辈面朝黄土背朝天的人生轨迹。后来，我们在各自奋斗的城市里栖息。

然而，钢筋混凝土的城市森林里，我和姐姐总是以朴实而淡然的姿态在摇曳的人群里静静矗立，我们总是守着生命里那些最本真的东西在城市一隅安然绽放。在某个暮色沉沉的傍晚，我们或许会买下老者篮子里最后一点儿蔬菜或水果；在烈日炎炎的午后，我们总是会为那些固执地翻捡着垃圾桶的老人难过或哀伤；一年不多的几次回老家的日子里，我们的车子后备厢总是满满地装着带给朋友或邻居的蔬菜或果实；我们在局促而简朴的房子里快乐地坚信明天会更好；我们在纷纷扰扰里忘记一些伤害和背叛，坚信人性的明媚和温暖，我们在平凡的岗位上忘却渺小和卑微，感恩今天的幸福和美好。善良、质朴、乐观、豁达的价值观就像植根于灵魂深处的种子，在我们成长的旅程里生根发芽。

多年后，在某个春天的夜晚，再读《春夜喜雨》时，“随风潜入夜，润物细无声”竟让我读出了家的味道，那些无声无息植入我灵魂的人生观又把我的思绪带回了老家那一片黄土地上，父母年轻时的身影在我的记忆中越来越清晰……

小时候，农村的土地贫瘠而荒凉，从早到晚扎根于土地的父辈们并不能用勤劳带来真正的丰年，还有不少的税负和公粮上缴。一些精明的庄稼汉已经开始出门打工，在春节的时候回家总能给孩子带回一身漂亮的衣衫，攒几年钱就能给家里盖上红砖绿瓦的小楼房。我的父母在当地也算头脑灵活，却对此无动于衷。却把堂叔的、二婆家的并不值钱的土地揽在手里，农活越来越多，劳碌而又繁忙。从早到晚，忙个不停，每到收割的季节总是奋战到凌晨。第二天，还要在太阳底下虔诚地翻晒着，然后用老式的风车吹得干干净净的，然后扛给二婆和堂叔。辛劳了一年，多种的土地除去上缴的粮食和称给二婆和堂叔家的，已经所剩无几。这并不是一件划算的事情。我不知道这样的忙碌有何意义。于是，便有邻居说：“要不是你爸爸妈妈，你二婆一个人只能讨饭吃，你堂叔老两口的 4 个女儿也没法放心远嫁，你爸妈在做好事呢！”

每到过年过节的时候，包饺子、蒸包子，我和姐姐总是被支配得到处跑，东家西家的老人都要送到，虽然是一份微不足道的心意，但是他们满心的感谢一览无余。于是，每到春节，我们的家总是热热闹闹的，聚满了打工归来的邻居，三杯两盏淡酒里浓缩了那些小事里不用言说的恩情。每到这个时候，父母总在喧闹声中平和安宁地微笑与忙碌。待到邻居要再出门打工时，妈妈早已备好自家腌制的鸭蛋、手工的红薯粉、花生……这些朴实的东西如同我的父母一般，简单而富有深情。

我和姐姐相差两岁，两个孩子先后入学，学费对于农村家庭来说，无疑是一笔不菲的支出。但父母总是能从那土地上努力地掘出更多的金钱，栽桑养蚕、种菜喂猪……他们在土地里精打细算，只是为了让我们面带微笑从容生活。直到姐姐上大学后，家里的生活才开始日渐窘迫。可是，这些艰辛，父母却不愿让我知晓。周末回家，依然能看到丰盛的饭菜，依然在欢声笑语中让我安心学习。他们总是告诉我，车到山前必有路，钱并不是我操心的问题。每次借钱或是卖东西变现，父母并不会当着我的面进行，早早地备好，迎接我的总是云淡风轻。哪怕我和姐姐同在大学期间的两年，每个月的生活费总是及时打入卡上，还总告诉我们，别怕，家里有办法。直到毕业后，和母亲的谈话中才渐渐得知，那些年，他们也曾在借钱时有着一些小小的尴尬，也曾遇到过不被理解的冷嘲热讽或者委婉拒绝，当然，更多的是邻居们及时伸出援助之手，缓解了无数次燃眉之急……母亲再讲时，早已坦然淡定，还总说，那个时候，谁都不容易，记着别人的好就是了。总有人说我爱笑，我想这与家给我的氛围息息相关，如若父母把曾经的艰难化作紧缩的眉头和满脸的幽怨，又怎会让我流年里轻松快乐。

我的姐姐，读书成绩一直不算优秀，她总是在用力追赶着。面对她每一次并不理想的成绩，父母总是鼓励多过批评。姐姐的很多同学都在中途退学，其中不乏成绩比我姐姐好的人。最终，姐姐通过补习，考入了自己心仪的大学。她工作后参加公务员考试，前后共计 5 次，终于得偿所愿。我曾经问她如何有勇气面对一次又一次的失败。她笑笑说："我们家的人什么时候怕过失败呀，我和你不都在高考失利后还得到了轻松愉悦的补习机会么？再说了，爸还跟我说，慢慢来，这次考不上就下次嘛。"所以，姐姐相信，只要在下次中坚持下来，最终，某个下次就是我们真正的最后一次。曾经，我以为姐姐的坚韧和乐观是从她读的万卷书里来的，那一刻，我才知道，这依然来自我那平凡的家，那破旧土墙和瓦房里的乐观给了她真正的坚韧和执着。

曾经，家里有一个特别让我瞧不上的姑姑，喜欢贪图小便宜，喜欢在家里挑弄是非，在她的编排里，曾经引发过父亲兄弟姊妹间的大战。后来，她瘫痪，中风，邻里多对她不满，因而总是背地里说她是报应。我的父母却总是告诉我，那都是以前的事了，老记着干嘛！于是，我的父亲背着她去医院，风里来，雨里去，骑着一辆旧摩托去给她拿药。他们的豁达，竟让我有一些无地自容。我熟知的网络书里的人生哲学在他们面前不堪一击，我也学会了原谅和遗忘。那些红遍万千的心灵鸡汤并没有给予我真正的救赎，豁达才是父母写给我的基因密码。

关于我的家，父母的故事很多，他们一生都在践行他们那些最朴实无华的人生哲学。他们也许不明白，家风是什么，他们不知道善良、质朴、乐观、豁达的含义。直到我长大后，才发现自己的根，一直都在老家的黄土地下生长和蔓延，在泥土的质朴和芬芳里才能开出最美丽的花朵。

曾经，我以为家风是挂在书香门第里一块庄严的竹匾，曾经我以为家训是立于大户人家的一块巍峨的石碑……我以为家风家训与我那平凡至极的家从无瓜葛。长大后的我才明白，我们的家风从不是挂在门楣或祠堂里的虚张声势，而是浸润万物的细雨，在春风里慰藉泥土，涵养生命，并由此枝繁叶茂。从此，我们学会在热闹的城市里享受安宁，在平凡的岗位上感恩幸福，我们在物欲横流的世界里淡泊宁静，在纷繁复杂里追求简单。感恩父母的大爱，感恩我的家风。

惜书与执爱

谢雯洁　西南油气田分公司输气管理处梁平输气作业区

“好家风，道德的涵养池；好家风，幸福的金钥匙。”看到《阅读与家风》中这句话时，不禁让我想起在人生经历中与父母相关的两个小故事。

惜书如金与涵养养成

父亲惜书，近乎疯狂。我从小到大用过的每一本书，从小学到高中课本，小说到名著，益智题集到绘图教程，他都亲自给我包书皮。这番举措曾让我一度怀疑，他是不是患有轻微洁癖。父亲一直以来都不允许我卷书角，不允许折书页做记号，只能轻轻地翻页，且翻过后也不能在书棱上压上一压来防止书页回翻，这些惜书的招数，让我的每一本书到目前为止还如同新书一样的存在着，而我也曾像“惜书怪人”般的在同学之中存在着。

父亲惜书，影响着我也惜书。而这一习惯，我竟然在他的带领下默默地坚持了20个年头，变得对于书籍的保养异常的执着。慢慢地发现，惜书再也不仅仅是惜书，对于书籍的珍惜逐渐地演变成了对自己所拥有的一切的珍惜，不论是人、物质、情感，只要是自己接触的、拥有的，终究不忍对其有一丝玷污，以礼相对，最终还之以礼。

偷看日记与懂得执爱

“偷看”总不是一个好的词眼，但道德的谴责始终抵不过年少时的好奇心。12岁那年，我在一个抽屉的角落，找到了母亲的日记本，并一口气将它读完。

“1986年8月29日，他说他想照顾我一辈子，这一天我会永远记住，希望他也记住自己的承诺。”

“1987年7月17日，申请了探亲假，来到新疆见到崇刚，第一眼没认出他来，他变得好黑，为什么我的心这么疼。”

“1989年9月1日，崇刚带着我和他们队友一起烤羊肉串，这地方的肉串比四川的大好多，差不多有半个拳头的大小了，还喝了点儿小酒，很开心。”

“1991年9月30日，今天是女儿百日纪念日，崇刚还在新疆上班，再过10日就回来休假了，大家都说，女儿越长越像他了，想念。”

……

日记中记录着母亲的喜怒哀乐，大多是喜与乐，而剩余的悲与哀，皆因父亲而起，却无一不透露着对于父亲的想念、不舍与深深的爱。

父亲因工作原因，有5年时间与母亲处于四川与新疆两地异地生活的状态，一年断断续续相加总共相聚的时间也不会超过100天。如今，每当看到母亲挽着父亲的手，漫步在街头，总会想起母亲的日记，想起他们曾经的坚守与执着。感谢当年偷看母亲日记的自己，让我看到了他们的爱情故事，更让我懂得了执爱，并懂得享受感情的纯粹。

父亲惜书，教会了我以礼待物、以礼待人；母亲的日记，让我感受到了细水流长的幸福，也让我学会了执着的爱。父亲母亲用他们的坚持，教育着我做人的行为准则，潜移默化地影响了我的一生。正如《阅读与家风》中有所写：“好家风，道德的涵养池；好家风，幸福的金钥匙。”这也许是家风真正存在的价值。

优良家风代代相传

周莉莉　四川省眉山市洪雅县中医医院

在我们的传统文化中，人们历来就重视家风的教育作用。所谓家风，又叫门风，是指一个家庭或一个家族世代相传的道德准则和处事方法。

余斌，中保高中校长，出生于 1975 年，家住洪雅县菜地坎村 9 组。家中姊妹七个，他排行老幺。由于姊妹较多，家庭负担较重，父亲余恒久自小就教育孩子们，兄弟姊妹之间一定要互助互爱。在父亲的悉心教导下，一家人的生活虽然清苦，但是兄弟姊妹之间的感情非常融洽。姊妹中哪家有急事难事，大家都出钱的出钱、出力的出力，集体帮助她渡过难关。

从小对他们姊妹影响最大的他们的父亲余恒久，他立下的家风让他们终身受益。在余斌的记忆里，这个有文化、见过世面的老父亲对后辈要求非常严格，特别是生活细节上。虽然按传统思想，老父亲非常爱儿子，但对儿子的教育非常严格，余斌记得自己 6 岁时和小朋友玩耍打架了，回家被父亲知道了，老父亲借题发挥，送给他终生难忘的三句话：做人要有礼貌，做人要饮水思源，做人要知恩图报。老人还常说："择高处立，就平出坐，向宽处行。"意思是看问题要高瞻远瞩，做人应低调处事，做事要留有余地，这至今影响着余斌的为人之道，让他学会换位思考，不断创新，关心员工，在他的影响下中保高中的教学质量从低谷慢慢迈入正轨。

虽然老父亲于两年前不幸去世，但是他的谆谆教导犹在耳边。现在每逢周末，或者是哪家有人过生日，兄弟姐妹一大家子几十号人都会聚在西门的老屋一起吃饭聊天，陪老母亲安享晚年。

良好的家风构成我们良好的国风，无论是谁，来自家风正、家教严的家庭，进入社会后能自觉遵纪守法、恪守道德规范、抵制不良风气；反之，则容易违法乱纪、道德败坏、伤天害理、祸国殃民。

良好的家风是优良品质在家庭中的积淀和传承，是家庭留给每个成员的宝贵精神财富，它的形成需要长期的熏陶与积淀，绝非一朝一夕之功，应该加强教育，反复训练，注重养成，成为每个成员的自觉意识和行为。

一则要有意识地去培育养成。要明白代代相传的不仅是家财和地位，更应该有内涵和精神。把老一辈留下的美好品德和作风接续下来、传递下去，是造福当代、惠及后人的大事，接力棒在手，我自有责任，让良好家风薪火相传，发扬光大。

二则要在家庭中营造崇尚学习的气氛。古人讲“非学无以明志，非学无以广才”，知书才能明礼，学习就能升华。让家里多一分书香气，茶余饭后，看看书，读读报，谈天论事，当然，家庭的学习不同于组织，不需要有计划地开展什么活动，但要培养家人的读书情趣，让家人在幽静的家庭环境里畅游书海，从中得到更多的教化和启迪。

三则长者要做好传与带。家长是塑造孩子的无形力量，耳濡目染影响着孩子世界观的形成，你的穿戴、举止、观点、接人待物等，无不对孩子有着潜移默化的影响，上行下效，近朱者赤，近墨者黑，这样的道理应当人人都明白。

四则要创造和谐文明的家庭环境。居家里外，干净、明亮、整洁、有序。去朋友家串门，有的家庭还很注意家风家教文化，悬挂着激励感人的家训格言，让人置身其中，产生良好的心理状态，一种清新雅致的感受油然而生。

好家风就是一所好学校，其教育方式就渗透在方方面面的密切接触里，谆谆诱导，亲切教诲，热情鼓励，严格要求，无不影响着家庭的每个成员，并且影响到邻里和社会。树立端正的家风家规是值得弘扬的民族文化，正能量得以传递，生活会更美好，国家会更加繁荣昌盛。良好的家风家规传承刻不容缓！

“不论时代发生多大变化，不论生活格局发生多大变化，我们都要重视家庭建设，注重家庭、注重家教、注重家风。”习总书记关于家风的话语，对我们是一种教育，一种鞭策，更是一种深情的期盼。我们每一个人都应该关注家庭文明建设，积极传播向上、向善的正能量，从自身做起，自觉立好家规、正好家风、处好家事、管好家人，清白做人，踏实做事，树立好、传承好、培育好家风，为营造风清气正的社会环境做好铺垫，给社会留下一片和谐、一片温馨。

最是家风润无声

龙　杨　国网四川省电力公司广安供电公司

何谓家风？即一场润物无声的教育，一种言传身教的传道，一次饱经风霜的沉淀。家风对人的教化作用一如细雨，润物无声。于我而言，家风更是一种朴实无华的农民精神，一场“执子之手，与子偕老”的坚贞爱情，一份“孝才会顺”的笃定信念。而我要做的则是在这漫长而又短暂的人生旅途中，点点滴滴地参悟家风，世世代代地传承家风。

家风·初识

犹记当时初相识，黄花垂髫不知事。

我家的家风要从爷爷奶奶说起，从小他们就教育我要懂礼貌、讲勤俭。记得小时候，有一次我看见邻居小朋友手里拿着零食，我满心欢喜地冲到奶奶跟前说：“奶奶，我也要吃辣条和玉米棒！”当时奶奶的脸唰地一下由红润变成煞白，眼睛瞪得圆圆的，圆圆的脸随着嘴唇颤抖着：“你每顿把饭吃饱了就行，其他的就不要想了！走，回家！”当场我就稀里哗啦地哭了，奶奶见状马上变得温柔起来，摸着我的头说：“孩子啊，不是别人有的咱就非得要，不要总是去攀比，每一分钱都是来之不易的，可不能轻易浪费。”诸如此类的“无理要求”很多，如遇见长辈要大声致意，饭桌上长辈夹菜以后晚辈才能动筷子……从那时起，爷爷奶奶的教诲一点一滴地在我脑海中埋下了一颗种子。多年来，种子在爷爷奶奶一言一行的浇灌下生根发芽。生活在农村的童年记忆里，我不曾拥有过漂亮的公主裙和精致的洋娃娃，但却丝毫不觉得有任何匮乏之处。我想这大概是我的家人赠予了我一笔极其丰厚的精神财富。

爷爷奶奶都是农民出身，没有什么文化，但一直很希望子孙后代能够走出农村，他们坚信知识改变命运。小时候爷爷总是语重心长地对我说：“妞儿，你要珍惜好时代，当初你爸他们没钱读书，现在条件好了，你一定要努力，日后像你大姑婆一样当一名人民教师，多好啊！”他的神情有期许，更多的却是无奈。当时我虽然不明白为什么，却也懵懵懂懂记在心中，至今记忆犹新，仿佛言犹在耳。从小到大他们对我花钱总是“斤斤计较”，但唯独学习方面百依百顺，无论我买多贵的学习资料都会毫不犹豫地拿出省下来的钱。直到2012年的那个夏天，我考上了本科大学，爷爷奶奶乐开了花，就像自己精心培育的稻子大丰收了一样。我清楚记得他们把省吃俭用存下来的一千块钱奖励给我，钱虽然不多，但是满载着他们十几年来的心血与期望，至今我还把那份奖励珍藏在那里！

家风·感悟

豆蔻共接连理枝，华发情深永不辞。

那年夏天，爷爷因突发脑溢血动了手术，出院后讲话开始不利索，腿脚也不太方便了。再加之左手骨折，他身体日渐瘦弱、憔悴，基本丧失了生活自理能力，现在走路需搀扶着，穿衣要有人在旁边帮助。但是爷爷奶奶不想成为儿女的负担，一直以来都是两人单独生活，所以爷爷的日常起居基本都是由奶奶一个人照料。更衣洗漱、做饭喂药、擦身洗衣、搀扶学步，趁爷爷休憩时去翻土种菜，奶奶就这样日复一日地做着这些同样的事情。她还时不时到处打听爷爷这样的病情应该搭配什么样的饮食，做点什么样的运动。遇天晴时，她就搀着爷爷出去晒晒太阳，和邻里拉拉家常，消磨打发时间。奶奶对我说："少年夫妻老来伴，我从十几岁就跟着你爷爷了，从两个人到十几口人，从毛坯房到大楼房，从你这个小丫头片子到大姑娘，我们从来都没有离开过对方，哪怕是出远门。"而爷爷心里明白奶奶每次去地里摘菜，总不放心他一人在家，老担心出什么岔子，他却总宽慰奶奶说："我没事，你忙去吧，有事我会喊你！"他们老两口偶尔拌拌嘴，也是他们唯一的乐趣了。

他们就这样相互体贴、互敬互爱、相依相伴，进进出出总是牵着走……他们的生活里没有偶像剧里轰轰烈烈的爱情，有的只是日复一日，一餐一饭中的陪伴与关怀。成长在爷爷奶奶身边的我，从他们身上真切地感受到相濡以沫，彼此陪伴的感情，就是爱！因为爷爷奶奶的感情，也让我相信爱，并憧憬爱，因为我见过爱的模样。

家风·传承

少年催得白发生，鞠躬难报父母恩。

在成长的不经意间，家风其实已经深深地烙印进我的成长足迹里。对我触动最深的是爸爸的孝道。即便工作再忙，爸爸每隔一两天就会提着一袋一袋肉和菜去探望爷爷奶奶，怕老年人总是去节省那一点儿钱。自从爷爷生病后，他去的次数就更频繁了，陪着爷爷说话聊天，逗得他老人家眉开眼笑。我经常会注意到这样一个小细节，每次爸爸看见爷爷的胡须长了，他会连忙拿出剃须刀，用毛巾捂热腮帮子，然后小心翼翼地把剃须刀放到爷爷腮上，慢慢刮着，刮完后爷爷嘴角略隐现出一个被皱纹遮盖的小酒窝，口中依稀吐出："这下轻松多了！"脸上还带着几分自得。见天气晴好，他还会扶着爷爷站起来慢慢地走两步，舒活舒活筋骨。记忆中这样的事发生过很多次。我爸是一个不善言辞的人，但他经常教育我们说："何谓孝顺，孝才会顺，人一定要懂得感恩和孝道。"渐渐地，我仿佛从爸爸的言语和行为中感悟到了什么才是真正的孝道……爸爸妈妈对老人的一片孝心，只有陪伴在身边的我才能真正体会到他们的辛苦，他们的坚持也是我们儿女最好的榜样。

爷爷奶奶用他们的一生来诠释平凡人的家风，爸爸用他自己的行动一直感染着我，感染着整个家庭。如今不管在哪，我总是挂念着爷爷奶奶，经常回家看望他们，陪他们唠唠嗑、解解闷，第一时间跟他们分享我的喜悦。我教会了他们用手机，教会了他们用微信来视频聊天，教会了他们接触新事物……当我拿到人生的第一桶金时，第一件事就是给他们买穿的吃的，他们嘴上虽不说，但我知道他们内心一定为自己的孙女感到欣慰。我们生来就有个大家庭，未来也将创造新家庭。我相信不久以后，我成了家，有了自己的孩子，我依然会传承这样的家风。

家风是一个家庭的精神内核，是一种润物细无声的品德力量。时移世易，日积月累。长辈们不经意间显现出的克勤克俭、淳朴善良、敦厚孝顺、相亲相爱的品性，润物无声般地在我稚嫩的心灵烙上了恒久的印记，使我在漫漫人生旅途中找到了前进的方向。在开启职业生涯的今天，我为拥有这样的家人，这样的我，这样的家风而感恩；在未来的日子里，我会将良好的家风继续传承下去，纵使时光变迁、观念转变，平凡朴实的家风依然会源远流长……

“十六字”家规

——吃苦在前，享乐在后，冲锋在前，退却在后

周　勤　四川省绵阳市九洲集团

1925年，周永秀（我的爷爷）出生在一个穷苦人家。1938年，年仅13岁的他，参加了八路军。“那时小，还没枪高，就当号兵，吹号，也给连长当勤务兵。”他说，当号兵当了8年之后的他在1946年下了连队，先当副排长，一年之内升为连长。

1947年夏季，爷爷在延安保卫战中接到命令：攻占敌人阵地。他带着队伍冲锋时，敌人的子弹打中他的腹部。“从这里打进去，又从这里穿出来。”爷爷一手指着左腹部，一手摸着左后腰尾椎部位说。“幸亏子弹穿出来了，不然就没命了。”已经61岁的大儿子周朝胜（我的爸爸）补充说。那次负伤，被鉴定为二等甲级伤残。

爷爷的前半生，有20年是在枪林弹雨中度过的。他先后参加了抗日战争、解放战争、抗美援朝战争，直到1958年，作为最后一批撤离朝鲜的战士，他回到了祖国。现在已经没有人知道，甚至连他自己都记不清，他负过多少次伤，死神与他有过多少次的擦肩而过？

人生信念作为家规传承

“吃苦在前，享乐在后，冲锋在前，退却在后”

在朝鲜战场上，经组织介绍，将我山西籍的爷爷与来自四川郫县的钟俊昭（我的奶奶）结为夫妻。从朝鲜战场上回国后，爷爷到了四川绵阳建设 783 厂——即现在的九洲集团。“当时，九洲集团这一片全是稻田，条件非常艰苦，生活上连盐巴都买不到。建厂的材料就是到二郎山伐木。”那段艰苦岁月，老人依然清晰记得。

凭着军人的坚强毅力，爷爷和当时九洲的其他开拓者度过了那段最艰苦的岁月。后来，他先后担任党委组织部部长、副厂长，直到 1984 年离休。2011 年，组织上给他调整为副省级待遇。

“吃苦在前，享乐在后，冲锋在前，退却在后。”无论在战争年代，还是在地方工作，这 16 个字都是爷爷的写照。他将这 16 个字，定为我们周家的家规。“多吃苦多干活，少讲待遇。”爷爷给他的两个儿子这样解释家规的含义：“你们是部队的后代，要给父母争气，要给国家争气。”

当年爸爸被送到武汉去做机修工，后调回九洲集团。爷爷那时已是副厂长，但他依然让儿子当机修工，坚决不准搞特殊。

儿子：父亲的经历鞭策着我

“艰苦奋斗、吃苦耐劳是每个家庭的立家之本”

爸爸 16 岁进入九洲集团，在仪表部做维修工。30 多年的九洲岁月，他一直认真负责，在平凡的岗位上无私奉献，经常参加公司组织的义务维修服务，被评为厂级先进工作能手。有人问爸爸“当年回到九洲集团，父亲没有给你安排一个好工作，你有怨言吗?”“没有怨言，真的没有。我明白父亲母亲的心，我要自己去努力、去奋斗，不给他们丢脸。”父亲说话轻言细语，身上完全没有一点儿“干部子弟”的影子。

“父亲总是说，我们是从艰苦中走过来的，艰苦奋斗的精神不能丢，要扎根在思想里，融化到血液中。”在爸爸的心里，他非常认同这样的观点；艰苦奋斗、吃苦耐劳，是每个家庭的立家之本。

九洲集团工会领导和同事说：“周朝胜爱做好事、爱帮忙，卫生所、幼儿园的电器设备，同事的家电，有问题了他都帮忙修，义务修。”

对此爸爸这样解释：“同事、邻里之间，要相互关心、爱护、帮助。”父亲的经历一直鞭策着我。

虽然两个儿子最后在九洲集团都以最普通的职工身份退休，但周永秀确认为“两个孩子有出息”。

孙女：爷爷就是一本教科书

“一定要把艰苦朴素、吃苦耐劳的精神传承下去”

我喜欢听爷爷讲他的峥嵘岁月。小时候，我经常拿着爷爷的各种奖章，让他讲那些奖章背后的故事。爷爷的精神一直鼓舞着我成长。

由于特殊原因，两代老辈都没读什么书。因此，爷爷奶奶、爸爸妈妈都希望周家第三代——也就是我多读点儿书，最好考上大学。

爷爷奶奶的故事是一本教科书，它教给我们的不仅是历史，更有民族精神的时代担当。作为他们的后辈，一定要把艰苦朴素、吃苦耐劳的精神传承下去。作为生在九洲、长在九洲的“九三代”，我毕业后毅然踏入了九洲的大门。我也要像爷爷和父亲一样，为九洲的发展、为国防事业，抛洒青春和热血。

好家风：无形的力量，有形的传承

谭小菊　资阳市雁江区清水镇中心小学

习近平总书记在2015年春节团拜会上发表的重要讲话中强调：“家庭是社会的基本细胞，是人生的第一所学校。不论时代发生多大变化，不论生活格局发生多大变化，我们都要重视家庭建设，注重家庭、注重家教、注重家风。”家风是无言的教育，树立良好的家风，继承优秀的家规和家训，是值得弘扬的中华民族传统文化。家风无言润人心，这是有一定道理的。小时候我养成的一些好习惯，形成的好思想，给我的成长带来不少益处，而这些都得益于我的外婆。

我是在外婆家长大的，童年时光几乎都是在外婆的陪伴下度过的。因此，外婆对我的影响是非常深的。8岁时，我跟外婆一起去爬华蓥山拜佛。遥远而又崎岖的山路对于那个时候的我来说就跟二万五千里长征没有区别。爬了一整天，我们终于爬到了山顶。我是又饥又渴，看到卖面包的，我咕咕叫的肚子终究抵挡不住那香味的诱惑。我向外婆要钱买面包，外婆说太贵了（山顶上卖的东西的确有点儿贵，但那时候我不知道）不给我钱。我感到太委屈了，一个人跑到一边抹泪珠儿，心里责怪外婆狠心、抠门。后来在寺庙跟着外婆吃的免费斋饭，即使是这样也不能填饱我“饥饿”的“虚荣心”，我想吃那“洋面包”不想吃平常的米饭。从山顶回来时，我的脚要断了一般，我恳求外婆乘车下山，可是外婆就是不肯，她说乘车的钱可以买好多东西，走路才锻炼身体。于是，我走走，外婆背背我，终于结束了长征。回家后，外婆从她那个存钱的盒子里（那些钱都是舅舅、姨妈给外婆的，她总是舍不得用）拿了钱给我买了好吃的饼干，她说山上的东西比山下要贵好几倍，不划算，舅舅、姨妈挣钱很辛苦，我们不能乱花一分钱。外婆总是那么节约，这舍不得买，那舍不得吃，但是在拜佛捐功德，或是看到那些困苦的人时，她却舍得慷慨解囊，她说帮助别人就是给自己积福。

外婆身上有许多闪光的品质。外婆穿着朴素，她的衣服就只有那么三四件，却很整洁。她时常说衣服不讲究新旧，但一定要穿得干净；外婆总是处处待人以宽，她常教育我遇到事情，要先想想自己有没有什么做得不好的地方；外婆很勤劳，我很少见她有闲下来的时候，家中里里外外都被她打理得整整齐齐的；外婆没读过书，她说我们这一代很幸福有机会读书，让我们要好好学习，多学知识回报国家……虽然外婆不知道《弟子规》，但是她却用自己的言行告诉我们要做一个尊老爱幼、善良正直、诚实守信的人，外婆这样教导我的母亲、舅舅、姨妈，也是这样教导幼时的我。

外婆从小生活在困苦的家庭，6 岁时，她的母亲就去世了。从那个时候起，外婆就像骆驼一样，小时候背（照顾）弟弟妹妹，中年背（照顾）自己的儿女，老年背（照顾）孙儿。外婆用她那瘦小的身躯撑起了一代代的希望，也将那些闪光的精神财富一代代传承下去。“忠厚传家久，诗书继世长。”外婆传承给我们的家风是一本益书，值得我们细细品读；是春风化雨，滋润我幼小的心灵；是一盏明灯，指引我找到成长的方向；是一股清泉，滋养我树立良好的操守；是无形的正能量，以最朴实的形式，超越时间与空间的束缚，推动我们勇往直前。

正如习总书记所言：“不论时代发生多大变化，不论生活格局发生多大变化，我们都要重视家庭建设，注重家庭、注重家教、注重家风。”虽然外婆已离我们而去，但她传承给我们的好家风正在延续着，结合我们的个人梦、家庭梦，弘扬社会主义核心价值观，为实现伟大中国梦，释放更多的正能量！

百善孝为先

何秋蓉　中核四川环保工程有限责任公司

我在一个阳光明媚的上午，在阳台上泡好一杯清茶，打开了《阅读与家风》，静静地阅读它，品味书香，感受快乐。《阅读与家风》一书阐述了家风之内涵，树立好家风的现代价值与深远意义，详细介绍了崇尚阅读、家庭和美、夫妻和睦、孝亲爱老、勤俭持家、诚信友善、爱家爱国七种现代好家风，探讨了如何树立和传承好家风。在阅读的过程中，第五章“孝亲爱老，传递最美真情”令我感慨颇多，思绪万千。

俗话说：“百善孝为先。”中华民族是一个历史悠久的民族，五千年来有着许许多多值得弘扬的美德，其中，最闪亮的那颗珍珠就是孝，几千年来，它始终是衡量一个人品质高低的重要标准之一。在人的一生中，对自己恩情最深重的莫过于父母，是父母给予了我们生命，是父母辛勤地养育着我们，我们的成长凝结着父母的心血。父母的亲子之爱、舐犊之情只能用两个词来形容，那便是无私、伟大。因此，知父母恩、感父母恩和报父母恩，是自然的孝亲过程，是做人的根本。

吮着母亲的乳汁离开襁褓，揪着父母的心迈开人生的第一步。在甜甜的儿歌声中入睡，在无微不至的关怀中成长，灾灾病病使父母熬过多少个不眠之夜，读书升学花去父母多少心血，立业成家承载着父母多少艰辛，父母的恩情比天高，比地厚，因此，孝顺父母是天下所有儿女不可推卸的责任。时光荏苒，转眼间父母已霜鬓微白，而我因为工作远离父母，但距离不能阻挡我们去孝顺父母，许多时候，我们总觉得父母有他们自己的生活圈子，自己会照顾自己，我们尽可能地不去打扰他们，给他们点钱就可以了，就算是尽到孝心了。其实，父母更需要的是子女们的关爱和理解，一个问候的电话，一次家庭聚会，哪怕是请子女们来吃一餐他们自己亲手做的饭菜，他们都会觉得十分满足的。有一首歌叫《常回家看看》，它之所以流传久远，倍感亲切，不仅仅是因为它的旋律优美，而更重要的是它道出了人间真谛："常回家看看，哪怕帮妈妈唰唰筷子，洗洗碗，老人不图儿女为家做多大贡献，一辈子不容易就图个团团圆圆……"

孝敬父母要趁早，人生最不能等待的事情就是孝敬父母，"子欲养而亲不待"，是一件令人悲痛的事情。还记得几年前外婆意外离世，我母亲失声痛哭，伤心不已，而远在浙江的小姨虽然坐上飞机赶回来，却也没能见上外婆最后一面，那是一种永远无法弥补的遗憾，也是一种撕心裂肺的伤痛。我仍然清晰地记得我母亲和小姨抱着外婆的遗体哭诉的画面，我们还没来得及带外婆去四处旅游，去看看祖国的大好河山，我们还没来得及带外婆去一次 KTV、去看一次 3D 电影，我们还没来得及带外婆去吃一次海鲜、去一次麦当劳，我们还没来得及让她参加她最疼爱的外孙女的婚礼，她就那样突然离开了我们，留下了永恒的遗憾。外婆离开很久之后，我们仍生活在对她深深的怀念之中。我不会让外婆的悲剧重演，孝顺父母，现在就去做，不要让彼此的等待空留了遗憾，有时候，父母就像一个孩子，为他们做一点儿小事，就好像对他们特别宠爱一般，就会像个孩子似的开心满足地笑着，正如老子所言的"复归于婴儿"，从小到老，我们一直是父母眼里的孩子，但年迈的父母，又何尝不是我们心灵上的"孩子"？在他们慢慢变老的日子里，身在异乡的我们一定要常联系父母，一个电话，一条信息，表达着我们对父母的牵挂，工作再忙，也要常回家看看，说说自己的心里话，抽时间陪他们出去散散心，多让他们脸上绽放笑容，多让他们感觉到家庭的温暖。

百善孝为先。“孝”是稍纵即逝的眷恋，“孝”是无法重现的幸福，“孝”是“一失足成千古恨”的追悔。“孝”是不能等待的，我们不能忘记时间的残酷，不能忘记岁月的无情，不能忘记人生的短暂，不能忘记这世上还有一份我们永远报答不完的恩情，我们更不能在“子欲养而亲不待”时才流下悔恨的泪水，愿我们都能以感恩之心去孝敬父母，以反哺之情去回报父母，以孝亲爱老去传递人间真情。

好家风世代相传

廖晓琳　中核四川环保工程有限责任公司

家风，是中华民族5000年灿烂文化的结晶，是一个家庭文化的沉淀，是一代代家族美德的传承。良好的家风，无言的教育，如春天的雨露，润物细无声，福泽子孙后代。

我生在民风淳朴的青川县，父母因为支援三线建设来到这偏远而又山清水秀的小城工作，在我的印象中我的父母非常恩爱，从未在我们孩子面前红过脸、争吵过。父亲是个温和的谦谦君子，工作勤恳、为人忠厚，每年都会被单位评为先进工作者；母亲和同事、邻居都相处得非常愉快融洽，他们从来不会轻易发火或是打骂孩子，当我们放学回家吃过饭收拾停当后，我和哥哥写完作业就围在收音机前听广播剧、评书，父亲不是在阅读就是在练习毛笔字，母亲在一旁织毛衣，家庭氛围温馨而和谐。

天有不测风云，在我10岁那年，父亲被诊断为癌症，母亲时常会陪着父亲去成都治疗。于是外婆就从老家赶来照顾我和二哥，外婆小时候读过几年私塾，是个知书达理而又干练的女性，经常在闲暇之余翻阅报纸杂志、看小说，教我们做人的道理，带领我们阅读。外婆手把手教会了我洗衣、做饭，学会了自力更生、独立坚强，我一点一点地成长了起来。哥哥由此也变得非常喜爱阅读，在哥哥的带动下我阅读了许多的书籍，其中有杂志小说、中外名著、诗歌、散文、人物传记，等等。读书让我的思想与心灵得到了升华与净化，让我从文字中感知到外面世界的博大、浩瀚历史的厚重，知道还有很多有趣的人和精彩的人生，从此我的精神世界变得丰盈起来。

再到后来，我来到821厂学习、工作、结婚、生子。都说婆媳关系不好相处，可是我和婆婆从认识至今都未红过脸、吵过嘴。我的婆婆是一个很勤劳很为别人着想的人，我住过两次医院，婆婆都给予悉心的照顾，当时我就在想以后如果婆婆生病我也一定要好好照顾她，可是当她真正生病住院的时候，她怕耽误我们的工作，就没告诉我们，直到她后来康复以后我们才知道，这样的婆婆真的值得我尊重和敬佩。

在我成长的道路上，我的这些长辈们都是用无言的行动教育着我，虽温润无声却深深地镌刻在我的心上，让我明白做人要懂得孝亲、明礼、忠厚、诚信、勤俭。对于孩子的成长教育，我也秉持长辈们对我的教导理念，用自身的行动感染影响他，当有困难和疑惑时，我便和他一起面对并寻求解决方法。想当时儿子上初三的时候脚骨折了，在家休息了20多天，在脚伤还未痊愈时就回到学校上课，因为自身体重太重，我也背不动他，他是用双手一步一步爬上楼梯到达五楼教室的，并且利用中午的时间把落下的功课全部补齐，一点也没影响学业，当时他的老师们都对他的这种坚忍不拔的精神感叹不已。如今儿子也快满18岁了，即将进入高三，希望他坚持努力考上心仪的大学，成为一个有理想有担当的男子汉。

最后引用一副对联：“家事国事天下事事事关心；风声雨声读书声声声入耳。”我们要多读书、读好书，用实际行动来诠释家风，让好家风一代代、一辈辈地传承，让家庭和美幸福，使家族长盛不衰，国家兴旺昌盛。

做修身父母，树良好家风

——《阅读与家风》读后感

张　丽　中核四川环保工程有限责任公司

父母与孩子组成一个完整的家。而“家”不仅是个温馨的词，是人生忙碌中停靠的港湾，更是我们卸下疲惫，整装出发的起点。港湾的避风能力取决于家风，良好的家风来自于父母的修身传教，子女的传承与创新。

家风，是中华民族五千年灿烂文化的结晶，是一代代家族美德的传承。孩子呱呱坠地直到离家，与父母相处的时间是最长的，他的一言一行，一颦一笑无不受着父母的影响。因此，家风好，孩子自然品行好。家风好，民风、国风的基础才会好。所以我非常认同“家风，是无言的教育，如春天的雨露，润物细无声”的说法。

在我的记忆中，父亲一直都是早出晚归，是个不懂休息的人。因他爱岗敬业、爱厂如家，视企业的利益高于一切，不计得失，从不言累的精神，他上百项的小改小革项目，不计其数的合理化建议，为企业解决了诸多生产难题，节约了大量资金而连续数年被评为先进生产者、优秀共产党员；多年被评为“厂劳模”、“部劳模”。荣誉带给他的是责任，是继续更加努力工作回报企业的义务，更是教育我和弟弟继承他爱岗敬业、雷厉风行的工作作风，永不褪色的工作热情的责任。有幸在他的教育下，我和弟弟在各自的岗位上都能心态平静地尽心工作。

由于历史原因，我的父辈读书不多，但他们的父辈都是读过私塾，带有书香气息的文化人。母亲在上小学时，外公因病撒手人寰，弥留之际告诫母亲不可放弃学业，要好好读书。然而，封建文化熏陶下裹足长大的外婆时常以泪洗面，以织布换取微薄的零用。妈妈终究是放弃了学业，帮外婆承担起养家的责任。勤劳的母亲，成年后深切感受到没文化的苦楚。在我刚上学时，她就给我和弟弟灌输唯有读书才能改变生活的思想。对于只有爸爸一人的支撑家庭来说，课外书是奢侈品。妈妈为了改善家境，在厂里干起了临时工。从打扫卫生、做煤卷到食堂炊事员、保管员。妈妈的身影教会我勤劳是走出困境的有效途径，她引导我如何去克服生活中的困难，如何去追寻和呵护自己，如何读书怎样积累运用。现在的我，也能坐在电脑前写些文字，也能扮演好“好女儿、好妈妈、好妻子”的角色。

寻常家庭中母亲是陪伴孩子最多的，给予孩子也是最多的，她对孩子的影响也是最深远的。妈妈家的父辈们过世都很早。当时，两个舅舅还在上学。常言道：父母不在了家就散了，可妈妈的家从来都没散过。妈妈在家务农，供给一家的粮食，卖些果子贴补家用。大舅、二舅当兵了，省吃俭用将剩下的钱寄回家供弟弟们上学。三舅成家立业了与大家一起继续帮扶小舅，就是这种金字塔型的不离不弃的帮扶方式直到小舅也成家立业。小舅对兄长和姐姐，更是恭敬有加。几十年来，他们兄弟姊妹间和睦相处，互相牵挂，互相帮助，其乐融融。使我深刻体会到：父母不在，兄弟姊妹情谊在。深受他们的影响，我和弟弟也是手足情深。

培养良好家风，自然离不开父母的自身良好修身。而今，我已然是位母亲了。如何修身提高自身修养，树立良好家风呢？《阅读与家风》告诉我们：修身，就是修养身心，涵养德行。也就是说要做一个有修养、守静、自律、自省的人。怎样才能修炼成一个有修养、守静、自律、自省的人呢？当然是阅读和传承。读圣贤书，行万里路。通过阅读好书汲取精华沉淀在心里，融会贯通与修身、齐家的行为中自会不断完善自我。自会成为孩子的良师益友，自会形成好家庭氛围。

润物细无声

——良好家风是一种无言的教育

王　敏　资阳市雁江区第二中学

好家风是一种无言的教育，家风家教的力量犹如种子破土，虽不可见，却有千钧之力……的确，好家风如春风化雨，润物细无声！这一点，我的体会尤其深刻！

我的母亲是一个没有文化却极其孝顺父母的人。我爷爷虽然有两儿两女，但母亲却主动包揽了照顾爷爷的重担：爷爷腿脚不方便，母亲就把楼下最宽敞的一间卧室留给了爷爷；爷爷喜酒，母亲就隔三岔五上街为爷爷打酒；爷爷爱抽“叶子烟”，母亲每次进城都会去东街子为爷爷挑一捆最好的带回去；爷爷想念姑姑们了，母亲会帮爷爷挨个给她们打电话；爷爷衣服破旧了，母亲会第一时间发现；爷爷无聊，母亲就把家里的电视机搬到了爷爷的房间……

母亲侍奉爷爷无可挑剔，对待外公外婆也是好得无话可说。她的一言一行，潜移默化地影响着家里的其他人，尤其是我和弟弟，每天耳濡目染，早已将“孝顺”二字深入内心。我们姐弟俩会亲自帮父母剪脚趾甲，会把最好的东西留给父母享用，会主动关心父母长辈的身心和生活……我的儿子两岁时去母亲家待了一个暑假，回来后学会了给我拿拖鞋，给他奶奶捶背，帮他爷爷端开水……

这不禁让我想到了一个公益广告——《妈妈洗脚》。小尤浩然那句“妈妈，洗脚”不知感动了多少人。正是广告中那位母亲无声的教育，让小孩子从小就学会了孝顺和感恩。

在最近热播的电视剧《人民的名义》中，我们也能深刻体会到：良好的家风，胜过千言万语！

剧中的反贪局局长陈海，出身于老革命家庭。他的父亲陈岩退休后卖掉国家分的房子，把钱捐出去，然后自费住养老院，即便退休了，仍然发挥余热，为老百姓伸张正义。在这样的家庭氛围中，父母的言传身教，对陈海的教诲是：爱党、爱人民，做人要正直。所以陈海大学毕业后成了反贪战线上的一名正直的局长。与此形成鲜明对比的是另一个人物——赵瑞龙。赵瑞龙的父亲是省委书记，无论是在当政时还是在退休后，都一直在为儿子谋取私利。这样的家教家风，使得赵瑞龙虽然身家上亿，却如过街老鼠，人人喊打。

可见，家风的好坏，会不知不觉地深入人们幼小的心灵，慢慢引导他们走向社会。好的家风会引导孩子走向美好前途，而坏的家风，却会让孩子误入歧途！我的堂妹一家，就是一个“误入歧途”的例子。

堂妹是我大伯唯一的孩子。在我母亲接爷爷来家里照顾之前，爷爷一直住在大伯家。大伯一家三口每天的早饭都是在厨房做好就悄悄地吃了，不会叫爷爷，如果爷爷不在厨房守着，稍不留神就会“错过”早饭。大伯母每天做的饭菜不是土豆就是芋头，吃得爷爷消化不良，气得爷爷每晚躲在被窝里抹眼泪。堂妹出嫁前，总是目无尊长，在家里从来不会把爷爷放在眼里，对自己的父母也是没大没小，从来不会关心长辈。在娘家受到的熏染，让她结婚后带到了婆家：结婚时为了住自己喜欢的房间，把公婆从主卧赶到了侧卧；吃饭时长辈还没到齐，她就已经动筷子夹起自己喜欢的菜吃了起来；为了满足自己的虚荣心，怂恿丈夫去要婆婆的养老金买车……她的婆家对她深恶痛绝，听说她最近还正在和她老公闹离婚。自从结婚后，堂妹就很少回娘家看望大伯和大伯母，少有的两次回来，都是回来拿钱的。女儿出嫁后，大伯和大伯母孤苦无依，凄凉无比。看来，不良的家风，使得她们一家人都自食恶果！

良好的家风是一种无言的教育，润物无声地影响孩子的心灵；良好的家风是一本鲜活的教科书，潜移默化地改变着孩子的行为；良好的家风是一张美好的名片，它不仅代表了一个人，还代表了一个家庭，一个国家……

家教·家风

杜红英　成都市温江区永盛镇中心幼儿园

养不教，父之过。

——题记

记得有一次到朋友家做客，她家小儿子才5岁多，我敲门一阵后，他打开了门，带着笑，我的耳朵里吹过一阵“阿姨好”的童声之风，伴随着我不敢相信的一个5岁小孩的礼貌鞠躬。他给我留下了深刻的印象——礼貌。接着一只肉嘟嘟的手牵住我的手，一步步把我带进了他家，我反倒觉得不知所措了，又想看看这样一个小孩还能做出什么样的事。他倒是真的不肯闲着，又倒茶又拿水果的，我实在是惊叹。

朋友在厨房忙，我却急不可耐前去“取经”：“你家孩子太有礼貌了，怎么做到的？实在是难得。”“其实我们也没这么规定他呀。”“不会吧，小孩会自己懂事？”后来我了解到我朋友经常和她丈夫回家看望老人，他们大人就是极其懂礼貌的人，耳濡目染，孩子也不会差。而且他们还会告诉孩子这样做是对的，并给予一定的奖励。我想，这就是家教。好的家教，日复一日，年复一年，代复一代，便是家风。

作为一个教育工作者，虽然只是幼师，但我认为家教家风是必要的。好的家教家风则更是弥足珍贵而且应该大力推崇的。家教是什么？家教就是作为父母、长辈，对晚辈的教育、耳濡目染。孩子在早期的教育是会影响他的一生的，好的家教就是使他成为一个具有社会责任感、意志精神高尚的人的重要条件。而家风就是久而久之的一个家庭、家族的信念、意志和精神品质。好的家风带入社会就是社会的进步。

好的家风家教往往造就好的家庭和社会风气。司马光从小聪慧，《司马光砸缸》的故事充分反映了他早期的智慧，而后他来对自己的儿子也进行了良好的教育。他严于教子，很注重培养子女自律自立意识。他写了篇传诵至今的《训俭示康》。他在总结了历史上许多达官显贵之子，因受祖上荫庇不能自强自立而颓废没落的教训，告诫其子：“有德者皆由俭来也。俭以立名，侈以自败。”由于教子有方，司马光之子，个个谦恭有礼，不仗父势，不恃家富，人生有成。以致世人：“途之人见容止，虽不识皆知司马氏子也。”不仅是国内的贤人知道这一点，国外的里根也提供了良好的范例。美国前总统里根，不仅有名望而且富有；但他严格要求自己子女自立，绝不让他们依赖父母。儿子失业后，一边寻找工作，一边靠领取救济金度日。至于好的家训，我则十分赞同纪晓岚：一戒是（晚）起；二戒懒惰；三戒奢华；四戒骄傲。既守四戒，又须规以四宜：一宜勤读；二宜敬师；三宜爱众；四宜慎食。

不良的家教家风常常衍生不良的家庭和社会风气。一些家庭中，父母没能起好带头作用，没能让孩子树立正确的价值观、世界观、人生观，这对于孩子来说是教育的缺失和幸福感的降低，对于一个家庭来说是一大不幸，对于一个社会来说是巨大的危害。珠克是远近闻名的酒鬼和赌徒，毕生玩世不恭，浑浑噩噩，无所事事。他的子孙有 300 多人当过乞丐和流浪者，400 多人酗酒致残或夭亡，60 多人犯过诈骗和盗窃罪，7 个人是杀人犯，总之没有一个是有出息的。这就足以说明一些问题。

家风如春雨，润物细无声。要形成良好的家风，做父母的就得事事从自我做起，不断提高为人父母的素养，努力将自己后代培养得一代比一代强。

Part 03 让爱延续

爱是奉献与传承

吕　佳　水电七局机电安装分局

我生在一个东北的小城市，独生子女的我从小就霸道得像个小公主，父母的宠爱，亲戚长辈的溺爱，让我没有经历过太多的坎坷，无忧无虑地成长，使我养成了天真开朗的性格。一直以来，我觉得自己是一个永远长不大的孩子，不会做饭，不会料理家务，直到一个新生命的诞生。

2016年9月25日，我的宝宝出生了，面对一个小生命，我手足无措，真的不知道该怎么照顾他，心想那么小的一个生命，何时才能长大？我知道，我是爱他的，爱得那样纯粹与无私。以前总听人说不养儿不知父母恩，直到那一刻我深刻地体会到了这一点。我愿意为了他而成长，我愿意为了照顾他而改变，从一个孩子成长为一位母亲。我想，这就是爱，这就是母爱。爱是奉献，爱是传承，爱是不求一丝回报的，爱是生命与家族的传承。

我在妈妈的帮助下开始学习怎么照顾宝宝，帮他洗澡、洗尿布，照顾他、陪他玩，见证他的成长。不得不说，我的学习速度很慢，大多数事务都是由妈妈帮我完成的，我觉得宝宝的外婆更像是他的妈妈，而我只是一个帮点儿小忙的人。看着妈妈为了帮我照顾宝宝越来越憔悴，身体也大不如前。我知道照看一个小生命是很累的，因为宝宝要 24 小时不离人照顾，每 3 个小时就要喂一次奶。自他出生我们就没有睡过一个完整的觉，累垮了妈妈的身体，而我也越来越憔悴。曾经一度我以为自己得了抑郁症，因为那时对什么都没兴趣，觉得生活没意思，觉得照顾宝宝是一件太辛苦、太劳累的活，我真的承受不了。因为工作的原因，老公常年在外做项目，不能帮我分担，而妈妈帮我照顾宝宝已经很辛苦了，我不能再让她为我操太多的心。一直开朗活泼的我，失去了笑容，觉得每天都是阴霾。可能这是每个 80 后、90 后母亲都要经历的吧？我们从小没有吃过什么苦，面对不得不长大的事实，我们都需要一个适应的过程。还好，我最终挺了过来，是妈妈无私的奉献让我挺了过来，是宝宝的可爱懵懂给我的生活又增添了一点儿色彩。

爱是无私的，母爱更是伟大的。我的母亲为了我可以放弃工作与自由帮我照顾我的宝宝，因为她觉得宝宝是我生命的延续，是我的血液的传承。所以，母亲无私地爱着我的宝宝，她曾笑称："我们家有了宝宝以后，佳佳你就排名第二位了。"要知道，我以前一直是家里的第一心肝宝贝。但是，我不得不承认，面对可爱天真的宝宝，我愿意把我所有的爱都给他。

曾经还是小女孩的我，每当面对亲人的离去时，都会很伤心与难过，甚至觉得如果有一天父母离开我，那我宁愿跟着他们而去。但是，有了宝宝之后，这种想法就变了。我知道父母的离开只是早晚的事，而我真的不能跟着他们离开，因为我有我的新使命——照顾我的孩子。我不知道这种成长是好还是坏，是因为有了宝宝让我对父母的爱变淡了吗？但又不是啊，我依然那么爱他们，但又不知为何缺少了以前的那份执着与执拗。

我想这就是责任吧！当一个人有了牵挂与责任就会改变很多东西。我爱我的母亲，是她给了我生命，我爱我的宝宝，他是我生命的传承。一个家因为有爱才得以延续与发展，爱就是我们的家风，我们用无私的奉献诠释了爱的真谛。

对不起宝宝，因为工作的关系，我将你留在你的外公外婆身边，让你成为留守儿童，没能一直留在你身边见证你的成长。但是，对你的爱是爱，对祖国水利事业的奉献也是妈妈的责任。也许我的工作改变不了什么，但是作为一名水利工作者，我必须尽我的一点儿微薄之力，相信我，等你再长大一点点，妈妈再成熟一点点，我一定将你接到身边，让外公外婆享受自己的生活，让你能在爸爸妈妈身边快乐成长。为了这一天早日到来，我和你爸爸一直在不断努力。让我们都相信爱的力量，相信有爱就能战胜一切，让我们将相爱相扶持的家风延续下去，直到时间的尽头。因为生命虽然有限，但爱的精神却可以永传。

育儿路上，切忌“以爱之名”

林　淑　东方电气风电有限公司

近日，公司工会在开展女职工读书活动，主题是“弘扬中华美德，传承家风家教”。作为一名80后的家长，工作之余，如何培养科学合理的育儿观，使我陷入深思。

回顾这3年多的育儿史，自己似乎染上了中国式家长的“通病”，那就是：在中国人的传统观念中，生儿育女是延续香火的需要，望子成龙、望女成凤是普通父母的共同追求。爱孩子就应该倾其所有，很多时候，父母都把自己的理念强加在孩子的人生规划上，加之今天的父母物质条件越来越好，父母大多会让自己的孩子从小就上各种补习班，致力于把孩子打造成精通英语、钢琴、芭蕾、武术、跆拳道等多才多艺的宝宝。嘴上还不停地说你看谁家的孩子，人家学什么了怎么、怎么好（我们没有问过他们到底喜欢学哪样，而是跟风，他学我学，他有我必有之）。父母会很自然地认为剥夺孩子的选择权天经地义（因为他们小，啥也不懂），把自己的梦想强加给孩子，为他们想好，这一切都是源于对他们的爱（父母理所当然该做的）。

然而台湾作家许常德却在《母爱很可怕》中言道，父母之爱“不一定是一种美德，有时候它是一种瘾”，或者“只是一个包装盒，打开之后，里面装的控制欲、占有欲和功利心”。这一切我们或许没有意识到，我们想到的是我们给孩子好的生活条件，这就是我们对孩子最大的爱，我们考虑过几岁孩子到底喜欢什么吗？或许更多的是父母的陪伴及无忧无虑的童年，而非遥不可及的神童。

通过仔细品味《阅读与家教》《阅读与家风》这两本书，才恍然大悟其实孩子的要求很简单，就如儿歌《爱我你就抱抱我》中唱到“爱我你就陪陪我”，语言简单朴实却又道出了孩子的心声。当篼篼对我说：“妈妈你陪我玩会吧，求求你啦。”我是不是应该停下手头的事情陪她好好地玩呢？事实上，很多时候，我却以各种借口推脱，要不就是说“我很忙你等会儿哈”，要不就是“你自己待一会儿吧，妈妈很快就来”，这样不了了之。现在想想我能完全陪伴孩子的时间又有多少呢，金钱可以挣，但是时间却再也回不来。记得《穷爸爸、富爸爸》里就有一句，所谓成功，就是有时间照顾自己的小孩。我如果连陪孩子的时间都没了，那么我忙忙碌碌又有什么意思呢？再好的条件对孩子来说也未必见得是一种爱？

现在的父母有时候太爱孩子了，生怕孩子摔倒了碰到了，殊不知这样让孩子有了一种害怕尝试的心理，总会有妈妈说的“这也不能做，那也不能做的，会受伤会痛”的心理。现在来看培养孩子的自我接触能力远比保护她要重要。记得篼篼刚学骑自行车的时候，我就担心她摔着，不想让她去，她爸爸说没事，带着去了。回到家的时候，她自己对我说：“妈妈，我刚刚从自行车上摔倒了，我自己爬起来的，爸爸还表扬了我，说我多勇敢，一点儿都不害怕。”看到她一脸的高兴，我沉思了许久，大人的世界观里有授之以鱼，莫若授之以渔，小孩子又何尝不是呢？又如孩子每天的必修课：吃饭、穿衣、洗脸、刷牙、洗脚这类事情，多数的家长朋友们都是以“小”舍不得为借口，替他们完成了，这样的结果就是孩子什么都依赖于家长，然而恰恰是这些小事最能培养孩子的耐心和细心，他们可能穿一件衣服要花 10 分钟或者 20 分钟，甚至更长的时间，但是当他们穿好了衣服，他们会尤其的高兴，加之家长的表扬，他们会开心得合不拢嘴。我们应该给他们鼓励和信心，而不是一直以“爱”为借口养在温室中，我们不会替孩子走他们的人生路。

作为父母，我们应该牢记“爱是一次共同成长、爱是一场自我教育”、“爱需要父母们的耐心陪伴和倾听”。父母不断地提升自我，通过言传身教，给孩子一片完整的天空。孩子就像一朵盛开的花朵，有的喜欢沐浴阳光，有的喜欢在夜间芬芳。父母切忌“以爱之名”规划孩子的人生，请遵循孩子的天性，让他们以自己的方式绽放，少一份束缚、少一份干预，多一份快乐。

亲心唤女心

王永欢　自贡硬质合金有限责任公司耐磨合金分厂

“明天我不读书了！”

“为什么呢？”

“不为什么！”

女儿的这句话像一颗定时炸弹在我爸妈家里炸开了。我们都围着女儿询问缘由，却没有得到一丝答案，全家人都因为这句话被弄得焦头烂额，看着充满倔强眼神的女儿，我们拿她没办法，都认为孩子是玩手机玩上瘾才会这么说的。

我是一个再婚女人，有两个女儿，跟前夫生的大女儿蕊蕊，今年 12 岁，刚读初一，一直住在我爸妈家里，在她 6 岁那年，我跟她父亲离了婚。

那天从蕊蕊口中说出来的话，把我们全家都吓了一跳，给她做了很多思想工作，都行不通。那几天我还特意住在爸妈家里陪她，为了在第二天早上起床时叫她跟我一起起床，好让她去学校读书。可是到了该起床的时候，我爸费了很大的力气才把她拖起来，她一直抵抗着不愿去学校。我爸都气哭了，我也气愤极了，情急之下还动手打了她，边打还边骂她是个废物，不听话的废物。她当时也哭了，但还是不愿意去，还说再逼她，她就去死。我们马上制止她，说这种想法不对，连死都不怕，还怕去学校吗？但是在我们心里还是不敢再逼她了。这种不读书的日子拖了一个星期，我和我爸身心备受煎熬，想着别人家的孩子都正常地去上学，怎么自家孩子就不争气地在家玩手机，本来是想把手机收了不让她玩，但我爸心软，说她没有手机就没有精神，就没这样做。于是我和我爸对她轮番地劝说，终于在我爸的耐心劝说下，她说出了主要原因："害怕去学校人多的地方。"我听见了，怒气瞬间消失，猛然想到这孩子自卑感很严重了，心理上也许已经存在一定问题了。

直到有一天，我爸和我好说歹说连拉带拖地把她带到医院去看心理医生。经过测试，得出的结论是已经患了中度抑郁症。医生告诉我，她这沮丧自卑心理在小学三年级就开始了，她对医生说："有同学笑她，说她是父母离婚的小孩。"那时她只和家庭类似的同学玩，在五六年级时就有了不想读书的念头，只是没敢说出来，熬到初一了，也可能是抑郁情绪憋着难受，所以就爆发出来了。12 岁是花一样的年龄，是快乐的年龄，是跟同学玩得好的年龄，可是我和她父亲的离婚，造成她自卑孤僻的性格，在学校里没有好朋友，跟同学的人际关系很紧张。初中同学虽不会伤害她，但小学同学对她的嘲笑在她心里已经埋下了阴影，这也是我惭愧于心的事。平时下班之余确实很少陪她，想到她的那些种种反常行为，想到我还不理解地打过她，想到她说的看到人多就害怕，我心很痛，作为母亲我很失职，因为我的婚姻变故，让她承受了打击，减少了她童年该有的快乐。因为我再婚后与她分开生活，让她缺失了安全感；因为我对她疏于关心，让她心情长时间处于沮丧自卑状态，所以她把注意力转移到了手机上，手机成了她的亲密伙伴。冰冻三尺，非一日之寒，这不能全怪孩子，是我的原因，在我心里，已经开了一个审判自己的法庭，造成蕊蕊这种情况的罪魁祸首是我，是我啊！每每想到这些，我的心都在颤抖，我要怎样做，才能唤回女儿的快乐和自信，才能让她勇敢面对以后的生活。

借用佛家一句偈语“种什么因得什么果”，这些年忽略了女儿的成长，我应该为此赎罪。医生说，最好的良药就是多陪陪她，多让她开心，增强她的自信心，经过我爸和我商量，打算接受医生的建议，给孩子办了保籍休学，这样就有更充足的时间让她调整心态。我开始陪她，陪她说话，带她出去逛街，对她说：“蕊蕊，妈妈不放弃你，我们一起克服你的恐惧，以后周末你就过来跟妈妈住。”说这些话并不是为了令她宽心，而是真正地让她感到我对她的关心，蕊蕊是我的第一个孩子，知道她的这个症状，我也无法真正快乐，一定要救我的女儿，与其说是救她，不如说是我赎罪。我们都支持她参加动漫漫展活动，我陪她逛淘宝网站，给她买动漫衣服，就是为了让她跟同学多来往，多接触。每天晚饭后，我都带女儿去公园散步，跟她聊天，跟她手拉手，肩搭肩。我们开始说很多话，女儿跟我聊的话题，我都很感兴趣地去听。我们有说有笑，渐渐增进了对彼此的了解，拉近了我们的距离，女儿是爱我的，她很需要我的陪伴。我们由陌生变得熟悉，通过沟通又找回了母女之间的亲昵感，跟我在一起，她的话特别多，我会跟她讲很多我自己的经历，当我情绪低落时，当我面对压力时，是怎样泄压调整的，唱歌，看书，找朋友聊天排解舒缓压力。这段时间，我的朋友给我很多好建议，大家都在关心这孩子，所以我一点儿也不孤单，不害怕，陪她说说话是我的慰藉，一想到她的抑郁，之前的所有对她的打骂和她的一些不被理解的行为，统统化为自责和心疼。一个家庭里，孩子的身心健康最重要，成绩不是最重要的，心态好才是最重要的，这个简单的道理现在我才深刻感悟出来，我一定要让我女儿找回该有的快乐和自信。最近带女儿去看了一部很励志的电影《摔跤吧，爸爸》，留下了很深刻的印象，故事让我们领会到，只有父母的爱是无私无怨无悔的，成功属于意志坚定的人。

为了让蕊蕊散心，开眼界，爸爸妈妈和我带她去了很美的九寨沟玩，开始她不愿意拍照，后来慢慢地愿意跟我们合影了。平日我也带小女儿回去跟她玩，她很有爱心，还帮我抱妹妹，她开始喜欢妹妹了，在我们的感染下，她的笑容越来越多，看到她的笑，我似乎看到了希望，我给女儿谈论《玫瑰书香》里有一篇《幸福是需要修炼的》的文章，让我很受启发，我把文章里的精神传递给女儿，生命是短暂的，幸福不是唾手可得的，不经历风雨怎么见彩虹？不经历沧桑怎么真正将幸福把握？用爱去修炼幸福，用心去体会幸福，让幸福和灵魂一起共舞。

记得《花火》这首歌里的歌词有一段是这样写的："原来风雪可以让我坚强让我感动，坠落在我的梦，只要一点儿火种，依然照亮我笑容；原来命运还有一些在我掌握之中，眼泪的朦胧，透着一道彩虹……"我带着虔诚的心，安静地倾听女儿的内心，逐步打开她的心结，让她变得阳光开朗，充满自信地去追求属于自己的幸福和快乐。以后我会多抽时间陪她，我将伴着女儿的成长同行，用我的热情感染她，用我的爱心和耐心，把她热爱生活的火种重新点燃，我们一起努力找回自信，这个过程也许艰辛而漫长，我仍然坚信这一天会到来。

"每个人都是一个不可复制的资源，都是独特的，你有你的优点和天资，你是最棒的，睡吧，很晚了，女儿，明天我们去逛街。""嗯。"又是一个周末的晚上，我们聊到眼皮打架，迎接我们的是天明……

让爱延续

——读《阅读与家教》有感

罗 霞 重庆川港燃气有限公司

儿子是个猪宝宝。他小时候由于我的身体不好，不得已把他散放在四川南充。家里人视之为“小皇帝”，以至于每次休假回家，开心而回生气而归。

生气不为别的，我回家看见儿子都4岁了，还一副大爷相。吃饭边玩游戏边喂，好像游戏就是下饭菜；睡觉好像洋娃娃似的还需要人抱着睡；出门走两步就吵着抱抱……家人的宠爱太让我抓狂了。

正打算5岁接他回到身边自己教育的时候，公公生病了。当时正好是暑假，婆家的人忙得一团乱，我就带着儿子回娘家，和有3年带女儿经验的姐姐一起到金刀峡旅行。

金刀峡的栈道狭窄处仅容一个人通过，全程走下来得5个小时。第一次带娃出门没经验，我给儿子穿了一双凉鞋，想着路上可以玩水。那天，金刀峡下起小雨，儿子的袜子打湿了，他没说，自己悄悄地脱了下来，和几个大娃娃嬉戏下山。

一路上，姐姐不停地提示我要多和儿子交流，我想着姐姐背着小侄女走山路特别的累，就和她换着背侄女，儿子就跟着姨爹和大队伍走在前面。

第一次远足，儿子坚持了下来。待到山脚，儿子才跑到跟前："老妈，我脚起了个泡。"我这时才缓过气来，望着儿子的脚愧疚，发觉那一刻儿子不是我想象中的"小皇帝"。

回到婆家，我骄傲地说出儿子走完5个小时的山路时，没想到一家人全批评我，太狠心地对待儿子了。半路该背背他。儿子却站出来说："不许说我妈，是我自己要走的。"

那一刻，我发现虽然和儿子相处的时间很短，但母子连心，血浓于水。

现在儿子10岁了。他已经和我生活在一起4年了，要说听话也还算乖巧，可要说他的学习成绩，我就如同众多家长望子成龙的心情，越想他好他就越不朝期望的方向发展，只好拿出强硬措施管理。

那天晚上，正准备睡觉的时候，儿子的班主任老师打来电话，让我看看儿子试卷里的作文。《我发现……》儿子填空是：妈妈变凶了。文章里讲述了儿子对我的不满，讲题的时候缺乏耐心，还朝他吼。冤死了！

但细想一下，一直对儿子学习成绩要求太苛刻了，如《阅读与家教》中的一些望子成龙的家长，没有和儿子沟通，不清楚儿子到底采用什么方式学习，导致错题我辅导过了却一错再错。

孩子大了，你就得和他斗智斗勇。这是以前同事告诉我的，当时我还在笑话不可能那么夸张吧。等到我自己带儿子才有体会，既要当爹又要当妈还得当朋友，够呛。

强硬措施无效，又改变战略：儿子从小是个馋猫，多做些好吃的讨好他。儿子在做完家庭作业后阅读课外书，给我讲收获，给他一支小冰棍、一块小巧克力奖励，再检查作业，效果不错，错题少了很多。在儿子欣然接受吃零食这点儿诱惑上，还经常回家和我分享在学校的快乐和忧愁。

"老妈，为什么我借同学彩铅笔，他们都不借我，就镇源和源好会借我。”这是第一次我在儿子转学后知道他的好朋友叫镇源。“儿子，可能是同学要用就没借你吧，你谢谢镇源没有?”“谢谢的，他还邀请我周末去他家参加 PARTY。”“好啊，最好让他妈妈给我来个电话，要不妈妈会担心的，行吗？儿子。”“好耶。”

儿子开心极了。

第二天，镇源的妈妈果然打来电话邀请儿子。周末，我把儿子送到镇源家楼下，望着他和同学消失在视线里，我感觉他长大了，也隐约担心着。镇源母亲不时地微信传送着几个孩子的照片，儿子吃着她家的沙拉，脸庞胀鼓鼓的，十足的吃货样，玩着同学的小枪，帅气十足……

早早地在楼下等着儿子，镇源奶奶送他出小区门口，一个劲地夸奖儿子懂礼貌，儿子开心地炫耀奶奶送他的礼物，我提醒着儿子该和奶奶告别了。“谢谢奶奶做的好吃的，谢谢阿姨的邀请。”没想到儿子的口才还是一流的。

回到家后，儿子知道我来回接送他走了很远的路，就咚咚地跑进卫生间，给我打来了洗脚水，拿来擦脚毛巾。待我洗完后，倒水，放盆，挂毛巾，这和小时候判若两人。

当我问儿子为什么对老妈这样好的时候，儿子说：“您对我好我也应该对您好。”简单的互爱道理，儿子领悟了。儿子的大度、礼貌、勤奋得到了老师和同学们的认可，获得了学校的“有梦想、有教养、有知识、有情趣、有活力的五有学生”。

当妈妈的为他感到骄傲！

最好的母爱叫作给得刚刚好

冯　静　东方电气集团东方锅炉股份有限公司德阳综合业务部

女儿今年15岁，正值青春期的少女难免会让我们当家长的头痛。我为迎接她青春期的叛逆做好了准备，可她还是给了我一个下马威。乌黑的马尾辫，自己去剪了一个头顶扎小揪揪的板寸，说是叫九度空间；好端端的牛仔裤上又是破洞、又是扯流苏的，就连校服上也画满了动漫人物。外公外婆总在我面前絮叨：这孩子要好好管管了！其实女儿的行为我能理解，因为我也年轻过，曾经也喜欢把自己打扮得标新立异，那只是为了引起大家对我的注意。这是青春期少年的通病，要引导而不能只是一味地管教。我找机会跟女儿聊自己年轻时候的糗事，告诉她我也曾经背着父母把肥大的校裤改成紧绷绷的铅笔裤，结果在体育课学习跳马动作时把裤裆给撕开了，在全班同学面前出了丑，羞得我无地自容。女儿边听边笑，在她没那么抵触的情况下，我跟她分享现在的流行趋势、穿衣心得，让她真正提升审美能力，明白“个性化”与“杀马特”的区别，明白最美的着装是和谐而不是突兀。

女儿是在单亲家庭长大的，在她8岁那年我跟她父亲分开，带着她跟外公外婆同住。很多人说单亲家庭长大的孩子有这样那样的缺失，这样那样的毛病，但我认为，影响孩子身心健康成长的决定因素不是家庭成员的改变，而是家庭氛围的好坏。我们不能阻止离婚的发生，但可以不断给孩子传递这样的观念：生活中意想不到的变化对我们产生何种影响，并不取决于这些变化本身，而取决于我们对这些变化的态度和应对策略。

在孩子的成长过程中，难免会遇到些艰难险阻。在日常生活中，女儿遇到困难或阻碍，我并没有以长辈的权威去责备她、训斥她，更多的时候，我更愿意同她一起面对。比如女儿从小就很胖，小时候觉得可爱，长大了难免就有些自卑，为了帮她找回自信，也为了帮她减肥、提高体育成绩，我经常拉她一起锻炼，还进行比赛：仰卧起坐，我从只能做10个慢慢增长到15个，而女儿从四五个慢慢到一分钟做40多个；立定跳远，我们的最初成绩都是跳1.55米，经过小半年的努力我增加到1.6米，她现在的成绩是2.1米。前些天女儿的班主任还给我发来短信，说之前还很担心我女儿的体考不达标会影响她的中考成绩，但是体考分数下来我女儿竟然得了满分。我当然非常高兴，女儿也异常兴奋，不仅仅是因为体育成绩让她在全班同学面前扬眉吐气，还因为通过这学期的锻炼她的体重降了16斤，没人再叫她胖妞了。

母爱是世界上最无法计算投入产出比的情感。我理解单亲家庭的母亲总觉得亏欠孩子太多，恨不能母代父职，给孩子加倍的爱。但我们应该明白怎样爱孩子，怎样把满腔的爱以孩子能够接受的方式给予。渴望大人陪伴的孩子，给他（她）住再好的房子，穿再贵的衣服，买再多的玩具都不足以抚慰他（她）一个人的孤独；向往自由的孩子，给他（她）最紧贴的拥抱和最密不透风的爱护，只会让他（她）像掌心里握得太紧的沙子一样迅速逃离。我不愿意在女儿面前装扮出一副全能母亲的形象，我让她看到我的软弱，接受她给予我的帮助。在我们一起上街时，她会主动帮我提东西；在我们旅行住宾馆时，她会在睡前检查门窗是否关好。

我就是要让女儿明白：与同龄人相比，她或许会多些委屈，但同时也将获得更多锻炼的机会，更加自强自立、有胆识、有毅力，或许更能帮她有勇气面对未知的将来。女儿似乎也理解我这个当母亲的心，她在作文《我的妈妈》中曾写道:“她或许没有别人的妈妈那么美丽，却给了我最温暖的拥抱；她或许没有别人的妈妈那么体贴，却给了我渴望的自由；她或许没有别人的妈妈那么富有，却给了我足够的爱与尊重……她给我的母爱刚刚好!”

爱有道

宋翠红　中国电建水电七局夹江公司

多年前的一则报道让我一直挥之不去，16 岁本是花季少女却锒铛入狱的她，对前来探望的父亲哭喊：“为什么这样对我？”父亲老泪纵横，百般解释：“我们多么爱你，一切都是为你好啊！”然而事与愿违，女儿杀了母亲，对父母的“爱”嗤之以鼻，恨之入骨，让人震惊。

高尔基说：“爱孩子是母鸡都会做的事，爱是一门艺术。”爱孩子是天下父母的天性使然。可怎么爱孩子，怎么让孩子健康快乐地成长，这是一个需要家长和全社会深思的现实命题，不是每个家长都能正确解答。可以说每一个问题孩子的背后肯定有一个问题家庭。凡进入误区的爱，都不会让孩子感激涕零。

不要以为给孩子丰厚的物质馈赠，对孩子有求必应、百依百顺就是爱；不要以为给孩子花了不少钱，报了十几个特长班就是爱；不要以为看看孩子的日记，跟踪孩子做什么限制孩子的交往是为了爱；不要以为替孩子做出选择，包揽一切是为了爱；更不要以为那一纸成绩单就是爱的结果与回报！如果幼年时期对孩子缺失良好性格和习惯的培养导致孩子的个性、心理和品质出现偏差，这时，无论你的爱有多么掏心掏肺，甚至坦荡无私，其走向却是孩子与你渐行渐远，随之而来的疏远、自私、冷漠、叛逆和逃离甚至极端，会让你痛心疾首，悔恨不已，这种爱本质上就是害！遗憾的是有的家长没有认识到这一点，常以爱的名义绑架孩子，“我打骂你是因为我爱你”，而让孩子痛苦到窒息，就像那名16岁的少女，在学校的入册登记表上，她记不得任何温馨的瞬间，让她伤心的事一桩又一桩，记忆中开心的事填写的是“无”。父母怎么也没有想到自己的掌上明珠竟沦为杀人凶手，所有的良苦用心换来的是刻骨铭心的恨，真的让人唏嘘。

当我做了母亲后，恨不得把天上的星星摘下来给孩子，却忽略她的心理只看重成绩。孩子贪玩好耍，期末考试成绩一落千丈。我心急如焚大声训斥她，强行剥夺她的爱好。不料她对我怒目而视俨然仇人，依然故我。为她付出大把的时间和精力却收效甚微，我百思不得其解，说了很多次了，怎么就不听呢？明明是为她好啊。我忘了，她还是一个孩子，而我常拿成人的标准去要求她、命令她、强迫她。如果她真的事事服从也变得毫无主见，失去自我。苦闷中，《阅读与家教》这本书里讲的著名的“南风效应”启发了我，北风和南风比赛谁先将行人的衣服脱下，谁就赢了。北风使劲吹来的寒冷适得其反，南风带来的阵阵温暖却如愿以偿。原来，站在孩子的角度去考虑问题，才能与孩子达成共识，事半功倍。

于是，我改变态度去欣赏她的闪光点，肯定她的长处，鼓励她每一次小小的进步，不再干涉她的爱好。我和颜悦色地对她说：“玩时就痛痛快快地玩，学习时就专心致志地学。不过，先把重要的事做好再玩也不迟。爸爸也喜欢玩，可是不去上班就挣不了钱养家；妈妈也喜欢玩，可是妈妈不煮饭大家就要饿肚子。同样，你不好好学习，将来就会一事无成被人瞧不起，现在努力还来得及。”她不作声了，乖乖地关掉电视拿出书本。后来几次考试都是优，常被老师表扬，学习的劲头也足了。

此后，我常常反思：当孩子考试没有达到我期待的那样，我是否还答应给她承诺的新衣服？当孩子跑来对我说她做了错事，我是否会耐心倾听并帮助她而不是大发雷霆？当孩子没有按我们的要求行事，我们是否尊重她的选择？

当她怯生生告诉我时，我首先想到的是信任。如果我责骂她，她再也不会对我敞开心扉了。至于那些打碎的碗，丢失的钱，做题时漏了小数点，把小灯泡含在嘴里割得满嘴是血，刚粉刷好的墙壁被涂得乱七八糟，等等。我会轻言细语告诉她，做事要细心不慌张，做完题多检查不着急，凡事要计后果不要伤了自己和别人，做事不能随心所欲，让她吸取教训不要重蹈覆辙。我的宽容、谅解会让她如释重负，她会开心地说："知道了，妈妈。"事已至此她已够难受了，我何必再去伤口上撒盐呢？

当她提出无理要求时，我会"狠心"拒绝任其哭闹，让她明白不是想要什么就一定能得到，不能以自我为中心。然而，当她读大学时第一次对我说要和同学出去旅游，我不是不担心她的安全，可是我知道拒绝只会让她失去尝试的机会，很多事要靠她独自去经历、面对和承受，即使遭遇挫折、失败，也是人生必经之路，一切磨难旨在考验和激励，父母只需在旁鼓励、支持。我欣然应允，为她充足话费，提醒她住正规酒店，路上注意安全。她回家后晒黑了，也更开朗了，吃饭时不停地给我们讲一路的见闻，掩饰不住内心的喜悦，最后还说："妈妈，今晚的饭菜真香啊！"不是和平常一样做的吗？孩子笑了。

可见，满足了孩子的正当要求孩子会健康快乐地成长。爱孩子，爱下面是个友字，和孩子像朋友那样聊天也需要技巧。我会这样对她说："孩子，请告诉我你内心的真实想法，不要怕，让我们一起面对克服。"

"无论怎样，你都是好孩子，我们相信你一定会做得好。"

"我打电话给老师，是因为你那么晚没回家，我们担心你的安全。"

"考不上大学不要紧，尽力就好，我们再想别的办法。"这些善言暖于布帛，让人愉悦。而那些"你真笨，真没用，我讨厌你"的伤人之言深于矛戟，愚蠢之至。有话好好说，不必动怒。如果我们被怒火冲昏了头脑口不择言，就会无意间伤了孩子的自尊和自信，我想这是每位家长都不愿看到的。

心理学家说：“没有不听话的孩子，只有不合格的父母。满口是爱，却面目狰狞。打骂不是爱，是在发泄自己的情绪。”合格父母应努力学习，不断提高素质，增强修养，带给孩子真正的幸福。

我很喜欢作家纪伯伦的一首诗：“你的孩子其实并不是你的孩子，他借你而来，却非因你而来，你可以给他以爱，却不能给他以思想，因为他有他的思想。”如果那位父亲懂得这些道理，就不会发生女儿弑母的悲剧了，再多的爱也要爱有道啊！

请许我有一丝丝的骄傲

韩　笑　自贡市沿滩区农村信用合作联社

请许我有一丝丝的骄傲，
当我度过第一个母亲节，
而你将迎来第二个夏天，
你一天一天地长大，
我越来越像妈妈。
请许我有一丝丝的骄傲，
当你的小脑瓜里开始有了自己的想法，
我渐渐懂得智慧地生活，
在辛劳的日子背后，
我在努力成为智勇双全的妈妈。
请许我有一丝丝的骄傲，
当每天清晨，你醒来睁开双眼，
乌黑清澈纯洁微笑的眼睛，
是妈妈幸福的源泉。

请许我有一丝丝的骄傲，
在这个生机勃发的初夏，
在我们共同成长的每一天，
请许我带着一丝丝的骄傲，
爱着你，
祝福你，
我的宝贝。

“书香三八” 分享人生

——我与 timi 的缘分

童章旖 国网四川省电力公司盐边县供电分公司

我有一个快 4 岁的女儿，我喜欢叫她 timi，不是我有多时髦、多崇洋还给她取英文名字，但这个英文名字的由来确实很有故事。

2012 年底我怀孕了，如所有的准妈咪一样，既兴奋又好奇还很纠结该怎么养育一个孩子，就在这种毫无准备的情况下我幸运地迎来了肚子里的小天使，记得那时候买了很多书，有胎教的、心理健康知识、育儿金典等，还在手机上注册了“宝宝树”便于和其他孕妈交流以及日常产检的提醒，每天都会学一点儿育儿知识以便将来不至于措手不及，因为她来了，我便要尽我所能地呵护着她。

祸兮福所倚，福兮祸所伏，上天总是喜欢开个小玩笑，就像她从来不会塑造完美的事物，我在孕期 4 个月的时候既幸运又不幸地被检查出患有“甲减”。我的促甲状腺激素（tsh）高出正常值 59 倍，被医生很遗憾地告知我的小天使从医学的角度来讲，不是一个健康的孩子，一半以上的概率是呆小症患者。不仅因为母体患有甲减，没有在胎儿形成大脑和心脏的关键时期进行药物干预治疗，严重影响胎儿发育，还因为“甲减”本身容易造成流产、早产、低体质量儿。从此我踏上了寻医之路，看遍了川内各大医院，只是各大名医都仿佛约定好了一样，结论还是那句话：“从医学上不建议留下这个孩子，你还年轻，身体调理好了再生个健康的宝宝……”就在这种近乎绝望的问诊中又过了两个月，我不记得掉了多少眼泪，难过过、愤怒过、委屈过、痛苦过，所以也想过放弃，但是所有的情绪最终都抵不过这种血脉相连的悸动。我能感觉她在我肚子那一点点的动静，就像小鱼在水里吐泡泡的感觉。有了这种体验之后，我更坚定了不能放弃她的决心，哪怕只有一半的几率我也要赌一赌，穷尽我的一生，给她我所有的一切。

我很幸运，我的想法获得了家人的支持，尤其是我的老公，他们都愿意陪着我一起为这个孩子撑起一片天拓开一条路，哪怕就如医生所说智力、身高各方面都不及同龄人，也不能剥夺她生的权力。当我们一家人达成这样的共识后，我们祈祷祝愿一切皆好，静待小天使的降临。

可能真的是“甲减”的原因，即使小心翼翼地呵护着，小家伙也没能坚持到预产期，足足提前了一个月。出生时体重4.7斤，是个皱巴巴的小家伙，小脸只有我的三个指头宽。我清楚地记得她一出生精神就很好，小眼睛不停地转悠，仿佛她能看见这个陌生的世界。在看到她的瞬间，我觉得一切都会好的，她会是一个健康的孩子，而我终于当上她的妈妈了。

时间在流逝，孩子在一点一点地长大，心里的担忧从未停止过，因为我的宝宝比同龄的婴儿更安静。每次带着小小的她到医院抽血化验，看着护士从她的脖子上抽静脉血，她的哭她的挣扎都刺痛着我，我甚至怀疑自己的决定是不是太自私了。但情况还算好，虽然结果一直有些异常，但是医生说只需要继续观察就可以了，或许情况没我们想象的糟糕，tsh的异常可能是成长期分泌不稳定造成的，也可能是遗传因素，暂不下定论，注意定期检查，观察小朋友的成长状态再来分析。

在她7个月的时候，有一天，爸爸在她旁边玩手机游戏《天天酷跑》，开场音乐“timi……”在她耳边响起，她终于笑出声了“呵呵呵……”那是她第一次笑出声音，7个月以来我一直以为她的笑只有咧嘴、眯眼，我第一次听她笑出声音来，心里不知有多高兴，又一个健康的指标她做到了，从此我就喜欢对着她喊timi，她每次都会咯咯地回应我，我就知道她一定会是个健康的孩子。总算没有辜负我们的期望，我坚信她的人生会如timi的汉译一样——“天美”，我理解成的天天美好，天作之好，就这样她给自己选择了一个洋气的英文名字timi。

一切都在好转中……

1岁的timi学会了说话、走路……

2岁的timi学会了跟别人交流，是个懂礼貌的乖妹子……

3岁的timi上幼儿园了，交了好朋友，知道爱美了……

快4岁的timi逐渐有自己的小个性，会思考了……

我特别感恩，真的特别谢谢家人的帮助与支持，让我有勇气坚持我的决定，更加感谢我的小timi这么努力地成长，一点一点地变得健康而美好，未来的日子很长，我们还需要一起加油，不管风雨几何，我都希望我们能拥有善良和勇敢，才能在人生的旅途中扬帆远行。

家教之我见

杨　洪　川中油气矿计量中心

前些日子，一朋友到我家串门，闲来无事聊起我们家的小孩——雯雯，雯雯今年20岁，是德国亚琛工业大学经济工程系大二学生，目前，已通过12门功课的结业考试并且全优。在谈到孩子教育时，她深有体会地说道，好的家教，造就正确的人生观、价值观和世界观。良好家风不仅有利于家人，而且有利于社会，甚至于有利于国家。

面对困难，教会战胜

每个人一生中都将遇到许多困难，教会孩子如何战胜困难，是我们做父母的第一课题。记得孩子才1岁多时，由于身体抵抗力不强，常患感冒发烧，每每一到医院就得注射退烧针，为此，孩子就会哭闹不停，我也会心痛不已。一天，在去医院的路上，我就给孩子讲：如果打针是避免不了的，一定别哭，哭就会更疼的，你试试看，妈妈说得对吗……果然，孩子虽然满含泪水，却没有掉下泪水。从此以后，孩子不仅不畏惧打针，而且学会积极去面对困难，努力去克服困难，特别能吃苦的精神就此生根发芽。

2015 年 9 月，雯雯刚满 18 岁。一个女孩子即将远行，作为父母难免有些担忧，我便征求孩子意见是否父母送到学校，她立即拒绝：我是成年人了，我自己去。孩子就这样单枪匹马，背上简单行李，独自漂洋过海到德国亚琛求学。然而，理想是丰满的，现实是骨感的，随后的困难是接踵而至，在举目无亲的陌生城市里，她连续 3 天到处看房（国外大学大多没有学生公寓），以至于双脚打起了一个个的水泡，也未曾留下一滴泪水，她常说："困难不会被眼泪吓倒，哭了也白哭。"功夫不负有心人。房是租赁好了，麻烦又找上了，一跨进出租屋，才发现准备退房的人正搬家具，还得买家具，一打听，购买家具至少要等一周才能运输到出租屋，此时，灵机一动的她主动问别人借到了一张气垫床，以解决暂时居住的问题。就这样在气垫床一睡就是一周，当家具送到时，她又傻眼了，家具需要自己组装。她又一次战胜自己，购买榔头、扳手等工具，立即琢磨并第一次使用上了榔头和扳手，按照组装图纸，通过一天的努力，终于完成一张床、沙发和衣柜的组装，当时已是凌晨 2 点了……在视频中得知这一切时，老公满含泪水地说："经过这一次不同寻常的经历，她会变得更加坚强，更加充满自信，更加优秀。"

面对金钱，教会做事、做人

父母永远不可能一辈子都陪伴孩子、呵护孩子，那么，作为父母就应该把握好时机，渐渐地学会放手，让孩子自己去做些力所能及的事情，建立起正确的价值取向。当我家雯雯刚满 2 岁时，我便决定让孩子去上幼儿园，并做些力所能及的小事。譬如：在她 2 岁半时，给她一些零用钱，买个小蛋糕什么的。有一次，孩子小，不会算账，用 1 角就去买蛋糕，没买着，就生气地说："妈妈，阿姨不给蛋糕……""阿姨没错，是你的钱不够买，不是有钱就可以买到任何东西，必须要多一点儿的钱，才能买回需要的东西……"渐渐地让孩子在个人理财上有个初步的认识。从此以后，她就会管理自己的零用钱，在用钱方面做到有计划，什么是该花的，什么是不能花的，要怎样花才是最合理。从上初中起，我就将一年的费用打到她的银行账户上，自己缴纳学杂费、购买书籍、安排生活费用，等等。她还从来未透支过。在学会用钱的同时，就不得不教育孩子树立正确的价值观。因为工作原因，我常将新闻稿件、总结等的起草、修改类工作搬回家。有一次，雯雯非常好奇地问我，妈妈一篇稿件有多少稿费？我告诉她 20 元，她却说 20 元买个小的生日蛋糕都不够。我于是就抓住时机，给她讲：每个人所从事的每项工作都不易，必须经过辛勤劳动，才能获得相应报酬。同时给她讲："磨刀不误砍柴工，君子爱财取之有道"等故事中隐含的哲理，以引导孩子树立正确的价值观。

赏识教育　教会自信

自信，是个人对自己所做各种准备的感性评估，更重要的是自信本身就是一种自我评价上的积极态度。如何培养孩子健康、积极向上，快乐生活、工作的态度，这是作为父母应尽职责。

记得雯雯刚上小学一年级时，学校组织开展演讲比赛，同样爱玩的她根本就不想参加，但我觉得这个经历应该让孩子尝试，鼓励孩子是最棒的，她只要参加，妈妈答应买玩具小手枪（当时，孩子最想得到的玩具）。为此，我也下足了功夫，先为孩子挑选了她常去的二井沟渠河，经过耐心指导，完成了她人生中的第一篇短文《渠河》，于是，便由孩子自己一遍一遍地朗诵，又一篇一遍纠正发音及表情，经过长达一周的枯燥训练，雯雯先后通过班级、年级的选拔，最终代表年级参加学校的演讲比赛，获得了一等奖。通过此次演讲后，不管在学习上还是生活中，她都充满了自信。从小学到高中，无论是作文比赛、数学竞赛，还是绘画比赛、舞蹈比赛等她都主动积极参与，经自己的努力，还多次获得奖励呢。自信满满的她，在德国大学老师对中国留学生进行大学入学前的面试考核中，她是唯一得到外教老师赞扬的学生。

当然，良好家风意识教育、崇尚学习教育、优良品质教育也是我们家教中不可缺少的部分。作为家长，让我们都来关注良好家风的传承和发扬吧，为构建和谐社会、打造温馨家园贡献自己的绵薄之力吧！

教子之“共进、共创、共赢”

王宇卉　中国水电七局城轨分公司

对于教育孩子，每个家庭的家长都有仁者见仁，智者见智的不同方法和见解。然而身为一个 9 岁孩子的母亲，我一直比较欣赏明代陆世仪《思辨录辑要》中“教子须是以身率先”的千古名言。我选择教子的方式是和孩子共同学习进步、共同创造未来、共同赢得人生。

人的一生如同彩虹般绚丽多彩，由工作、学习、生活等多个部分组成。身为一个女性，让我至今感觉未曾后悔的事情就是在适当的时候干了适当的事情。大学毕业后我和我的先生顺利步入了婚姻的殿堂，2008 年 3 月 8 日在我 27 岁的时候接受了上天赐予我们的礼物，我们家的小棉袄诞生了。她的到来，给了我们人生的又一个研究课题。我们开始学习如何做家长，我们深知每个孩子都是不同的花，花期也是有所不同，如何做一个适应自己孩子成长特点的家长，是我们和孩子一起共同成长的路上所应该探索总结的。

孩子小的时候，我们照顾她的起居。渐渐地到了孩子上幼儿园的时候，我们和所有家长一样探索着寻找方法，如何让自己的孩子身心健康成长。

非常有幸的是2014年我拿到了电子科大MBA的录取通知书，与此同时女儿跨入小学一年级的门槛，上天给予了一个让我作表率的机会，引领着孩子更好地成长进步。我们和女儿面临一个共同的成长目标，一是如何搞好学业，成为一名优异的学生；二是如何更好地生活，做好家长，当好孩子；三是如何面对未来工作，找准人生目标实现价值。

学习上，为了给女儿带个好头，我主动竞选班长，勇挑重任。在电子科大MBA担任联合会副主席，提前毕业，用两年时间完成学业，取得211和985院校的硕士研究生毕业证和学位证。而且在校期间我会带她和我一起上课，让她明白真金不怕火炼，拿事实和成绩说话，并开阔视野做到运筹帷幄。通过带她参加学校的一些亲子活动，让她学会了同情弱小、大道至简、与世无争。尤其造就一个强大的内心，拥有超强的逆商。在面对挫折的抗击能力的打击下拥有一个平和淡定的内心，这一点我都觉得甘拜下风，应该向她学习。人生道路上她学会了有个人见解、与世无争、做自己认为有价值的事情，也许这就是我们一起学习成长的最重要的收获。

生活上，我们的角色有所不同，我们所学习的是如何做一个好家长，她所学习的是如何做个好孩子。我们通过共同的磨合，不停地修正改进自己的错误，为更好的和谐家庭的梦想而努力。这之中有着无数的冲突和矛盾，对内有时是来自我和女儿之间的，有时是来自我和我先生之间的教育分歧，有时是来自长辈们的教育分歧……对外的有时是来自学校的影响，有时是其他家庭的对比，有时是互联网的改变……现代社会也督促着我们不停地改变方式方法。我们和女儿通过平等协商签订各类合同，严格按照合同履行双方责任和义务。同时建立起个人资金账户管理，为女儿开设账户让她自己管理支配自己的财产。言传身教，责任共担，让她参与家庭事宜讨论，发扬民主、共同商议、做出抉择，形成对家庭负责的主人翁意识。

工作上，我们刻意通过如何面对未来，找准人生目标实现价值。为了让孩子明白在人生路上要有目标，在关键的时候、机遇来临的时候要敢于去选择。读完 MBA，我从熟悉的医疗卫生行业换到建筑施工企业，我要向孩子证明两点：一是选择了你的爱，要爱你的选择。二是只要选择了，就要风雨兼程地去做。我家先生是一名眼科医生，还无数白内障患者以光明。女儿也许耳濡目染，虽然医生很辛苦，别人休息的时候却要值班坚守岗位，完成救死扶伤的使命。但是她却锁定了自己未来人生目标，励志做一名试管婴儿研究的辅助生殖医生。也许是因为喜爱，她自己通过询问其他医生、查询相关书籍和借助网络资源，竟然能把整个试管婴儿的受孕过程搞得清楚明白，并可以详尽地向人讲解全过程，也许这就是她选择的未来。我们作为家长能告诉她的，就是在这个年龄段要做好自己的每件事情，好好学习，同时把自己的特长和爱好发挥到极致。我们并不要求孩子以兴趣和爱好为生，只希望留给孩子一条能够与人不同的抒发个人感情的有效途径。

路漫漫其修远兮，吾将上下而求索。未来的路还很长，我们都在不停地发现问题，并持续改进。就这样用我们独特的方式共同成长进步、共同创新开拓、共同赢得人生。《战国策·赵策》中有云：“父母之爱子，则为之计深远。”我想正是对此时此刻我们的教育方式的最好诠释。

吾家有女初长成

翟爱萍　中国第二重型机械集团公司重机公司

“妈妈，我回学校了，Bye bye!”望着女儿背着书包，拖着拉杆箱渐渐远去的背影，我这才意识到，女儿已经长大成人了，她即将通过12年的寒窗苦读，去往她心中理想的院校。可是不管她走到哪里，始终是父母心中那份难忘的牵挂。从怀胎十月到孩子呱呱坠地，我们每一位做母亲的心中，从此便多了这份情感上的牵绊，生活关注的重心也逐渐从老公身上转移到了孩子身上。怎样让孩子健康成长？如何把孩子培养成为一名高素质、全面发展的人才？这也就成了母亲们今后人生中要不断去探索、解决的中心课题。

女儿从小就很懂事，学习上也一直很用功，成绩在班级上名列前茅。她乐于助人、诚恳踏实，待人接物彬彬有礼、落落大方，深受老师与同学的喜爱。细细回想，女儿能成长为如今一个知书达理，乐学上进的好青年，是与我们家的好家风分不开的。

尊老爱幼，是我们家一贯秉承的家风。“百善孝为先”——这句出自《增广贤文》的名言，孩子的爷爷、奶奶早在孩子年幼时便经常挂在嘴边。

他们教育孙女要尊老爱幼，乘坐公共交通工具要主动为老、弱、病、残、孕让座，所以女儿出行在外，见了老人都会主动让座；他们还教育孙女“自己的事情自己做”，让我们对孩子不要娇生惯养，尽量多教她些基本的生活技能，将来用得上。因此女儿从小就很独立，煮饭、洗衣她都不在话下，很快就适应了住校生活。父母是孩子的终身榜样，因此我们处处言传身教，经常带孩子去探望长辈，陪长辈们聊天、做饭、购物、旅游。其实老年人内心中最渴望的不是过多的物质与金钱，而是儿女温馨的陪伴。陪伴是最长情的告白，在亲情的陪伴中，老人可以尽情地倾诉他们的苦闷，舒缓压抑已久的心情，从而使他们安享晚年。中华民族是一个拥有五千年文明历史的礼仪之邦，尊老、敬老的传统美德千万不能丢掉。老年人作为弱势群体需要全社会的关爱，我们每个人都有衰老的那一天，到那时也会得到别人的关爱。只有形成一个人人尊老、敬老、爱老的好的社会风尚，才能更好地实现中国梦，实现社会的文明进步！

诚实守信，是做人的最起码准则，也是我们要求孩子从小就要做到的。记得她还在上小学时，有一次放学路上，一位与她要好的同学趁玩具店人多，偷拿了一个小玩具，被女儿发现了。她不仅没有包庇这位同学，还板着脸，严肃地对那个同学说：“我们做人要诚实，不能偷拿别人的东西，赶紧还回去！”后来那位同学在女儿的监督下，乖乖地把玩具返还给商家，并给老板赔礼道歉。虽然一枚小小的玩具价值不高，但是我常给孩子讲“小时偷针，大时偷金”的故事，使她从小就明白：一个人如果一旦从小养成了小偷小摸的坏习惯，就很难改正，以至于长大就会犯下严重的错误，到时就后悔莫及了。在家庭、学校的教育下，女儿形成了爱憎分明、坚持原则的性格，因此她从小到大一直被老师和同学所信任，连年当选为班级小干部。

阅读对孩子的影响不容小觑。我在家庭中积极营造崇尚阅读、学习的氛围，床头、茶几、书架上到处摆放着书籍、杂志，信手拈来便可以津津有味地品读一下午，阅读已经成为我们家庭生活中的一种习惯。孩子也不会把读书看成一种负担，她从读书过程中找到了灵感，收获了知识，体会到了快乐，并且养成了良好的阅读习惯。我坚信从小沐浴在书香中长大的孩子，今后一定会成长为一名“腹有诗书气自华”的有用之才。为了有利于孩子的成长，我甚至效仿“孟母三迁”，将家搬到了远离闹市且人文气息很浓的大学城附近。因为那里有向公众免费开放的图书馆，家长可以随时陪孩子去借阅图书，从知识的海洋中不断汲取养分，从页页书香中品悟人生真谛。近朱者赤，近墨者黑。就这样，在家庭、学校、图书馆长期的耳濡目染下，女儿已深深地爱上了阅读。随着阅读量的增加，她在文科方面的成绩尤为突出，喜欢写写剧本，还多次成功编导了学校的几场舞台剧，获得了师生的好评。来自各方面对她的褒奖，进一步增强了女儿的自信心，促使她的学习劲头更足了。原来我还一直担心课外兴趣和社团活动会影响孩子的学业，现在看来完全是多余的。

目前女儿已经上高三了，一放假，她便爱钻进图书馆看书、学习。她已经习惯了那里安静的学习氛围，以及周围一群与她同样求知若渴、认真阅读的大学生。不知不觉已临近高考，通过女儿日复一日紧张地备考，她的学习状态也渐入佳境。天道酬勤，相信通过她坚持不懈地奋力拼搏，一定会在最后的高考中取得佳绩！

儿子的成长故事

梁　萍　四川宜宾五粮液股份有限公司

人的一生，需要经历多少次挫折磨难才能茁壮成长？才归于平淡？成长的每一瞬间都饱含着父母的爱心和期待。

我的儿子由于早产近一月，所以身高和体重均不达标，而且还在保温箱里待了一天。当时我的心里非常难受，觉得自己愧对儿子，儿子先天发育不好都是自己的错，面对独生子年代，不能让孩子输在起跑线上，发誓后天将给予弥补。

通过精心的呵护和细心照料，从儿童保健资料上显示儿子的生长发育已达标，儿子一天天健康成长起来，已到了上幼儿园的阶段。

故事一：培养孩子从小养成一个好习惯和好性格。记得有一天，儿子的爷爷把他从幼儿园接回来，在楼下与其他小朋友玩耍时不小心被一小朋友撞倒了，儿子叫爷爷必须替他打那小朋友，爷爷告诉他小朋友不是故意的，为啥还要打别人呢？这时儿子就对爷爷又哭又闹，还乱骂爷爷，爷爷没办法只有强行把儿子弄回家。到家后，儿子仍然不依不饶，还在哭闹，爷爷就把原委说了一遍，这时，我把儿子拉到爷爷面前跪着，叫他必须给爷爷认错，并且要认识到错在哪里，否则不准起来。同时，不断给儿子讲道理："小朋友不是有意撞倒你的，换着是你把别的小朋友撞倒了，别人也要来打你，你觉得这样做对吗？更不能乱骂爷爷，要尊老爱幼，做一个文明礼貌的好孩子。"时间一分一秒地过去了，儿子的哭声变小了，抽泣声也渐渐没有了，只听见儿子不停地说："妈妈，我错了；爷爷，对不起。"我说："你知道错在哪里吗？"儿子哽咽着说："知道，小朋友不是故意的，不应该去打小朋友，不应该骂爷爷，以后再也不这样了。"从此后，我给儿子定了一个标准：要文明礼貌、尊敬他人、懂得谦让、勇敢独立。

故事二：给孩子一个快乐的童年，培养孩子做事认真的态度。我们这代人都是独生子家庭，各个家庭都想把子女培养成最优秀的孩子，都不想输在起跑线上，众多家长都送孩子去各种兴趣班。而我认为，虽然如今的社会竞争激烈，但我们依然选择给孩子们一个快乐而无忧的童年，因为只有享受了生活，才能懂得努力去创造生活！所以，我的理念是：选孩子喜欢的才是最适合的。于是，我就征求儿子的意见，只给他报了一个绘画培训班，其他的什么都没有报，上幼儿园时也没有强行要求儿子去背唐诗宋词等，上小学时也没有要求儿子必须双百分，但是做任何事情必须认真。记得小学二年级的一天，儿子放学回家就赶紧做家庭作业，当时我心里还在夸儿子乖呢，一会儿工夫，儿子就做完作业开始打游戏了，当我检查儿子的作业时，发现所做的几道题全部错了，我就要求儿子马上重做作业，但儿子被游戏深深地吸引了，已经听不进我在说什么，根本不理睬，这下我生气了，直接就把儿子从座位上拉起，把游戏机电源关掉，儿子傻乎乎地望着我没有吱声，我开始说教儿子："做任何事情都必须认真，做好了这件事情才可以做另一件事情，不能只为完成任务而敷衍了事。"这次以后，我要求儿子每天做完作业后必须做到温故而知新，在预习新课程时有疑问的地方做好记号，在老师讲课时认真听讲，还有不懂的及时提问，当天的课程必须当天消化。

故事三：父母做好表率，正确引导孩子面对困难与挫折。儿子刚上初中不久，有一天他放学回家告诉我不想读书了，我当时就懵了，问他怎么会有这种想法？儿子说：学科多，作业也多，好累哟。我就坐下来慢慢给儿子讲道理：人渐渐长大，接触的人和事也会越来越多，社会也在不断进步，需要了解掌握的知识也必须越来越多才行啊，人人都像你这样的想法，社会就不会进步了。当时，由于工作原因，我也正好被借用到另一个部门，但本部门的工作仍然要做，白天在借用部门工作，晚上回家还要加班完成本部门的工作，还特地购买了电脑在家加班。因此，正好用我自己给儿子打比方：妈妈现在每天下班回家不是一样在加班工作吗？妈妈以前不会操作电脑，而现在由于工作需要，要求必须会使用电脑，我也只有抽时间自学了，否则就无法完成工作，就会被淘汰；同时，妈妈还要承担家里的一些家务琐事，难道不累吗？在困难面前不能退缩，而要迎难而上。你现在学科多，作业多，就一科一科地慢慢做，并且要认真做，妈妈陪着你一起加班，我们一起来攻克难关，行吗？从此以后，儿子再也没有埋怨过，他做作业我就静静地看电视，一如既往地陪着他，儿子对学习也越来越有兴趣。从初一的第二学期开始，儿子各科成绩突飞猛进，从刚进初中时的排名几百名提升到全年级的前三名，并多次位列第一名。

儿子顺利地完成了初中学业，因成绩较优秀，被某校破格录取到高中重点班。大家都知道，高中阶段是人生转折的重要阶段之一，所学的知识难度更大，知识面更广，特别是重点班里的同学都是各所学校的佼佼者，因此竞争也相对较大。儿子刚进入高中的前两次综合考试时，成绩依然在班上排名第一，到第三次考试时，儿子的成绩排名降到了十几名。那天儿子回到家像霜打过的茄子，精神状况极度不好，有气无力地对我说：妈妈，我不想读书了，压力好大，干脆随便找个工作算了。儿子这么一说，我知道儿子肯定又遇到困难或挫折了，我立马与儿子沟通了解情况后，开导他：儿子，只要你努力了就够了，妈妈不需要你永争第一，人的一生要遇到很多的困难和挫折，你的人生才开始，不要因为一次的失败或挫折就灰心丧气，以后的路还漫长，妈妈也不可能陪伴你一辈子，还得需要你独立去面对困难和挫折；现在你所接触的人不是很多，社会圈子还不是很大，山外青山楼外楼，庞大的世界能人、强人很多，不可能每个人都能当第一，出类拔萃，只要自己努力过就够了，人人都能发挥各自的光和热。况且现在的你，如果放弃学习去找工作，由于你所学知识有限，找到的工作不一定如意，一旦到了你成年的时候，就会对你的选择后悔一辈子；并且就算以后工作了，也要不断地“充电”才能适应时代的发展。

以上几个故事是我儿子成长过程中重要转折点的小故事，由于我对儿子这几个转折期的变化观察的较为仔细，处理的较为恰当，儿子才顺利地成长起来，儿子的学业也取得了进步。儿子高中毕业后，进入某大学完成本科学业后被保送为某大学的“本科直博生”继续深造。我认为，儿子虽然谈不上很优秀，但从儿子的成长到今天，我为儿子感到骄傲、自豪，我一直都在告诫他：不追求最好，只要努力就够了！

儿子，你在妈妈眼中是最棒的，继续加油！希望你在人生的道路上茁壮成长！

两代人的教育碰撞

刘柳君　川中油气矿研究所

如今身边的80后已经相继为人父、为人母，大多数的80后都是独生子女，父母大都乐意帮着带孩子。随着孩子渐渐长大，横亘在两代人之间的教育冲突也多了起来。每当听到身边的朋友们抱怨和父母的教育理念冲突时，我就会想起自己的成长历程。

我出生在一个书香家庭，爷爷奶奶当了一辈子的小学教师。记忆中，从幼儿园到小学，爷爷奶奶对我的管教似乎多于父母。在我上学前班的时候，妈妈给我报了一个电子琴班，虽然我对电子琴并没有多少兴趣，但是长期在“要听话”的教育之下，我还是很听话地去学，一学就是四年，一转眼我就步入了小学的高年级阶段。

一开始，两代长辈的共同管教似乎还很平顺，没有太大的分歧。一个让我记忆深刻的转折点发生在我读小学四年级的时候。

还要不要让我继续学习电子琴呢？这成了一家人争论不休的话题。当然妈妈是坚持要让我继续学，尽管知道我其实并不喜欢弹琴，时不时会有厌烦情绪。然而当了一辈子小学老师的奶奶更想把我培养成一名让老师喜欢的好学生。因为四年级开始，要学习写作文，学习的东西比起前三年要多一些、难一些，奶奶主张让我把学习放在一切事情的首位。

最终，我还是放弃学习了四年的电子琴。其实并不是奶奶赢了，妈妈输了，而是我被自己的厌烦情绪打败了，是我自己坚持嚷着不要去学电子琴。从此我便只需要为走上好学生道路而努力。

好在我的学习成绩一直还不错，两代人的教育冲突仍旧不明显。到上初中时候，一本“闲书”再次引发了两代人的教育之争。

那个时候爸爸在外地工作，妈妈要倒班，我就跟着奶奶住。连着几天晚上，已经过了平时睡觉的点，奶奶发现我还坐在床上看书。本以为是我在刻苦学习，结果发现我在看小说这一类“闲书”。这类“闲书”是第一部被引入中国的西方文学名著，法国作家小仲马的代表作《茶花女》。虽然这是一本名著，但是在奶奶看来对学习考试没多大帮助，就被列入了“闲书”队伍。

让我意外的是，奶奶虽然不乐意，但没有再阻止我看这些“闲书”。后来我才知道，关于这个问题婆媳之间展开了一场辩论，最终妈妈说服了奶奶。

我感到很幸运，父母的开明态度，让我能自由安排学习之余的时间，选择读自己感兴趣的书籍。同时，我也能理解爷爷奶奶这一辈出生于农村的人，他们靠着坚定的信念，读书自强，在城市里扎根生活而付出的艰辛与努力，理解他们对于子孙后代的殷切希望。在学习上自觉自律，我为自己争取到了自由的时间。

两代人之间，对于孩子的教育目标与理念，固然不尽相同，甚至会大相径庭，这样的矛盾往往因为缺乏及时有效的交流沟通而愈演愈烈，从而演变成难解的结。我是在两代人的共同教育下成长的，父母和爷爷奶奶在教育上有意见分歧的时候，总会坐下来促膝长谈，寻找共识。和谐民主的家庭氛围让我更加有主见，更加包容，在无形中学习到了受用终身的东西。

礼仪之美

李碧辉　资阳市雁江区第五小学

礼仪之美，如祖国的大好河山一般壮阔迷人，又如小桥流水般细腻婉约。它像甘甜的水润泽我们的心田，它如奔腾的江河辽阔我们的胸襟，它似一朵浪花浸入我们已干涸的心田，给我们欢喜，化解内心的忧郁。作为一位女孩的妈妈，弘扬和传承中华民族的传统礼仪当是义不容辞的责任，也是一种美的享受呀！

生活中某些温馨和美好的人生情趣正是由于礼仪的存在。

很多人都知道“上八位”（这是四川话）。就是对门的位置，只有长辈才能坐那儿，辈分和年龄小的坐那，便是对长辈的不尊重。自女儿懂事起我就告诉她：过年的时候，我们一家人的座位要按照礼仪安排，虽然平时不刻意去做，但特殊的日子必须按规矩，女儿会把爷爷奶奶请到“上八位”坐，二老虽然口头上拒绝，但动作上却毫不推辞，脸笑得像一朵花，神气十足，让人觉得呀，坐在这儿真是理所当然、受之无愧的。不仅如此，夹菜也要长辈先动筷子，倒酒也要先敬长辈，还要给长辈盛饭。这样，不仅长辈骄傲，那晚辈们也打心眼里高兴呀！类似的礼仪，还有来者是客，得把家里好吃的东西拿出来吃，家里还得有个人空下手中的活陪客人，不能把客人“晾”着；去拜年要带礼品、送红包，有大吉大利的祝福在里头；遇到认识的人要打招呼，以表示对人的尊重；与人谈话要面带微笑；对长辈要敬重，对晚辈要礼让三分，等等。这些传统礼仪看似微不足道，但它们却在世界的许多角落里绽放它独特的气质和光辉，我的父辈传承给我，我要让我的女儿将它们继续传承下去，这是不容置疑的。

生活中的这些小礼仪或许不够打动你，但传统礼仪所蕴藏的精神光辉却是无法被掩盖的。诚信友善，感恩孝顺从来都是人修养的重要体现，这些应该作为人奉行的准则，他们随着时代的脚步也愈来愈重要。

“百善孝为先”，这句耳熟能详的话，时刻监督着我们把“孝”放在重要的位置。一个孝顺的人比一个才华横溢的大师更令人敬重。其实，礼仪又是贯通的，只有真正孝顺的人才会真正懂得感恩，懂得尊重，懂得诚信。女儿五岁时，我让她背“老吾老以及人之老，幼吾幼以及人之幼”。虽然她当时不能完全懂得这句话的意思，但现在，女儿一天天长大，知道了不光要尊重自己家的长辈，还要尊重别人家的长辈，这样，她就将爱家人升华到爱人民，爱社会的境界。

女儿曾稚嫩地问：“妈妈，孝究竟是什么呢？”我笑笑答道：“孝是妈妈工作累了，女儿亲手送上的一杯水，一句亲切的问候，一个热情的拥抱；孝是当爸爸生气时，宝贝女儿的一句贴心的安慰，一则足以让他捧腹大笑的冷笑话，一个暖心的微笑，一次舒适的按摩；孝是用一颗感恩的心回报亲人、老师、朋友；孝不局限于一方土地，它总像一棵茁壮成长的幼苗，只要给她一点儿阳光和雨露，它就会让它的枝丫延伸到每一处值得感恩的地方。”女儿似懂非懂地点点头，现在，女儿和我都在践行着“孝”。

当我们一家传承和弘扬中华民族的传统礼仪时，我们深深地被它感染。我们把它当作是人生随时可以停靠的温馨的港湾，在这里浸润我们的心田；我们视它如每每陪我们进入梦乡的泰迪熊，在这里寻找温暖和美好；我们是她的忠实粉丝，把她奉为我们的神，她那么美，她还给人那么多美！我们为它将要伴我们一生激动万分。

我有信心，心里装得满满的，我要将它传承下去，我要让它陪伴女儿的一生！让它开出更绚烂的礼仪之花！

Part 04
患难与共是真情

伉俪情深，超越钻石婚

——我的父亲母亲

李莉萌　自贡水务投资有限公司

我的父亲母亲现住在风景秀丽的成都市锦江河畔的小区里，父亲今年已经度过了近 90 个岁月的年轮，母亲也已经年满 83 岁，迎来了他俩 60 周年钻石结婚纪念日。当被问及与母亲如何和睦相处时，我的父亲一脸满满幸福地说:“互敬互让是家庭和睦之道。”

身板硬朗、精神矍铄，满头白发的父母和生活在这个都市安享晚年的老人们一样，不抽烟、不喝酒、不打牌，每天凤凰卫视的新闻节目是他们必看节目，生活过得健康又规律。然而，谁都不会想到，70 年前我的父亲却是转战祖国中南大地，在战场上建功立业荣立多项军功的解放军指战员。中华人民共和国成立后，为支援国家经济建设，父母从湖南省到贵州省而后双双来到四川省，携手参加了川中会战、红村会战等。如今，在威远县新场镇红村屹立不倒的会战遗址中还有他们亲手修建的房屋，作为医生的母亲不仅在工作中救死扶伤，还义务当起“赤脚医生”为红村周边的产妇接生、给村民治病。去年，我到当年母亲工作的地方参加同学会有幸遇见了当地的村民，他们中有人仍然记得自己生命中有位重要的人物“胡妈妈”，我为此感到特别骄傲和自豪。

战场洗礼，结缘今生

我的父亲于1947年参军入伍加入刘邓大军，英勇的他总是冲锋在前，在一次攻坚战中，一颗炮弹落在不远处爆炸，我的父亲左耳失去大部分听力，他却全然不顾，带领一排战士冲向敌人，直至攻克敌方阵地。回首当年的枪林弹雨，我的父亲常对家人说自己这条命是捡来的，要格外珍惜今天来之不易的美好生活。

后来部队进驻湘西剿匪，升任连长的父亲也成了大龄青年，经领导介绍，我的母亲走近了他，母亲的家庭背景和医生职业让父亲甚为满意。1956年12月26日，一间仅有7平方米的宿舍被布置为新房，一床大红锦缎床被和两个鸳鸯枕头甚是喜庆，双方战友、同事到场祝贺，喝茶、吃糖，这就是父母简朴热闹的婚礼。一如战友和同事们的祝福一样，我的父母恩爱走过了半个多世纪的光阴，那大红锦缎被和两个鸳鸯忱套至今还保留着那份温馨和喜气，见证了我们四姊妹的成长历程。

辗转祖国各地，投身祖国建设

湘西局势稳定后，父亲到了贵州省兵役局参加清剿国民党残余分子工作。1959年，父亲脱下了心爱的军装，正式告别军旅生涯踏上了云贵高原的寻油路。在当时的贵州石油勘探局，他选择了机修专业的学习，原来文化程度不高的他，发扬军人特别能吃苦的战斗精神，白天上班晚上补习文化和专业知识，短短时间，就取得初中文化水平，并逐渐掌握石油机械维修以及管理知识。至离休前已经是高中文化水平，取得了中级职称。

如同在战场上一样，寻油路并不是一帆风顺，从云贵高原再到川南、川中，西南大地留下了父母亲的脚印。参加过川中石油会战后，父母是最早一批抵达威远红村的石油人，为即将到来的石油大军开辟驻地。父亲担任机修车间主任，承担起了前线指挥部的修建任务，那时候的新中国百废待兴，没有砖瓦，父亲就带领刚招募的民工上山采石，没有钢筋水泥，他们就用石灰、黄泥和沙制成“三合土”。为了少占用良田耕地，父亲就带领大家在修建房屋的时候从山上开始向下修。没有机器设备，所有的建筑材料都是人拉肩扛运到山顶。尽管条件艰苦，回忆当时建设红村的场景，父亲说那时真是有使不完的劲。一个冬天完成红村的修建，作为医护人员的母亲印象最深的是很多人手脚生冻疮，或者被山石砸伤，每到晚间换班休息，就是她最忙碌的时候，赶着为伤员清理伤口、擦药，好让工人们第二天又投入到紧张的工作中去。

舍小家顾大家

石油会战是艰苦的，初到红村到处都是荆棘丛生，平整一块地支上竹竿、搭上茅草就是会战人员的家，10 多个人住一间，真是“天当被来地当床”，会战实行的是军事化管理不允许带家属，父母平时都是各住一方，很多时候都是因为工作上的交流才见上一面，我弟弟出生后 3 天，出差回来的父亲才完成父子之间的首次见面。母亲和弟弟都需要有人照顾，寄居川中农户家的外婆这才带着我和姐姐来到威远红村，在一农户家租下两间房，这个因为寻油而分离的一家人才算有了个像样的“家”，我才得以和父母相聚。

钻机开钻后，维修车间的工作任务更加紧张，前线需要什么，维修车间就要及时赶制什么，父亲说在维修车间他体会到了什么叫“没条件创造条件也要上”的石油工人的豪言壮语。那时随时待命，很多时候为了赶制钻头和抓杆等维修件，都需要通宵加班。为了会战，参战人员基本都是全年无休。红村会战结束后，大部分同事转战他处，我的父母随机修车间留在了威远，直至离休。

带着4个儿女参加石油会战，我的父母最为歉疚的就是儿女们的成长，如今让父母值得欣慰和骄傲的是我们四姊妹及其另一半成为厂里最让人羡慕的大家庭。除了父母身体健康外，4个子女各自在不同的岗位上从事着不同的工作，全部本科学历，先后出了8位中层管理人员、4位获得高级职称、并获得的各种荣誉称号不计其数，所有这一切成绩的取得均要感谢我的父母，是他们无私奉献牺牲精神一直以来深深地感染着我们，他们做人先做事的无言行动，时刻在激励着我们，对我们姊妹每个成长阶段都起到了举足轻重的作用。在此，我感谢父母，更要感谢自贡市2017年“向幸福出发”——“寻找最美家庭，传承家训家风”家庭文明创建活动的组委会给了我一个机会，一个诉说对父母爱的机会，把心里话用文字表达出来的机会，因为我深深地爱着他们——我的父亲母亲！

世间最好的婚姻

聂　余　四川江油川西北恒丰天然气有限公司

你有想过，你为什么结婚吗?

20世纪50年代的婚姻：父母之命

我没有见过外公，因为我出生的时候外公已经过世了。他和外婆的故事都是在我妈的只言片语里拼凑出来的，但是，我知道外婆爱着外公，即使现在她也会在我们回家看她的时候给我们讲外公的事。

外公是一个孤儿，和外婆结婚时没车没房没婚戒，唯一有的就算是当时人人口中的好工作——单位的大车司机。我的曾祖母也正是看上了这一点，才让我的外婆和外公“裸婚”了。婚后外公依然干着一出车就是一个多月的工作，而外婆则在家带着4个孩子，操持着家务。妈妈说他们小时候最期待的就是外公回家，因为只有外出的父亲回来他们才能吃上一顿肉或者一碗白面，在那个柴米油盐紧缺的年代，一块肉，一碗白面都会让日子变得鲜活起来。平淡而清苦的日子就这样一过就是30年，直到外公过世。外婆这一辈子生活的地方换了几个，房子换了几处，家具也越来越与时俱进，而唯一没有变得就是她和外公的那张泛黄的结婚照永远端端正正地挂在床头的正中位置。

生活在20世纪50年代的人，思想是革命的，物质是匮乏的，生活是简朴的，也许正是在这样的大时代背景下，20世纪50年代的婚姻与其他时代相比，也显得平静简单了许多。

20世纪60年代的婚姻：少年夫妻老来伴

那个年代，虽然是一个时代的变迁，可是物资和经济还是相对匮乏，让那个年代的人更加懂得珍惜。我的父母就是20世纪60年的一代，父母爱情在我眼中是独立的又是相互依偎的。父亲和母亲各自有着自己的工作，他们共同努力建设这个小家庭。母亲会对我说："女人的全部不应该只是柴米油盐，家庭应该是两个人的事，只有共同分担寒潮、风雷、霹雳，才能共享雾霭、流岚和虹霓。"记得几年前，母亲生病手术，再坚强的人面对病魔都会变得脆弱和胡思乱想。那段时间，我的父亲这个从不下厨的男人担负起了一切，他会陪母亲散步，他会去菜场买菜，他会做并不是很美味的饭菜，他会包容母亲生病的小脾气，他会开导母亲的胡思乱想，他会……他做了我认为他根本不会做的所有事情，那段时间他是父亲更是一个丈夫。我看到母亲和父亲相互扶持而又磕磕绊绊的一生，在他们的婚姻中我明白了什么是共同分担寒潮、风雷、霹雳；共享雾霭、流岚和虹霓，什么是少年夫妻老来伴。

80后的婚姻：独立自主

我和我的先生，相识于一场婚礼。有时候缘分就是一种阴错阳差地错误，之所以选择了他是因为他对我采取的放养姿态。我要做的不会多加干涉，如果我告诉他，他也会认真地给我提出意见和建议，我想去的地方他也会和我去，就是那种我带上你，你带上钱。对孩子，他会和我一起分担，如果不出差的话他会每晚给我们的小小姐讲故事，泡奶，当然先生也是小小姐御用的洗澡工。我们会在工作的时候做着各自的事情，我们会在遇到问题时找对方倾诉寻求帮助，不是说有一种的友情是那种即使两个人在一个房间不说话也不会觉得尴尬，我想我们的爱情也是这样；在他身上虽然没有浪漫、没有惊喜，但是会有细水长流的陪伴，会有心有灵犀的默契。爸爸爱着妈妈，妈妈爱着爸爸，只有相爱的父母，才能教会孩子幸福的秘诀。

在我们家没有那种代代相传的家风或者家训，只有藏身在生活中对点滴小事的感受。外婆和外公教会了母亲对婚姻的相守，而我的父母爱情则让我知道了分担与共享。至于我的孩子，我相信她看到的父母爱情又会更加的丰富，一代又一代，根，紧握在地下，叶，相处在云里仿佛永远分离却又终生相依，这就是伟大的爱情，坚贞就在这里。

关于婚姻，关于家风，我所感受到：世间最好的婚姻只有一种，那就是人生几十年，爸爸妈妈才是彼此最爱的人。

与老公的美妙人生

——相识、相知、相守

蒋晓华　四川智易家网络科技有限公司

“执子之手，与子偕老”是一个永恒的话题，但也就是因为这份坚守让我与你走在一起，有共同的信念，为共同的目标一起打拼，一起同甘共苦。

我们的爱情并不浪漫，但是却很实在，因为我们都是在相似的环境下长大的孩子。如今，我们已成为孩子的父亲母亲，承担了我们的那一份责任，对上我们孝敬父母，谨记于心；对下我们学会宽容，陪伴孩子，与孩子一起成长。在孩子成长的路上，身为父母的我们只做引路人，不做孩子的主宰者。虽然这才刚刚开始，但我们仿佛已看到了未来。记得我曾经看过一部电视剧《虎妈猫爸》，剧中有句论断是“夫妻关系大于亲子关系”。我当时询问你对这个论断的看法，你说这是正确的。相守到老唯我们俩而已，父母终究有一天会离我们而去，儿女自有自己奋斗的一片天地，携手一路，漫漫一生，终究只留下我们的经历和在一起的岁月，日复一日，年复一年。当时我并不认可你这番高论，总觉得孩子才是一个做母亲的重心。

后来，慢慢地领悟，让我认识到这何尝不是真理。

恰逢相识，不知已是难决。相识即是人为，却也因有缘。算不上三生有幸，却因一面之缘，造就了我们今生共度的开端。记得相见的日子很平常，我一路风尘仆仆坐车赶回绵阳，在母亲、外公和介绍人的陪同下辗转来到你家。你母亲忙里忙外做好一桌饭菜，拘束的我们好不容易捱过那顿午饭。然后，大家做在沙发上看电视、闲话家常。不过，只有长辈们在闲聊。初识的我们，过于拘束，不知谈些什么。我不知你当时心情如何，我当时觉得时间过得太慢，有种如坐针毡的感觉。后来，堂姐来电话（我提前安排好的），我借机说堂姐约我出去玩，长辈们建议一起出去耍一下交流一番嘛，我故作大方地说："那好吧，我们一起出去玩，交流交流，看彼此合适不合适。"就这样，我们迅速出门，找堂姐一家去仙海一游。说实话，我虽是绵阳人却不太熟悉绵阳，你当即为领路人。就这样，我们边走边聊，谈我们年轻人的话题和我们共同关注的焦点，一路上你问我答。走了一段路，后来打车到约好地点，和堂姐一家驱车去仙海。当时，我们谁也没有想到还会有以后。一个下午玩得很尽兴，我未将与你携手之事挂于心上，只像普通朋友般一起玩耍。第二日，在老家陪父母一天后我便要返回广元。你回家后，我们电话联系，当你得知我返程之日便要来相送，当时虽觉是客气之话，但也没有推迟。许多的恰好就这样促成了我们继续交往，故为相识。后来我们分隔两地彼此相互了解，直到有合适的机会调回绵阳，一路相随你接我回家，这期间定是相知。

相知的路途堪称试验君心的一大法宝，周围同事见你为人处事作风为二法宝，因相识之路有母亲作陪，让年轻的我的心中有三法宝。我感谢与你相知的路上给我好建议的同事们留下好印象，他们属于过来人，见多识广；也感谢相知路上你的锲而不舍，即使你是三班倒的劳累也仍旧在夜班下班后第一时间马不停蹄地赶到我上班的城市来相聚，一起玩耍，一起游历。彼此熟悉后，我们经常在一起做饭吃。顿顿你下厨做饭，我不必动手，只是饭后洗碗。我们没有因为距离而放弃彼此熟悉了解的机会，我们也因为提前的家世坦白而聚拢了彼此的真心，也因为有相近的思维方式而能认可彼此，行事作风更让彼此惺惺相惜，让我们觉得一切都是恰恰好，不多一分。一起玩耍了解的时间，你走进了我的生活，于是你和我一起拜见了我在广元的家人。他们对你的认可，更加坚定了我和你在一起的决心。或许是那个年龄段的人都不够自信，不敢相信我们会一辈子生活在一起，但是我们承诺要彼此诚心以对，也商定了生活在一起若磕碰的法则。这既是一种约束也是一种调节，至少在今后的生活中我相信我们都在为那个法则努力，我们也因为那个法则更真心以待直至我们步入婚姻殿堂。

因为相识相知，所以我们约好要相守一生，为此我们准备步入婚姻殿堂。和所有准夫妻一样开始忙碌我们的婚礼，装修我们的小家，简朴但不失简洁，简单却不失礼节，没有琉璃灯光的闪耀，没有强烈节奏的音乐，但我们有共同选定的礼仪，我们有共同的亲戚和朋友，我们拥有他们的祝福，也拥有他们的见证。感恩父母，承诺相守一生，然后戴带上结婚戒指，一起答谢亲朋好友前来祝福，一起相聚玩乐，这些一样也没有少，我感到很满足。两个大家庭的融合让我们很欣慰，从下定礼到婚礼，我们两家人都很随和，没有那么多的斤斤计较，一切都顺理成章，这是我们给父母的一份好答卷。我相信我们能把这份答卷继续到天荒地老，这也是我们给子女的最好的礼物，让她能在爱中成长，成为一个有爱之人，走入婚姻，走入夫家，走进子女的生活。陪伴即是长情。我用毕生与你相守，守住我们家，守护我们的父母，守望我们的女儿，相守一生，情定一世，无论贫穷富贵，愿与君忧。我相信，这是我们老一辈人传承下来的一种家风，它代表着真、善、美，也是我们彼此真心相待的谦、良、恭、让的态度。

生活我们起了开端，生命我们有了延续，有爱有共同的目标。因此，我们要努力走好每一步，踏实脚步，绽放我们的青春，一起奋斗，一起经历风雨，让陪伴继续成为永久的长情，不够浪漫胜似浪漫。行君子诺言，值此一生！

爱的重生

但巧梅　自贡银行股份有限公司

2014 年 11 月 14 日，我因身体不适在华西医院就诊，初步检查确认是右侧输尿管内长了肿瘤。刚过 28 岁的我，内心是忐忑的，肿瘤这个太让我恐惧的字眼，让我精神恍惚，不知道该怎么去面对。那些日子里母亲每天都会跟我通话，鼓励我不管肿瘤最后是什么都要勇敢，勇气可以创造一切可能，让我多想想才 2 岁多的儿子。父亲和夫君则请了假专心陪伴着我，尽量避免我接触伤心的话语，生怕我还没手术就已经崩溃。学医的弟弟更是多次拿着我的 CT 片去咨询他的老师，还跟我讲了很多肿瘤的可能，让我不要畏惧。爷爷奶奶还有外公都不敢给我打电话，他们会忍不住担心落泪，他们只敢跟母亲通话，小心翼翼地问我手术进展，母亲忍着双重压力，极小心地回复着，每次通话完了免不了难过一阵。

2014 年 11 月 22 日，我独自走在泌尿外科的住院大楼里，思索着这场手术的结局，肯定我的右肾是保不住了，从 CT 片扫描的结果来看，都已经严重积水变形，留着也没用处了。要么肿瘤是良性的，要么是恶性的，虽然主治医生跟我说肿瘤是良性的可能性微乎其微，可是我还是很希望有第三种可能，期待奇迹的出现。在我停下来休息的时候，第一次我认真地看了看医院里面这些各色的身影，有至今还未挂到号焦灼不止的；有查出病没钱医到处想办法的；有拿着诊疗单已经吓得半死、泪流满面的；有患者没人照料拖着个腿很颓废地在医院里走的，甚至还有在我旁边走廊里因为等待就医和衣就地而息的。看着他们的身影我的眼湿润了，想起了父亲跟我说的话，他说:“别着急病，也别着急钱，钱不够我来想办法，就是砸锅卖铁、卖房子也要坚持把你的病治好。”还有我的母亲，她在我面前一直都面带微笑，不想让任何一丝一毫的担心在我面前袒露，她跟我说:“别害怕，只要人在什么都在，也别担心孩子，我会带好的。”没有过多言语的夫君只说:“没事，只要是钱能解决的问题都不是问题，钱花了病好了我们再去挣，养好身体才是本，大不了我们就把房子卖了重新开始，你若安好，便是晴天。”我是幸福的，更是幸运的，自始至终家人都不放弃，在这个现实无比的社会，人们累死累活地为了房子，而在病痛前面他们却云清风淡地说卖房子。这才是家，这才是家人，可以不要太华丽的言语，只是一些动作，一些朴实的话语和最简单的陪伴，却能让人温暖，让人依靠，让人勇敢迎难而上。我还有什么理由不好好活着，不珍惜活着？想到这些心里的惧怕和犹豫瞬间无影无踪，我主动找到了主治医生积极商量手术方案，自愿放弃保留右肾，只求尽快手术早日康复！

2014 年 11 月 24 日，决定我生死命运的时候到了，带着大家的祝福，在父亲和夫君隐隐期盼的目光下，我被推进了手术室，进行了长达 3 个小时的手术。手术后多次检测肿瘤无果，医生告诉我肿瘤无法定性，无法确定到底是哪种肿瘤。那一刻我觉得自己真的是因祸得福，比中了 500 万彩票都幸运，只要不是恶性或者复发性高的良性肿瘤就可以，管它什么肿瘤，就当身体内长了个异物，我只要配合医生做好后续康复治疗就可以了。

病灾并不可怕，可怕的是人心的放弃，在这场病灾里面，我的家人陪伴着我走过了每一个煎熬的日子，正是他们我才能更加有勇气去面对，没有后顾之忧以最好的状态去康复。家对我来说，不仅仅只是一幢房子，它更是我走向健康生活的加油站，它还需要我用爱去回报，用真心去经营，让它更加美好！

患难与共是真情

邓克平　东方电气集团东方锅炉股份有限公司

身着得体旗袍、化着精致妆容的二嫂虚弱但安详地坐在属于她个人的玫瑰花园中，透过这满园的春色凝视着正在为她饲养春天的二哥，她幸福地笑了。熟悉的旋律在她耳边轻轻吟唱：我能想到最浪漫的事，就是和你一起慢慢变老……

因为爱情

二哥与二嫂相识于20世纪70年代末。二哥家世代务农，家里姐妹众多，在当时的环境中可称为“赤贫”，二嫂是城里人，人也长得漂亮，从小在两个哥哥及父母的关爱下长大。这两个毫不相干的人却因为一次火车上的偶遇而爱得死去活来。当身着军装的二哥被身边这位身着水蓝色旗袍的姑娘吸引的时候，这个城里妹子也对气宇轩昂的兵哥哥心有所属了——他们相爱了。

为了配得上二嫂，二哥在部队刻苦训练、积极进取、不怕牺牲，在老山前线的战斗中荣获三等功——二哥提干了。二哥二嫂的婚事提到了日程上，却遭到了双方家庭的一致反对。我们家反对是因为知道了二嫂患有先天性心脏病，有可能不能生育，要知道二哥可是我们家唯一的男孩啊，娶个不能生育的病人，我们家不就断后了吗！母亲是万万不能答应的。二哥跪在母亲面前非二嫂不娶，恳求母亲答应这门亲事。母亲最后提出：告诉二嫂，二哥不能提干了，转业得回农村务农，如果二嫂还要跟着二哥，这婚事，她就认了。二哥提不了干，转业得回农村的消息在二嫂家炸开了锅——一个城里姑娘要嫁给农村小伙儿，在当时看来简直是天方夜谭！他们全家一致反对，二嫂母亲甚至以死相逼。铁了心的二嫂一边与母亲周旋，一边联系当地的蔬菜队，说是等二哥转业了，能回到离她工作地近点儿的农村。两家人被二嫂的执着深深感动了，他们终于走在了一起。

患难与共

二嫂新婚不久就怀孕了，双方家里都反对她生下这个孩子，以二嫂的病情，那真有可能是儿生娘死啊，就连抱孙心切的母亲也劝二嫂不要这个孩子，二嫂却固执地要生下这个孩子。在生下波儿的当天，二嫂被医生下达了两次病危通知书。二哥堂堂七尺男儿跪在二嫂病床前发誓：此生定不负她！

波儿满月后，二哥回到部队不顾领导的挽留转业回到了地方——市委工作。二嫂生完波儿后，身体每况愈下，三天两头的跑医院。二哥既要上班，又要照顾生病的二嫂。家里老人希望帮着带孩子，好减轻点儿二哥的负担，二哥二嫂却不同意，他们觉得孩子还是父母亲自教育才好。于是，在他们小区里常常会出现这么一幕：二嫂拖着病身在小区花园里教波儿学儿歌、算算术、读古诗……二哥在家买菜做饭、打扫卫生、洗衣服……当二哥探出头来，喊一声："准备吃饭喽。"乖巧的波儿就会扶着妈妈，慢慢地走到楼梯口等待父亲来接他们母子俩。二哥家住七楼，当时的楼房是没有电梯的，二嫂的身体走走平路还可以，爬楼梯心脏会受不了的。于是二哥身后背着二嫂，身前还要驮着波儿，从一楼爬到七楼。波儿大一点儿后则是背着二嫂，手牵着波儿，天天如此，这一背就是6个春秋。

1988年春天，二嫂的身体糟糕到了极点，如果再不进行手术，恐怕活不过这个夏天，这年波儿才6岁。二哥通过战友多方联系，得知重庆医科大学附属医院能做心脏瓣膜再造手术，术后的生存率是5到10年，最多不会超过15年。可是5万元的手术及后期治疗费对于当时我们这个大家庭来说无疑是个天文数字。二哥、二嫂虽有正式工作，但二嫂长期患病吃药，还要抚养波儿，他们家的日子过得本来就捉襟见肘，是一点儿余钱都没有。我们姐妹几个在农村，自己都吃不饱，更别提支援他们了。二嫂家里条件虽好些，但两个嫂嫂都是厉害的主，再说也拿不出这笔巨款来呀，连二嫂母亲都劝二哥放弃了。二哥抬起布满血丝的双眼，对大家说他要救二嫂，哪怕术后二嫂只能活1年，他砸锅卖铁也要救！二哥通过自己的战友筹借到了2万元，剩余的3万元由二哥单位作保，用房子作抵押向银行贷款。

二嫂手术很顺利，术后恢复却是个漫长的过程，二哥又开始了陀螺式的生活。两年后，二嫂身体趋于康复，此刻沉重的外债是压在二哥心里的大石头。为了还清债务，二哥白天衣冠楚楚地在市委上班，下班后则穿着破旧的衣服和环卫工人们一起掏化粪池、扫大街、拖运垃圾……星期天又跑到绿化队打树桩、栽树苗，得空还在大街上跑跑“摩的”……总之什么能挣钱他就去干什么。多亏二哥当兵的出身，身体底子还好，没有落下什么毛病。多年后曾经和二哥一起干杂活的老乡得知二哥竟然是堂堂的市委干部时，一个个都竖起了大拇指。二嫂也贤惠能干，把乖巧懂事的波儿培养成了一名博士后，一家人终于苦尽甘来。

相濡以沫

二嫂手术后的第15个年头，距离医生判得15年大限不远了，她变得焦躁不安。此时的她由于长期生病，本来修长的身体也佝偻了起来，头上的白发，脸上的皱纹都提醒她早已不是年轻时那个美丽的女子。这时的二哥事业顺风顺水，身姿依然挺拔，他们走到路上多次被认为是母子。更年期加上长年患病，贤惠的二嫂变得疑神疑鬼起来，老怀疑二哥在外面有人，动不动就大吵大闹，吵着要跟二哥离婚。此时的二哥已是副县级领导，很有可能再高升一步。为了安抚二嫂焦躁的心，让她安心养病，二哥竟然主动申请调到相对清闲的老干局工作。我们都劝他再考虑考虑，二哥却说二嫂当年在得知自己不能提干的情况下毅然决然地嫁给了他，又冒着生命危险给他生下了波儿，还把波儿培养成了国家的栋梁，他应该感谢二嫂，换个工作能让二嫂安心是值得的！

在二哥的悉心照料下，二嫂打破了医生判断的15年大限，成为当年重庆医科大学附属医院所做的48例心脏瓣膜再造手术中唯一一例术后生存超过25年之久的案例。近年来，二嫂身体急剧恶化，已不能正常的行走了。3年前二哥退休了，他做了个大胆的决定：学车、买车，带着二嫂到处逛逛。于是在微信群里出现了一张张他们在全国各地游玩的照片：在晨曦中、在微风里、在夕阳下，二哥或是搀扶着二嫂漫步于青山绿水之间，或是轻推着二嫂游历在蓝天白云之下，更多的时候是二嫂倚靠在二哥肩上一起迎接黎明，又一起送走晚霞……

婚姻如同汪洋中的航船，夫妻两人同舟共济，才能驶上幸福的彼岸，才能携手共度一生（摘自《阅读与家风》）。这可以说是我家二哥二嫂相爱一生的写照。

携手铺平凡幸福　同心建和美家庭

刘　媛　江油市花园小学

每天见不同的人，每个人几乎在说不快乐的事。事业成功的说工作压力大，工作清闲的人说这行业没前途，成了家的人说家里是如何的不和谐……幸福就像足球一样踢来踢去，烦恼就像奖杯一样不可撒手。但是我在此方面可能有点儿与众不同，我感觉生活在今天我很幸福，工作在今天的我也很幸福，我有这样的家庭更幸福……这不是在浮夸、自吹自擂，这是每当我静下心来回味着这一切的一切时，我会不由自主地发出这样的感叹，只是这幸福显得平凡而已罢了。

就说我的工作吧，虽然我是一名小学教师，每天与小孩子打交道，但可以说这是圆了我小时候的梦想。大家知道，身为教师的我们，有被人误解的时候，有被学生气急的时候，也有被成堆的琐事困扰的时候。可是，当我面对孩子们那一张张天真无邪的笑脸时，当我清晨迎着第一缕阳光，迈着从容的脚步踏进校园时，孩子们从四面八方跑过来，亲切地对我说“老师好”。此时，我的烦恼也就烟消云散了，我的心里是多么的快乐和幸福啊！

记得教一年级的时候，班上家长组织一次大型的亲子活动，当时到了目的地的时候，在车上看着孩子们两边分开，排着长长的队伍，翘首以待地等待着我的出现，好像是等待着“国家领导”的到来一样，我的心不禁泛起一缕欣慰与感动。当我一下车，孩子们全部簇拥到我的身旁，喊着：“刘老师，刘老师……”这时又好比是“明星”来了一样，抱腿的，拉衣角的……可以说完全是把我抬到了到吃饭的地点，这种幸福感与优越感不是一般人就能体会到的，当然也只有你细细去品味才能感受得到。

就在上个星期二的上午，第一节课下课后，我正在讲台前拷贝课件时，突然感觉有人在我身边。我低头一看，天哪！只见我们班的李瑞茜、罗汪煜烁和肖芷妍三位同学的手中捧着画纸，画纸上分别画的是我的肖像画、送给我的鲜花水果，还有他们开着宝马车来学校看我的情景，还有……那一刻，我惊呆了！当她们告诉我，那是她们自己画的送给我的礼物的时候，我真的是又惊又喜啊！惊的是她们的创造力，喜的是我的付出得到了孩子们的肯定。我为她们骄傲，也为自己骄傲。当时，我好想大声呼喊：“我好幸福啊！当小学教师当得好幸福！”

对我来说，能够拥有一份工作是快乐的，而能拥有一份自己喜爱的工作更是幸福的。

我的幸福还来自可亲可敬的同行们；工作这10多年来，各位兄弟姐妹就像亲人一样关爱着我，给了我前进的动力和勇气，让我一点点地进步和成长。在这个大家庭里，青年教师如同朝阳一般把活力和热情带进学校；中年教师将家庭搁置一旁，全身心地扑在三尺讲台；老教师们如老黄牛一般埋头苦干而不知疲倦。就像唐绍兰老师由于风湿的原因，手指都有些变形了仍然带病坚持给孩子们上课；孟龙玲老师的老母亲卧病在床，她没有请一天假，依然一直陪伴着那一帮可爱的孩子们，每天都是放学后回家后才急匆匆地去买菜做饭，甚至自己到了退休的时间，依然站完最后一班岗……这10多年来，他们带给了我太多的感动与不可思议，而这份感动与不可思议，我想只能用师魂才能诠释。可以与他们一起坚守着讲台，坚守着课堂这个精神家园，我是幸运的，更是幸福的！

我的幸福更来自于我的家庭。认识老公不久以后我们就组成了一个新家。开始由于在性格、生活等方面的差异，总避免不了吵架。后来有了孩子，更是为柴米油盐成了“大吵三六九，小吵天天有”的局面，感觉这日子真的是折磨而不是幸福。但孩子是婚姻的纽带，各自都学会冷静处理，彼此都知道爱就是付出，不管你得到的回报是正比还是反比，爱对方就得真心为对方付出，更何况孩子是无辜的，所以双方在性格上磨合，让原来尖锐的性格慢慢地失去棱角，这样吵架的日子便越来越少了，家庭也变得越来越和睦了。

一转眼，儿子居然都上初中了。过去的这些年，说不出的辛苦，但看着儿子一天天长大，懂事，心里的喜悦是无法用文字来形容的。每次做的菜端上饭桌时，儿子夹起一根菜，吹吹气，半烫时送入嘴里，刚咬了两下，就呈目瞪口呆状：“哇，这么好吃！”看着那狼吞虎咽的样子，觉得这就是一种满足与幸福！人们常说：“女儿是妈妈的贴心小棉袄。”我则真心感受到了“儿子是妈妈的开心果”。儿子会体贴人了，一天我在沙发上躺着睡着了，是他悄悄地拿被子给我盖上；在外面买菜时天突然下起了雨，儿子会打起雨伞来接我；没做早饭的早上，儿子会主动把早饭买回来；当我生气时，他会讲一个笑话逗我，会来挠痒痒逗我笑……有了他，我的生活变得丰富多彩，脚步更实在，眼光更远大，肩膀更硬朗。看着儿子一天天长大，回忆着自己的童年，感触时光逝去的情怀，但这幸福是任何东西都不可比拟的。

到了每年的寒暑假，与充满安全感的“背包”老公和乖巧懂事的儿子，我们一家三口去看这充满惊喜和梦想的世界，那更是一种惬意。当看见辽阔的蓝天大海，呼吸着空气中宁静的精灵，畅游在大海里时，心情是无比的愉悦，真有一种“面朝大海，春暖花开”的感受；到山水甲天下的桂林阳朔，拥抱山水之间的魅力的漓江时，放下一切回归自我，让美景舒缓情绪，让山水净化心灵……我们一家三口感受着美丽的慢时光，幸福感油然而生。

当然，人生最大的幸福莫过于上有双亲可孝敬。简简单单一个团聚，一份亲情，一份和睦，一份融洽，是显得那么的珍贵。有句话说得好：老人如小孩。当我们还是孩子的时候，我们不知道父母在爱我们，而且也不知道如何去爱父母。很多人认为只要在经济上给父母适当的资助，在生活上多加照顾，便算是尽了孝心了。殊不知，老年人精神生活的渴求之一，便是希望儿女多和他们说话、聊天。

我们一家三口每周都会抽时间带上必要的生活用品去看看父母，和父母面对面地聊聊天，心贴心地说说话，陪父母逛逛街，以便消除两代人的鸿沟，加深彼此的理解和沟通，也教育了孩子要孝敬长辈。随时给父母做一些他们喜欢吃的菜，一家人在一起聚聚，谈天说地，看着父母晚年开心，自己感觉这才是一种真实的幸福！

我就是这样在工作、生活、家庭中扮演着不同的角色，干着最平凡最普通的事情。在急躁忙乱中，我坚守着一份清贫和执着；在物欲横流的淘金岁月里，我所追求的不是容颜的涂抹，居室的豪华，注重的是情趣、爱与奉献、知足。我觉得这种平平淡淡，快快乐乐地过日子，充实，盈满欣喜，真的是“爱就在不经意间，感动就在一瞬间，幸福就在生活中的每一个细节”，我就喜欢这种平凡的幸福，我觉得我就是一个幸福的女人！

当然，每个人都有自己的幸福，只是各自的定位不同罢了。在生活中只要用心寻找，用心付出，用心体会，这幸福其实就萦绕在我们身边！

Part 05
油灯下的记忆

父亲的书，儿时的梦

雷　杰　广安市岳池县东湖学校

“那是我小时候，常坐在父亲肩头，父亲是儿那拿登天的梯，父亲是那拉车的牛……”下班回家，不知哪条小巷里飘来这样一首悠扬的歌，儿时与父亲相处的点点滴滴一幕幕呈现在我的脑海里。

我的父亲是一位生活于20世纪60年代的中国最朴实的农民，曾当过兵、养过鸭，在家里排行最小，所以大家都叫他“老幺”，父亲没读过太多书，但写得一手好字，父亲学历不高，但对书却有着特别的钟爱。

父亲有一口加锁的大木箱，放在窗户边的大木柜上，小小的我，无数次搬来家里的小凳子，爬到那口大木柜上，趴在木箱的边缘，左看看、右敲敲，常常幻想着那木箱的边缘会炸出一道金光，然后从里面蹦出个什么宝贝。后来，父亲看我实在好奇得紧，便把我抱上他的肩头，从衣柜的小木格里拿出钥匙，打开了他的宝箱，我双眼一眨不眨地盯着那口“宝箱”，可里面竟是满满的一箱书，而且我一个字也不认识，顿时，我如同一个泄了气的皮球，可是父亲却笑了，他抱着我坐在窗户边，从那口木箱里找出两本小人书，只有巴掌大，黑白的，每一页都有生动的图画，我至今仍记得，那书上有可爱的哪吒，有精怪的美猴王……我幼时对书的憧憬之门就此打开。从此，上学前的那段时光，我便每天捧着这两本小人书，虽大字不识一个，但那精彩的画面就足够吸引我了，我还带着小伙伴模仿着小人书里的动作，在院子里编起了“微电影”，这两本小人书陪伴我度过了最愉快的幼年时光，点燃了儿时的我对图书的热情。

5 岁那年，我刚上小学，父亲便又从他那神奇的大木箱底部找出来一本书送给我，我最先认识的字不是跟其他的孩子一样认识的“上、下、左、右”，而是“唐诗三百首”。从此，每天上学放学，我就坐在父亲肩头，用稚嫩的声调一遍又一遍跟着父亲念唐诗，渐渐的，“谁知盘中餐，粒粒皆辛苦”、“飞流直下三千尺，疑是银河落九天”、“大漠孤烟直，长河落日圆”、“君不见高堂明镜悲白发，朝如青丝暮成雪”、“天生我材必有用，千金散尽还复来”……这些优美的诗句就从我嘴里流出，后来，虽然依然是父亲背着我上学放学，但不再是父亲给我念诗了，而是我坐在他的肩头大声地背诗，常常逗得父亲大笑，高兴得背着我“飞”，田间小路上都洋溢着我们的欢笑，这些美丽的诗句引发了我对古典诗歌的热爱。

后来，随着年龄增长，认字越来越多，对唐诗的认识也不仅仅停留在能读会背的层面，渐渐地懂得了李白伟大的理想和飘逸的浪漫，懂得了杜甫博大的爱与忧国忧民的情怀，领略了王维闲逸萧散的情趣与塞外风景的壮美。读出了边塞诗中的一种激昂壮美的豪情，读出了田园诗中一种宁静悠远的恬淡，读出了一种大鹏展翅般的恣肆浪漫，这些诗人的情怀渲染了我对文学的梦想。

再后来，小学毕业的那个假期，父亲就把那口大木箱的钥匙交给了我，我便整日泡在父亲的书箱里，认识了金庸、古龙、琼瑶等小说大家，从《林海雪原》里我读到了杨子荣的机智勇敢，从《水浒传》里我读到了梁山英雄的豪情气概，从《红楼梦》里我读到了古代女子的婉约多情……这些书籍助推了我的文学梦。

现在，父亲的那口书箱也随着我们搬家辗转了好几个地方，箱体也早已斑驳，见证着时光的流逝；那些书也早已发黄，甚至有的书页已经有点儿残破，见证着我的成长；父亲也已经渐渐老去，曾经深邃的目光已看不清那密密麻麻的铅字，曾经宽广的脊背再也承载不了我的重量，而我，也做了一名语文老师，每当我翻开语文教科书，看着那上面美丽的铅字，曾经父亲教我读诗的画面便再次呈现在眼前，父亲啊，如果我是那书本上的字行，您就是那厚重的一本书，用您的爱把我包围，让我在您的怀抱里自由徜徉；如果我是在空中飞翔的风筝，您就是那根绵长的丝线，用您的希望把我牵挂，助我自由飞翔。

父亲，如果今天我还有着儿时的理想和梦，都是您从那些古诗中教予我的；如果今天我对文学还有着极大的热爱，都是您的那些书本影响我的；如果今天我还能用一些文字写一些真情的文章，都是从您的书本中吸取的。

我的父亲

孙　婷　四川省机场集团有限公司

我的父亲是一支钢笔

小学某一天我放学回家，坐在饭桌前告诉父亲，老师让我们每人带一支钢笔，从明天起要练习写钢笔字了。父亲很开心，放下碗就去书桌的抽屉里翻找起钢笔来。他找出几支钢笔在草稿纸上写写画画，选好出墨水最流畅那一支加满墨水，擦拭干净拿给我，叮嘱我一定要好好练字。一边唠叨着一边端起碗，把已经凉了的饭吃完。没过几天父亲检查作业的时候，看见我写的钢笔字，很不满意，他把正在看电视的我叫到书桌前，拿出几张字帖卡，让我临摹三页。着急看电视的我哪有心情写字啊，匆忙地画完三页纸就想拍屁股走人了，没注意坐在一旁的父亲脸色越来越难看。我刚扔下钢笔准备离开，父亲就一巴掌拍在桌子上："你这写的是什么字？坐下，重写！"我被吓住了，心里又气又委屈，父亲把钢笔塞到我手里，铺好草稿纸叫我写。我把自己的不满都发泄在钢笔上，每一笔每一划都写得特别用力，纸被戳破了，钢笔的笔尖也被压弯，墨水涂得到处都是。最后呢，当然是挨了一顿打才算结束。

父亲再没强迫我写字，当时的我暗自窃喜一顿打换来了不用练字的日子。长大后的我总是羡慕写得一手好字的人，也自责自己不懂事，不理解父亲的苦心和期望。

我的父亲是一把大伞

还是小学的某一天，上午还晴朗的天，下午就乌云密布下起了暴雨。放学后没有伞的我站在走廊看着哗啦啦的雨，默默地计划着等雨小点儿就跑回家。还没等几分钟，就有一个熟悉的身影打着雨伞向我这边走来——是父亲。我的内心一下就雀跃起来：真好，不用淋雨了。父亲举着伞，大雨被挡在外面形成一个帘。我站在伞下抬头看父亲是那么高大，肩膀是那么宽阔，心里无比的踏实。回家路上我调皮要去踩水，突然父亲不小心脚下一滑，他本能地伸出手在路边的墙上扶了一下才没有摔倒。事情发生得太快，我还没反应过来，父亲又站好了说："你走路慢点儿，别像我一样滑了。"这下我不敢蹦了，老老实实地走着。走到家门口，父亲收起伞甩甩水便去开门。这时候我才发现父亲的手擦破了皮，身上的蓝衬衫一只袖子全湿了，背上也有些水渍，而我的衣服和头发一点儿都没有打湿。

前些日子回家陪父亲买衣服，看着试衣镜里的我和父亲才发现，父亲也就比我高一点点，背也有些驼了，他试穿的那件蓝衬衫有些小了，售货员换了大一号的让他试试，看着他走进更衣室的背影，我想起小学的那个下雨天，鼻子突然有些发酸。

我的父亲是一个"小孩"

去年在母亲的力劝下父亲开通了微信号。有次我刚进家门，父亲便拿着手机兴冲冲地对我说："来来来，快让我扫一扫，加你微信。"从那以后，几乎每天父亲都要给我发微信。有时候发几个在网上看到的笑话，虽然我觉得并不好笑，也会给他回一个“哈哈”的表情过去；有时候转一些在朋友圈看到的文章，有鸡汤也有谣言。有一次发的《震惊！自来水中余氯过高致癌》让我这个做水质化验的女儿哭笑不得，好好给他解释了一番，辟了谣；有时候发他的早饭，午饭，晚饭照片过来，即便是稀饭配拌黄瓜，我也会羡慕地回复：“安逸哦。”父亲问我：“吃稀饭黄瓜都安逸啊？”我说：“对呀，绿色健康呀。这种情况下父亲便会发一些调皮的表情包，没错，我的父亲存了不少有趣的表情包，偶尔还能和我“斗图”。

有几次父亲给我发微信的时候我刚好有事，起初我还能回一句“有事”，后来几次我没及时回，过后也就忘了。有天晚上我都快睡了，父亲突然打来电话，问我最近怎么了，都不理他，颇有些小孩子的委屈。我打着哈哈敷衍几句，挂断电话后打开微信，看到我最近一次回复父亲都是两日前了，而这两日父亲依然给我发了几个笑话，问了两句：“在干吗？”时间分别是中午和下午，却没收到一句回应。那一瞬间我睡意全无，印象里那个严肃，高大，无所不能的父亲，不知从什么时候起变成了一个粘人的“小朋友”，每天都想让我陪陪他，哪怕是通过虚拟的网络。

我的父亲可以是一支钢笔，他对我有着大大的期待，希望能帮我学得更多，做得更好，变得更优秀。

我的父亲可以是一把大伞，他对我有着无限的关爱，希望能为我遮风挡雨，为我创造一个安全舒适的环境，让我健康长大。

我的父亲可以是一个“小孩”，他对我有着深深地依赖，希望能和我多聊聊天，说说话。

我的父亲可以是一切，却又什么都不是，他只是一个爱我的爸爸。

我的父亲

余 悦 川东北气矿宣汉采气作业区

窗外下起了蒙蒙细雨，我坐在窗边，思绪也随之飘移。我想起了我的父亲。心中有千言万语，但都抵不过一句，父亲我爱您！

父亲的个子不高，人也有点儿黑，他双鬓已经染上了白发，岁月的洗礼让他的背也有些佝偻，现在的父亲老了，看报都需要带上老花眼镜，手机也要字大，电池容量大的了。可是在我的心里，父亲还是那么的帅气，那么的和蔼可亲。父亲喜欢看《天天630》节目，他时常念叨着，关心天下大事、小事、身边事，以小见大。

父亲教会了我很多事，他是我人生道路上的一盏明灯，指引着我前行。

父亲教我做题。那也是个蒙蒙细雨的日子，天空灰蒙蒙的，我的心情也是阴沉沉的。那次是初中的一次模拟考。我的数学考得很差，心里有些慌张。拿着试卷，我心怀忐忑地回到了家里。父亲看到我情绪有些低落，问道："你怎么了?"我手捏着试卷。父亲没有说话，拿过试卷看了看，把我带到书桌前。先是数学试卷，指着这一道几何题说："这道题你怎么空着?"我说："当时想不起来，时间又紧就空着了。"父亲搬了个凳子到我身边，拿着纸和笔，说："咱们一起来做这道题。"我拿着笔，父亲望了我一眼，叫我利用铅笔在上面画线，我左试试，右试试，辅助线一加上，豁然开朗，发现这道几何题并没有想象中那么难解，最后顺利解决。

父亲教我做事要认真。时常念叨的一句话就是：现在的孩子生活条件好了，没有以前努力了。记忆中的父亲给我讲他上学时候的事情。爷爷家在离城里很远的农村，家里经济条件也很差，父亲家有4个兄弟。到了上初中的时候，父亲上学需要徒步走两个小时去上学，到了学校就拿着奶奶做的米饭或者馒头就着咸菜吃。父亲的上学之路着实不易。几个哥哥读书成绩不好，为了减轻家里的生活负担，上了初中后，就跟着爷爷奶奶在乡下务农。父亲的成绩还算可以，在班上成绩名列前茅，可是在整个县城里高考如同百里挑一，父亲第一次考试失败了。父亲当时填的志愿是一所粮食学校，据说如果考上，以后很可能会分到粮站上班。我听后，笑了笑，说："粮站现在很多都解体了，您为什么要读粮食学校呢?"父亲说："当时特别羡慕那些手里有粮票的人，感觉走在街上都特有面子，而且不愁吃穿。大多数人家平常都不吃肉，只有等着家里过年了才把家中的猪狠心杀掉，让一家人吃上顿好的，过个幸福年。"没考上的父亲，在家里和他的几个哥哥一样在家里务农，割猪草。但是父亲心有不甘，在家里割完猪草后，都会悄悄地点灯看书。有一天，父亲偷偷看书被奶奶发现了，父亲求着奶奶再供他读一年书，他还要考试，他不甘心一辈子务农，要走出去。爷爷和奶奶商量了一晚，卖掉了家里的猪，父亲又开始上学了。这次，遇上了一次师专招老师，父亲决定去试试，初试顺利通过，可是到了面试环节，父亲的方言太严重，又不会说普通话，父亲被筛下来了。父亲虽然有些气馁，但还是每天坚持看书，这次高考，父亲考得不错，顺利地上了一所石油高专，吃上了父亲小时候一直想吃到的苹果，再之后，他成为一名平凡的石油人。

在家父亲总闲不住。家里有水管坏了，父亲自己换；家里厕所堵了，父亲自己通；家里的电视机坏了，父亲自己修。父亲找来一本书，凭着上学学的电路知识，自己边学边修，第一次修理，技术欠佳，还把一个元件给烧坏了，电视没有修好。父亲还想尝试接着修，母亲说什么都不答应，找来了维修人员修理电视机，这次父亲有模有样地拿来笔和纸，写写画画，与师傅聊天，从师傅口中想套出学问来。第二次，电视又坏了，母亲又找来维修人员，这次的修理费涨了，母亲有些犹豫，这次父亲拦住了母亲，说要自己试试看。这台电视机已经看10多年了，父亲说想亲自拯救一下这个“老伙计”。母亲心里也有了主意，想着买一台新电视机。便让父亲去试一试。没想到父亲东看看，西动动，“老伙计”恢复了精神。母亲当即就夸奖了父亲。可是这位“老伙计”已经服役多年，再坚持了一年之后，它退休了。在换下它的时候，父亲抱了它他说：“老伙计，辛苦你了！”

闲时在家，我就给父母做了一顿饭：一道荤菜，几道小菜。父亲总要来帮我，我笑着说：“我自己来。”照着菜谱，自己动手做着。饭菜做好了，父亲笑着对我说“懂事了”。

我的父亲，人虽渐渐老去，但那种朴实无华而又坚韧的性格，那种勤快清苦而又节俭的精神，我将会继续传承下去……

父亲

刘爱莎　中国石油西南油气田公司通信与信息技术中心

我有一个不算完整，却让我无比眷恋的家，家中有一位老父亲，在我还没工作时就已过了知命之年。生活的重担让他早早就只剩下一点儿稀松的头发，皱纹横生的脸上却总是挂着充满希望的笑。我想用这个世上所有最美好的词去形容他，可当我一边回忆着往事，一边在电脑前打字时，却不知不觉哽咽到词穷……

在父亲还是一个孩子时，爷爷作为第一代石油人，曾离家远赴边疆，踏上戈壁的寻油路，留下奶奶和 4 个孩子相依为命。那时家里穷得常常揭不开锅，奶奶说，一小把米，再掺一大锅水，就是一家五口整整一天的口粮。一次，奶奶让父亲帮忙照看锅里煮的饭。可她一转身，从小就痴迷于学习的父亲拿着一本书坐在柴火旁竟看得入了神，专注得全然不知锅里的饭已经烧煳了。奶奶回来后看到那点儿本就不够全家人充饥却煳得不能吃了的饭，想着 4 个孩子又得挨饿，一时气急，竟从锅底燃烧的柴火里抽出一根，愤怒地砸向那本被父亲攥得死死的书。爱书如命的父亲看着瞬间被点燃的书，紧张得不知所措，慌忙扑上去用整个身体护住他最珍贵的东西。看着眼前固执的父亲，奶奶更是气得失去了理智，抄起手中那根被烧得滚烫的木头就往父亲身上狠狠地打！可是打儿身上，疼娘心里！看着被自己打得伤痕累累的孩子，奶奶的心疼得如同撕裂了一般，她哽咽着说："儿呀，不是做父母的不让你读书，实在是家里太穷，养不起……"奶奶全身都在颤抖，一双粗糙的手反复擦着脸上无助的泪。

作为长子，父亲怎会不懂家里的艰苦？这么多年，是奶奶一个人，用她孱弱的身躯坚韧地支撑起整个家！当中的心酸与不易怎是他人能够体会的！家里的穷困让父亲从小就比其他孩子孝顺懂事，为了让远在他乡的爷爷能安心工作，让奶奶不再受苦，让家里的三个弟妹不再挨饿受冻，父亲在经历了一夜虐心的挣扎后，忍痛做出了决定：他要辍学，他要尽早工作赚钱养家！那一年父亲中学毕业，才 15 岁。

由于从小受到奶奶的影响，父亲有着常人难以想象的坚强和毅力。工作后，10 多年野外勘探的艰苦岁月，在年轻的父亲脸上过早地刻下了沧桑，更因为常年离家在外，我的母亲在我出生后不久就离开了他。父亲怀抱着还是婴儿的我，仿佛抱着他所有的寄托与希望，他发誓即便是一个人，也一定会倾其所有养育我长大，栽培我成人。

可是命运似乎就是不愿放过我苦命的父亲。在我 7 岁那年，一场突如其来的意外让原本有着无忧无虑童年的我倒在了医院冰冷的床上。连续三次的病危通知书，让任何时候都坚强万分的父亲崩溃了！他拉扯着医生的手，痛哭着哀求道，求你们不要放弃，求你们救救我女儿！面对巨额的医疗费，父亲早已花光了他所有的积蓄。年事已高的爷爷奶奶，再也受不了这样的打击，整日以泪洗面。看着自己无能为力的父母，和病榻上的女儿，父亲明白，自己是这个家唯一的支柱，他不能垮！于是，他渐渐振作起来，一边回到工作岗位坚持上班，一边往返于医院陪伴我度过那段艰难的岁月。

在父亲日复一日的悉心照顾下，我终于康复了。出院后的第一件事，就是让已经休学两年的我重返校园。但由于父亲坚持不肯答应校方让我留级，无奈竟遭到所有学校的一致拒收。可父亲并没有就此妥协，他微笑着安慰我说，不用怕，爸爸一定不会让你比任何孩子差！于是，他开始每天在家里亲自教我学习落下的所有课程。在父亲耐心的教导和鼓励下，我不负众望，终于以优异的成绩重新考进校园继续念书，煎熬了这么久的父亲，脸上露出了欣慰的笑。

见证了这些年父亲在我身上，在这个家里倾注的心血，我无比感恩自己有一位如此伟大的父亲，他孝顺、坚强、执着、无私，他的一言一行，他的谆谆教诲，无时无刻不在深远地影响着我的人生。可当自己终于在父亲的无限呵护下长大，我那尝遍生活酸苦的父亲却已经老了，他脸上那深深的皱纹，是我心里隐约的疼痛。我想，以后的日子，该轮到我好好地孝敬他，就如同他几十年如一日地孝敬爷爷奶奶；好好地照顾这个家，就如同他毫无保留地为这个家付出了一辈子；好好地牵着那双日渐老去的手，就如同小时候被那双为我撑起整个世界的手牵着那般，一步步伴他走完剩下的人生。我还会牵着我自己的孩子，一点点教会他父亲留给这个家所有美好的品质，唯有传承，才不负父亲一生的养育和期望。

油灯下的记忆

王　碧　达州市宣汉县教师进修学校

我的父亲是农民，是务农生产的好手。在那贫穷年代的贫瘠土地上，父亲总能变着法子满足我们八口之家的温饱，青黄不接的季节里还能周济到乡邻。

父亲读过几年私塾，能写一手好字。在我小时的记忆里，他写的毛笔字就是我们的字帖。虽然他的手长满老茧，手指僵糙，秋冬季节里多个指关节还因皴裂而缠着胶布，但他只要提笔写起字来却能随心所欲，运笔自如。新学期里，我们兄妹几个领回新书。油灯下，父亲拿来牛皮纸，手把手教我们裁纸，包书，在包好的书皮上郑重地为我们写上书名和姓名。他一边写，一边教我们："横平竖直，方方正正；字应如人，行端坐正"，"点如桃，撇如剑，捺如刀；悬针竖，针尖细针鼻粗，垂露竖尾像露珠。"他写的字也很有"桃"、"剑"、"刀"、"针"、"珠"的味道，很是美观。后来才知道父亲教我们的是楷书，他不仅在教我们写正楷字，更是在教我们要做正派人。

我的记忆中，父亲从不闲着，白天下地干活，夜里总在油灯下或捻棕捻、缝棕垫和蓑衣，或划竹篾编背篼和烘笼。他编制出的家什美观结实，耐看耐用，很受乡邻青睐，除了自用、赠送亲友邻里，还可以卖钱补贴家用。油灯下，父亲捻棕捻的情形至今还如在眼前：他左手捻棕丝，右手转转轮，和着均匀的节奏，伴着轻微的咯吱咯吱声，棕捻子匀速捻出，变长，在转轮上绕成厚厚的一锭。父亲手中转轮发出的咯吱咯吱声，就像美妙的音乐，至今萦绕在我的梦里，回响在我的耳边。

那晚，父亲和我共用一盏油灯，他捻棕捻，我做作业。专注捻棕捻的父亲像是忽然想起什么，叫我读课文给他听听。我既诧异又窃喜。或是因为父亲太繁忙、太辛苦而无暇顾及，或是因为我那贴满一面墙壁的奖状足以让他放心，父亲平时是不会过问我功课的，以致我考试得了高分很想在他面前露一露讨点儿夸奖的机会也没有，往往失落。今晚父亲居然要听我读书，露一手的机会终于到了，我暗自窃喜，别说是让我读书，就是让我背书也不在话下，我对自己太有信心了！我拿出语文书，放在父亲面前的桌面上，反背着双手站着，流利地背起来。伴着父亲咯吱咯吱的转轮声，我一口气背了好几课。

父亲突然说："背得还很好嘛，但是怎没听见你这书上骂人的话呢？"

"书上哪儿会有骂人的话呢！"我很肯定地回答。

"书上没有，学校老师教不教骂人呢？"父亲又问。

"老师哪儿会教这些呢？老师教我们'讲文明，有礼貌'，书上也有，你知不知道？"我几乎要暗笑父亲的无知，反问父亲道。

父亲停下手中的活，变得严肃起来："我送你上学读书，就是要让你做个有文化、懂礼节的人！你说你今天下午文不文明、礼不礼貌？你骂得那么花哨，是从哪儿学的？一个女孩子家家的，你要是再蛮横是要遭打哦！"父亲语气是那样的严厉坚决。

我无地自容，恨不能钻进地缝，感觉既羞愧又委屈，强忍住泪水低头站着。心想，谁叫她偷了我的竹笋，骂她是活该！想起下午的事还来气呢！

那天下午放学回家，我去山上掰竹笋，在近处一片竹林里掰得半篓后，便将笋倒在林外石头上，背着空背篓轻松地到更远处一片竹林去掰。约半个小时左右，我背着刚掰的竹笋从远处回来，石头上的竹笋已被人洗劫一空，只剩下削掉的老了的笋头和笋壳。天哪！又嫩又大的竹笋哪里去啦？我又气又急！一定是她，我的邻居大婶！我在远处隐约望见过她的身影。我一路哭着、骂着回家，见她正坐在她家堂屋前剥竹笋，我便朝着她哭骂，也不听她解释，直到她还了我的竹笋才消停。

父亲继续捻着棕捻，我垂头丧气地站着，心中委屈却不敢吱声，咯吱咯吱的转轮声也变得格外响亮格外刺耳。

过了好一会儿，父亲的语气变得和缓了很多："今天的事你大婶是有不对的地方，你是占理，但是要记住，做人要厚道，得理要饶人。丢了点儿竹笋算啥？多花点儿力气勤快一点儿就又有了。爸爸熬夜编制的家什不是都在送人吗？你明天要给大婶道个歉，晓得不？"我似懂非懂地点点头。

第二天我主动给大婶道了歉，大婶也说是自己不好，我们又和好如初。

父亲是一个地地道道的农民，他虽没有学过什么教育理论教育方法，却很懂教育，没有打骂，却比打骂让我记忆深刻。父亲也算不上涵养高深，他只是用他的言行教会了我们勤劳朴实，教会了我们宽厚待人。

父亲左手捻棕丝，右手转转轮。和着均匀的节奏，伴着轻微的咯吱咯吱声，棕捻子匀速捻出，变长，在转轮上绕成厚厚的一锭……这油灯下的画面永远烙在我的记忆，油灯下的教育让我终身受益。

您陪着我长大，我陪着您到老

李艳萍　眉山市供排水公司

爸爸，是一个称呼，更是一份深沉的爱！

我特喜欢我爸！爸爸是一位地地道道的农民。他没有太多的文化，但他有许多值得我学习的好品质；他没有什么钱，但从小到大他从来没有亏待过我；他身高不太高，但却有着让我安心依靠的坚实臂膀；他言语不多，但却总能在关键时刻给我答疑解惑，让我重新找到人生的方向。

在我童年的记忆中，爸爸的爱一直都在。为了陪伴我，爸爸从未外出务工过，身边一波又一波的打工热潮，爸爸一直不为所动，文化不多的他，不懂什么“高质量陪伴”，也不懂什么“科学育儿”，但是他知道父亲对孩子的重要性，陪伴对孩子的重要性。为了给我足够的关心和爱护，留在家和妈妈勤勤恳恳地耕种我们家的几亩田地，用自己勤劳的双手撑起了我们虽不富足但足够温馨的小家，给了我一个快乐的童年，而爸爸的这些行为也深深地影响了我。

小的时候，爸爸在生活上从来不娇惯我，每天早上起床要我叠好被子，放学回家做好作业之后，要我帮妈妈做力所能及的家务，遇到农忙时节还要我下田去帮忙干农活，爸爸说要让我明白：付出了才会有收获，你想要前进，靠的只能是自己，所以我一直很自强自立。

生活中的爸爸是严格的，但是在我的学习上，爸爸一直给予我的是一个非常宽松的环境，他从来没有给我设定过学习目标，也从来没有对我的学习提过任何要求，他说他自己的文化不多，很多东西他不懂，最重要的是他相信我，相信我会自觉地学习。但是我依然清晰地记得每次我取得好成绩的时候，爸爸脸上那自豪的笑容。他一直向我强调："只要你能考上大学，哪怕砸锅卖铁我也会供你大学毕业！"这对于农村人"读书不如早点儿打工挣钱"的认识来说，爸爸的见识是多么的有远见！因此，我特喜欢我爸！

爸爸一直用他特有的方式关心爱护我。记得我上高二的时候，头晕得厉害，爸爸带我到医院检查，做完脑电图还在等报告的时候，我拉着爸爸的手非常担心非常害怕地对他说："爸爸，万一我得了什么大病，怎么办?"爸爸拍了拍我的手说："不要胡说，肯定不会，有爸在，放心！"爸爸的安慰令我轻松了好多，后来医生说是学习压力太大导致的头晕。还有一次，是我刚大学毕业没多久，一天晚上，我肚子疼得厉害，爸爸找亲戚叫了一辆车把我送到医院，B超医生给我检查之后，我问："医生，是正常的吗?"那个B超医生一脸严肃地说："去找你的主治医生看。"我接过报告看到诊断意见上写的：肝内钙化灶。那个时候我不懂什么是钙化灶，我以为我生了大病，在去医生办公室的路上，我对爸爸说："爸，我可能是得了重病了。"在那一瞬间，我看到我爸眼睛里有泪花闪过，但是很快他就拍拍我的肩膀说："别瞎说，去找医生看看再说。"医生看了我的报告说："没有什么问题，钙化灶就像我们皮肤受伤之后结的疤一样。"我看到我爸的脸上舒展了许多。

在每一次我遇到困难的时候，他都坚定地站在我身边。父爱如山，爸爸的一举一动都深深地印在了我的脑海里，他那么爱我，也加深了我对他的爱。

对！我就是特喜欢我爸！

现在，我也有了我的宝贝女儿，我深深地知道陪伴对于孩子的意义，那是用金钱都买不来的美好回忆，我会像爸爸陪着我一样陪着我的女儿，给予她十分的关心和爱护，陪着她长大。

对于爸爸，陪伴同样重要，我也会用我特有的方式去关心和爱护他。您陪着我长大，我陪着您到老。

父亲的坚韧激励我前行

舒燕敏　中铁二十三局集团第四工程有限公司养马河分公司

“想想你的背影，我感受了坚韧。”看着行走中父亲不一样粗细的两条腿和左腿凹凸不平的膝盖骨，想着父亲“顽强不放弃，坚持就是胜利”的言传身教，在我的成长过程中，形成了一道永不褪色的记忆。

父亲是一名人事干部，现已退休 17 年。从我记事以来，我家住在母亲的乡村学校，父亲是个热心自强、永不歇息的“万能手”，总是利用业余时间，给学校打扫卫生、修补课桌、平整操场、填补道路。认识父亲的人都夸赞他是人民的“好公仆”，都亲切地称他为“舒老师”。

1983 年的夏天，天气异常炎热，刚才还烈日当空，一会儿风雨交加，暴雨倾盆。母亲学校的三个教室不同程度地出现了漏雨，滴答滴答的雨点把教室里的桌椅板凳淋湿了一大半，地上也形成了一片片水坑，学生们无法上课。父亲便与母亲商量，用家里的积蓄和全家的力量，为三个教室填平补漏，对操场进行硬化处理。

就是那个“黑色”的星期天，一大早，父亲带着母亲和二姐，去厂家拉水泥，父亲肩上挂着绳索，两手握着装满水泥和砂子的“手拉车”手柄，在母亲和二姐的协同下，一步一个蹒跚，吃力地走在返回的路上。路经下坡途中，那车像匹脱缰的“野马”快速滑下坡道，把父亲狠狠地撞到了墙上，父亲遍体鳞伤，水泥和血水渗透在一起，看不清容颜。通过送医院急救，虽然保住了父亲的生命，但左腿膝关节粉碎性骨折，外伤极为严重，我们姊妹五人吓得直哭。

经医生会诊告知：“父亲要做截肢手术，否则生命会有危险，且受苦很大。”昏迷中的父亲发出微弱的声音：“必须保住腿，一定要保住……”父亲的坚持让医生采用了“保腿”治疗方案。直打哆嗦的我听着父亲的话语，突然之间，不再害怕眼前那血肉模糊的恐怖画面和医生口中父亲即将变成残腿的无助事实，哭声也戛然而止，不由自主地用擦干眼泪的手紧握躺在病床上父亲的手。那一时刻，父亲那个“打不烂的金刚石”的坚毅形象在我脑海中膨胀。

一个月后，在父亲积极配合的治疗下，医生再次告诉父亲，腿虽然留住了，但左腿膝盖骨四条韧带发生粘连，弹性不够，无法弯曲，今后只能拄拐杖行走。那时的父亲，仍没有气馁，他想，只要膝关节半月板愈合成整体，韧带的功能是可以通过锻炼逐渐恢复的。

出院后，父亲坚持人为的机械式“扳腿”康复锻炼。初期，父亲刚下床，脚一落地，腿疼痛无力摔上一跤，手臂、脸庞被狭小空间摆设的家具碰得遍体鳞伤，他也不让家里任何人搀扶，尽管疼得汗水流淌，也靠着自己的毅力，拖着不能弯曲的腿，重新站起来，继续锻炼。有一次，在饭桌前，我对父亲说：“爸，你的腿虽然不能弯曲，但比没腿强多了，今后除了行走慢一点儿，跛一点儿，不会影响生活。每天妈妈看见你超负荷锻炼，心疼得掉了多少泪，你要多注意休息啊。”父亲沉默了一下，告诉在座的我们：“在困苦面前，我们不能低头叹息，更不能任由其意志消沉，要用乐观的态度去面对，即使前方道路是泥泞的、崎岖的，充满危机的，我们也不能被困难和痛苦吓倒，也要鼓足勇气去尝试，朝着目标坚持不懈地去拼搏。

我只要坚持天天弯曲一点儿，加强活动锻炼，坚信会很快丢掉拐杖，恢复到正常行走的状态。你们也要劝妈妈坚强一点儿，我没事的。”听了父亲的话，突然之间我懂得了“坚韧不放弃”的含义。

就这样，父亲尝尽了常人不堪忍受的痛苦，整整坚持了一年，硬生生地把他的左腿锻炼成了伸屈自如的“健康腿”。去医院复查时，医生非常吃惊地说：“万万没有想到，你的腿通过自我锻炼，能恢复得这样好，虽然两条腿看上去粗细不一，但可以健步如飞，行走自如。这真是医学上的奇迹啊，我们不得不佩服你的毅力。”

从那以后，我家的日子又恢复了昔日的平静，我们姊妹五人在父亲的言传身教下逐渐成长。在我刚参加工作时，个子矮小的我被分配在生产一线的车间里工作，每天要面对搬一堆堆沉重的铁块，每当快要支撑不住繁重的体力劳动之时，我的眼前就会闪现出父亲在受伤时顽强刚毅的形象和后来所获得的幸福，我茅塞顿开，“天将降大任于斯人也，必先苦其心志，劳其筋骨，饿其体肤，空乏其身。”无论在荆棘或者坎坷的道路上，不管遇到什么困难，都要学会自己面对，从哪里跌倒，就要从哪里爬起来，谁也不会怜悯你的遭遇，只有自己坚强面对，用吃苦耐劳的精神战胜困难，脚下的步伐才会更稳重，才会变得更加坚强。从那以后，我用积极乐观的态度坦然面对脏、累、苦的工作，一干就是 10 年，在基层一线积累了更多、更丰富的工作经验，信心百倍地击败了一次又一次的“拦路虎”，日渐成熟地走上了管理岗位。

顽强的毅力是一个人成功的基石，不管遇到多大的困难，只要敢于挑战，就是走出成功的半步。成功不在于坚持了多久，而在于你能否继续坚持到底。谁坚持到最后，谁的笑容就最美……在我的成长道路上，在理想与事业，成功和挫折，工作和生活中，父亲言传身教的靓丽画面，一直鞭策和激励我勇往前行。

父亲

李宝珍　眉山市东坡区大北街小学

朋友在成都住院，我准备去看望她。去的前一天晚上，我给住在成都姐姐家的父亲打了个电话，说我第二天要去成都看朋友，完事直接回家，就不到姐姐家看他了。电话里，父亲没说什么，只是给我讲了一件事：两周前，他回老家和同学聚会，头一天还和大他一岁的同学一起打牌，第二天就因心肌梗死去世了。我明白父亲的意思，他是想让我去看看他。他的这个心愿我一定要满足他，当即我就答应去姐姐家吃午饭。

第二天，我还在医院就接到了姐姐的电话，她叫我早一点儿过去，说父亲已经开始做午饭了。放下电话，我一看时间，才 10 点多呀，这么早。哎，心急的父亲！父亲历来就是这样。每次我们姐妹俩说要回去，不知提前多少天，父亲就开始筹备接待工作了。吃什么，玩什么，哪间房间的被子薄了厚了，哪间里还没放灭蚊器……所以我们每回一趟家，父亲就会累一次。哎，真矛盾，常回去吧，又怕他累着；不常回去吧，他又要牵挂我们。12 点，我准时赶到了姐姐家，餐桌上已摆了好多菜，父亲还在厨房里忙碌。我从父亲满是笑容的脸上，看到了父亲对女儿的牵挂，女儿生活得好是他最大的快乐。看到桌上的干煸鸡、家常鱼、凉拌牛肉……就知道父亲为了准备这一桌花了多少时间和心血。听姐姐说，父亲今天早上去买菜，来回走了两趟。第二趟就为了买葱！从我姐家到菜市场来回一趟起码要一个小时。就为了几根葱，父亲却又跑了一趟！父亲做菜的用心可见一斑。

为了多陪陪父亲，我决定第二天早上陪他去买菜。早上7点半，闹钟响了，我迅速起床，见父亲和姐姐正在吃早餐。见我起床了，父亲立刻放下手中的碗，边朝厨房走边说：“洗脸刷牙，我把银耳汤给你盛好先晾着，等你洗漱完来吃刚好。”姐姐说，为了熬银耳汤，父亲晚上起来了三次：第一次，泡银耳；第二次煮银耳；第三次下红枣和枸杞。一晚上起来三次，就为了给他的女儿熬银耳汤！喝着本是很甜的银耳汤，嘴里尝出的却是各种复杂的味道。不觉之中，泪水盈满了眼眶，泪光里，父亲照顾我的一幕幕浮现在眼前：高中三年，学校离家30多里，我所吃的每一粒米，都是父亲给我送去的；我盖的被子从来都是父亲来带回去，拆了洗干净，然后让母亲给缝好，又亲自给我送到学校；每次到城里开会，父亲总不忘带我到饭店吃一顿好吃的……我想父亲在为我做这一切的时候，他一定在想只要女儿有出息，再苦再累也值。好不容易等到女儿长大了，有了稳定的工作，成家了，女儿本也想多为父亲做点儿事，可我不但没为父亲做任何事，反而还继续给他老人家添麻烦，想想自己心里都有愧。说句心里话，平时都忙工作，忙女儿，忙着应酬朋友，忙着外出旅游，能记起父亲的时候的确太少了。

一遍又一遍地听着刘和刚的《父亲》，怎么也听不够，它不正是我父亲的写照吗？我想真心地对父亲说：这辈子有您，我真幸福；这辈子做您的儿女，我没有做够。您的健康是女儿最大的幸福。

父亲照耀下的天空

黄艳梅　中国电建水电七局第一分局工程技术部

儿时记忆中，父亲是严肃的，不多言不多语的，行色匆匆的。父亲是农民，靠种地和帮人干木匠活养家糊口。一年四季都忙忙碌碌的，早出晚归，农忙时种地，农闲时做木工，很少管教我和我姐姐。按父亲的话说叫“我盯你两眼你就应该知道自觉”、“人贵有自知之明”。所以，父亲不在家的日子，总是海阔天空。如若遇到父亲中途回家拿工具什么的，我会立马停止玩乐，呆呆地站立，等他离开，然后又继续“鸟飞鱼跃”地玩。

小时候，我的成绩不赖，也不冒尖，几乎从不做家庭作业。放学回到家，就主动帮忙碌的父母干力所能及的农活和家务活，一有空闲，就跑去和小朋友们一起玩。父亲好像也不关注我的学习，也没空管我读书。直到有一次，我被老师请进了办公室，递支粉笔给我，喊我在他办公桌上听写词语。我一头雾水，不敢问，紧张的心跳得厉害。听写了五个词语之后，老师才说：“都写出来嘛，你父亲还说你回家从不看书、不做作业。”这时我才知道，原来父亲是关心和在意我学习的。从这天起，我每天放学了会拿出书本哇里哇啦地读一会儿，父亲路过，只是盯我两眼，然后匆匆地出门接着干他的活。

一晃，我和姐姐都读初中了。父亲有史以来第一次找我和姐姐开了次家庭会，会议进行了一个多小时，我和姐姐几乎一句话都没说，只是偶尔抽泣。父亲给我们讲了他的童年，讲了他读书时成绩有多么好，如何考上高中却因为家庭原因没读高中，年轻时为了读书如何偷偷地跑6公里山路去镇上唯一的租书店看书，讲了对我和姐姐的期望以及他要供我们读书的决心。这次家庭会，父亲让我很震撼，第一次发现父亲如此能说会道，对我和姐姐如此寄予厚望。我也搞不懂当时自己是怎么回事，一次家庭会，有震撼，却没什么行动，我依旧不看书、不做作业，放学回家除了干活就是玩。直到进入中考前一个月的一天，我放学回家，居然父亲没在外面干活，一愣后，才知道父亲是在等我，有话对我说。父亲笑眯眯地说碰到我的老师了，说这次考试我的成绩考得很好，年级排名第五，有考上中专的可能。对于那个年代、那种艰苦的岁月，考上中专就是跳出农门，是多少农村家庭的梦想。接着父亲就开始传授他读书的经验和心得，教我记忆的方法，告诉我别干农活认真读书。这也是我记忆中，和父亲最轻松的一次谈话，特别是父亲的笑容，让我尤为深刻，好像这一瞬间，我才明白，一直严肃的父亲，居然这么容易高兴。父亲的慈祥的笑容，终于触及到了我的灵魂，开始发奋苦战一个月，终于以理想的成绩考上了中专，也感受到父亲那如释重负的心情。

现在，我们已是四世同堂。为了能照顾九十高龄半瘫的奶奶，又能帮我带孩子读书，让我能全身心地投入到工作，父亲把奶奶接到了一起，一边照顾老母，一边带着外孙女，闲暇之余再看看报纸读读书，弥补年轻时没经济能力也没时间看书的遗憾。父亲也不再像我儿时记忆中的那样严肃，非常和蔼可亲，也很爱说笑，而且经常给我女儿讲历史故事，把一些枯燥乏味的历史故事讲得栩栩如生，教育孩子不忘历史、面向未来。他很用心地照顾着我奶奶，关注着外孙女的健康成长，用他的实际行动为我们竖起一面尊老爱幼的旗帜，撑起一片蓝天。每每看到父亲欣慰而满足的笑容，我都在想：我会努力工作，将来像他伺候奶奶那样伺候父母，竭尽所能地为父母提供一份幸福、快乐的晚年生活。

Part 06 夜空中最闪亮的星星

请深爱我们的妈妈

柯　娟　中国水利水电第五工程局有限公司第一分局
青岛中德生态园项目经理部

晚上回家的时候，妈妈站在厨房里，一边抱着丫头，一边煮面条，额头上一缕白发异常明显。是的，若不是这个婴儿，我都忘记我已经当了妈妈，而她也升级成了外婆。

去年9月，因为待产，早早回家修养。这是离开学校这么多年，第一次长时间地和妈妈相处，半年之久的陪伴，记忆中那个走路生风、性格坚强的妈妈早已不在。如今的她，时时被各种小疼痛折磨，就连一向最拿手的手工缝制，现在也因为无法将线穿入针孔而搁置起来。自己长年不在家，很多和自己同龄的人早已生了二胎。妈妈总是说，谁家的孩子已经会走路，谁家的孩子已经上了幼儿园，这些零碎的小事总是被母亲絮絮叨叨地说起。可是转眼间，她又重新说一遍，不知是她忘了自己曾经说过，还是怕我没记住。不得不承认，记忆中那个妈妈正在慢慢消失，我的妈妈正在一步步地走向老迈。

妹妹的预产期比我早一个月。妈妈很早便开始准备孩子要用的东西，今天做些尿垫，明天弄个枕头，并早早地打包收拾，生怕来不及。有给妹妹的，也有给我的。因为我怀的是双胞胎，家里一下子就新添3个小成员，对于妈妈而言，自然是欢喜的，但是也有各种担忧。有时，别人跟她说起生育双胞胎的危险，她回来便开始絮叨，生怕我也会面临那样的险境。因为总是为我和妹妹担忧，年轻时候倒头就睡的母亲，睡眠开始变得轻浅，只要惊醒，便再无睡意。

10月中旬，妹妹生下一个男孩，母子平安，妈妈说这个终于放心了。可是，刚刚安下的心又悬了起来，因为我的预产期也快了。11月末，孩子出生，一男一女，同样母子平安。亲朋好友都说："多好，不用再生了。"可是，妈妈悬着的心依旧悬着，因为男孩缺氧需要住院。家里是我和女孩，医院是妈妈和男孩，两头她都不放心。我想，这一年，远远甚于她当年生产的年月，日日的忙碌总夹杂着担心、夹杂着喜悦，却从未让她安心过。

春节后，休假结束。孩子刚刚4个月，没有办法，妈妈只有跟着我开始了漂泊的生活。两个孩子，两个老人，外加一个我，在嘈杂的车站，抱着孩子，拖着行李，我们一家就像举家搬迁一般。就连妈妈自己也从未想过，会在知天命的年纪，为了隔代人，跟着自己的女儿开始漂泊的生活。我不知她是否后悔当初同意让女儿选择远嫁，是否后悔认同女儿所选择的生活？

妈妈这一代人都是靠着自己的辛勤劳动一步步将生活富足起来的，她和她的同龄人，有话题，有底气，她的生活是简单幸福的。异地环境，对于她而言是陌生的。这里，她只认识她的孩子，她唯一的活动便是照顾孩子的孩子，没有话语，没有交流，已经年迈的她没有能力再去融入这个陌生的环境。但是，这些她都默默地认同了。她努力地照应孩子，努力地帮助我做家务，为我减轻负担，甚至简单的一日三餐，她都尽力地凑合，生怕增添额外的负担。即便如此，在异地的她，心里依旧是不安宁的。这里是我，那头是妹妹，都是她的女儿，她照顾我，就照顾不了妹妹，她的心就被这样揪扯着。

这些年，我们姐妹上学的时候，她为我们的工作担心；我们工作了，她为我们结婚担心；结婚了，她又为我们的孩子担心。一波一波的喜悦还没来得及体会，就被随后的担心所替代。妈妈的心从未有过片刻的安宁，为人母后才知母亲的心思。是的，母亲的心总是在孩子身上，可孩子的心呢？

母亲种下的家风

夏柒影　广安市岳池县裕民初级中学校

我的母亲一天书也没读过，没有文化，是一个彻彻底底的文盲。这文盲能带来什么家风？

“教养和文化是两回事。”陈道明先生掷地有声地说过：“有的人很有文化，但是很没教养；有的人没有什么太高的学历和学识，但仍然很有教养、很有分寸。”对于这句话我由衷地佩服，也深信不疑，因为我的母亲正好就是后者，至少在我的心中是这样。

母亲便是这样一个没有文化却有教养的人，并在我的心中种下了名叫“家风”的种子。

那时家里穷，母亲是家中老大，下面还有两个弟弟一个妹妹，上学的机会自是落不到她头上的。虽说没有怨言，可我知道母亲的心里始终是遗憾的。我从小就听着母亲的遗憾与叹惋长大，对读书求学自当有一份珍惜。小时候常听母亲说：“我这辈子吃尽了不识字的亏，就是砸锅卖铁也要供你们上学。”母亲这句话不是空话，是有很大决心在里面的，后来我和妹妹从小学一直念到大学顺利毕业就足以证明。只是可怜我那大字不识的母亲，在这20多年的日日夜夜里，她内心该是经历了何种的辛酸苦楚，伤痛煎熬。等诺言兑现时，母亲的青丝白了，红颜也老了。哎！

正是因为母亲的遗憾，我和妹妹自小便懂得了“不识字，就吃亏”的朴素道理。

“人穷水不穷”是母亲告诉我们的又一个道理。从小我就生在农村，长在农村，那时的我整天以泥为伴，以沙为伍；以地为席，以草为被。没有什么玩具可玩，也没大人陪，他们整天都有忙不完的农活和家务，就只能搓搓泥巴，在哪里玩累了，就躺哪里休息，和仨俩小伙伴一个一个土堆田坎上蹿，玩得不亦乐乎。一天下来，身上脏兮兮、臭烘烘的，恐怕苍蝇见了都要逃走吧。大人累了一天回到家，见到自家熊孩子这番情形，免不了一番责骂或赏一两个巴掌，然后认命地垂着酸痛的腰杆，给孩子洗澡洗衣。次数多了，有的父母也就有免疫力了，反正今天洗干净明天又脏，干脆就拖一拖再洗吧。所以，在我们院子里总能瞧见几个“小花猫”、“小乞丐”，别的家长看见了也免不了背地里一番挖苦嘲笑。

母亲是一个爱干净，要面子的人，她不能容忍被别人嘲笑，哪怕每天活再多身体再累，也要把我和妹妹收拾干净。所以现在我的脑海里还总是浮现寂静的夜里母亲在院子里为我和妹妹洗澡、洗衣服的画面，尤其是夏天的晚上，满天的星星，低沉的虫鸣，徐徐的微风，香皂的清香夹杂着母亲身上的汗味陪伴我们度过了那么多温馨的时刻，虽然当时并没觉得。

后来，我觉得母亲是在给我们灌输一个观念：人穷没关系，但是我们得干干净净的做人。

说到这里，使我不得不又想起小时候发生的一件小事。那时候大概四五岁左右吧，我还不太懂得“偷”的概念。一天，母亲照常出去干农活了，外面太热了，我跟妹妹就在家中玩耍，一个骑着破旧三轮车的老爷子经过我家门前，一边走还一边吆喝着：“雪糕，脆皮糕，红豆糕……”我和妹妹马上来了兴趣，好像饥馋的猫闻着了鱼的腥味，噌噌地跑出去。买东西需要钱啊，我们身上可没有钱，我就隐约想起了母亲老是从电视机上的一个布包里拿钱……

偷钱的后果就是换来母亲的一顿狠揍，一边挥棍子一边生气地问我："以后还偷不偷钱?"这件事过后，好多邻居都知道我偷家里的钱去买雪糕吃的事情了。今年春节回去，我俩聊天又提起此事，母亲笑着说，当时看到我小小年纪就偷偷拿钱，就决心一定要好好教训我，母亲觉得自己教训我总比以后我被别人教训强。母亲还很得意，又神秘兮兮地对我说："从那以后，我就知道你再也不会偷钱了。"我好奇，问："为什么?"母亲说："记得那事发生后，一次你堂妹和你在菜地里玩了回来，身上的一块钱不见了，你伯母说肯定是被你拿走了。"我吃了一惊："还有这事，我怎么不记得我为这种事挨过收拾呢。"母亲笑笑："当时我就不信是你拿的，所以没问过你。"我更惊讶了："为什么呢？我可是有前科的。"母亲说："你偷钱被我教训过后，我就故意在家里放钱，试过你好多次，钱一次也没少过，我就知道你肯定不会再乱拿钱了。"母亲顿了顿又说："后来也不知道过了多久，大概20天左右吧，我去那块菜地去除草，居然就捡到了1元钱。"

听到母亲这些话，我心里暗涛汹涌，久久不能平息。

母亲没有读过书，或许连什么是"家风"也不知道，更不要说什么"万般皆下品，唯有读书高"、"达泽兼济天下，穷则独善其身"、"小时偷针，长大偷金"这些文绉绉的智者之言了，但她那颗质朴正直的心自会告诉她是非曲直，指引她如何教育自己的女儿。

小时候，母亲把这颗种子种在了我的心田，现在就由我来为它浇水、施肥，呵护它成长吧。将来，我也把它种在我女儿的心中。

怀念我的母亲

李　玭　德阳市中江县城北中学

时值清明时节，又牵起我对母亲的深深怀念。我的母亲是 1997 年 5 月 8 日“母亲节”之际离开我们的。虽然母亲离开我们整整 20 年了，可她的音容笑貌，时时浮现在我的脑海，令我终生难忘。

我的母亲中等身材，慈祥和蔼，令人可亲可敬。母亲姓林，名字中有个“菊”字，所以每当我看见菊花就会牵起我对母亲的无限思念，她就像 9 月的菊花有着崇高的品质，典雅朴素，弥久幽香……

在我的一生中，最尊敬难忘的人，便是我的母亲，母亲给了我们无微不至的关怀，给了我们深深的爱……

记得上初中时，为了赶时间去早读，我背上书包，没吃早餐就跑往学校，而母亲怕我饿着，便买着早点跟在我后面跑，一直追到教室里，将早点送给了我。当时，我好感动，看着母亲远去的背影，我的眼眶湿润了。还记得母亲为了我高考，怕我耽误时间，母亲就将煮好的鸡蛋剥好皮放在碗里。夏日的夜晚，母亲坐在我身旁，用扇子为我扇凉，驱赶蚊虫（特别是在没有电的晚上），她自己却满面流汗。还有一次，在冬天的夜晚，浓雾弥漫，我在学校上完晚自习，10 点多钟，站在校门口，竟分不清东南西北，该走哪条路回家。住校同学留我在校住宿，直到 12 点，忽然听到有人叫我的名字，我从梦里醒来，打开门出去一看，原来是母亲打着手电筒来找我（因为我以前一直是按时回家的）。浓浓的雾裹着母亲，那一滴滴的雾珠从她的头发上掉下来。当时，我的眼泪一下子就涌出来了，紧紧地抱住母亲，说不出一句话，母亲说："外面天太冷，你进寝室去吧，我回去了。"我不知道在那分不清方向的夜晚，母亲是如何一步步摸着街上的墙走来的，又是多么艰难地走回去的。那一晚，我没有睡着。是啊！母亲的银发记载着对儿女的多少牵挂啊！

7 月，高考结束后，我以几分之差落榜，心里特别难受，母亲也与我一样难过，可她还是开导我说："'三百六十行，行行出状元。'没关系，明年再考吧！"后来，我考上了大学，母亲省吃俭用供我读书，记得她在一封信中写道："只要是学习上的事，无论怎样母亲都支持。"我深深地体会到，母亲是世上最崇高的人。母爱是最博大和无私的，在我的成功中，有着母亲的关怀。

母亲心灵手巧，穿针引线，缝衣做鞋，样样在行。小时候我最喜欢吃母亲做的香肠、冬瓜糖、油炸麦酥、松花皮蛋……还喜欢看她在绸缎上绣的花，那样鲜活、漂亮、馋眼，令人称赞。母亲做的饭菜美味可口，亲朋好友到我家吃过饭的都赞不绝口。特别是过大年时，她会做一大桌丰盛的饭菜，令人垂涎欲滴，我们吃得美滋滋的。大年初一时，我和哥哥穿着母亲亲手缝的新衣服和做的鞋子，外出"赛宝"，邻里小朋友都很羡慕。母亲织的毛衣我至今还在穿，因为那是母亲的心血与汗水的结晶，也是母亲给我留下的纪念品。母亲操持家务，总是很忙，记得有一次母亲白天很忙，第二天我要去远方学校读书，为了给我赶织一件毛衣，母亲却织了一整个通宵，等我第二天高高兴兴地穿上新毛衣时，看到的是母亲熬红的双眼，我好感动，感受到了深深的母爱。

母亲生活简朴，但她为人厚道，心地善良。每年她种的新鲜蔬菜和瓜果，她都要分给邻居，我家门前桃树结的桃子成熟时也会送给每家品尝。每遇见生活困难的人，她都要资助，送衣、送钱、送粮。她还常常与其他老人一起去看望福利院的孤寡老人。母亲有着一颗金子般的心。

母亲很勤劳，听外婆说，姐妹七个中，她排行老二，但家庭的重担都落在她身上。大姐和弟弟外出读书，后来工作。弟弟妹妹年幼，父母年老，母亲撑起了整个家，一大家人，吃饭穿衣都靠她。她忙里忙外，大小事情安排得井井有条。因劳累过度，同时母亲也落下了高血压、风湿病，胆结石病，可她从无怨言。

母亲也很坚强。无论遇到多大的困难，无论生活中有着多少不幸，她从不叫一声苦，将痛苦深埋在心底，仍然乐观地面对生活。她患胆结石病，吃不下饭，只能喝白开水，有时疼痛难忍、大汗淋漓，她都咬紧牙关挺着。她总是为他人着想，尽量不增加儿女的负担。

母亲含辛茹苦、呕心沥血，操劳一生，她不仅赡养了父母，抚养了儿女，还带大了孙子孙女，用劳苦功高形容母亲的一生，实不为过。母亲的勤劳、善良、纯朴和坚强，深深地感染着我，教我做人的道理。

可惜母亲因突发脑溢血，年仅 63 岁便匆匆地离开了人世，也许她已经完成了在人间的夙愿，所以她在临走时，才显得是那么安详，无牵无挂。今生今世，我知道欠母亲的太多太多……虽然母亲走了，但我仍然像往常一样，对着母亲的照片和她说话，每年清明节前我们全家人都要去给母亲扫墓，祭奠她老人家，向她汇报我们的工作成绩……

母亲，她没有走，她永远活在我们的心中！难忘母亲，难忘母爱，初冬时节，思念我的母亲！

女人当自强　幸福必自来

李冬梅　四川省江油农投集团综合部

我的母亲出生在一个有 9 个兄妹的大家庭，因为外公外婆自己开过小作坊，1949 年后划成分的时候就定性为“小资产阶级”，不但把作坊充公，还经常游街挨批斗，家里生活非常困难。但是我母亲却在那个年代读了书，而且一直读到高小！这在当时算是很有文化了！

20 世纪 50 年代初由于社会和经济原因，能让全部孩子读书的家庭少之又少，我外婆家也是一样，能让 4 个儿子进学堂已经相当不容易了。按照我外婆的话来说：“儿子才是自己家的，女儿终究是别人家的，我为什么帮别人家的孩子？”母亲看着一点儿家务活也不干的几个哥哥，每天背着外婆精心缝制的书包骄傲蛮横地在自己面前炫耀，心里萌生了强烈的愿望：我要读书！母亲找到外婆，说出了自己的要求，并主动提出了交换条件：“家务活一样的干，学费不要家里负担！”外婆很惊讶，看着自己的女儿想了很久，说：“既然这样，那就去吧。”为了筹够自己的学费，母亲开始每天半夜起床到距家很远的山上砍树换钱，因为年纪小没有力气，只能背回些小枝干作柴火贱卖。从山上回来天还没亮，正好不耽误给家人做早饭。等几个哥哥上学出门后，就赶紧把柴火背到集市卖掉后，再赶回家跟外婆一起做农活。外婆心疼女儿的倔强，毕竟是自己身上掉下的肉，每次都趁母亲做饭的时候悄悄把家里好的柴火混进母亲要卖的里面，不知外婆混得高明还是母亲故意装看不出，反正母亲第一次上学的钱很快就筹齐了，从此顺利地读完了高小。

凭着母亲的文化基础，她理所当然地被选拔到镇卫生院学习妇产知识，并拜师在父亲名下，最终母亲跟父亲结了婚。我的父亲在兄妹中排行老大，但是跟我母亲结婚后连续生了3个孩子，都是女儿，在他们那个传宗接代思想很盛行的年代，没有生养出儿子，那就是后继无人，是遭人嘲笑歧视的！这无疑给父母极大的压力。我母亲何尝不明白“生男生女谁都说不准”的道理，但为了给父亲挣回面子，也打算再生一个“试试”。当时的20世纪六七十年代整个国家物资匮乏，生活极度艰难，有着“地主”成分的父亲更是束手无策，为了不给母亲每况愈下的身体雪上加霜，我的父亲果断做了一个惊人举动：自己做了结扎手术！

父亲的惊人之举，强烈震撼了我的母亲。父亲1岁多的时候，奶奶把他背在背篓里干农活，结果不小心从里面甩了出来。奶奶认为小孩摔一下是正常的，自己慢慢就好了，加上爷爷因为“地主”身份整天被押着游街，奶奶也就没顾上给儿子及时治疗，父亲从此落下了“骨髓炎”残疾，脚上的肉腐烂成洞，常年流出血水。母亲明白了不善言辞的父亲的苦心，更不忍拖垮父亲本已残疾的身体，她在心中暗暗发誓：一定要过上好日子！

母亲除了日常辛勤的田间劳作，开始更加频繁地走乡串户熬更守夜为村民接生。那时农村生小孩几乎都是请接生婆去自家完成生产，而且总是等到发作了才匆忙请产婆，每次我母亲都二话不说背起小药箱就走。有时听说产妇情况很紧急，她就抄小路与时间赛跑，结果因为经常摔倒，药箱都摔烂了4个，腿上至今留下疤痕。但每次出门至少两三天后才回来的她从不说这些，只是把朴实村民塞给她的煮鸡蛋掏出来小心剥给我们吃。看着我们狼吞虎咽，母亲疲惫的脸上总是掩不住幸福和满足。为了改善家里的拮据状况，母亲厚着脸央求父亲所在卫生院把住院部所有的被褥床单的清洗工作承包给了她。于是，无数个清晨，哪怕是数九寒天河面结着冰，都会看见一个孱弱的身影站在刺骨的水中奋力地刷洗着如山的白色床单被褥，那就是我的母亲！渐渐的，我家小小的厨房偶尔也会飘出诱人的肉香，不时会有不多的几颗糖跟邻居的孩子分享。

日子一天天挪动，母亲勤俭持家的同时，对我们三姊妹的管教那真是一点儿都不含糊！在母亲的口头禅："女的跟男的一样！必须自立自强！"影响下，我们家呈现最多的场景就是：三姊妹排队站在灶台边学做饭炒菜、围着母亲学叠衣、折被，端坐长凳听母亲教诲互亲、互敬、互爱。记得有次我过生日，父亲从医院食堂买了一份肉，用玻璃瓶子装回来，因为天冷，瓶内已经全部冻凝了。母亲用筷子小心仔细地弄了很久，内瓶壁还是沾着不少冻硬的油珠。这么多的油珠可不能扔了呀，母亲心疼得乱了分寸，直接把玻璃瓶倒扣在加热的铁锅上，想温度高了油珠自己就流出来了。哪知油珠还没化完，玻璃瓶因为受热不均炸裂了！碎玻璃片都嵌进了菜里面，都吃不成了！站在锅边眼巴巴等着的我们禁不住"哇"地都哭了起来！母亲也忍不住眼泪盈眶。第二天我们放学回家，还没进屋就闻到一股浓郁的香味，原来母亲炖煮了一小锅骨头汤迎接我们。我们三姊妹丢下书包扑上桌，纷纷捞起带肉多的往自己碗里堆……第一口肉还没送进嘴里，凌空炸响母亲的断喝："放下！把筷子全部放下！"我们万般不舍乖乖放下碗筷，诧异又不甘地望着满脸愤怒的母亲。母亲盯着我们，缓缓地问："知道我为什么不准你们吃吗？"我们当然不明白！只见她慢慢挨我坐下，说："你们三个是亲姊妹，不论什么时候都是至亲的一家人，一家人那就必须互相忍让、相互疼惜。你们刚才有哪一个是给姐姐或妹妹碗里夹的？这像一家人吗？"三颗羞愧的头慢慢低下了……从上小学一年级起，我家的早饭就是我们三姊妹轮流做了，而且做好后第一件事就是盛满一特大号碗给一早在田间劳作的母亲飞奔送去。为了督促我们的学习成绩，母亲用她仅有的文化底子坚持每天检查作业，3 个孩子的家长会母亲一次也没落下。母亲现在回忆起来不小心说漏嘴了："那时去开家长会，成绩好的学生家长都会站在讲台上受表扬的，我每次都是被点名请上去了的……"

那些艰难的岁月如今都过去了，虽然母亲经历了癌症手术的考验，还忍受着糖尿病并发症的折磨，但她凭着坚强乐观的心态，始终微笑面对！她说："女人当自强，幸福必自来！这些病痛算啥？有你们父亲的陪伴，有你们几姊妹的孝敬，我这心里满足幸福得很！"

妈妈的气质

李仕碧　四川省巴中市巴州区第一小学校

有人说，女人的气质与美貌没有多大的关系的，而是一点一滴做出来的。在我眼里妈妈是平凡世界里最有气质的女人！

小时候，家里穷，床上垫的是稻草，经常看到妈妈爬到床底下把掉出的稻草剪掉，床下经常是干干净净的，床头横向摆放整齐的布鞋也是那么美观。妈妈洗衣服也有新招，那时没有洗衣粉，肥皂也很难买到，她就用谷草灰过滤出的水洗衣服，她头上的白布包帕洗得那个白呀，说白得耀眼一点儿也不夸张。弟弟妹妹小时候的尿布都是叠得整整齐齐的……

妈妈如今八十高龄，还保持爱干净的好习惯，勤换衣服，勤洗澡，冬天也是如此。像她这个岁数，一周洗一次澡、换一次衣服就可以了，可她只要出一点点汗水就必须洗澡换衣服。这么大年纪还要亲自做自己的事，尤其是她穿的衣服，非亲自动手洗不可，担心儿女洗不干净。还把她洗衣服总结出来的经验传授给子女：外套和内衣不能放到一起洗；夏天和冬天衣服洗法有差别。特别强调我们洗纯棉内衣时，务必先用冷水洗再用热水反复清，最后用开水浸泡。妈妈说，这样洗衣服才能把汗渍清除干净，穿在身上特别舒适。妈妈的5个儿女无论走到哪里，都是穿得干干净净的。村里跟我一样大的孩子们，都特羡慕我有位好妈妈。最有趣的是，我邻居家的一个女孩，跟我是同学，居然离家出走，要做我妈妈的女儿，背起行囊就赖在我家不走了。大概在我们家生活了一个星期后，在她父母的威逼下，才哭着回到她家里。后来就一直叫我妈妈“干妈”。

今年端午节回老家去接妈妈进城，看到她收拾好的衣服，每一件都是平平展展的，尤其是那纯棉的白色内衣更是洗得一根一根纱都看得清楚，穿了几年了还是那么白净。妈妈常挂在嘴边的一句话是：“爱干净，少生病。”

妈妈不但讲卫生爱干净而且特别勤劳。妈妈常对我们说：“只有懒人才会成为穷人。”

妈妈一生靠自己勤劳的双手，把我们家的生活料理得有滋有味，让村里很多人羡慕。在那个靠挣工分分配粮食的集体生产年代，几乎家家户户都是寅吃卯粮。每年一到冬天，村里大多数人家，一天只吃两顿饭，如果遇到下雨天，不能下地干活，就勒紧裤腰带一天只吃一顿饭。可我家因为有勤劳聪明的妈妈精打细算，粗茶淡饭每天吃三顿饭，下雨天也吃两顿饭。妈妈说，孩子们长身体，就是青菜萝卜也得填饱肚子。在那个年代，即使青菜萝卜也不是那么容易吃到，因为自留地太少了，大人们出工比现在上班的时间还要紧张：天一亮就出工，除了吃两顿饭的时间，全天都在集体生产队里干活，也没有什么双休日，更不要说节假日了。自留地里的菜园基本上没有时间打理。我家里的菜园总是比别人家里的菜园丰富茂盛，因为妈妈常说：“要想勉强填饱肚子，就指望这自留地里的蔬菜了。”所以她总是起早贪黑、忙里偷闲地打理菜园。一年四季，妈妈总是在天没亮时起床，先给家人做好早饭，再到地里打理一会儿菜园。当大家都起床出工时，妈妈都干了很多活儿了。中午，别人午休或者乘凉时，妈妈就顶着烈日给菜园或浇水或施肥或除草。在妈妈辛勤劳作下，我家菜园总是有吃不完的菜。

妈妈还经常给邻居家里送一些别人没有的菜。在那个年代，我和弟弟妹妹们没有饿过肚子，如果风调雨顺的话，不但不会寅吃卯粮，还稍有节余。妈妈常说："菜当三分粮。"

在那个普遍饿肚子的年代，妈妈靠她勤劳的双手，不但没有让自己的家人饿着，还能每年每人缝制一套衣服。这也是在当时非常让人眼羡的。因为我家里养了一头能下崽的猪，每年要生 10 多头小猪，这是家里最有实力的经济来源。妈妈常说："养猪积肥吃肉，还有新衣新裤。"所以，我和弟弟妹妹一放学就背起背篼，拿上镰刀，到田间地头，山梁山沟去寻找猪草。妈妈在田间劳动时，既要带锄头又要带上镰刀、背篼，因为只要有一锅烟的休息工夫，妈妈都要寻找猪草。每当收工回家时，我看到别人肩上只扛着锄头，而妈妈多了一些猪草。每当夜晚来临，别人在月光下聊天，妈妈则在煤油灯下给我们做鞋子。所以，我和弟弟妹妹，很少赤脚走路，一家九口，每年至少有一双新单鞋，一双新棉鞋。因为妈妈常说："女儿家不能经常赤着脚走路，既不雅观，也容易长成一双大脚。"大字不识一个的妈妈，说起话来，道理一套一套的，儿女们不得不服呢。

在我们村里，就数妈妈最心灵手巧了。使用菜刀、剪刀等工具那是左右手都能操纵自如。做鞋的手艺在村里是出了名的好。院子里的姑娘们都是妈妈的徒弟，尤其是姑娘们给自己对象做鞋时，妈妈更是下工夫，手把手教她们。凡是经过妈妈的手，鞋子就不会走样，即美观又好穿。在妈妈的耳濡目染下，从没有做过鞋的我，第一次给我自己的孩子做鞋居然能得到妈妈的夸赞。

妈妈在我们当地是很受人尊敬的，因为，妈妈和左邻右舍和睦相处，谁家有困难她都尽自己最大的努力去帮助。村里有好几个从外地嫁过来的小媳妇，由于弟兄姊妹多结婚第二天就被迫分家自理。不少小家庭里的日常生活用品都极为缺乏。什么镰刀背篼呀，柴米油盐呀，只要我们家里有的，妈妈都会毫不犹豫地从家里挤出一部分送给她们。小时候的我很不理解妈妈，认为她管闲事，因为毕竟我们也不宽裕。可妈妈说："人家姑娘远离父母，遇到困难父母也不知道，更不用说帮她们一把，我也是做过小媳妇的人，尤其是刚结婚就自立门户的日子还真有很多难处啊。我相信，我的女儿如果远嫁他乡也会有人关心她。"妈妈不但在物质上给予相应的帮助，还帮助她们怎样和当地人相处。那些小媳妇们得到了妈妈的关心，不但很快适应了当地生活，还把我们家当作她们的娘家，直到现在还保持像亲戚一样的关系。因此，大家都亲切称她"婶婶"、"娘娘"、"老姐姐"。

……

妈妈没有穿过名牌衣服，但穿得干净得体，穿的是"舒适牌"；妈妈不识字，但她会努力去读生活这本书；妈妈连乘法口诀都不会背，但她会盘算一家人的生活；妈妈没权没势，但能受到他人的尊重。妈妈在我心里永远是一个有气质的女人，这气质是妈妈一点一滴做出来的，我为自己有这样的妈妈而骄傲！

我家老妈

王　群　东方电气集团东方锅炉股份有限公司工程分公司

中午，我和远在上海弟弟家的老妈通电话。

我："妈，吃饭了吗？"

妈："还没吃，今天买菜回来晚了。"

我："出门晚了啊？"

妈："不是。去买菜路上，看到一个老婆婆摔倒在路上，爬不起来……"

我："啊？你去扶她啊？"

妈："我倒是想扶哦，我的腰杆哪经得住哦（老妈前年腰椎大手术，还没完全恢复），我就把她守到。"

我："那你喊别的人把她扶起来嘛！"

妈："人家不得干！我对那些人说，我的腰杆痛，不敢使力，麻烦你们把这个婆婆扶起来嘛！"

我：……

妈："他们说现在的老太婆扶不得……过了许久才有一对年轻夫妇帮我把老婆婆扶起来了。我让老婆婆扶到我买菜的车，靠在一棵树上，然后给婆婆的娃儿打了电话。"

我："那你一个人在那儿陪到她啊？"

妈："我唧个好走得嘛，只有守到起。过了半个多钟头，老婆婆的儿子赶来了。老婆婆看到她的儿子，哇的一声就哭起来了。"

我："就你一个人在那里守起，你不怕她儿子来说是你把她弄拽的啊？"

妈："心头还是有点儿虚，电视里头都在演，但是我又想，人不得那么不讲道理哦！"

我："妈耶，你硬是心好胆子大哦！"

妈："哎呀，人都有老的一天都嘛！"

我："老妈，我给你点赞！"

是的，这就是我家老妈，20 世纪 50 年代初生人，小学文化，是传统意义上的文盲，但她勤劳、朴实而又正直，深受我们家族及周围邻居朋友的敬重和爱戴。

年轻时候的她，一个人带着我和双胞胎弟弟在家务农。一个人负责 4 个人的工分，天天没日没夜地干活。"哪怕喝水，我都要让你们吃饱喝足。" 在生活条件极为困苦的年代，老妈对我们三姐弟如是说。为了兑现这个承诺，她天天起早贪黑，一个人挣的工分不比别人家两三个人挣得少。

"邓久文太能干了，她那 3 个娃就像天生的一样！" 这句话，在我们家方圆几里广为流传。邓久文，是老妈的名字，"天生" 的，这在我们当地来说算是对一个人最高的评价，意思是说我妈妈把我们三姐弟教育得好。

从小我长得瘦小，老妈担心我受人欺负，让我晚两年入学，同两个弟弟一起，说他们可以保护我。于是，我们三姐弟成了同学，每天一起上学，一起放学。每天放学回家，我们都会抢着帮妈妈做一些力所能及的事。每每这时，老妈都会问一句："作业做完没？" 按她的说法：你们现在首要的任务是搞好学习！

对于读书这件事，她常对我们说的是："只要你能读、愿意读，我就是砸锅卖铁都会供你们读！" 于是，在我们姐弟三人面临就业还是继续深造的重大抉择时，她都会力排众议，坚决支持儿女对继续求学深造的想法。她说:“我连自己的名字都不会写，但我要让我的孩子成为有知识、有文化的人。”为了这句话，我老妈历经了艰辛。

我16岁那年，我家“农转非”举家迁到了城里，那时的我们没有了土地，老妈又没有工作，爸爸微薄的工资无法支撑家庭的开支，所以，在接下来的近二十年里，老妈做过清洁工、守过楼栋、替别人接过孩子买过菜，一个人身兼几职，天天忙得团团转，但她从不叫苦叫累，她说:“看到我的几个孩子人人都成才，我累死都高兴!”

作为家里排行老大的我，非常清楚家里的情况，所以初中毕业，我放弃了就读重点高中的机会，选择了读技校。一次，我在生产一线因中暑住院，看着躺在病床上的我，妈妈泣不成声，拉着我的手说:“妈对不起你，让你受苦了!”猛然间我明白，我没能继续读高中考大学这件事已然成了老妈的心病。于是，在接下来的几年间，我自修考取了专科和本科学历。当我开心地告诉老妈说“我也是大学生了”时，她的笑容虽然苦涩，但很宽慰。

慢慢的，我们三姐弟都陆续拥有着各自幸福的家庭和喜欢的事业，父母的经济条件也好了起来，但勤俭节约惯了的妈妈仍旧习性不改，总想一分钱掰成两半花。每次出去吃饭，老妈总是一副不情愿的样子，说外面的东西又贵还不干净，她最常说的话就是:“这一盘菜的价格够我买几个星期的菜。”她喜欢手洗衣服，不管冬夏，我们问她有洗衣机为啥不用，她说洗衣机洗不干净，其实说到底就是觉得洗衣机费电又费水。

每逢过年过节，我和两个弟媳都会给老爸老妈买新衣，她总会嫌这嫌那，拿着我们买的新衣追问:“多少钱?”我们明白，她是怕我们乱花钱。而且我们发现，她常穿的衣服也就那么几件，所有漂亮衣服很少出场，问她，她说:“农村人要有农村人的样子!”

这样说，老妈好像很过时、守旧，但非也，其实她是胆大而且好学的。弟媳在英国待产期间，听说他们可能会花高昂的费用请月嫂，老妈居然提出去英国帮着护理！一个26个英文字母长啥样都不清楚的老太婆，居然提出了这样的要求！我们开玩笑地说："你出去走丢了连回家的路都找不到哦。"老妈说："我有嘴巴我不晓得问呀！"看吧，她真的是天不怕地不怕啊！虽然最后她没能如愿成行，但看到老妈每到一个新环境就能很快融入新环境、结交新朋友，还能大方地用流利但蹩脚的椒盐普通话跟别人交流的时候，我们都从心底里佩服得不行，很为有这样一个老妈而骄傲！

由于我们姐弟三人天各一方，能聚齐到爸妈身边很不容易，所以为了满足我们的交流需求，我们鼓动老妈把用了几年的老年手机换成智能手机，我们对她说："有了智能手机，申请了微信，你就可以在群里想训哪个训哪个。"刚开始她很抵触，一方面确实她对电子产品不熟悉，但我们清楚更主要的原因是她怕花钱。看她嘴里说着"不用"，但眼睛却瞟着老爸和我们一大家子在微信群里聊得欢实的时候，我知道她已经慢慢动摇了。我们先拿了一个淘汰的智能手机给她用，告诉她这是报废了的手机，可以随意用，于是，她欣然接受。很快，她在孙子孙女的指导下学会了如何用手机照相，如何用微信进行语音聊天，小心翼翼的，但很认真。现在，每天她和我老爸做了啥，吃了啥，对我们有啥指令都会通过微信及时传达，感觉彼此就在身边。

听我弟媳说，老妈现在还跟着两个孙子学英语呢！我调侃她说："我的娘耶，您可真的是与时俱进啊，我要像您老人家学习啊！"电话那边的老妈哈哈大笑，说："我是学起耍的，你们不是对我说要活到老学到老吗?!"

这就是我老妈，一个可敬可爱的老妈，我们希望她在为家庭为儿女辛苦付出半辈子后，晚年能为自己而活，活出属于她的精彩和绚烂！若得夕阳无限好，何须惆怅近黄昏！

我们已大，您依然不老！加油，老妈！

母　亲

张　丽　自贡硬质合金有限责任公司耐磨合金分厂

下班回家准备做饭，打开冰箱又看到里面满满地放着新买的菜，毫无疑问，又是老妈来过了。心里着实有点儿心疼老妈，都快70岁的人了，提那么重的菜，还要爬上八楼悄悄地放在我的冰箱里，让我这个正值“壮年”的女儿无比愧疚。于是，打个电话对老妈说：“妈，别给我买菜了，我最近正减肥呢！”这不提减肥还好，一说到这个话题，老妈立马就数落我了，说什么她们小区一大妈看见我最近瘦了，就去问我妈妈说：“你女儿的单位是不是效益不好呀，我看她都瘦了，你们做父母的也该拉扯一下她，身体不能垮了，营养一定要跟上。”我的天呐！我这历尽千辛万苦减下的那么几斤肉，怎么在她们嘴里就成了营养不良，还顺带推敲出单位效益不好了，中国大妈就是牛！但也正是这好心大妈的一句话，把本就隔三岔五往我冰箱里塞东西的老妈，来爬我的八楼的频率硬生生地提高了好几个百分点。而我几乎每次只需要买点儿配菜回家就可以做一顿丰富的饭菜，我的这一表象，又给了那些不知情的好心大妈们创造了无限遐想的空间。

我想，每位母亲在心里都有一个完美女儿的形象，既希望自己的孩子有健康的身体，又有完美的身材。我的母亲也是如此。一方面在大鱼大肉地滋补着我，怕我缺乏营养，另一方面又常常告诫我："你没事的时候还是多出去运动运动，不要老坐着不动，你看你都又长胖了"。一次上班的时候，母亲打来电话对我说她在家里看电视，一个电视购物频道里正播放着一款减肥产品，效果好得不得了，她已经把名字记下了，叫我赶快去买来试试。还有更夸张的，在了解到一个熟人在美容院减肥成功后，老妈就迫不及待地要我给这个人打电话，交流下减肥经验……母亲就是用这种她独有的方式，把对我的关爱表现得淋漓尽致。

其实，年轻时的母亲给我的感觉是不苟言笑，做事雷厉风行。从来不会用表情或者肢体语言来表达对我们有多爱，或是说几句腻歪的话语。通常是用一个眼神，就可以吓得我不敢动弹。所以，年少的我对于父母并没有那种密不可分的亲情，而有的只有不理解和憎恨，甚至我还曾做出留下一封长长的书信后就离家出走的荒唐事来。后来，经过岁月的沉淀，我才知道母亲对我的严厉，也是源于生活的压力和无奈。直到自己也作为一个母亲后，才更深深体会到母亲的艰辛和不易。

我的母亲是1949年出生的，虽然也算得上是"生在新中国，长在红旗下"，但是，经历了三年自然灾害，十年"文革"，母亲在兄妹七人中是家中老大，苦头自然是没少吃。我的外公是一个老封建，男尊女卑的思想特别严重，二姨也是因为没有照顾好我那几个在外公心目中的宝贝舅舅，被外公失手打死，可见，母亲在这样的家庭背景下过得也不见得是快乐的，她的童年注定也是灰色的。长大后的母亲，也没有因为成年而变得生活惬意，反而陷入包办婚姻的挣扎中。在她人生最灿烂的时候，又为了给我一个稳定的"铁饭碗"工作，不得不放弃了她的仕途。我也一样是被父亲重男轻女思想嫌弃的对象，面对这样的现实，母亲能做的就是隐忍和用她自己的方式来爱护我，这就是为什么我从来没有感受过自己的母亲像别的母亲那样抱着自己的孩子在脸上狠狠亲上一口，然后再腻腻地喊上一声："幺儿”的缘故了。

和父亲争吵了半辈子的母亲，依然是无怨无悔地照顾着父亲，直到病逝。没有了父亲的牵绊，母亲更是全心全意地照顾着儿孙们，生怕自己哪点疏忽了，但对她自己却是完全的不在意。对我这个小时候差点儿遭丢弃的女儿，母亲更是爱护有加，恨不得把我年少时没有给我的统统补偿回来。每次看到母亲的满头白发和布满皱纹的双手，我总是感到特别愧疚，愧疚自己以前为什么就那么任性，那么不理解母亲。一路走来，是母亲用她的坚强哺育了我的成长。

曾看到过这样一句长情的话：对于你自己最爱的人，最好的爱是包容；最好的礼物是陪伴！母亲用她的青春陪伴我长大，那么，接下来，我也将会用我的青春陪她变老，并尽自己所能，许她余生安康！

母　亲

颜晓梅　眉山市东坡区大北街小学

世界上有一种爱最伟大，那就是母爱，世界上有一个人最值得去感恩，那就是我的母亲。

母亲的爱是一杯咖啡，只有细细地品尝才能尝出其中的滋味；母亲的爱是一首歌，只有用心唱，才会发现她是世界上最美的一首歌；母亲的爱是一本书，一本我们永远也读不懂的书……

已经古稀之年的母亲，默默地走过了她人生的 73 个春秋，再过几天就是母亲 74 岁的生日——该送她什么礼物呢？我不禁感慨万千，记忆的大门随之打开，思绪如潮水般涌来……

说起过生日，在我的记忆中，母亲从来没有给自己过过一次生日，甚至她也记不得自己的生日是哪一天。但是她却从来没有忘记过孩子们的生日。她喜欢看到孩子们幸福的样子，喜欢看到孙子们快乐、开心的样子。直到 70 岁那年，终于拗不过孩子们和亲戚们的心意，根据户口本上的出生日期，认认认真真地过了人生的第一次生日——七十大寿。直到那天我们才发现，母亲并不是真的不想过生日。年轻时过生日，也许她有些伤感，那时日子过得苦，一个人独自抚养三个孩子，没机会给自己过一个高兴的生日。晚年时想过生日，怕给孩子们添麻烦。所以只好在心里默默地给自己过生日。如今在儿女们和亲戚们的祝福中，母亲的心是热的、甜的、幸福的。

当母亲71岁生日来临时，她似乎又忘记了自己的生日。可我们提及时，她又推辞说："不用过了，不用过了，我一个老太婆，有那么娇气吗？过个生日没什么大不了的，不要去兴师动众，麻烦大家了。"在孩子们的一再坚持下，她又开口了："实在要过，你们几姊妹回来吃顿饭就可以了，就不要去惊扰亲戚朋友们了。"我们也觉得她说得有道理。最后征得她的同意，大家达成一致的意见：80岁生日时，一定要过得隆重，一定要有意义。这时母亲笑了，笑得那么幸福，仿佛中了头等奖一般。

母亲的一生是坎坷不平的：年幼时失去母亲，中年时又了经历人生最大的不幸：父亲和丈夫先后两年里相继去世。一时间仿佛天塌了一般。还有3个年幼的孩子，该怎么办呢？一夜之间母亲似乎苍老了许多，失去亲人的悲伤让她失眠一个多月，甚至四肢无力。但是为了孩子们，再苦再累，也一定要坚强地活下去，还要活得好好的。孩子们已经失去外公和父亲，不能再失去母亲，否则他们也会成为没爹没妈的孤儿。母亲重新振作起来，在心里暗暗地为自己加油。从此，生活的重担落到了母亲瘦弱的双肩上：挖地、打猪草、砍竹子、编箩筐、栽秧打谷、上树剔干柴、上房盖瓦……凡是男人们会做的，母亲都会；男人们不会的，母亲也会——母亲几乎无所不能。让我至今还记忆犹新的，是1984年5月的一天夜里，因为村里要给大家的秧田灌满水，还要确保秧田不漏水，所以要求村民必须当天把田犁出来。于是家家户户都忙碌起来，母亲和上中学的哥哥也打着火把在责任田里牵着牛儿犁田，直到半夜。犁完田，走在回家的路上，人累了，牛也累了。到家时，已经是凌晨1点……这样的例子数不胜数，母亲在我的心目中，也随之成为一位顶天立地的"女汉子"——坚不可摧的顶梁柱。

"活到老，学到老，还有三分学不到。"在那艰苦的岁月里，不管多苦多累，母亲总会在睡前抽出一点儿时间来看书，看着看着，渐渐地进入了梦乡，仿佛一天的疲倦瞬间都抛到了九霄云外。有一天，母亲在姐姐的初中班主任家里发现一本杂志《少年科学》，随手抓起来一看，觉得很有意义，便向老师打听哪里可以买到。老师说可以到邮局去订。这本书对母亲的启发很大，离开老师家，母亲便匆匆去了邮局，为我们订阅了许多杂志和报纸：《中学生》《小学生》《红领巾》《少年科学》《中国少年报》《小学生报》……并请街上的亲戚帮忙代收。所以每次母亲赶集回来，我们都会迫不及待地从母亲的背篼里拿出书报，如饥似渴地读起来。在20世纪80年代初能有这样远见的母亲可以说是少之又少。母亲常常讲："自古以来长辈们都说：'穷不丢书，富不丢猪。'它是有一定道理的。"多读书，多看书，就会学到很多知识，明白很多道理，你长大后才不会走弯路。是啊！多读书，读好书，好读书不仅可以充实自己，而且可以改变自己的人生。在母亲的鼓励下，姐姐变成了嗜书如命的"小才女"，后来考上了眉山师范学校，在当时，一度成为全校同学们学习的榜样。哥哥也拥有过两百多本连环画：《鸡毛信》《小铁蛋》《武松打虎》《地道战》……

如今的母亲更是"学习达人"。在老年朋友的带动下，母亲爱上了《养生堂》节目，成了《养生堂》的忠实粉丝。无论多忙，每天下午5点30分，母亲都会准时坐在电视机前，认认真真地在笔记本上记录节目里的专家讲的养生方法。以至于她的口头禅都变成了"专家说的"，时不时地还会打电话提醒孩子们要注意自己的身体。她对《中央四台——中文国际频道》更是情有独钟。对重大国际时政要闻可以说是如数家珍，讲起来滔滔不绝、眉飞色舞，一点儿也不含糊。好像这些事是她都亲身经历过的一样，让人忍俊不禁。为了不打击她的学习热情，我们都佯装认真地听着。和她交谈过的年轻朋友无不佩服她的这股学习劲儿："阿姨真厉害，一点儿也不像上了年纪的老人。学习热情如此高，思维如此敏捷，表达如此流畅。"

时间都去哪儿了？母爱无私，母爱无价。我将用一生去爱我的母亲、感恩我的母亲、回报我的母亲，陪她一起度过幸福的晚年。

夜空中最闪亮的星星

张洁云　中铁二院南宁勘察设计研究院

岁月冲淡了许多记忆，但关于妈妈的记忆却一直铭记我的心中挥之不去，她常教育我“施恩莫望报，受恩不可忘。”妈妈就像夜空中最闪亮的星星，一直指引着我前行。

妈妈出生于知识分子家庭，我的外公外婆都是北京大学毕业的学生，外公大学毕业后作为随军记者参加了14年的抗日战争，但在“文革”时期被划成“右派”，关进“牛棚”，外婆因抵抗不住迫害而死亡，妈妈也因此成了“黑五类”家庭的孩子而受苦受难半辈子，直至1979年外公被平反。即使妈妈经历了“文革”时期的各种迫害，但她一生为人善良，受人尊敬。

1991年夏天的一个午后，我放学后去妈妈单位找她，看见一个大姐姐抱着我妈妈哭着说：“阿姨，多亏有了您！谢谢您！”原来，有一次妈妈在报纸上看到了一则关于那个大姐姐因家庭贫困而失学的报道，于是妈妈每个月都从自己微薄的工资里拿出一部分钱资助那个大姐姐，从小学一直供她到大学毕业，这一坚持就是15年，而那一天正好是那个大姐姐拿到大学毕业证书的日子。妈妈看着她的毕业证书，喜极而泣地说：“太好了孩子，你终于拿到了大学毕业证书，以后的路还很长，只要努力，你的路就一定可以走得越来越好，也希望你在自己有能力的时候去帮助需要帮助的人……”

1993 年，妈妈因为连续多年工作业绩出色，被单位安排到深圳去进修学习。有一次，妈妈和同伴看见路边一个乞讨的小男孩，脸上脏兮兮的，他拉着我妈妈的手颤抖地说：“阿姨，我找不到家了，我饿。”妈妈问小男孩家在哪里，小男孩支支吾吾地说不清楚地址，同伴说那小男孩有可能是骗子团伙的人，劝妈妈不要理睬他。但妈妈看着小男孩那祈求的眼神，没有听同伴的劝告，不仅报警说明情况，而且快速地把小男孩带回宿舍，买来干净的毛巾帮小男孩洗澡，换上干净的衣服，给他吃饭，直至安全交给警察。一个星期后，一对夫妇带着小男孩敲开妈妈宿舍的房门，对妈妈千恩万谢，声泪俱下地说妈妈是他们全家的恩人，并塞给妈妈一个很大的红包。妈妈没有接，笑着说：“我只是做了举手之劳的小事……”原来，那个小男孩是被坏人拐卖带到了深圳，平时小男孩都是在骗子团伙的监控下乞讨，那天正好骗子团伙的人临时走开了，小男孩看见我妈妈路过，就一下子拦住了我妈妈。事后妈妈的同伴问妈妈：“你做这事的时候就不怕被报复？”妈妈很诚实地说：“怕，但是当时我看到那小男孩看我的眼神，紧抓着我的小手，我于心不忍。我也为人父母，所以当时我就把他带回来了。幸好他们一家人得到了团聚……”

这样的小事妈妈还有很多：帮着一起解决同事工作上遇到难题；经常救济街坊邻里的低保户；积极配合医生护士做些力所能及的事情……

2002 年秋天，妈妈患肿瘤癌症住院。医生对我们说：“……病情复杂罕见，是目前医学史上难以攻克的难题，手术失败的可能性很大，术后病人的寿命很难超过两年，但可以给医学研究带来极大的突破。与此同时，病人需要承受巨大的痛苦。”我们不愿意，但是妈妈在经过慎重考虑后主动找到医生说：“我要感谢你们愿意帮我做手术，即使我的手术失败了，至少可以给你们作为病理研究，以后患类似病情的病人说不定就有救了……”手术之后，妈妈经常疼痛难耐，需要依靠打哌替啶来缓解疼痛。而当时正好有很多实习护士，很多病人都不愿意让实习护士帮忙打针。妈妈安慰他们说：“别的病人不愿意让你们打针没关系，每个护士都是从实习生做起的，你们用我练手，帮我打针，练得多了，以后你们也会成为一个技术很好的护士。”实习护士们虽然都很感谢妈妈，但因为技艺不精，经常扎不准血管。其中有一个刚毕业的实习护士，有一次帮妈妈打针的时候一连3次都没有扎进血管，着急得满头大汗，怕妈妈骂她。妈妈本身是癌症患者，饱受病痛的折磨，每天要打很多针，痛苦难耐，加上一连被实习护士扎了3次针都没有扎中反复拔针很疼，但是妈妈没有责怪她，反而安慰她说：“没事，我不怪你，你看好了慢慢扎，别紧张！”在妈妈患病住院的1年4个月里，她积极配合医生护士治疗，直至离世。医生对我说：“你妈妈真的是一个很善良的人，她生病疼痛的这些日子里，她的病情给我们的研究带来了很大的帮助……”

2004年3月，妈妈走了，年仅46岁。临走前，妈妈对我说：“小云，妈妈不能等到你大学毕业了，你一定要好好读书。出来工作后，力所能及地帮助别人，妈妈在天上守护你……”走的时候，很多人来送她。有亲戚朋友、街坊邻居、妈妈的同学、同事、医生、护士……更多的是接受过妈妈帮助的人，他们跟我说过的最多的一句话就是：“你妈妈真的是一个很善良的人！”

时间流逝，转眼过去13年了。妈妈那些闪光的点滴言行影响了我，因为妈妈那些平凡的小事，我一直认为：善良比聪明更难得，聪明是一种天赋，而善良是一种选择！

自参加工作后，我坚持做志愿者，参加公益活动，但难免有受到非议的时候。2016年2月南宁电视台报道了一位65岁的黄阿婆独自一人抚养外孙女的事情，报道播出后的第二天我利用中午休息时间去看望了黄阿婆，并告诉黄阿婆说以后我每个月都会来看她，然而一个平时经常一起玩的朋友说我这是作秀。我当时心里有一点儿委屈，也质疑自己存在的意义，晚上一个人坐在家里的阳台上吹风。抬头看见天边有一颗星星一闪一闪的，想起妈妈以前做的那些助人为乐的事情，妈妈从来不会因为忌讳旁人的言语而终止自己的善行。想起妈妈以前对我说过的话，我擦去眼角的眼泪，决定践行自己的承诺。

每当我找不到存在的意义，每当我迷失在黑夜里，妈妈就像夜空中最闪亮的星星，给我指引方向，给我前行的勇气。我会以妈妈为榜样：施恩莫望报，受恩不可忘。

送给婆婆的母亲节礼物

陈安平　中国水利水电第五工程局有限公司华中分公司

明天就是母亲节了，给远在成都的妈妈和洛阳的婆婆打去了问候电话。曾经，我在某一年的母亲节写过一篇关于母亲的文章，今年的母亲节我想写一下我的婆婆。

我的婆婆笃信基督教，是一位虔诚的基督徒。也许是婆婆天性善良，也许是接受了基督教的洗礼，我的婆婆善良，宽厚，通情达理。我和丈夫结婚20多年来，我从来没有和婆婆发生过矛盾，更没有和婆婆吵闹怄气，这在周围姐妹们经常抱怨婆媳关系如何难以相处的今天还是很少见的；有时候我和自己的老公争吵生气，婆婆也向来都是站在我这一边的，帮我说话，安慰我，批评自己的儿子，所以我觉得我的婆婆很会做婆婆。

我的公公婆婆也是走过半个多世纪婚姻历程的金婚老人。本来在他们金婚那年，我回家已经为他们联系好了影楼，也想给他们拍摄一套金婚纪念照，可是两位老人很固执，他们说什么也不拍摄照片，无法说服他们，我也没有强求，也许他们并不注重形式。如果说婚姻的美丽，在于用最隆重的方式承诺爱情，那金婚的震撼，则在于用50多年的岁月实践承诺。爱的最高境界是经得起平淡的流年，演绎相濡以沫，携手一生的感动。

我对自己的父母和公婆尽量做到公平和孝顺，记得我在水牛家项目工作期间，有一年春节回家，我利用自己的征文获奖稿费，给爸爸妈妈、公公婆婆四位老人每人买了一双棉皮鞋带回去，作为礼物送给他们，四位老人非常高兴；特别是婆婆，把我送的棉皮鞋穿在脚上，不论是在家里的客人面前，还是在外面的老姐妹们面前，只要有机会，她就会很自豪地告诉人家，这是我儿媳妇安平给我买的棉皮鞋，穿上又暖和又舒服。

有一年我从工地回来休假，为了让公公婆婆在家里就能洗上热水澡，我花了3000多元为他们在家里安装了皇明太阳能电能两用热水器（当时的小区还没有开通天然气），还买了浴帘、浴霸等配套生活用品，从此不论春夏秋冬，天冷天热，公公婆婆都可以在家里方便地洗上热水澡了。公公和婆婆高兴地说："还是咱们安平好，我们想在小区门口给你贴一张感谢信，你看行不行?"惹得我哈哈大笑，我说："爸妈你们怎么这么逗，自己家人，写什么感谢信呀，你们可真能想得出来!"

我常年在项目工地工作，其实只要我休假一回到家里，和婆婆生活在一起的时候，我随时都能感受到婆婆对我的爱。有一年秋天回家休假，在项目工地的时候就感冒了，输液打针吃药，该用的方法都用了，但是咳嗽一直没有好，持续了两个多月，回到家后还是不停地咳嗽，婆婆很着急，说打针吃药不管用，那我们陪你去看看中医吧，公公婆婆陪我去看了中医，拿了中药，他们天天操心着给我熬药，提醒我喝药，比我自己都上心；每天忙着去买菜做饭，变着花样做我爱吃的饭菜，他们在用他们自己的方式，用他们的一言一行表达对我的爱，所以我感觉我们的家很温馨，一回到家就像步入温暖的春天的感觉。

2008年"5·12"地震后，我送公公婆婆和儿子回老公的老家河南洛阳孟津县，发现家乡的变化很大。公婆的兄弟姐妹、亲戚、朋友也都在河南老家这边，两位老人已经70多岁，感觉他们也有落叶归根的愿望，于是跟老公商量后在老家洛阳孟津县买了一套电梯公寓房，装饰一新后，公婆从亲戚家搬进了我们宽敞明亮的新房居住，两位老人特别高兴。

有一次，我休假回家，时值冬季，家里洗澡的热水器坏了，没办法在家里洗澡。正好小区对面有家公共浴室，还可以蒸桑拿，于是我午睡起来后收拾好东西就去对面的公共浴室洗澡，洗完出来后，我一想快过年了，顺便在小区门口的理发店打理一下头发。但是我忘了给婆婆打电话说一声，快吃晚饭了，婆婆看我洗澡一下午了还没回来，担心我是不是蒸桑拿的时候晕倒了，越想越不放心，于是 70 多岁的婆婆冒着寒冷的天气出来到小区对面的澡堂去找我，澡堂里面找了一圈没找到，又问里面的工作人员也没有人晕倒。婆婆从澡堂出来，正是夜色朦胧华灯初上的时候，马路两边到处灯火通明，婆婆一下迷失了方向，不知道该往哪个方向走才是回家的路，正好公公在家里左等右等不见我们回来，不放心，又从家里出来找我们，看见婆婆站在澡堂门前的超市旁边不知所措地在左右张望，这才搀扶着婆婆一起回家。我烫完头发回家后听公公婆婆说了事情经过，内心里面又是自责愧疚又是温暖感动；自责愧疚的是去打理头发的时候应该给家里打个电话说一声，免得老人担心；温暖感动的是 70 多岁的公公婆婆竟然冒着那么寒冷的天气出去找我，可见他们对我的关心和牵挂。

记得有一年婆婆过生日，老公在苏丹工地回不来，我和儿子商量怎么给他奶奶过生日，买什么礼物合适。老人不喜欢在外面的饭店吃饭，我根据老人的口味提前拟定好菜谱，生日那天我亲自下厨照着菜谱边学边做，平时不会做饭的我也像模像样地做了一桌丰盛的生日宴。礼物我也考虑好了，因为婆婆是基督徒，每个星期天是一定要去教堂做礼拜的，洛阳这边的冬天冷，风大，考虑再三，我最后决定买帽子和围巾，我不光是给婆婆一个人买，还给她的两个妹妹也一起买了，两个姨妈家离我们家不远，她们姐妹三个人感情特别好，经常互相看望，电话聊天，而且她们三个都笃信基督教，都是每个星期要去做礼拜的。我提前去商场精挑细选了三顶帽子，三条围巾，在婆婆生日那天送给她们三姐妹，三位老人非常高兴，拿着帽子和围巾看了又看，摸了又摸，爱不释手，乐呵呵地笑着说："以后我们去教堂做礼拜的时候就可以带上你给我们买的帽子，围上你给我们买的围巾，一定很暖和。"看到她们满意，我也很高兴。

如今，我既是儿子的母亲，也是母亲的女儿，丈夫的妻子，婆婆的儿媳妇，多重身份是我们这个年龄段女性的共同特点。想想都是人到中年的年龄了，还能这么幸福地拥有妈妈和婆婆两位母亲的关爱，我感到既高兴又内疚；高兴的是我的妈妈和婆婆，这两位都已走过金婚的老人，她们的身体都还健康，生活都能自理，老人身体健康就是我们做儿女的福气；内疚的是我们当子女的整天忙忙碌碌，竟不能常回家看看。爸爸已于3年前因病离世了，当时我正在郑州陇海路第八标工作，接到家里打来的电话匆匆忙忙从郑州飞回成都去，亲爱的爸爸还是永远地离开我们了。现在妈妈在成都的龙泉驿，好在弟弟在成都工作，可以经常回去看看母亲，公公婆婆在河南洛阳的孟津县，而我和老公现在郑州项目工作。老人们一辈子都在为子女操劳，而现在他们年迈了，我们做儿女的却不能在跟前孝顺陪伴他们。两位母亲给我的是最贴心，最温暖的爱；自己养育孩子的经历，使我深深体会到，人生中有很多东西，但母爱是人生天平中最重要的；母爱——简单的两个字，却是人类感情中最复杂、浓郁的芬芳。她不需要华丽的辞藻去堆砌；不需要生死相许的誓言来捍卫；她只是无私的，把一颗最平凡的心奉献出来。那种叫幸福的感觉已经融入到了我生命的每一天，我会好好珍惜。两位母亲，我想对你们说，你们给了孩子生命，而孩子成了你们永远的牵挂；如今你们的孩子已经长大，你们健康幸福，就是孩子们最大的心愿。

这世间，有一种压力，叫上有老下有小；有一种责任，叫上有老下有小；更有一种幸福，叫上有老下有小。家有老人，就意味着这个世界上永恒的亲情还在。自己不管年龄多大，只要家里有父母在，总觉得自己还是孩子，因此不觉得年老，心里总存着一股蓬勃的朝气，身上总感到有不尽的活力。

只要父母在，我们就会觉得生命的黄昏离我们还很远，我们还在生命的正午，我们还有许多的时间把梦想变为现实，脚下生活的路，还是那么的阳光灿烂。

写到这里，我觉得有首歌最能表达我此时的心情，就是满文军的那首《懂你》：是不是春花秋月无情；春去秋来；你的爱已无声；把爱全给了我；把世界给了我；从此不知你心中苦与乐；多想靠近你；告诉你我其实一直都懂你；把爱全给了我；把世界给了我……

在今年的母亲节到来之际，以此文作为最好礼物献给我的两位母亲：我的妈妈和婆婆。儿女为你们永远祈福——祝你们健康长寿！幸福一生！

天使婆婆永远活在我的心间

贺琼华　四川省巴中市巴州区第一小学校

岁月悠悠，转瞬即逝。眨眼间，我那尊敬的天使婆婆——亲爱的妈妈的躯体已经离开我快 4 年了。然而，多少个日日夜夜，我依然把她思念，仿佛她还像生前那样，生活在生她养她的石城小镇上，我为有这样的天使婆婆而骄傲，我为有这样的天使婆婆而自豪！

因为她开明豁达、思想前卫。在 20 世纪 40 年代末，她与公公因为爱情自由恋爱结婚了。结婚后，虽然家里一穷二白，但是夫妻恩爱，她们齐心协力，借钱白手创业，经历了风风雨雨，养育了五男二女，从此过上了幸福的生活！因为她的开明豁达，她的 7 个孩子均冲破了世俗观念，通过自由恋爱组建了自己幸福的家庭。如今，这个家庭枝繁叶茂，人丁兴旺，是一个拥有 40 多人的大家庭了。

因为她勤俭节约，持家有道，没有重男轻女的农村观念，捏紧裤腰带也要送孩子们读书。现如今，家里的 7 个孩子都通过读书找到了自己的工作，拥有自己的事业，拥有一个幸福的家庭。大哥、二哥、大姐他们都已经儿孙绕漆了！

因为她诚信至上，做人厚道，她与公公经营的中西药铺，在街道上红火了60多年，一直生意兴隆，这都是因为她们从不做昧着良心的事情，信誉好！她一直给我们讲，药不能减量，做人也不能打折。直到2013年，因为年事已高和一场意外事故的发生，实在是无法经营，她俩才恋恋不舍地离开她们热爱的家乡和热爱的事业，来到巴城与子女共享天伦之乐。

因为她热情好客，大家都喜欢到家里玩。记得2004年放寒假后，我们在家里待了近一个月，好多附近村民和街道邻居聚在我们家玩，无论是吃的，还是用的，只要有，她都会双手奉送，还会吩咐我们做出好吃的饭菜，留着和他们一起吃。

因为她善良、仁爱，孤儿马辉义才会拥有现在的幸福大家庭。听老公说，虽然当时她已经有7个孩子了，看到10岁左右的马辉义一个人孤苦伶仃，她毫不犹豫地接受了他，帮他成家，给他在街上购房，帮他们交超生孩子的罚款，以及给他们讲述家庭和睦，夫妻相处之道……如今，他也拥有了一个和美的大家庭了！她除了帮助马辉义外，在计划生育政策严格还没有放开二胎政策的20世纪90年代，她还自己出钱帮助了不少被父母遗弃的小女孩。

因为她心怀宽广，宅心仁厚，所以石城附近好多特别贫穷的叔叔阿姨受到了她的关照，她们是有钱拿药，没钱也拿药，经常免费为他们治病，在她去世后，清除了欠账都有十几万，一笔勾销了。她和公公一直做着回报社会、造福百姓的事情，把她们挣的钱除了生活所需外，全部用来为老百姓修路、修护栏、修水井等，在石城街道，大家都称她为“张善人”，在她离世后的告别仪式上，街道居民、附近村民都来为她送别。

因为她执着追求，一心向佛，所以她作为发起者，在石城堡修建了宝元寺、药王庙，还专门到成都拜托在文殊院讲学的石城籍佛学教授唐仲容老师，请来了成都宝光寺佛教学院大学生悟济师傅来任主持。现如今，石城堡的宝元寺作为四川省佛教圣地进行全面打造。多年来，她一直都在学习佛学专著，不断提高自己的思想觉悟，每天早起读佛经两个小时，遇到不认识的字，就翻阅《康熙字典》查阅，大哥大姐经常说：“我们家，妈妈的学问最高，出口就能引经据典。”记得2003年，我与老公结婚不久，她就送给我三本书：《女儿经》《道德经》《百事因果文》。我知道，她在无声地教导我，要好好做人，好好爱家，好好工作，因为善良的人终将获得善报。

尊敬的婆婆，亲爱的妈妈，您是我心中的天使，您是我心中的榜样。您给我留下的是取之不尽，用之不竭的宝贵财富，我一定继承好您留下的家风传统：诚实厚重、善良仁爱、坚强奋进，做一个开明豁达、勤俭节约、热情好客、善良仁爱、爱阅读，有智慧的继承者，让良好家风薪火相传，发扬光大！

婆婆，您永远是儿媳停靠的港湾

王爱华　中国水利水电第七工程局第三分局

“婆婆也是妈，您一辈子辛苦了，您把儿子抚养大，如今儿媳来报答。轻轻地叫声妈，婆婆也是妈，您缩食汗满颊把儿子拉扯大，真诚地叫声妈，如今儿媳到咱家，儿媳妇为您梳白发，为您把身擦……”听着高娜唱的：“婆婆也是妈”，不由自主眼泪倾入眼眶。我想如果每个儿媳始终记得婆婆也是妈，像歌词中这样尽到一份孝心，我们的家庭一定会和和美美。

婆婆今年54岁，是一位朴素的农村妇女，是一位宽厚和善的母亲，她会从每一个生活细节上关心我，让我感觉她和亲妈一样亲切。记得我和老公刚谈对象的时候，第一次去他们家，婆婆做了一桌子大餐，使劲往我饭碗里夹菜，婆婆的热情到现在都记忆犹新。最让我佩服的是婆婆的孝顺，由于年迈的奶奶牙齿不好，婆婆把鸡肉撕成一小块一小块放进奶奶碗里，那时我感觉婆婆真的是一个贤妻良母，孝顺的儿媳。嫁给老公后，我就成了他们家的一员，婆婆也就成了我的妈妈。结婚5年，婆媳关系很好，能把儿媳视如己出，从来没有红过脸吵过架，甚至大声说话的时候都少。在我们这个家里，她用她的勤劳与智慧，使我们这个小小的家四季如春，婆婆的任劳任怨、自强不息，她的做人方式，和千千万万的伟大母亲一样值得我们尊敬。

2015 年 11 月，我们的宝宝出生了，在婆婆的精心照顾下，我恢复得很好，宝宝也慢慢长大了。看到婆婆那粗糙的双手，银丝般的白发，额头上水波似的皱纹，数也数不清……我心中感到无比酸楚，让我明白了亲情的可贵，让我读懂了幸福的含义。一个月下来，我胖了，婆婆却瘦了。经历了“月子”，我跟婆婆的感情深了，心也近了，无论是高兴的事儿还是苦恼的事儿，总愿意跟婆婆说说。俗话说，不养儿不知父母恩，这句话直到自己当了妈妈才体会到其中真正含义。我和老公常年在外奔波于水电行业中，每年的春节才能回家一趟，儿子都是由公公婆婆帮我们照顾着。记得儿子还不足十个月时，我便要去单位上班，因为我们的工作性质，不方便带孩子，也就只有狠狠心给孩子断奶，把他丢给了婆婆。听着电话里孩子撕心裂肺的哭声，想想孩子那急切期盼的眼神，我满腔的柔情早已化作泪水流满脸颊……对于孩子我有太多的亏欠，而对于家庭我则有更多的愧疚。要走的那天，婆婆就说了一句让我久久不能忘怀的话：“你回去好好上班挣钱，娃娃你放心我会帮你带好的。”我知道，这是婆婆为了不让我难过，能放下想孩子的情绪去上班在给我“打气”，我更知道，选择了这一行，就意味着付出。直到过年回家见到儿子的时候，小脸圆嘟嘟的，已经会叫爷爷、奶奶、爸爸、妈妈了，这一切都是婆婆的功劳，是婆婆起早贪黑把儿子抚养大。过年回家短短的几天时间，婆婆总是笑嘻嘻地让我多陪陪孩子，争着抢着不让我干家务，她总是忙碌不断，没有属于自己的时间哪怕是半个小时也没有，从来没认真地看过一集电视，没有从容的逛过街，在她眼里没她自己，她的世界满是她的家人，她从来没说过一个累字，真的没理由不尊重、不孝顺，不得不觉得她是一个伟大妈妈。

婆婆，她是勤劳的，从她烧的可口的饭菜中可以看出，从干净整洁的家中可以看出，婆婆也是善良贤惠的，从她对公公及儿孙们的关心中可以感受得到。在婆婆看来，婆媳关系是最好相处的，大家都相互理解，相互包容，相互照顾，以心交心就对了。在我看来，最大的幸福莫过于家人身体健康，相处和睦。在此，我要感谢我的婆婆，感谢她把老公培养得这么优秀，感谢她对家人和宝宝的精心照料，感谢婆婆，让我拥有一个如此善良和蔼的婆婆，更感谢她让我们明白了亲情的可贵，明白了什么叫家和万事兴。

我没有更多富丽堂皇的言语来赞美婆婆，但从内心深处我是很感激婆婆的，为我付出了那么多，此时此刻我只想表达我对婆婆的敬重之情，妈妈，谢谢您！也希望天下的所有父母身体健康，希望天下的儿女们能够孝敬老人，善待子女，让这个世界充满温暖。

Part 07
我愿化作一片雪

我的爷爷

蔡云倩　重庆天然气净化总厂渠县分厂

小时候，不明白家风究竟意味着什么，随着时间的流逝才慢慢体会到，家风不只是挂在墙上的警示语，它已然刻进我们的骨子里，融入血液中。

我们蔡家的发源地是湖北省麻城县，因湖广填四川的历史缘故，移民来到四川阆中县某个荒湾，在这里生根发芽逐渐发展成如今的蔡家湾。

7 岁那年，爷爷便启蒙读儒书，小学毕业以第一榜考上县立中学。当年蔡家湾几百户人家，只有少数人读过高小，更别提考中学了。爷爷听到中榜的消息，兴奋得好几夜都睡不着，不过很快被拉回现实。学杂费共 500 斤粮，家里实在拿不出钱，可曾祖父宁愿勒紧裤腰带也让爷爷继续上学。

为减轻家庭负担，爷爷必须每天往返 30 里山路来免除住宿费。从此，蔡家湾的夜色中多了一个小小的孤影。每天四五点公鸡打鸣，爷爷摸黑独自跑过桐子坡，爬上李家坡，翻越连山塆，然后渡船过嘉陵江，过江后还有一里路才到学校。

1945 年，阆中县里时常能听到日本轰炸机的轰鸣声。警报声一响，师生们全都躲进防空洞避难，哪还顾得上学习。而此时，曾祖母患病在床需要照顾，他干脆休学在家悉心照料母亲。

爷爷常说，我们是生在新时代的宠儿，不愁吃穿，还享受到优良的教学条件。如果当时他向贫穷妥协，很可能这辈子就无力再走出蔡家湾，也不会当上传道解惑的人民教师。与历经艰苦岁月的老一辈相比，我们更应懂得知足，学会感恩，珍惜父辈所创造出来的条件与机会。父母的言传身教同样也激励着我，无论未来身在何处都将抱持这种态度。

他这一生，最难以忘怀的不是曾经吃过的苦咽下的泪，而是在最无助的时刻有人向他递来橄榄枝。由于家贫，爷爷每天把从家带来的烧饼作午餐。家境优越的同学见他吃得少，就把饭菜分享给他。而每每提起旧床单的往事，爷爷都禁不住湿了眼眶。当年中学规定初中生必须穿黄色童军服，否则将被教官拉出教室。爷爷买不起布料来缝童军服，所以只能待在家里。对于一位渴望读书的学生来说这无疑是沉重的打击。班主任茹老师知道后，把自己的黄色旧床单用栀子水染黄，然后再一针一线缝制成童军服，最后翻越整整 15 里山路送到爷爷家，告诉他今后不用再担心读书。

以至于后来，每遇到家庭贫困的学生，爷爷总会想起这位茹老师，以此为榜样用实际行动来回馈恩情、传承爱心。在那每月只能领 37 元的年代，爷爷不仅要养活 4 个儿子，从中还省出三分之一资助贫困学生，鼓励他们坚持读书考上大学。当年班上有位学生父亲病逝、母亲双目失明，只能依靠两位已出嫁的姐姐供他读书。到食物匮乏的年代，爷爷也饿得两眼发黑，听到这位学生哭诉有两天没进食，毫不犹豫将存了许久的半斤粮票送给他。最后，这位学生顺利考入师范大学。

灾荒年间，教师每月只得到 19 斤粮（其中 20 斤红薯折合成 5 斤粮）。很多中老年教师都饿得水肿无心教书，爷爷当年作为年轻一辈的教师，一人挑起大梁。为保证学生的学习，他负责全年级初中毕业班数学，每周 24 节加上晚自习辅导共计 30 多节课，另外还要做班主任和团委的工作。爷爷说那些日子过得特别艰辛，多亏奶奶这位贤内助操持家务为他分忧。最终，该年级当年考高中、中专的数学成绩列全县第一，学生无一人落榜。

这辈子，爷爷为教育事业挥洒热血，培养出许多德才兼备的学生。这都源于爷爷当年得到的恩惠，从此深深扎根在他心中，几十年始终忠实于教师这份职业，最终成为一名优秀的高级数学教师，还曾荣获“全国教育系统劳动模范”称号。尽管谈不上伟大，但却是我们家族的骄傲。

如今，爷爷已步入耄耋之年，早已退休在家与奶奶过着颐养天年的日子。在他耳濡目染的熏陶下，父辈们从小就学会独立自强、吃苦耐劳，而今在各自的岗位中也小有成绩。回望挂在墙上的警示语，爷爷所感悟的“孝为先，和为贵，学为尚，恩为重”，已然在生活中潜移默化地影响着子孙的行为，在后人这里得以延续。

奶奶的“青春两部曲”

唐娇娇　国网四川省电力公司广安供电公司

说到“健康”，我的眼前不由地浮现出一张历经岁月却神采奕奕的笑脸，那是我年过七旬的奶奶。

精神矍铄、鹤发童颜，这是奶奶给人的第一印象。看起来不过六旬左右的奶奶今年76岁了，她身体硬朗，各项体检指标正常，她就像一个“健康天使”，身上仿佛随时贴着“年轻”、“快乐”、“活力”的标签。奶奶能长期保持健康的身心，不仅是因为她注意科学的养生方式，更离不开她的“青春两部曲”。

与书为伴　青春常在

“一本书、一杯茶、一汪清泉、一树花”是奶奶心中最惬意的生活情境，其中书本最是她生活中不可或缺的。

奶奶教书育人30多年，曾是中学的一名语文教师，和同为教师的爷爷退休后，两人便一起回到了老家——一个临江的古镇郊区，过上了“日出而作，日落而息，以书为伴，修身养性”的日子。

每天清晨，在老家的阳台上，总会看到爷爷在一边打着太极拳，奶奶在一旁捧着诗书，轻声朗诵着书中的文字。悦耳的音乐伴随着幽幽的读书声，洋洋盈耳，沁人心脾。

在老家的小楼里，奶奶专门为自己收拾了一间书房，书架上按分类整齐排列着她读过的书，其中许多已陈旧泛黄，它们被翻阅过许多次，陪伴奶奶走过了漫长的岁月。每次看到这些书，我都不由得想起小时候奶奶坐在院子的藤椅上，耐心地为我们讲着书中的故事，那些优美的文字、经典的桥段至今仿佛还萦绕在耳边。

奶奶常说:“一本好书，就像一杯清茶，只有细细品味，才能品出它的甘甜。”闲暇时，她总爱去镇上的书店逛逛，有时发现一本有趣的书，一看就是几个小时，她也因书结缘了一些年龄相仿、志同道合的朋友。每逢周一和周四的下午，奶奶便会和她的伙伴们一起，相约在江边的湿地公园，有时看书写字，有时朗诵吟诗。

除了和朋友们分享好书，奶奶和家人的聊天也离不开她在书中的所得。爷爷喜欢历史，奶奶和他茶余饭后的话题除了家庭琐事便是中华上下五千年或唐宋元明的那些事。老爸喜欢传记、武侠，奶奶就和他说三国、水浒、古龙、金庸。爱读书和喜欢讨论的习惯让奶奶拓宽了思路，增长了见识，即使她的年岁逐渐老去，但她依然能保持思维敏捷，口齿伶俐。

从奶奶身上，让我明白了“活到老，学到老”和“腹有诗书气自华”的真谛，每当看到她在人群中举止优雅，娓娓道来时，我仿佛看到了一个活力自信的少女，温文尔雅、青春美丽。

与人为乐　笑口常开

“与人为乐，自得其乐，失之得之，安知非福。”这是奶奶一直奉行的为人处世之道。因为性格开朗、不计得失、乐于助人，奶奶不论是和家人、朋友还是街坊邻居们都能相处融洽。

菜园子里自己种的水果、蔬菜成熟了，奶奶采摘回来后会给邻居们都送上一些。农忙季节刘爷爷家人手不够，奶奶就带上爷爷去地里帮忙干活。邓婆婆年纪大了又一个人居住，奶奶没事就去串门聊天。周阿姨生病了，家里的牲畜没人管，奶奶就去帮她喂鸡放羊。

诸如此类的事情还有很多。由于爷爷奶奶是教师退休，左邻右舍的孩子们放学后总爱找他们讲题说故事。奶奶也从不嫌他们闹腾，总是笑眯眯地端出茶水瓜果招呼孩子们坐在一起，帮他们辅导作业，陪他们开心玩乐。

对于能帮助别人的事，奶奶似乎从未因年龄增长而觉得疲惫，反而越加乐在其中。今年端午节，我和老爸回家看望他们，走在门口，就看见爷爷正在帮奶奶捏肩，捶背。我赶忙问其原因，原来是奶奶连着几天帮邻居们包粽子，坐得太久，有些腰酸背痛了。

“大伙都觉得你奶奶包的粽子乖巧好看，她便挨个儿去他们家帮忙了，前后包了100多斤的糯米粽子呢。”爷爷苦笑着说。我们都劝奶奶年纪大了可不能太劳累，她却笑而不语。快午饭时，院子里忽然陆续来了好多客人，原来是邻居们听闻奶奶的儿孙回家过节，都来送粽子了。

看着各种馅的粽子装在满满的盘子里，我顿时百感交集。奶奶的乐于助人不仅获得了别人的尊重与回报，也让自己收获了开心与幸福，她每天生活在这样其乐融融的环境里，自然容光焕发、身强体健。

“与书为伴，与人为乐。”这是奶奶“青春不老”的“两部曲”，也将是我追求健康人生的必备锦囊。

美丽人生

张　丽　西南油气田公司办公室

我 11 岁那年，奶奶去世了。20 多年过去了，我还偶尔梦见她，她一直在我心里的某个角落。

奶奶是老外婆最小的女儿，因为生下来算命先生便说奶奶命苦，于是家境尚好的老外婆便为奶奶提供了那个时代最好的教育。奶奶读了女子师范，然后执教，20 多岁挑中了爷爷。爷爷祖上是挑担子挑出来的大地主，而受了新式教育的爷爷也是县中学的教书先生。奶奶当年端庄娴丽——即使老了，经历了几十年风刀霜剑，她风韵犹存——我想，爷爷当时也是敦厚儒雅，夫妻琴瑟相合，住在大堰堤张家大院，一时也风平浪静，娴雅安详。

张家大院，1949 年后成为乡政府等机构的办公场地，如今早已荡然无存。那是坐落在张家大堰堤的一座古老宫殿，背靠小坡，院前是宽阔的坝子，坝子里有几棵高大苍翠的古树，到我记事时还有几层楼高的泡桐、老当益壮的核桃树，花开花落，年复一年。大院门前照例有一对咧嘴而笑的石狮子，拾级而上是高大的门楣，当时也许挂着祖上哪辈入木三分的牌匾，迎朝阳而生辉。大门两边是两根合抱的柏木柱子，刷的和整个外墙一样的暗红色。进了大门，眼前是一座四合院，四檐瓦当上隐约有麒麟和五彩云浮雕；两边是走廊和厢房，面前是深深的庭院，有兰桂佳树。待到穿过院子，再上了宽宽的石梯，乃是高大的正堂。正堂右边有窄而长的走廊，沿走廊排开一路厢房；正堂左边通过一道精致的圆门，又是另一个别有洞天的院落。大院雕梁画栋，檐牙高啄，廊腰缦回，错错落落。

奶奶当初就是被八抬大轿抬入这个院子的，一同进门的还有几十抬嫁奁：沉香雕花大床、尺宽的踏凳、香樟衣柜、黄花梨座椅、香枝书架、鸳鸯锦被……我后来能看见的便只有装衣服的箱子、床前的踏凳等很少的几件雕花的古董家具了。

新婚的奶奶自回门回来，换身衣服，就随手拿起一卷《诗经》。“谁谓河广，一苇杭之；谁谓宋远，谁谓宋远？跂予望之。”那时，夕阳照进格子窗，落在奶奶年轻的脸上，她的鬓发在光中一跳一跳，丝丝澄亮。

这是我的想象。我不清楚那时的奶奶是否在读《诗经》，恐怕她自己的记忆也模糊不清了，也许对平静生活的记忆总是没有比苦难来得更深刻。

年华似水，冬去春来。一夜间，张家大院的祥和与宁静消失殆尽。爷爷 34 岁那年，倒在三尺讲台再没起来，留下奶奶和三个孩子，当时伯伯 9 岁，爸爸 6 岁，姑姑才 4 岁，奶奶出生时算定的命运开始应验出来。

屋漏偏遭连夜雨，顶梁柱倒了，大饥荒来了，一双手要养活四张嘴！奶奶绞尽脑汁寻找一切可以吃的东西，喂到嗷嗷待哺的孩子嘴里。饿急了的年幼的伯伯跟着别人到远方讨饭去了，更加年幼的爸爸则承担起从他外婆和大姨家背粮回来的任务。老外婆在饭店上班，而姨婆在供销社，她们省吃俭用地接济这苦命的女儿和妹妹一家。

然而更大的风雨随后来临。顷刻之间，神州陆沉，黑白颠倒，中华大地一片喧嚣，炎黄子孙集体疯狂，上演一场又一场闹剧。张家被赶出祖上的大院，家当被没收，奶奶被戴上高帽推上批判会，三个孩子在台下撕心裂肺地哭泣。我不知道，一个女人柔弱的双肩怎能承受这样沉重的历史负担，一颗纯真的心灵怎能遭受这种双重的打击。山河依旧，然而世界被分成了泾渭分明的两半——楚河汉界。可是楚河汉界那不是地理上的分界，两半并非不相往来，偏偏是一半要打倒另一半；分开两半的也不是仇恨，而是人为的设置。王小波说，对生活做种种设置是人特有的品性，不只是设置动物，也设置自己。站在奶奶对面的，是所谓的“红五类”，他们趾高气扬，可以对你作狰狞恶狼状，可以随便打翻你的一口稀饭，“喂狗也不给你吃！”奶奶却只能哑然，扯着孩子默默离开。这个设置就像小时候玩的游戏：有些人可以大呼小叫，有些人需要噤若寒蝉；一半表演正面派，让另一半“缴械不杀”。你可以无视这种设置，但是你必须得承受！比起拼命养活孩子的本能，已经没有什么是奶奶不能承受得了吧？

两个孩子在饥饿中慢慢地长，面黄肌瘦，生命脆弱得像风中的灯草。有一次，父亲饿晕过去，奶奶急疯了，跑到后山寻了把南瓜花，让父亲活了过来。那南瓜花连茎是能吃的，记得小时候妈妈炒过好几次，炒得油油的，我觉得挺好吃，可是父亲只是笑笑而已。

年华似水，冬去春来，游戏结束了。奶奶也靠着一双灵巧的手给嫁女的东家绣铺盖枕头，给死人的西家剪纸衣，糊纸花、纸伞，再加上娘家人的接济，基本把孩子拉扯大了——伯伯回来了。父亲长到17岁，体重有了60多斤，猴小胆大，他开始想以后的前途。在社员大会上，他提出要出去学手艺挣钱，每年向村里缴钱抵工分。这是破天荒的一个想法，无异于异端邪说，是资本主义的尾巴，他同村干部吵起来。奶奶害怕地哭起来，娃呀，你怎么能跟干部吵啊？不让出去就不要出去啊！但是倔强的父亲坚持闯天涯去了。

青山依旧在，几度夕阳红。又经过多少次斗转星移，春天的小草彻底冲开冰雪萌发出来，径直生长。爸爸有了妈妈，妈妈有了我，而奶奶老了。

我见到的奶奶是个豁达、温和的老人，皮肤白净。她不干农活只做家务和手工，总是穿着用米汤浆洗过的衣服，春秋天脚上换来换去不过是黑色的平绒布鞋，没有一丝灰尘；她知书达理，受人欢迎，几乎每个从大门口经过的人都和她热情地打招呼。

奶奶有很多爱好，她背着小竹篼装上香蜡烧纸等去庙里拜佛，带着众人诵经。她还戴着老花镜看古书、看川剧，也常唱戏哼歌。教我唱歌吧，奶奶。她于是教我唱：“在那遥远的地方，有位好姑娘，人们走过她的帐房，都要回头留恋地张望。她那粉红的小脸，就像那红太阳……”奶奶是那么的轻松快乐，仿佛她一生都是这么走过来的！她不跟我们讲她在那苦难的岁月里都经受了些什么，她也从不抱怨什么，在她脸上我只看到平静和安详，那些年月带给她的委屈和苦难早已消融在她额上深深的皱纹里了。

某一天，一个高大的老头突然走进我们家。“这是屋前那棵梨树结的，树老了，结得越来越少了。请你们尝尝。”他递过来一网兜黄梨，热情却犹豫地说。奶奶接了，很是感谢。父亲后来对我说，他就是以前生产队的队长，当时狠狠欺负他们母子的人，他给的这梨子是队里出了名的甜。

某一天，奶奶走了。她躺在棺材里，她的关于苦难的记忆和不多的快乐都随之消散，道士诵经为她送别在这人世的最后一程。这时，又是那个老头奔进来，他笨拙地跪倒在奶奶的棺木前，老泪纵横。我想，奶奶一定早就原谅他了。

外公的爱

周　雪　四川移动公司南充市西充分公司

我的外公，个子高，皮肤白，体型适中，年轻的时候是一个帅哥。在我眼里，外公就是个老小孩，家里所有的孩子都喜欢他。外公似乎有一种神奇的魔力，能够猜中每个小孩的小心思。外公从来没有对谁说过爱你的话，但我们都知道，因为他的爱藏在各种各样的食物里。

有时候外公的爱是野地瓜的味道。外公年轻的时候是养路队的工人，退休以后爱上了打长牌，除了偶尔帮外婆干点儿农活，大多的时候他白天都在镇上的老人协会打牌。老人协会是一个很大的房间，里面摆着好多桌子，每个人旁边有一个小板凳，板凳上放着搪瓷杯，杯子里泡着浓浓的茶。有时候他会带我上街，若不带的时候，傍晚时分我会守在家门口等他回来，猜想他今天会给我带什么好吃的。夏天的时候，野地瓜熟了，走在路上都能闻着野地瓜散发的果香味。回家的路上，外公会在地瓜藤密集的几个地方停下脚步，给我们摘野地瓜。扒开绿绿的叶子，一颗颗红红的野地瓜静静地躺在地上，等待外公的采摘，外公摘下野地瓜后，把它们小心翼翼地放在衣服兜里。野地瓜外形跟山楂有点儿像，掰开它，便露出果肉，满满的黄色小颗粒，咬上一口甜甜的。

有时候外公的爱是烤螃蟹的味道。秋天是河螃蟹最肥的季节，外公一般会选一个比较凉快的下午带我们去村里的小河边捉螃蟹。在河水很少，石头多的地方，有许多螃蟹躲在石头下面睡大觉，翻开石头，被弄醒的螃蟹会迅速地爬到另外一个石头下面去，所以必须眼疾手快。螃蟹有两只大大的钳子，耀武扬威地挥着，若不想被它夹伤，就得抓住螃蟹背上的壳，并快速地丢进篮子里。捉完螃蟹，提回家，用牙刷洗去身上的泥，再用清水放点儿酒，泡一会儿。外公会把螃蟹大卸八块，然后用竹签将螃蟹串起来，放上佐料，烤熟就可以吃了。

有时候外公的爱是竹筒饭的味道。当我们想吃竹筒饭的时候，便缠着外公帮我们去山上砍竹子。他会挑选一根较粗的每一节长度均匀的竹子，砍掉多余的枝叶，把竹子按着纹理砍成一节一节的竹筒。将竹筒洗干净，把和着肉块的米饭装进竹筒里，加点儿水，然后用红薯块封住竹子的口。我们会在家附近找一个合适的地方，一个方方正正的小坑，把竹子整齐摆在上面，然后在下面填柴生火。等待的时间是漫长的，好不容易竹筒饭熟了，每个人拿着自己的竹筒，排着队让外公帮我们劈成两半，米饭和肉加上竹子的清香，让我们直流口水。

虽然现在我已经长大了，工作了，但我却清晰地记得童年时野地瓜、烤螃蟹、竹筒饭的味道，并且越来越怀念那些味道。想起那些味道，我就会想起我的外公，一个我无比怀念的人。外公让我明白，陪伴是最好的爱。

我的姥爷

刘　诗　成都双流国际机场股份有限公司公安医救中心

1929 年的腊月二十九，姥爷出生在安徽省涡阳县的一个贫穷的小山村。姥爷是个遗腹子，姥爷的母亲也在他出生后不久撒手人寰，留下姥爷和他的 5 个兄姐相依为命。姥爷好动，下河打鱼，上房砌瓦，所有男孩子能干的活他都不在话下。姥爷喜静，每天天黑以后的消遣就是去堂屋父母的灵堂前背唐诗、念《三字经》。

许是名字里带了个“学”字的缘故，姥爷打小就特别爱读书。为了上学堂，翻几里山路不算什么，两米水深的渡槽只有巴掌宽的沿，也能闭着眼走过。可惜这样的日子在他念完小学就终结了。1944 年 10 月，家乡的土地被日本鬼子占领。姥爷毅然跟着他的老师，一位共产党员老王，参加了新四军。就这样，在那个战火纷飞的年代，个子还没有步枪杆子高的姥爷，当起了传递鸡毛信的通讯小兵。1945 年宿南战役后，作为部队里念过小学的为数不多的识字的文化兵，姥爷被选派为卫生员，自此，开启了他为医疗事业奉献一生的序幕。

由于年轻好学，姥爷一步步地从卫生员干到护士长、医助，最后成长为一名军医。在死伤无数的战场，每天不少于20个小时的站台功（手术台）是家常便饭，他更曾在不到一年的时间内，为战友献过5次血。1948年，参加淮海战役，立三等功；1949年，参加渡江战役、进军大西南，立二等功；1950年，随18军进军西藏，立一等功。姥爷在后方，用救死扶伤的方式捍卫和平。

解放西藏后，1954年，姥爷向组织提出申请，进入中国人民解放军第三军医大学预科补习文化课。在不到两年的时间内，姥爷以门门5分满分的优异成绩完成学业，并于1956年，考入第三军医大学学习临床医学。1962年毕业后，正式分配到刚刚迁入拉萨的西藏军区总医院，历任主治医生、副主任、主任、副院长。在此期间，曾于1964年派往尼泊尔援外，受到了当时尼泊尔国王比兰德拉的接见和表彰。

在拉萨工作的16年中，姥爷不仅撑起了普外科的一片天，还参与了全军高山病防治研究中心的组建，特别针对肝包囊虫病、小肠气囊肿、假性肠梗阻等高原地区常见病发表了独到的研究成果。然而，在守护高原建设者健康的同时，两次深度高山昏迷，却差点儿夺走姥爷的性命。1978年，姥爷不得不离开他工作了16年的世界屋脊，调入成都军区总医院，任肝胆外科和腹部外科主任，兼全军普外科专家组成员，直至1990年离休。工作期间，曾先后发表了30多篇论文于军内外医学杂志。从事外科工作40多年，做过大小几千例手术，从未出现过一起医疗事故。

离休后的姥爷并未真正退居二线，因为他无处安放的医者仁心和工作热情。返聘坐镇专家门诊，充当手术顾问，带一拨又一拨的学生，他仍一如既往地早出晚归。直到1998年的某一天，再次被病魔放倒。原来那近六千个日夜的高原工作，已经对姥爷的心血管造成了不可逆转的伤害。这一次，从死亡线上被拉回来的姥爷终于意识到，“肝胆铁人许主任”是真的该卸任了。

当真正的退休生活来临，姥爷总算迎来专属于他的夕阳无限好。姥爷的快乐在书报，至少订两份报纸，办理了院里的医学图书借阅证，每天至少花三四个小时读书看报。姥爷的快乐在写作，那几年姥爷把自己几十年的临床经验纂修发表，约稿的信件络绎不绝。姥爷的快乐在电脑，咿咿呀呀学拼音，不到半年就学会了上网查资料、收发邮件。姥爷的快乐在运动，坚持“脑体结合”，每天早晚后山、公园 40 分钟快走，锻炼心肺。姥爷的快乐在心系社会，2003 年淮河洪灾，姥爷默默捐出了 4000 多元和他没舍得穿过一次的七匹狼大衣。姥爷的快乐还在关心我学习，我英语不好，姥爷每次进城，必去新华书店为我买上几本英文辅导书。退休后的姥爷，其实并不曾脱下“大忙人”的外衣。

2005 年 5 月 31 日的那个清晨，姥爷走了，像他惯常最雷厉风行的作风。雷打不动每日晨间散步的他没能来得及跟家人告别。身上唯一的东西，是去哪都贴身带着的党员证，和夹在证里下个月该缴的党费。姥爷就这样，用一辈子的时间，用行动为我们书写了最正直最闪亮的家风，我将以之为榜样并终生传承。

从姥爷离开到今天，4000 多个日夜过去了，我最想念的，仍是那个最爱下跳棋，赢了安慰你、输了会悔棋，拗着天南海北口音却非说自己普通话跟新闻联播一样正宗的姥爷。

我愿化作一片雪

刘世霞　四川宜宾五粮液股份有限公司

记忆中的第一场大雪，是在上小学的时候。那时，坐在爸爸自行车的后座上，只见远处山坡上白茫茫一片，大地仿佛披上了一件白色的大衣，没完全被雪覆盖的地方露出一抹绿色，像是有人在一夜之间作了一幅美丽的图画。就在那个时候，我开始喜欢下雪。

2017 年春节，我第一次过了一个和以前完全不同的新年，没有和家人一起团聚，而是带着孩子去旅行，实现对孩子的承诺，带她去看雪。孩子看见雪异常兴奋，完全忘记了风还在吹，毛毛雨还在下，一个人在那里拿着小玩具就玩了起来。那天，去景区的人不多，好大一片空地上孩子的身影显得那么渺小。恶劣的天气仍然没有击退孩子的热情，欢乐的笑声和着呜呜风声，配上白色的雪，构成一幅简单而温暖的画面。那一刻，我多么想要化作一片雪，融化所有的烦恼，带来美好的心情。

我有一个远房的妹妹，在大家眼中一直是一个开朗、热情的女孩，大学毕业后通过自己的努力得到了一份稳定的工作。在别人看来一切都进展顺利的时候，她因为在感情上遇到一点儿挫折，从此和以前判若两人，不再喜欢社交，也不再对生活充满热情。我是很爱我妹妹的，但更多的是心疼她，因为她曾经真的那么优秀。我很多次尝试着和她沟通，希望能帮助她敞开心扉，回到亲情的怀抱，可最后都失败了。最近的一次联系，我再次被她短信上的冷言冷语、看破红尘似的话语震住了。那时，我体会到了什么叫作无能为力。我只能眼看着曾经亲密无间的妹妹渐渐疏远，仿佛已是两个世界的人，脸上两行眼泪不听话地流下来，那种因爱而心疼的感情恐怕只有我自己知道。都说雪是洁白无瑕的，能净化人的心灵。我多么想要化作一片雪，为妹妹清除那一段伤心的记忆，让她能重新找回自信，再次回到我们这个温暖的大家庭中。我想告诉她：正因为我们经历过，所以我们更要学会坚强。

我们生活在这个世界上，要扮演的角色很多，因此也会承担很多的责任。我是一个企业的上班族，每天早出晚归，努力挣取每月的工资。回到家，尽好妈妈、妻子、儿媳的责任。这就是我的一天，或者说是我的现实存在意义。记得在孩子2岁的一天晚上，老公在外面应酬喝醉了，不巧的是天还下着小雨。当时已经是晚上10点之后了，我接到老公同事打来的电话说需要去楼下接一下老公。一想到孩子的爷爷奶奶应该早就睡了，而且又在别的小区，我便没有再打电话给他们。孩子在我起床时就跟着醒了，不可能把她独自留在屋里，我只好背着她一起下楼。老公醉得厉害，我只能用两只手，扶着他左摇右晃地向前挪，根本腾不出手去撑伞了，孩子就这样和我们一起淋雨回家……

或许没人能体会我那晚的纠结，作为妈妈，我心疼孩子，从温暖的被窝里被突然叫起来却还要淋雨回家；作为妻子，我理解老公，不论外面的宴席多么高档，都不如回家吃一顿便饭舒服；可是我既要照顾醉酒的老公，更要安抚吵闹的孩子，从没觉得自己如此重要过，我是真的有点儿累了。此时，我想要化作一片雪，褪去一身的疲惫与辛酸，让我有充足的精力迎接第二天的工作，承担自己的责任，把每一天都当作是新的一天来对待，尽情绽放属于自己的光彩。

我的父母一直生活在农村，家里没有显赫的背景和广泛的人际关系，就是普通的老实人。平时父母都住在农村，偶尔来宜宾看看外孙，我有时也会带着孩子回农村去住两天。可怜天下父母心，所有做父母的心情都是一样的，只要是为了孩子好，自己做什么、多辛苦都是没有怨言的。最近一两年家里发生了很多事，忙到没有人能好好地照看孩子，好几次一个电话打回农村，父亲第二天一早就风尘仆仆地赶到了宜宾。尽管母亲也需要人照顾，农村一摊农活要等着父亲回去干，但只要我需要他、外孙需要他，就是刮风、下雨他也会来的。每次父亲来到我家，总是不像在农村那么自然，生怕哪里做得不够好，又担心做得让我们觉得不妥当，凡事都小心翼翼的。父亲在农村每天最开心的事就是守着晚上的电视连续剧，因为白天干活只有等到晚上才有点儿空余时间。可是到了宜宾，我从没见他主动要求过调换电视频道，电视不是被孩子的《熊出没》占据，就是被老公的《体育频道》占据。我知道，父亲是不愿和我们争频道，是在为我们考虑。

每次我看见父亲提着行李离开的背影，心里感到特别的难受，说不清是不舍，还是惭愧，总之就是觉得欠父母的实在太多了。那时，我想要化作一片雪，为父亲的世界带去宁静与美好，祝福父亲身体健康、平安幸福。

2017 年 4 月，老公因为要动手术取钢板再次入院，而我也需要在医院照顾他。可是真是天有不测风云，就在这个时候，孩子的奶奶腰疼得厉害，去医院检查说是有轻微骨折，需要住院治疗，甚至都不能来医院看看刚做了手术的儿子。于是，由外公负责接送女儿上、下学，爷爷负责照顾奶奶，我负责照顾老公。其实这样已经挺好了，但是谁都没想到的是，爷爷因为着急去给奶奶送饭，在雨天走路时不小心摔倒了，也是觉得腰很疼。到医院检查的结果，更让我们不知所措，同样是轻微骨折需要住院治疗。我当时都傻了，我一个人怎么能同时照顾好三个住院的人，可是受伤了又不能不治，但家里现在的情况实在是太特殊了，于是爷爷决定忍一忍，其实我们大家心里都挺难受。于是，奶奶稍微好一些后就急着办理了出院，换成是爷爷住进了医院。好在这时老公已经康复出院了，但我白天要上班，也只有晚上有时间能去医院帮帮忙。

那阵子，我在两个医院间来回跑，我甚至都没有时间陪陪女儿，更别说好好地睡上一觉了。还好父亲从老家赶来帮了很多忙，不然我一个人真的不知道该怎么办了。可是尽管很累很辛苦，我明白这是我的责任。那时，我想要化作一片雪，为我的家人带去平安与健康，希望他们可以远离伤痛，幸福快乐。

雪是洁白的，仿佛能洗净世间的污浊；雪是纯净的，仿佛能浸入人们的内心；雪是透明的，仿佛能融化所有的忧愁……我愿化作一片雪，成就属于自己的快乐人生。

玫瑰书香

2017年四川省家庭文化建设年活动优秀作品汇编

下册

四川省总工会女职工委员会◎编

红旗出版社

图书在版编目（CIP）数据

玫瑰书香：2017年四川省家庭文化建设年活动优秀作品汇编：
全2册/四川省总工会女职工委员会编.
—北京：红旗出版社，2018.2
ISBN 978-7-5051-3760-8
Ⅰ.①玫… Ⅱ.①四… Ⅲ.①读书活动－文集
Ⅳ.①G252.17-53
中国版本图书馆CIP数据核字（2018）第020028号

书　　名	玫瑰书香		
编　　者	四川省总工会女职工委员会		
出 品 人	高海浩	总 监 制	李仁国
特约编辑	刘德荣	责任编辑	赵智熙
插　　图	曾夏兰	装帧设计	赵志军
出版发行	红旗出版社	地　　址	北京市沙滩北街2号
邮　　编	100727	编 辑 部	010-57274504
E-mail	hongqi1608@126.com		
发 行 部	010-57270296		
印　　刷	三河市恒彩印务有限公司		
开　　本	710毫米×1000毫米	1/16	
字　　数	460千字	印　　张	32
版　　次	2018年2月北京第1版	2018年2月河北第1次印刷	
ISBN	978-7-5051-3760-8	定　　价	76.00元（全2册）

欢迎品牌畅销图书项目合作　　联系电话：010-57274627
凡购本书，如有缺页、倒页、脱页，本社发行部负责调换。

目录

（下）

征文篇

找到回家的路

蓄一库清水　谱青春赞歌

家书篇

写给父亲

写给母亲

写给爸爸、妈妈

写给老公、男友

写给子女

写给其他亲人

征文篇

Part 08
找到回家的路

远方的“家”

——异国他乡的别样春节

张雅娟　中国水利水电第十工程局有限公司

家是什么？

家是一种文化；家是一段时光；家是一种情怀。

假期期间，谈及家风家训时，我对孩子说：“百善孝为先。”不管你以后飞多高，走出远，一定要常回“家”看看。有“他”的地方便是“家”。这个“他”可能是爸爸妈妈，也可能是你。这个“家”，指我们的小家庭，也指祖国的大家庭。只要和“他”在一起，一家人尊老爱幼，相亲相爱，和谐幸福，就是幸福的家。

春节是什么？

春节是我国民间最隆重、最热闹的一个传统节日。是一个欢乐祥和的节日，也是亲人团聚的日子，离家在外的人，大多都不远千里万里赶在春节时回家欢聚。今年的春节，因为孩子爸爸工作的原因，我们选择全家老少到他工作的地方——老挝，过一个不一样的春节。

今年是田田的爸爸在海外工作的第四个年头，也是我们一大家人，包括爷爷奶奶，在海外团聚过得第一个团圆年。爷爷70多岁了，能够在有生之年走出国门，到自己孩子工作的地方看看，也是老人的一个心愿。出发的一路上，小田田还扮演了照顾爷爷奶奶的角色，很是懂事！

春节期间，老挝恰逢旱季（这里没有春夏秋冬，只有旱季、雨季之分），温度在零上二十几摄氏度，着实体验了一下从冬天到夏天的奇妙过度。田田之前来过老挝两三次，倒是很适应那边的气候，尤其是空气，再也没有冬日里清晨敏感鼻子的不适症状。

初到老挝首都万象的时候，因为田田的爸爸要开会，我们就按照自己制定的假期计划按部就班地进行，写一写作业，高兴了涂鸦几个毛笔字，游泳池里的水温上来时，就跳下去游游泳，锻炼一下身体。令田田最高兴的是，这期间认识了一位上大学的大哥哥，自己当了一回国际象棋的小老师，两天对弈了很多局，多是凯旋，自然自信心爆棚。大哥哥很是崇拜小家伙，彼此留了联系方式，还在他的日记里记录下了这段美好的回忆，称赞田田博学多闻，学校、家庭教育得都很好，以后他也会不断提高棋艺，有机会一定再一起切磋切磋。

会议结束，春节将近，电站运营现场还有很多坚守在一线的员工们等着我们一起过节。一路奔波，沿着蜿蜒的南北大动脉，跨过弯曲的盘山公路和满是小石头、长几十公里的进场路，才能到达地处老挝原始森林深处的南俄5水电站。颠簸在弯弯曲曲的盘山路上，不得不感叹电站建设者们的鬼斧神工，也不得不感慨现在电站运营期的守卫者们远离家乡，甘于奉献的精神。“中国建设工程鲁班奖（境外工程）”可谓实至名归。

车子刚刚进入运营区，我们就感受到了浓浓的年味，大红灯笼高高挂，喜庆的春联和硕大的福字格外显眼，办公区域、食堂、宿舍收拾得焕然一新，挂上绚丽的彩旗和彩带，一派新春佳节的喜庆氛围。

今年，来现场陪家人过年的还有一位老电建人的儿子和准儿媳妇，还有一位运维项目员工的妻子和女儿，女儿俨然已出落成一位大姑娘了，虽然女儿成长道路上少了很多父亲的陪伴，但身为水电十局员工的子女她表示理解，一家人春节团聚其乐融融。据说这也是他们在海外过的第一个团圆年。“有他的地方便是家”显得格外应景。在食堂厨师因手烫伤看病期间，也是这些家属不辞辛苦连续几日为几十位员工做饭，让大家感受到了家的温暖。

在这里，员工所居住的运营村四面环山，电站需要24小时不间断值守，因此运维工作人员的生活基本都在运营村和电站之间往返。平时员工的业余生活是打打乒乓球、羽毛球、桌球和篮球等，因为有卫星，运营村还可以收到中国的电视节目，有网络，他们可以随时与国内家人们联系。尽管，公司、项目组尽可能地给予大家更多的人文关怀，极力营造职工之家的温暖氛围，可这里的年轻员工们还是面临着诸如恋爱、婚嫁等很多现实的问题，所有的员工都要做到心静如水，修身养性，才能牢牢坚守住阵地。因此，对于我们这些“远方的家人”的到访他们十分热情，他们显得格外亲切。

除夕团圆饭是过年的重头戏，为筹备好这顿年夜饭，工作人员提前半个月，驱车4个小时到附近的川圹省采购，或从更远的万象运输，还有家属们不远万里从四川、湖南等地带来的香肠、腊肉、银鱼、臭豆腐等家乡的味道，食材放心安全，饭菜美味可口，又不铺张浪费。

除夕之夜，小小的食堂里热闹非凡。大家开心地围坐在一起，吃着美食，看着联欢晚会，穿插着激动人心的红包抽奖环节。大家一齐举杯，觥筹交错，把对故乡的祝福融进酒中，把对亲人的思念绵延下去。大家用欢歌笑语，用可贵的坚守迎接新的一年的到来！

此行，之前见过田田的叔叔阿姨们，看到他唱歌跳舞，踊跃地参加拔河、跳绳迎新春趣味比赛，教大家国际象棋、大方地参与除夕活动，努力学习打乒乓球、认真和翻译学习老挝语后，都说他这一年变化特别大，变得更加活泼开朗，自信大方，多才多艺。我知道，是学校给了他健康成长的沃土，是启蒙老师们给了他“爱”的滋养，给了他更多展现的舞台，特别是参与主持学校一年级少先队员入队仪式，入选学校英语小导游，代表学校参加“身边说”四川省大型科学故事大赛获得“省年度十强”后，变得越来越勇敢，越来越自信了。身为父母，我们唯有感激，更好地做好家庭教育，实现“家校共育”的良好局面。

不管教育、家庭还是工作，都需要用心去“经营”。

事实上，从事海外水电行业工作的员工，大部分春节都是在异国他乡度过。更多的人怀着对家人的歉疚，对家乡的思念，对祖国的祝福度过了一个又一个传统佳节。也许家人的探望、丰富的活动、可口的家乡菜能赶走孤寂，带给他们些许的快乐！响应国家“一带一路”政策号召，走出国门加大海外投资、建设，真的是要有人做出牺牲，舍小家顾大家，他们只是中国“一带一路”战略上中国企业启航筑梦的海外众多项目的一个缩影，这只是千万家庭的一个缩影，未来的路还很长，总有人要去做，总有人要去付出……我们能做的就是支持，给予他们爱的温暖，家的温馨，多给孩子和父母创造一些沟通交流、亲子互动的机会，尽量减少孩子成长路上不得已的缺失。让孩子多些理解，多些包容，也多些见闻，多些美好的回忆。

“家”是避风的港湾，好的家风家教是一种无言的教育，希望此次春节行，孩子能感受到春节家庭团圆的氛围，体会到尊老爱幼的优良传统，体会到家的真正含义，体会到电建工作者无私奉献的精神……家教靠的是言传身教，润物细无声。

找到回家的路

曾建梅　四川省泸州市合江县群工局

我离开家乡20多年，准确地说是离开老屋20多年，因为我一直在家乡工作，从未真正意义上离开过家乡。近些年，经常看到张某某的故乡“沦陷”了，李某某的故乡“沦陷”了，张某某、李某某们的乡愁无处安放。我就庆幸我有故乡，我不仅有乡愁而且还有安放的地方，因为还没有轮到我的家乡“沦陷”。

我家乡的老屋有四座土坯瓦房，分别是我爷爷、爸爸和几个叔叔的老宅。爷爷的房屋最老、居中，我爸爸和几个叔叔的房屋正好在老宅的东面、南面、北面。老宅西面没有修建房屋，那是埋葬我家老祖宗的地方。我的太爷爷、太奶奶就葬在那里，如果我的爷爷、奶奶有一天去世了他们也会葬在那里，因为爷爷说那里是我们老曾家的“风水宝地”，埋葬在那里的老祖宗会保佑子孙们和谐幸福。我家的四座土坯房现在都没有人居住了，我爸爸最先离开老屋，大概有二十几年了，随后是几个叔叔，最后搬离老屋的是我的爷爷奶奶，大概有十几年了，他们都没有离开过家乡，只是搬到离老屋20多公里的县城居住。

家乡的老屋一天天地旧了、烂了，在风雨中飘摇了十几年，从门窗断裂到墙体脱落到房顶垮塌，剩下的是残垣断壁和门前越来越浓密的杂草，以及院坝里野蛮生长的楠竹。每年春节我们会跟随爷爷奶奶回到老家“挂坟”，就是祭奠我的太爷爷、太奶奶以及爷爷的爷爷、爷爷的奶奶。我的爷爷奶奶今年91岁了，身体健康。

老屋无人居住也无法居住，每年回到老家，我们最重要的仪式就是祭拜我逝去的太爷爷、太奶奶和爷爷的爷爷、爷爷的奶奶。爷爷说我们老曾家是“湖广填四川”来的，经过他的爷爷那几代人的勤耕苦作，我们老曾家才在四川这个小村庄生根发芽，直至站稳脚跟。爷爷读过八年“老学”，在民国时期和解放初期属于“有文化”的人。他是家里的长子，也是独子，太爷爷在他十几岁的时候就去世了，太奶奶独自拉扯着他过着边耕种边读书的日子。为支撑老曾家的“门脸”，我爷爷勤耕苦读、勤俭持家、温良谦和。奶奶十几岁就来到爷爷家，后来就有了我的爸爸和几个叔叔。于是，老曾家的“门脸”逐渐就由我爸爸和几个叔叔支撑——勤耕苦读、勤俭持家、温良谦和。

每每回到我的老家，我总忘不了去看看我的老屋。二十几年了，老屋的变化如同门前那条小溪，从清澈见底到泥沙混浊到干涸硬化，最后杂草丛生。然而这并不影响我对它的情感，这样的情感深植于我的骨髓。每次与她的相遇，都像战后两个疲惫身躯的突然偶遇，像一场百感交集的重逢。与老屋的每一次重逢，我都会摸摸每一根窗棂，抚弄每一块泥土，轻吻每一片树叶，我们大多数时候都选择沉默，因为沉默就是千言万语。

岁月之河不紧不慢地流向远方。我经过勤耕苦读离开小村庄，来到离家约5公里的小镇上班，成了村庄人眼中有“正式”工作的人。我的“正式”工作是什么呢？以前我挖土、种菜、插秧、打谷，很“正式”地“务农”。现在每天拎着一个包上班，草拟文件、送阅公文、电话通知、撰写报告……拎着一个包下班已是黄昏。日复一日，年复一年，我被命运裹挟着，被名利裹挟着，被迎来送往裹挟着，像一只不知疲倦的候鸟，我已停不下来观看一次日出，聆听一声鸟鸣，欣赏一次山花盛开。我的工作越来越忙，我马不停蹄，我争分夺秒，我成了一个模式化的人，穿着不怎么考究但也不是质地很差的衣裳，每天穿梭于小城的大街小巷，奔走在乡间的田间地头。

我回到老家的时间越来越少，快节奏的工作让我回家都步履匆匆。每次回到老家来到老屋前，我都会觉得自己曾经是一个酷爱读书、懂得生活的人，而今却迷失得只剩下乡愁。我迷失了什么呢，我能不能找到回家的路？我抚摸着老屋墙上留下的一块块痕迹，用目光打量着散落在地上的每一片碎物，她们都有故事，而每一个故事的开头和结尾必定与我有关。我仰头看看碧蓝的天空，低头审视着老屋的一切。这个时节春暖花开，小草正绿，老祖宗坟上的草叶正浓，哦，又是一年清明节了，该给逝去的老祖宗烧钱纸、磕头了。爷爷、奶奶在坟前蹒跚着与他们的爸爸、妈妈摆谈着什么，看样子谈兴正浓。爷爷是一个有信仰的老人，他相信善恶有报，他遵循中庸平和，他认为老曾家48口人在这个小城生活得知足、幸福，与他的信仰不无关系。

时间如白驹过隙，我打了一个哈欠，就从少年成了青年。我再打一个呵欠，就从青年成了中年。中年的时候我喜欢打瞌睡、喝小酒，我固执地认为这是快节奏生活中的不自律。一个社会富裕安逸久了就会让人不知所措，难免有点儿趾高气扬。我庆幸小山村里还有一所不需要建造的房子，她没有“沦陷”，她也不会“沦陷”，因为她已根植于我的心里，她时刻提醒我走得再久，行得再远，都要找到回家的路！你能找到回家的路吗？

回家吧，就趁现在

隆晓聪　国网四川省电力公司广安供电公司

“草长莺飞二月天，拂堤杨柳醉春烟。”又是一年清明放假时，我们一家到遂宁参加朋友的宴席，在午餐时，邻桌的朋友正高谈阔论：“老家张三，父母在时他忙得顾不上回家看望父母，等父母已去，每个清明节都回乡下上坟，你们说他是孝顺还是不孝顺？”他们的话让我陷入了沉思……

现代快节奏的都市生活让我们变得忙碌。有时候，我在电话这端听着母亲的咳嗽声，听着父亲的喘息声，恨不能立马飞奔回去，可一转身这念头又很快被各种琐事淹没。通通电话，减轻了我对父母的歉疚感，回家的行程一拖再拖。掐指一算，我已经很久没有回过乡下老家了，倒是年迈的双亲因为太挂念我们，不顾舟车劳顿到城里来过两次。

“回家吧，就是现在！”趁父母健在时，能多陪陪他们才是最大的孝道。于是，我们临时改变线路，带着对父母的思念驱车回家。

到家时已近傍晚，家里的小黄狗远远地向着我们吠了几声，随即又摇着尾巴朝我狂奔而来。这么久未见，它用了最热情的仪式欢迎我们回家。正在地里干农活的父母十分诧异我们的突然“到访”，脸上洋溢着幸福的微笑。晚上，他们忙里忙外地准备着丰盛的晚餐，恨不得把家里所有的好东西都拿出来。看着岁月在母亲脸上雕刻的痕迹，看着父亲伟岸的背影日渐弯曲，我的喉咙有些哽咽，眼睛热热的，湿湿的。

月是故乡明。今夜虽无月，但夜色笼罩下的一切在我看来却格外清晰。那是我曾经走过的小路，一条条长满嫩绿小草的田埂，哪里有一个缺口我都记忆犹新。层层叠叠的田埂，就像书画家笔下的水墨画，随不同时节或浓墨重彩或淡雅飘逸。我也曾站在那道梁上看过最美丽的风景，看炊烟袅袅、云蒸霞蔚；看姹紫嫣红、碧波荡漾。家乡的美，美在它的与世无争，美在它的恬淡悠然，美在辛勤的汗水中，美在彻夜的酣梦里。

回到家，总有说不完的话。多年前，母亲在灶台前语重心长地对我说："高中苦三年，你可能幸福一辈子；耍了这三年，你可能辛苦一辈子。"这大概是我听过的最朴实却又激励着我奋发向上的话语。时至今日，当我遇到困难时，当我身心疲惫想要逃避时，想起母亲的话，想起这句话曾带给我的无限动力，我又重拾信心，勉力前行！

回到家，总有忆不完的事。茶余饭后的时间，我喜欢跟村里三五个老妈子一起兜售张家长、李家短的故事，一个眼神、一个表情，大家都能心领神会。我喜欢约几个儿时的小伙伴，回忆那些天真烂漫的岁月，回忆那些儿时相互间的嬉戏打闹，那些记忆遥远却又清晰。我还喜欢一个人坐在林子里发呆，听树叶沙沙地低吟，听小鸟婉转地歌唱。

回到家，家里的一切我都感觉特别自然。这样闲适、安然的田园生活已经深深地根植在我的血液中，无论我走得多远，家就像一根绳子，始终牵着我的心。

家，是一个可以任意停靠的港湾，无论我们长到多大，我们都是父母的孩子，不必佯装自己很强大。

回家吧，趁父母还健在，趁我们还有机会做个孩子。

回家吧，回到那个生你养你的地方，感受爱的洗礼，再捧一把心灵的沃土，让休眠的梦想如花般绽放！

在希望的田野上

林小琦　中国水利水电第五工程局有限公司
第四分局（建筑分局）基础工程处

在投稿分局举办的“巾帼镜·界”女职工手机摄影大赛时，发现了我随手拍的一张秋天的水稻田。这片水稻田看起来没什么特别，但是，却在我心里掀起了阵阵乡愁。那片稻田是父亲和母亲辛苦劳作一年的劳动果实，我们一家人的希望。

我的家乡位于辽宁省丹东市，地处辽宁省东南部，东与朝鲜隔江相望，南临黄海，西界鞍山，西南与大连市毗邻，北与本溪市接壤，海岸线长达120公里。在这里夏无酷暑、冬无严寒，年平均气温9℃，是中国东北地区最温暖最湿润的地方之一。

我的父母是地地道道的农民，凭借着优越的地理位置加之多年的劳作经验，为了负担一家人的用度，果断承包了150亩水稻田。就是这一百多亩的水稻田，供养着我和弟弟从春到冬，从小到大。每次探亲假回家，不论何时，我都会去乡间坝头走走，看看父母辛苦培育的那片土地。

闭上眼睛，我陷入了深深的回忆……

时至夏日，站在田间地头，绿意盎然，一望无际。断断续续的蛙鸣声传入耳畔。一阵微风，吹绿了无边的稻田，也吹乱了我的思绪。望着那无涯的青翠，就算白鸥飞来，怕是也找不到落脚之地。只见，一个老翁拿着渔网，步履蹒跚地走在坝间。身后跟着俩小孩："爷爷，爷爷，我们捉了好多好多的鱼。""是呀，今天晚上爷爷给你们做鱼吃，咱们改善生活!"说着爷孙三个都高兴地笑了，弟弟还在坝上手舞足蹈，只是为了庆祝有鱼可以解馋。只听扑通一声，弟弟哭了，原来，弟弟掉进田里了，浑身是泥水。姐姐连忙上前扶起，不料也滑倒在田里，索性，姐弟俩玩起了大泥巴，你扔我一下，我扔你一下，浑身泥水，却快乐无忧。爷爷坐在坝梗上，点燃了他的烟锅子，吧嗒吧嗒地抽着老旱烟，眼睛望着远方，像是在回忆什么。他们无忧无虑的笑容深深地印在我的心里，久久挥之不去。

爷孙们的身影渐行渐远……

时至秋收，蓝蓝的天空，朵朵白云，秋高气爽。一望无际的稻田里，黄灿灿的稻子成熟了，沉甸甸的稻穗压得稻秆都弯了腰。一个个稻穗鼓着大肚皮，涨得要破裂似的。一阵风吹来，掀起了层层稻浪。前面的浪头还没有没跑远，后面的稻浪又追了上来，后浪追赶前浪，如同海浪一般，交织辉映。忽然画面里出现了父亲和母亲的身影，他们正在左手握着水稻，右手挥舞着镰刀收水稻，满脸的笑容。任凭汗水在他们脸上肆意地流淌，汗水湿透了他们的衣衫，湿了又干，干了又湿，留下了白白的结晶体。他们边收水稻，边聊着天儿，今年的收成不错，来年继续努力！话音未落，忽然被一声孩童的哭叫声吸引了去，一个三四岁的小男孩摔倒在地，哇哇直哭，不远处的姐姐闻声赶来，忙放下手里的稻穗篮子，弯下腰，将弟弟扶起，拍去身上的泥土。一家四口人对视一笑，又各自忙起来……

忽然回过神来。

往事一幕幕，如同电影一样在我脑海里不停地播放着。而那片希望的田野也深深地烙印在我的脑海里。忘却疲惫，陶醉在这诗情画意的丰收美景里。乡愁泛滥，拿起手机，给家人打个电话，问声好，顿时心里踏实了许多。想想我的亲人，虽未曾教给我诸多大道理，却让我从小学会了吃苦耐劳的精神，而这足以让我受用一生。提笔写写，只为在匆匆岁月里，留下只字片语。

走过山河，感悟人事

刘瑞花　国网四川省电力公司技能培训中心

7年前去西藏，穿过辽阔的羌塘大草原，到了西藏的“三大圣湖”之一：纳木错，湖面海拔4718米，是世界上海拔最高的咸水湖。站在湖边，仿佛置身于一个蓝色的世界。蓝得清澈，蓝得丰润，蓝得迷人，似乎包容了世界上一切的蓝色，蓝得都不敢相信那本是属于它的色彩，整个灵魂都仿佛被纯净的湖水所洗涤。正沉醉于美景之中，被一声喝令惊醒。回头看去，只见一位藏族年轻女人手指着一个丢弃在湖边的矿泉水瓶，怒不可遏地盯着我。我下意识摸了摸背包放水瓶的侧面，空的！心想糟了，一定是我刚刚甩背包时滑落的。立即附身去捡，恳切地向她解释这是个意外，并打开水平，喝了一口。藏族女人嫣然一笑，走近了，我才看清楚她的脸，强烈的紫外线已经让她年轻的皮肤异常粗糙并出现黑斑，但明显的高原红却像专门打上的腮红那般漂亮。她笑着和我说了一句话，是藏语，我听不懂，就只听懂了临别的一句扎西德勒，但从她的动作表情中，充满了羞涩与歉意，能判断出她在为误解了我而向我道歉。后来当地朋友说不仅仅是纳木错，在藏族人心中，高原湖泊，皆是圣洁神圣之地，那终日刻经者、长转于湖水四周的跪拜朝拜者，不是景区专设的清洁工，却将高原湖泊当作他们的家园般守护，湖上没有经文没有金顶，纯洁的湖水却拥有非凡的感召力量，让他们自觉维护这份圣洁。这个女子，仅是守护者之一。

3 年前，第一次去黄山，起初是被“登黄山，天下无山，观止矣”这种傲视群山的名望所吸引。带着满怀探秘未知世界的好奇，与出自灵魂与心灵栖息需要，我来到它的面前。沿着景区栈道，罕见的美景一步步打开，峭峰险谷，奇松怪石，远处的松涛云海，过往博物馆欣赏过的黄山水墨画，皆于现实中有幸看到。这里的松树上千年，这里的峻石上亿年。不去追问宇宙是什么，只想至此脚踏白云，再不停止，浪迹天涯，云游四方！不知不觉走了两个小时，体力逐渐衰减失控，不小心绊了一下脚，幸亏及时抓住崖壁上助力的支点，便趁机坐下来休息，手从抓着的崖壁支点松开之后，我突然注意到栈道石壁上分布着整齐的人为挖凿的助力支点，之前在物我两忘的空间里，竟然丝毫未在意脚下的栈道、扶手支点。幸亏有了这些贴心的栈道、支点，使自己免去一难，站不稳掉下去就是悬崖峭壁啊！为自己理所当然的使用却无感恩之心而羞愧。细细一看，不禁感叹，如果说眼前的自然奇观是出自上帝之手，那能将这片胜景呈现于眼前的与自然浑然天成的栈道，完全是人工杰作。过去 400 多年，遍布在危崖绝壁中的诸多栈道，是多少籍籍无名的凿石工人，历经多少次险境，探路选线，凿石成阶，遇涧搭桥，才成就这绝境中的一条条便捷通道，成就今天对群峰大壑雄姿的一览无余。听导游介绍，往下通往谷底的是新开发的西海大峡谷栈道，过去一直没路，如今能下去欣赏仙境，感激于一个浙江的老凿石工人，是他主持创造的奇迹。从 18 岁就上了黄山开始开发栈道，历经 30 多年，和他一起同来的伙伴一个个都在市场经济的浪潮中慢慢下山了。只有他坚守在这里三十年如一日，无人知晓他与黄山有什么深厚情缘。他组织施工时坚决坚守古人不能破坏山体和树木的古老诺言，这就是为什么这些古老的、新修的栈道好似浑然天成的根本原因所在。这个人，叫朱海旺，仅是凿石工人之一。

春节，回家是主题，我们都希望去饭店订餐，省却忙碌，母亲却坚持在家里做饭吃，兄妹几个争相负责择菜做饭，以便母亲轻松些。却无论如何也无法让她静坐下来享受生活，她很早就自己给自己安排了任务，她要给孙子们做山西老家的面塑——枣山，家人都试图说服，不必这么累，却是徒劳。母亲说怕麻烦这不做那不做，那过的什么年？记忆里，这是母亲春节前必须亲手做的礼物，不管她的工作有多辛劳，每一年她都会在大年三十前一天做好枣山，送给儿女，从未中断过。赶到中午，枣山就蒸出来了，一个个绵软憨实、洁白的面人与深红的枣、五色的豆子镶嵌鼻子、眼睛形成鲜明的对比，母亲开始挑拣哪几个是上乘的作品送给哪个孙儿，哪几个做得不尽如人意作为主食，选出来好看的不够孙子一人一个，我们劝她凑合下，丑就丑，母亲却舍不得哪个孙子拿的不好看，下午还要坚持继续做，手生的姐姐也得继续学习做。刚刚 2 岁的侄儿戳戳枣山黑黑的眼睛，摸摸她的脸蛋，拽拽她的裙摆，满眼的好奇欣喜，一大家子人都被他的样子逗乐了，尽管忙碌一天母亲已经筋疲力尽却也喜笑颜开，或许儿孙的快乐是她最大的快乐。后来我在一篇讲述山西文化的文章里才知，山西面塑传承的审美观是秦汉之风，怪不得自然天成、朴实浑厚是母亲选择枣山好与不好的标准，怪不得母亲一直教育我们做人做事要自然朴实、勤恳坚守，那是一种言传身教，也许母亲从未探究过什么是秦汉之风，她只是知道朴实地做人、做事、教育子女。但母亲，仅是无数个母亲之一。

一个家是由一个个具体的人构成的，家由家庭的成员一起守护、传承、创造。一个国家是由一个个具体的家组成的，国家由每个家的每个人一起守护、传承、创造。一个社区、一个村落的大部分家庭所认同的家风内容，就是社风、村风，一个国家共同认知的做人做事的原则就是国风。优秀的家风并不是高深、玄奥不着边际的大道理，落到实处不外乎做人做事的基本常识。一个国家有着这样一群人，他们对人与人，人与自然的关系是怀着和谐相处的质朴理解，他们能够对每一片山石树木、每一条河流都饱含深情，能够将每寸山河细土当作自己小家园般坚定守护，能够不计利害为这片土地付出，能够不言放弃坚守信念，才能传承人文历史之美并创造更多奇迹，才能懂得珍惜和敬畏，才能形成并传承良好的家风、民风、国风。国家拥有这样一股生生不息的生命力，将这种力量凝聚于民族的精神深处，以儒释道文化为根本，并包容其他文化的精髓融入每个家庭，世代相传，才能形成中华民族伟大复兴的最大软实力，创造祖国更加美好的明天！

一封家书

龙顺凤　川东北气矿

初夏的夜晚
风是凉的
疲惫喧嚣的城市在夜风的安抚下
渐渐安静下来
夜静了，心却乱了
无法释怀
陈年往事如潮水般涌现
纷繁无头绪
我该做些什么
脑中突然闪现出一个词，感恩
对，感恩
感恩，我的父母
感恩他们带我来到这个世上
用勤劳的双手

用无私的爱养育了我
给予我健康的身体
教会我做人的道理
我大了，他们却在老去
满脸沧桑，依然无悔
每一次回家，都把暖暖的爱铺满餐桌
每一次的道别，总会叮嘱说
平安出门，平安回家
总把牵挂留在心里
感恩，我的爱人
相知、相爱、相随的二十年
经历风雨，沐浴彩虹
同渡的小舟在爱的浴河中
坚定前行
感恩，我的孩子
上天的赐福，让你来到我们身边
你的欢笑
你成长的每一个脚步
都深深印入脑海
我总予以你厚爱和希望
你却并不快乐
直到有一天，我才明白
我用爱的名义绑架了你
在成长的道路上，你要学会坚强
你要做自己的主人
感恩，我自己

在父母的养育下，学会做人的道理
在爱人的陪伴下，懂得爱的真谛
在同孩子的成长中，明白了责任的意义
我感恩写在这封家书
装进没有封口的信封
存放在内心深处

Part 09

蓄一库清水　谱青春赞歌

青春赋

——致安装人

杨　乐　水电七局机电安装分局国际工程事业部

在青春的岁月里
那些努力的人
默默地守护着
一种奋斗的精神
任他风吹雨打
凭他日晒雷鸣
迎来东升的太阳
送走西落的晚霞
这就是安装人
与天斗，胜天半子
与地斗，陵谷沧桑
且看那铁塔高高升起
再看那焊把熠熠生辉

不知翻山越岭几万里

未闻精雕细琢何时休

有道是少小离家老大回

现而今妻小高堂难相望

这就是安装人

安的是四海之家

装的是天下之责

愿青春的身影不负韶华

愿安装的精神永远相随

蓄一库清水　谱青春赞歌

王　悦　自贡水务投资集团小井沟公司

孩提时代，不少父母们喜欢用抓阄来预测孩子将来要从事的工作。据我母亲说，当年幼小的我抓了一支钢笔，家里人甚是欢喜，觉得我能当个作家之类的，算是个文人。虽然我并没有另辟蹊径当上文具店老板，但是最终也并未当上作家。后来又稍大了一些，我就随父母离开了家乡东北，来到了空气满是潮湿辣椒味的四川，从那以后，每年只有在春节时，我才能匆匆见到父母几日，春节一过，又继续乖乖地当留守儿童。我隐约记得，每当久别重逢的深夜，我的母亲就会抱着我，轻轻低喃："孩子，长大了，千万不要干这行。"

当时的我，完全不明白"干这行"到底是什么意思。也不懂为什么"上班"这个魔鬼每年都要把我的爸爸妈妈带到相隔几千公里的地方，让我们无法见面。我童年的时候，最讨厌的就是儿童节，因为所有的小朋友牵着爸爸妈妈的手穿得漂漂亮亮的上街，开开心心地吃吃喝喝的时候，我只能暗自躲在窗户后，看着街上来来往往的小朋友和他们的爸爸妈妈，自己暗自哭泣。

后来当我长大些，我终于知道，我父母的工作，是水利工人。

少年的我也曾有过很多梦想，这些梦，有的不切实际，有的天马行空，一路走来，今天的我，也终于没有达成我母亲的期许，成长为一名在小井沟水利工程一线的年轻水利人。

也正是今天，我想和大家来分享，我们年轻水利人的青春故事。

追梦在路上，保障工程建设，是我们的首要任务。当城市青年们享受着下班聚餐、看电影、吃宵夜的生活时，建设期的青年水利人，不是在加班做文件，就是在参加各种会议，在深夜里，我们聆听着巨型卡车不断运输砂石骨料的声音悄然入眠。每年劳动月到来，大干 30 天的工作要求，容不得一点儿含糊，每个人带着黑眼圈，积极奋战在自己的工作岗位上，一天，又一天……无论是节日来临，万家灯火团聚的日子，还是家中亲人身体抱恙紧急住院，我们都必定坚守岗位上，没有交接，就不能松懈。

青春，从来都不怕吃苦，勇于追梦的路上，我们也一直都没有停歇。工程建设期，输水干渠各标段基础面验收，青年突击队成员们每天都要乘车跨越百公里的崎岖山路，不少路段还需步行到工作面，炎炎夏季，烈日当头，酷暑难耐，但是突击队成员们没有一次耽误，迎难而上，保证了验收进度及工程质量。

就在夜以继日的奋战中，我们终于要圆梦。2016 年 10 月 10 日，小井沟水库试行通水。清晨山间，雨丝绵绵，全体青年团员从大坝到标段依次站岗，监测水流通过的时间及基本流量。我有幸见证了这一生之命脉的奔流。当我看见奔腾的水花向渠道奔涌而去时，内心激动不已。干涸，缺水，我们终于要摆脱你们了！我们终于即将实现“水润盐都”的梦想了！

喜悦来得总是特别快，等待却显得尤为漫长，水流通过渠首的流速虽然很快，但是面对全长 30. 38 千米的干渠 7 个标段的关卡，我们只能等待时间的考验。所有驻守的年轻人都没有着急，即使自己身处野外，也没有丝毫的畏惧，一次次注视着干涸的渠道，聆听上游是否有水流的声音，一标、二标、三标……水流不疾不徐流淌过渠道，带着欣喜的气息。在漫长的等待中，天色渐暗，四下已悄然无声，我和我的伙伴们，在干渠渠尾终点，静静地等待着，等待着这一股生命之源，汇入盐都。寒风仿佛要将我们的工作服打透，耳边全是呼啸的风声，冻住了我们所有的言语，牙齿也在不停地打架，仿佛就只留着那一口气，等到水流到达后，尽情地欢呼。

就在所有人都等得近乎绝望的时候，微弱的水流声从前方细细传来，所有人都以为自己幻听了。再过了一会儿，终于看到水流从上节渠道缓缓流入，大家不敢相信自己的眼睛，不知是谁惊呼了一声："水来了!"拍照的拍照，记录时间的马上汇报，打捞漂浮物的也立即下网，只听得水流哗哗而过，等到所有工作都完成了，所有人才终于有空紧紧地拥在一起欢呼："通水啦！真的通水啦!"

等回到营地，所有的青年们看着狼狈的彼此，不禁哈哈大笑，但是大家却心照不宣地相互问候，向每个坚守的小伙伴都互道一句"辛苦了"。

辛苦了，水务人，在深山之中，把他乡当作自己的家，战洪途，保安澜，辗转山壑，安营扎寨。

辛苦了，水务人，离家千里外，把家人变成遥远牵挂，我不累，我很好，思乡流泪，静静擦。

辛苦了，水务人，再多难与险，把磨难当作成长历练，抓建设，保供水，齐心协力，只为每一个小家。

这些故事，只是我们青年水务人追梦的一个片段，却饱含了历代水利工程建设者的青春之歌。感谢"水润盐都"的梦想，让我们不断前行，因为这个信念，才让我们蓄起一库清水，结束干涸的苦难，用青春，去谱写一个水润的、光明的、崭新的未来。

妈妈，别牵挂，不是我不想家，辗转山壑营盘扎，风雨春来立新芽。

亲们，加油吧！成功将到达，福祉盐都新辉煌，水阜川南千万家!

我和孩子们的故事

邓晓英　自贡市贡井区成佳小学

我是一名教师，我是一名幸福的教师，因为我从事的是自己最喜欢的工作。我和孩子们的故事是我最珍贵的礼物，永远的回忆。

那是一段伤心的过往，每当想起那个熟悉的名字，心中总是隐隐作痛。

2008年的一天，电话的一头传来儿子急促的说话声："妈妈，您的学生陈静跳河自杀了……"后面儿子说什么，我再也听不见了，只觉得心里一阵钻心的疼，身子不由自主的摇晃起来。

陈静是我2005年刚调入一所新学校接手的一个班上的学生，出事的那年她已离开小学读初二了，但我们之间仍然保持着很好的联系。她活泼、可爱，有时还会小调皮，经常会到学校或是家里来看看我，聊一聊家常，说一说小秘密。这样的一个孩子竟然消失在我的眼前。从此，我生活在了自责里。心中的我不停地问自己："邓老师啊，那天孩子来找你，你为什么没有注意到孩子的细节呢？为什么没有发现出孩子的端倪呢？你为什么没有及时地与孩子交流沟通呢？你应该细心一点儿，如果那样，孩子就不会离你而去了。"我心如刀绞，内心的伤痛让我无法原谅自己，这是我人生中永远无法弥补的一件憾事。从此，这件憾事时刻提醒着我：要把孩子的一切尽收眼底，要让教育因细节而生动。

张××是我众多学生中让我引以为傲的学生之一。刚接手他们班的时候，他给我的第一印象是：头发卷卷的，时常穿着洋气的皮夹克，一双棕色的靴子走路时都好像在奏乐，举手投足总让我觉得一点儿也不像个小学生，而是像在哪里见过的一个明星。同时，他根本不把我放在眼里，上课我行我素，要么埋头专心地研读着什么，要么在那奋笔疾书，要么对着窗外凝神思考，不会打扰我的课但也不会听我的课。我反思着：我应该怎样拯救这个孩子呢?

一天上课，我和孩子们正津津有味地游走在知识的字里行间。突然，我一眼又瞥见了那个头发卷卷的小男孩，他正埋头专心地写着什么。我真想健步如飞地走过去，什么也不说，气愤地一把把那本笔记本撕掉。我也好想大声地说：张××，把你写的本子给我拿过来，然后看也不看，一把撕掉。但是我注意到：他是那么专心地做着这件事情，那是一本厚厚的笔记本，写得已经只剩最后几页了。教师的直觉告诉我：这是他的宝贝，如果我不负责任地把它撕掉，或是暴露在同学们的视线里，那一定会带来无法想象的后果。于是，我忍住了，我继续给孩子们讲着课，慢慢地、悄然无声地来到他的身后。留心一看，原来，他正在摘抄美国音乐人迈克尔·杰克逊的有关信息，这时我才恍然大悟，他连自己的穿着打扮都在模仿迈克尔·杰克逊。我为自己没有惊动他而高兴，心中窃喜终于找到了拯救他的办法。于是，下课后，我悄悄地把他叫到了身边，告诉他我的偶像是迈克尔·杰克逊，其实我是为了接近他而故意这样说的。在他的眼神里，我看到了惊喜。

后来，我经常四处寻找迈克尔·杰克逊的海报给他，从他接过的眼神里，我看到的是感激。我们一起听唱迈克尔·杰克逊的歌，适时纠正他的发音，让他明白，要想更多地走进迈克尔·杰克逊，就一定要把英语学好，这时从他的眼神里我看到的是由衷的佩服。我们也经常会围绕迈克尔·杰克逊的一个话题而争论，这时从他的眼神里我看到的是对知识的渴望。有时，课上到动情处，我也会让他给我们唱一唱迈克尔·杰克逊的歌，孩子们热烈的掌声后，从他的眼神里我看到的是自信。慢慢的，我们成了无话不谈的好朋友，他喜欢上了我这个老师，喜欢上了英语。终于，经过一年的努力，他以优异的成绩升入初中的学习。后来，他的英语成绩一直都不错，现在他已经是大一的学生了。

在后来的教学中，我处处留意教育的细节，我也因此走进了一届又一届孩子的心里，成为他们喜欢的老师。“没事，孩子，我从你的眼神里看得出，你没有撒谎，你真的是把作业忘家里了，老师相信你。”这是我对一个不爱完成作业的孩子说的话。“孩子，来吧，勇敢地表达出来，其实你的心里已经想好了，我和同学们都非常期待你的回答，你一定行。”这是我对一个学习不很好，比较内向的孩子说的话。我也经常把班上的“调皮小头头们”安排当我的小助手，让他们在为班上做事的过程中增强责任感，体会为别人服务后得到表扬的美妙心情，明白班级是我们温暖的大家庭，我们每一个人都应该爱它，护它，让他们一天天改变，成为我们人人都喜欢的好学生。从此，教育的细节让我成为一名学生喜欢的老师。

我和孩子们的故事还在继续，成为孩子们永远喜欢的老师是我永远追寻的目标。我相信这些故事一定会伴我们共同走向成功。志愿服务也永远在路上。

血染的书橱

邹安音　四川省南充市旅游局

卧室很暗。无窗。唯有房顶的一片玻璃亮瓦透进阳光，映照尘埃的飞扬。

房里简陋无比。一床，一柜，一衣橱。衣橱厚重，黑油漆，雕龙画凤，本是母亲的嫁妆，却被哥哥当了书橱。

年幼的我单单钟情这书橱。趁哥哥不在，常常抽根小板凳，踮起脚尖，伸进小脑袋，黑暗中，怀着忐忑不安的心情，一本本胡乱翻阅那些“厚砖头”。因为很多字都不认识，我就专拣那些有画的书，抽出来用铅笔描摹。有一次我不小心踩翻了小板凳，牙齿被嗑出了血。哥哥看着乱七八糟的书橱训斥了我后，第二天买回一本《儿童文学》，怜爱地放进我手里。

哥哥文学天赋异常，因为他的熏陶，我自幼便吟诗作画，乡村田野中的一片叶，一朵花……在别人眼里是那么平常，但在我眼里它们却能摇曳出一幅生动的风景画。

我痴迷于哥哥买回的《儿童文学》，还记得其中的一篇文章，讲述一个少年在山野采摘野草莓受伤，被一个大伯相救的故事。也许人性善良的光芒从那一刻起就在我心底闪烁，并促使我记录生活中的点滴美。小学三年级时，有篇作文要求续写一个西藏农奴妈妈牵着孩子在雪地饿昏后的故事。课堂上，我抛开一切杂念，仿佛置身茫茫的雪域高原，任思维的马匹在疆场上驰骋。我听见了孩子的恸哭声，我看见了农奴妈妈苍白的脸，文学之火刹那间温暖了我，善良的光芒也炙热了高原上的人。一个牧羊人用仅有的食物救醒了昏迷的妈妈，又护送母子归家……几天后，当班主任邓定碧老师朗读这篇作文时，“她幼小的心灵播下了爱的种子，她写作的想象力实在太丰富了！”她动情地说道。

虽然贫穷的家庭始终不能让我穿上漂亮的节日盛装，但是家里的书橱却极大地丰富了我的心灵。哥哥把巴岳山山下的长河煤矿当成了心目中的天堂。虽然通往“天堂”的路很远，很苦也很累。他得在半夜出发，打着手电筒摸黑到煤矿，趁出矿的工人倾倒煤渣在山脚的小河沟之前赶到目的地。淘煤渣的人实在太多了，运气不好的人会一无所获的。哥哥“丰收”后，一部分挑回来留着家用，一部分就地卖掉，然后到矿上的图书馆买回自己喜欢的书籍阅读。

父亲是一名党的基层干部，风里来雨里去不幸染疾，他去世前留给我们几姊妹唯一的财富就是“好好读书，好好做人”的遗言。打我记事起，我们家和村里人家不一样：卧室里占据“半壁河山”的超大书橱。一家人最害怕夏夜里的暴风雨，风翻进窗棂板着脸吹灭了我们看书的煤油灯，母亲把我们抱成团坐在屋中干燥处，惊惧地看闪电一道道苍白的脸，躲在门缝里偷窥我们；如注的水流也会狡诈地袭过房顶瓦片的罅隙，倾洒到屋子里。床上、书橱上、丰收的麦堆上常常放满了盆盆罐罐，即便这样，雨水还是会打湿被子、书籍和粮食。天晴后，母亲一边晾晒床上的家什和麦堆，一边嘟哝着话语抱怨天气；而我们几姊妹则小心地翻晒书页，满心欢喜地看着太阳认认真真舔读字章的样子，发出“嘶嘶”的惊叹声和烟气，那时候，阳光下的诗行开始播种在我的心原，点点生根，发芽。

初中三年级时全校举行了一场声势浩大的作文比赛，题目是《一件难过的事》。仿佛心灵的牵引，九泉之下的父亲拉着我的手，一同漫步在山梁。蘸着点点血脉之情，在盈盈的泪光中，我在素洁的稿笺上仔细地描画父亲的身影，抒写父亲的胸臆。当这篇作文获得一等奖时，我喜极而泣，它是怎样助推了我文学追梦的步伐啊！

1987 年秋天，哥哥背着给我买的新被子，一手提着新买的水桶，一手牵着我走进了他的母校——邮亭中学。那时哥哥的诗文频频亮相报刊，他也同时成了乡村致富带头人和大足县的劳动模范。他出众的才华和相貌，以及勤劳善良的品格，受到姑娘们的青睐。哥哥，就在青春的花蕊和爱情的蓓蕾尽情绽放时，你为什么却要像一颗流星，划开辽远的苍穹，以刺痛的雷响，在我们的视野里陨落！那天黎明，在通往镇上的铁道岔路口，我不知道当呼啸的列车从你身边碾过的那一瞬，我的心是如何破碎的：怎么能归去？这里有你的亲人，有你的诗歌，有你的爱情和人生啊！

近在咫尺，我们却不能见面；我高声地呼喊，你却再也不能听见……我颤抖着手从哥哥身上搜出了一首还未完成的带血诗稿，将它放入进家里那个沉甸甸的书橱。

我坚决不承认哥哥已经离开的事实。他的目光就那样满含希望和忧悒地一直注视着我，鞭挞着我，直到我考上大学，参加工作，走过人生一程又一程驿站。

1999 年深秋，我抱着一大摞各地报刊发表的文学作品，走进了重庆新华社重庆青年报的大门，也走进了我用心血和梦想编织的神圣殿堂。我当了报社记者和主编，我酷爱的散文作品发表在更多的报刊上。当《海棠香国：难忘那山、那水、那情……》获得重庆市大足区全国征文一等奖，当我代表获奖者发表感言时，哥哥，你的身影又浮现在我的脑海。我无语哽咽：哥哥，不管年轮如何增加，时光如何变换，你和你的文字，你和你的书橱，你和你的面容，你和你的品格，都像脊梁一样挺拔在我的心中！我该拿什么来祭奠你？就让我用一生的挚爱，继续你的文学追梦吧！文学艺术的力量和精神，这又何尝不是一个国家和民族的脊梁和魂魄，它永远如月华那样，无论走过怎样沧桑的岁月，都将在人们的心底熠熠生辉。

淡墨书香浸润人生

——做温润如玉的智慧女性

张桂碧　巴中市巴州区甘泉小学

“谦谦君子，温润如玉”，本是金庸先生用来形容男子的独创，可谁又能否认淡墨书香中的女子没有这“玉”一般的灵性呢？曾记得有人说：“女人是用来看的。”的确，生活中有“花瓶”的存在，但是我更欣赏淡墨书香中的姐妹，欣赏她们温润沉稳，含蓄坚毅，不露锋芒，不事张扬，却自现价值的个性。

书澄可以明心。如果说充盈着浓郁香气的香奈儿可以为我们吸引世界的眼球，那淡墨书香则会让我们为世界播撒一抹纯净的微笑。我喜欢带着这样的微笑，静静地行走于这清浅的岁月。

教师这个职业承载着我的人生理想，虽然清贫，但却是太阳底下最光辉的职业；没有丰富的物质生活，却可以感谢有书和充满阳光的生命相伴。沐浴在书的海洋，常会感受阳光的明媚，涤去一身的疲惫。记得初为人师时，曾有过太多的困惑和迷茫，是苏霍姆林斯基用他博大的教育情怀为我指引了教育的方向。“微笑和赏识”是一个生命为另一个生命升起的最美航灯。在忙忙碌碌的教育教学工作中，发现学生的闪光点，给学生以生命前行的人生动力，这让我收获了很多看似意外的生命惊喜。2012 年 9 月 10 日的教师节，一位正在执行“援助非洲计划”的老学生给我来信：“人生的转折点难得会有贵人相助，您就是我遇到的一位。现在回想过去的求学和工作经历，遇到您确实是我人生的一个转折。”这是一位班级排名 30 多的学生，想参加班长竞选活动，却不是很自信。感谢淡墨书香的积淀，让自己在一个生命向另一个生命发出心灵询问时，给予了生命的微笑和鼓励。

书的熏陶可以改变人生的宽度和终点。作为一名教师，不仅要自己喜欢博览群书，增长自己的智慧；更要在“润物细无声”中影响自己的学生，使更多的学生喜欢读书。我们学校有很多外来务工子女，他们的父母多从事打鱼或小买卖等职业，家庭读书的氛围不是很浓烈。在日常教学之外，班级里建立了读书角，我也常常与这些孩子，特别是来自这些家庭的女生谈心，为他们介绍好的书，打开她们生活的视野。2009 年国庆 60 周年《烟台日报》水母网的国庆征文中，来自甘肃天水的石娇丽同学关于西部女童的心声——《我爱我的祖国》一文获奖并在水母网发表。淡墨书香温润了人的性情，也润泽了一双双求知的眼睛。看着这些孩子在正能量的引领下扬帆起航，这也许是只有教师才能体会的幸福吧！

书不仅给予我生命给养，也让我学会了思考。工作 16 个春秋，我先后有 5 篇论文发表在国家、省级和市级刊物上，其中《我国中小学自主办学的权限及存在问题》一文被《教学与管理》采纳，并且论文标题被编印在杂志封面。2013 年烟台市暑期读书征文，我撰写的《赏识你的学生》获得烟台市二等奖。这些收获的不仅是认可，更多的是人生的智慧。是淡墨书香的浸润，使我懂得在生活的磨砺中调整自己，像玉一样温润自己。以“宠辱不惊，闲看庭前花开花落；去留无意，漫随天外云卷云舒”的淡泊和坦然的心境去书写人生智慧。

书给了我教育的智慧和睿智的思想，也给了我坚强的内心。2009 年的春节，患有严重胃病的父亲住院，看着日渐消瘦的父亲，医生叹息摇头，只是让出院。母亲慌乱无措，但那一刻，我想到了海伦·凯勒，张海迪，朱彦夫，我知道我要坚强、镇定。跟医生沟通后，针对父亲的情况，开始四处求医，查阅中医资料、仔细研究病例，终于协助医生为父亲找到了治疗病症的良药。现在，看着已经好起来的父亲，真的感谢书的力量，使我有勇气去面对人生的磨砺；这些经历也使我更加深切体察到父母的恩情，在日常生活中时时铭记“感恩”。

与书相处，知己交谈，存三分素静，一份淡泊，取几缕风中古意，在前人的镜子里，看到相同的自己，沉凝、思索、忧郁和欢喜。随着年龄的增长和时间的推移，书香淡墨带来的阳光时时围绕着我，这份温暖和幸福也让我的生命逐渐丰满起来。也许我们并不漂亮，容颜也会随着岁月流逝而日渐枯萎，但书香淡墨的浸润，却让我们历经人生淬炼，而愈发地像玉一样外表温润淡然，内心坚强坚守！就这样微笑着温柔地走过人生的每一步，把握每一缕四季的芬芳，让生命的状态呈现出更为成熟的圆润。

不忘初心，方得始终

——读杨绛先生系列作品有感

廖　埕　四川省审计厅财政审计处

第一次读杨绛先生的作品，是在大学时期，那是一篇名叫《第一次下乡》的散文，写的是杨绛先生被下放到农村接受“社会主义教育”的苦难生活，当即被她诙谐的文笔所吸引，于是开始搜集她的其他作品，一一拜读。在这个过程中，我才知道此时的杨绛先生已经有 90 多岁的高龄，早已是文坛巨匠，可是读她的文字，竟处处充满孩童般的纯真，全然不敢相信她已是近百岁之人。随着阅读的深入，我对杨绛先生的阅历有了更多的了解，越发感觉到她原来始终都在“忍生活之苦，怀赤子之心”。正如她在书中写的：“一个人经过不同程度的锻炼，就获得不同程度的修养，不同程度的效益。好比香料，捣得愈碎，磨得愈细，香得愈浓烈。”这就难怪她的文字简单朴实，平实灵动，就像一位智慧温婉的女子在娓娓讲述，却比当下流行的各种文笔更打动人心。

少年时期读杨绛先生的文字，感受到的是她“淡泊明志，宁静致远”的高尚气节；工作后读她的文字，感受到的是她“不论在多么艰苦的境地，从不停顿的是读书和工作”的执着；成家之后读她的文字，感受到的是她温润宽厚，默默付出的家庭相处哲学；待到为人母之后，杨绛先生对女儿钱瑗潜移默化地言传身教又成为我教育孩子时所学习的典范。

杨绛先生的一生是传奇的，她出生于开明的知识分子家庭，家境殷实，用现在的话来说，就是一位标准的“白富美”，可是她并未像大多数“白富美”一样选择一名“高富帅”，过上安逸舒适的阔太太生活，而是选择了同样有着书生意气的钱钟书先生作为人生伴侣。在与钱钟书成家后，他们一家一度艰难度日，为了补贴家用，原本在家相夫教女的杨绛立刻变身职场“女强人”，她在一所小学当校长，还为阔小姐当家教，业余时间还在写话剧剧本，尽管生活又苦又累，可是她却始终毫无抱怨，还幽默以对，这在婚姻当中表现出来的自强自立的“现代意识”恐怕让当下的女性也自叹不如吧。而我们当代的职场女性，常常挣扎于家庭和工作之间，疲于奔命，怨言良多，比起杨绛先生的坚韧和淡定，我们的修为差距岂止是一点点？

与内心的淡然相反，杨绛先生对祖国的爱可谓是炽烈的。她在《我们仨》中写道：“一个人在紧要关头，决定他何去何从的，也许总是他最基本的感情……我们是文化人，爱祖国的文化，爱祖国的文字，爱祖国的语言。一句话，我们是倔强的中国老百姓，不愿做外国人。”在中华人民共和国成立前夕，她和钱钟书谢绝了国外名校的邀请，坚定地选择留在祖国。尽管在后来的政治运动中，两人也没少吃过苦头，但杨绛先生从来没有后悔当初的选择。先生的爱国情怀，比起现在那些动不动就大肆感叹“少壮不努力，老死在内地”的所谓“民主斗士”们，以及那些纷纷选择“赴美生子”、加入外国国籍的当代明星大腕们真的不知道要高尚多少了。

“不忘初心，方得始终”。先生曾说过她的愿望就是“安安静静做学问，与世无争，与人无争”，她说到，也做到了，无论处于何种境地，先生都不忘辛勤笔耕，在面对政治运动的狂风暴雨时，她完成了西班牙文学名著《堂吉诃德》上、下集的翻译工作；在女儿和丈夫相继离世后，她用文字对抗孤独和悲伤，在 90 多岁的高龄相继创作了《我们仨》和《走到人生边上》两部作品。现如今，先生已经离我们而去，可是她的作品和精神将会永远影响着世人。

一个世纪以来，作为钱钟书眼中“最贤的妻，最才的女”，杨绛先生在命运不公时坚强乐观，在名气汲汲时悄然低调。她智慧而温厚，从不飞扬跋扈；她坚强隐忍，却能保持内心自由；她温厚谦让，却疾恶如仇。她用传奇的一生告诉我们，不论在逆境和困苦中，还是在名气和地位前，保持一颗孩童般的赤子之心是多么重要，用一颗纯粹而坚定的心捍卫人生信仰，实现人生价值，这样我们的生命才能如香料一般，捣得愈碎，磨得越细，香得愈浓烈。

家书篇

Part 01

写给父亲

致敬爱的父亲

李娅玲　中国水利水电第五工程局有限公司渝蓉高速公路路营有限责任公司

亲爱的爸爸：

这一眼便是永别，这一句嘱托便是遗言。您这一走便是7年，我一个人走过了7年的路，这条路上不再有您的声音，家里不再有您的影子，没有您生前的照片，只有手机里的一张您躺在棺材里静静睡去的冰冷头像。您穿过的一些衣服都烧了，用过的生活物品也都丢掉了，年长的老人说留下您的东西不吉利，我反驳他们，他们指责我不孝，我把他们从家里赶走，连妈妈和弟弟都被我赶出家门，抱着您生前穿过的衣服痛哭，哭得声音都沙哑了，心痛得无法呼吸。那一年的冬天，我似乎对一切都有预感，一种可怕的预感。

2010年11月的一天，我晚上做梦梦见弟弟手摔断了，接着又梦见妈妈生病住院了，醒来拿起手机给家里打电话得知亲人都平安无事，便没心没肺地继续睡觉。那年的冬天特别冷，穿得很厚都感觉不到暖和，我却不知就在我做梦的那一晚您出事了。您交代所有人不许告诉我，不能让我知道，不能因为您的病影响到我的生活和工作，您为我考虑了一切，做了我最强大的后盾。可是，爸爸，您可曾知道这并不是我想要的，我要的是您健康地活着，我要的是每天打电话回家您依然能接电话，能与您交谈生活、工作、理想以及家里近况……7年的日子里，我每每看到手机里您的照片，说不出一个字，只有泪。真想给自己两刀，狠狠地刺下去。在您住院期间，我没有尽到女儿的本分，回来照顾您，就连您动手术也没有回来。您的脚趾头被石头砸得粉碎，做手术时需要用自己身上的肉填补脚上的伤。在身上取下一块肉可以想象该有多痛。手术后的第二天晚上，我来到医院看见病床上的您远远地对我伸手，问我冷不冷、饿不饿。从来不在父亲面前哭，从来不在父亲面前表现出不好的心情，那晚我依然忍住心里的酸涩没有流露我内心的伤悲。

一个星期后您出院了，对我们那个大家庭来说是一件非常高兴的事。我们都以为您出院后在不久的时间内就能正常走路了，万万没有想到您出院一个星期后噩梦就来了。2010年12月21日中午，您说想吃回锅肉，我刚刚喂了您两口饭，突然之间您就把嘴里的饭吐了出来，然后就在床上翻来覆去地翻滚，表情特别痛苦，我抱着您一直不停地喊：“爸爸，爸爸……慢慢的，您安静了下来，接着脸色也变了。您在我怀里说了最后一句话：“娅玲，我不行了。”就这样您永远地闭上了眼睛死在我的怀里，短短10分钟的时间您就为自己的人生画上了句号！

我们的爸爸在与病魔斗争了33天后，终于精疲力竭地走了。

多想再为您热敷一下因输液而肿胀瘀青的双手，多想再为您因脚受伤不能行走再洗一次脸，多想为您再剪一剪手指甲和脚趾甲，多想为您揉揉困倦的肩背，多想再大声地、歇斯底里地喊一声爸爸，现在谁来回答女儿的呼唤，谁会打来长途电话叮嘱我在外面要吃饱穿暖，工作累了就回家，谁还会得知我要回家的消息提前一个小时在街上来接我。

从我们懂事时起，爸爸您就教育我和弟弟做人要诚实，以德为先，大气、善良、孝顺第一，这是做人的根本。干工作要脚踏实地，学知识要勤奋钻研，做事情要有始有终。您曾当过两年兵，退役后回家乡任村支书。您有 7 个兄弟姐妹，其中 5 个是您养大并供他们读书的。您整日为村民解决问题东跑西奔，同时对村上农业生产的增值费尽心思。您一生为老百姓谋福利，倾尽心血为这一事业奋斗。每年过年我们家的菜都比别人家简单，您的工资是这样分配的：三分之一给爷爷奶奶，三分之一养您的弟弟妹妹，另外的维持家用和资助村里贫困老百姓。弘扬一代党员恪尽职守、基层干部办实事的作风，可是您却经常一整天饿着肚子。

我读初中的时候条件稍微好些，每逢有好的都要先给爷爷奶奶留着。从我记事起就从来没有吃过鸡腿，我们家的鸡腿都是给爷爷奶奶吃的，我和弟弟只能看看。爸爸给我们树立了典范，我效仿这一优良传统教育我的孩子，继承您的以德为先，孝顺老人为大的优良品德。生为之辉煌，死亦生命不朽。

爸爸您就是我们儿女心中的太阳，您的光辉始终照耀我们及其身边所有的人。从小到大，我们看到的是一个性格鲜明，爱憎分明，刚正不阿的父亲，一个顶天立地的男子汉。

我敬爱的爸爸，请您放心，女儿将会把您的团结、互助、奋斗进取的精神一代代地传承下去，定不辱没我家门庭。

爱您的女儿

写给爸爸的一封信

杨早翠　东方电气集团东方锅炉股份有限公司

我最爱的爸爸：

您还好吗！

还记得，女儿这么正式地给您写信，是上小学写书信作文的时候。真是时光匆匆，流年如水。默默回首，您年已及艾，女儿已成家立业。月无言人渐老，岁月悄无声息地在尘世已转过了二十几个轮回。

我最爱的爸爸，女儿想对您说："您辛苦啦！"还记得小学时您用珠子耐心地教我算算术；初中时您风雨无阻地准时接我上晚自习；高中时您每周精心地为我准备住校的生活用品；大学时您三天两头关心我的身体和生活状况。这些都历历在目，让女儿铭记于心。这一路走来，女儿每一天的成长都是您用心血浇灌出来的，您为女儿付出了最伟大的爱。也许，有人会说，对于一位父亲而言，是理所当然，天经地义。但女儿不这么认为。

我最爱的爸爸，女儿想对您说："您是最坚强，最伟大的。"还记得去年春节上完坟在回家的路上，您对我和哥哥说："咱们现在的生活挺幸福。"在您和您哥哥像我们这么大的时候，已承担起了所有的生活重担。您说："在您28岁的时候，爷爷患癌症去世，继而不到一个月的时间奶奶也因悲伤郁结而长辞人世。”痛失双亲，对您来说真是天塌下来了，叫天天不应，叫地地不灵！但是看着幼小的我和哥哥，您说生活多苦多难还是要继续。您说：“当时考虑到您和妈妈要下地干活，我和哥哥在家无人照看，只能托亲戚将我俩送到学前班。”鉴于我年龄太小，校长还跟您开玩笑说：“您是想让老师当保姆帮您照看娃。”我真是无法想象当时的您是怎么度过那么黑暗的时光。是怎样的痛苦，怎样的无助，怎样的挣扎，又是怎样的勇气。听您说着这些，女儿心里五味杂陈，百感交集，泪花在眼眶里打转。您转头问我说：“女儿，你还能记得爷爷、奶奶的容貌吗？”我假装从容地笑着搂着您的肩膀说：“不大有印象。”您微微笑着说：“也是，那时候你才3岁多。”您轻轻地摸着我搭在您肩上的手说：“没事，一切都过去了，现在都挺好的。”然后我把脸贴近您脸庞轻柔地说：“爸爸，您太伟大了。”您笑了笑。爸爸，您知道吗，女儿那一刻心都是融化的。

我最爱的爸爸，女儿想对您说：“我爱您，很爱您！”真是惭愧，女儿越是长大，越是疏于对您情感的表达。但在女儿心里，真的深爱着，歇斯底里地爱着您。我虽然不在您身边，但是心一直陪伴着您，牵挂着您。我上学时的一份好成绩，老师的一次表扬都第一时间告诉您；住校时节省生活费只为周末回家给您买一份水果；冬天为您精心挑选购买的羽绒服和保暖鞋；定期问候您家里是否有救心丸，总担心您那不听话的冠心病；晚上睡前总要叮嘱您喝牛奶……女儿所做的点滴，您是那么开心，那么激动，那么满足。无论您白天多忙多累，晚上总要抽时间跟女儿视频，说视频一下您和妈妈才能睡得踏实。爸爸，您的爱太浓太烈，女儿这辈子都无以回报。您总是把为女儿做的所有都缩小成一个点，却将女儿为您做的点滴放大成一个圆。

我最爱的爸爸，女儿想对您说：“我很心疼您！”看着您手上厚厚的老茧，额头上深深的皱纹，鬓角苍苍的白发，身上累累的伤痕，女儿好心疼。心疼您因为多挤点时间干活而在炎炎烈日下滚烫的汗水；心疼您在农忙时没日没夜地干活而累坏的身体；心疼您在我们最困难时为了我们兄妹能有最好的条件而向别人借钱时所看的脸色。我心疼您的辛苦，心疼您的汗水，心疼您的委屈，心疼您累坏的身体，心疼您所承受的痛和苦。您付出所有的一切，都是为了咱家，为了我和哥哥能够更好地生活。爸爸，您是最伟大的。在今后的生活中，就让女儿来呵护您，疼爱您吧！

我最爱的爸爸，女儿想对您说："您是女儿的骄傲，更是女儿的榜样。"虽然我们的生活并不富裕，但您却给予我和哥哥最美好的生活。我想起刚学英语时想要但没说出口的复读机；上高中时那辆漂亮但昂贵的自行车；住校时那充裕而周到的生活用品……虽然不是攀比，但我和哥哥拥有的一切不比别人差，不比别人少。爸爸，女儿很知足，我和哥哥优越生活的背后只有您知道承担了多少。俗语说："穷人的孩子早当家。"从懂事起，我并没有觉得穷人家的孩子有什么不好。妈妈身体差，做过三次大手术，我从 10 岁多就学会了洗衣做饭，打理家务。还记得当时个头太矮，够不到灶台，洗碗都要站个小凳子。爸爸，您知道吗，正是我学会了这些，所以我只身在外，不仅可以照顾自己，而且还能力所能及地帮助别人。爸爸，您以身作则，教导我们真诚做人，踏实做事，心地善良，乐观上进。邻里之间，您相处和睦、与人友善、互帮互助。正是因为您的为人，妈妈那年病危您不在身边，邻居叔叔婶婶及时把妈妈送往医院才有幸捡回了一条性命。爸爸，您教会了女儿太多。我很荣幸能做您的女儿，您是女儿的骄傲，更是女儿的榜样。

我最爱的爸爸，女儿想对您说："您是我们家的骄傲。"看着现在家人其乐融融，安稳幸福的生活，您真的是劳苦功高。常言道："父爱如山。"可您这座山太巍峨、太高大了，女儿需用一生来守望您。时光流转，请帮我留住爸爸那日渐衰老的容颜，让我用绵薄之力来报答爸爸那深沉而浓烈的爱。

祝：爸爸身体健康，生活幸福，万事如意！

此致

敬礼！

女儿：翠

致父亲

王亚琴　眉山市供排水公司

亲爱的父亲：

您好！

很久未以这种方式向您表达情感了。记得第一次给您写信是在成都读书时，当时第一次离开您，第一次一个人在外学习生活，第一次深深地感受到对您的想念……书信的内容早已模糊，只记得自己边写边流泪，止不住的思念，止不住的感动。还记得您后来对我说，您也是边流泪边看完信，同样止不住的思念，止不住的感动。

时间飞快，如今，您已经71岁了，身体日渐衰老，使得您每日都要靠吸氧来维持生命，我心里对您除了心痛，还有深深的愧疚，愧疚对您付出得太少太少了。记得前年您住院，夜里病房里只有我们父女俩，您流着泪向我倾诉了许多您受的苦，您的一生。您说这一生，没有人能真正理解您，我默默地听着您诉说，最后默默地走出病房，在楼梯角落流泪。

今天，我很想对您说，父亲，我是懂您的。

今天，让女儿以这种方式来慢慢地读您，好吗！

我知道，1946年，您出生在一个风景美丽得几乎与外界隔离的山村里，出生在一个极其贫困的家庭，那时爷爷在外工作，常年不能回家，家里太穷，最好的东西也就莫过于一口稀粥。您4岁就开始帮家里做事，因为家中只有奶奶和您，日子太过于难熬了。接下来就是您弟弟妹妹的相继出生，您是长子，自然担负起了家中的重担。瘦弱的身躯从此就要经受风吹雨打，经受命运的不公，下地干活，照顾生孩子的奶奶，照顾弟弟妹妹。白天是一刻不能停止，还要被村上的人打骂；晚上肚子空空的想借睡觉来转移注意力，却是冬天没有棉被，夏天到处是蚊虫和跳蚤让您一刻也睡不安宁。奶奶没有文化，却是个很懂理的人。她说唯有读书才能脱离苦海，就算再难也要让您读书。日复一日，年复一年，种种辛酸与痛苦都在继续，您和奶奶就这样相依为命地过着日子。没想到粮食难关又来了，对于穷人来说这更是个死劫，您说您吃过白沙泥，吃过树皮，吃过蚂蚁，吃过蚯蚓，幸运的是一家人都活下来了。在那样艰难的情况下，您还考上成都的一所中专，不仅不花学费学校还要补贴钱，这无疑是个天大的喜事啊。就这样，您背上了两件补丁衣服到了成都，就在学校，您吃到了16年来的第一顿饱饭，那种幸福的感觉让您现在都记忆犹新，您终于走出去了……毕业后，您分到了当地供电部门工作，当时只有几个人，您应该算是单位的老革命了吧，对工作是兢兢业业、任劳任怨，把工作当作自己的家事一样对待。看，如今的供电部门是多么壮大，而如今您只是一位瘦弱的老人而已。

我知道，您35岁时才有了我。您用一颗慈爱的心来爱着我，让我的一生受益无穷，并充满了感动和爱。说到和您的感情是用不着加修饰的，那是至真至纯的情，您延续着奶奶的慈祥，对子女无私的爱。只记得我小时候经常跟着您到处走，您给我捉麻雀，捉蜻蜓，捉蝗虫玩，总之，小孩子喜欢的东西您都给我找，快乐的童年是因为有您，天真的童年是因为有您的呵护才如此难忘。您总是会温柔地对我说话，对我讲一些人生的道理，您总是能宽容我的一切，就算我对您发火，您也会从不计较原谅我。我上学时，您总是在睡前给我冲一杯牛奶，考试前睡不着时，您总是摸着我的耳朵哄我入睡。我刚参加工作时，在较远的城外，您每天骑自行车送我上班，接我下班，总是不放心我。不管我有钱没钱，您总是变着法儿背着我妈塞钱给我。我结婚了，您每天都要过来看我一次，怕我这样做不好，那样做不好，来一次就拎出我们的脏衣服洗，还时不时过来给我做饭。我有女儿时，是您在医院日夜照顾我，然后一直帮我带孩子。直到如今，我的女儿都已经 13 岁了，而您却在不知什么时候已经患上了严重的肺病，身体每况愈下。眼看着您日渐苍老，看着您时常被病痛折磨，我心好痛。

我知道，您对我的爱是无私的。而如今，我却因为很多琐事少了对您的关心与照顾，还时不时与您发脾气，烦您由于生病而导致的啰嗦与偏激。其实，每次过后，心里都是自责与懊悔。我问自己到底是怎么了，我怎能如此对待我曾经最依赖、最信任、最喜爱的父亲。是因为各种压力吗？不是；是因为不孝吗？不是。细细想来，是因为我太依赖您、信任您，以至于我已为人母了，在您面前还像个小孩子，我害怕看到您的身躯不再挺拔，我害怕看到您眼睛里的疲惫，我害怕看到您在我面前不再强大，我害怕长大，我害怕失去您的庇佑……

父亲，对于此，对于您，我深深地感到愧疚。我想对您说一声，父亲，对不起！我深知，我该长大了，我该成熟了，我该担负起对您的责任了，我该用我的臂膀去保护您了，我欠您的太多了！

父亲，您辛苦了一辈子，得到的太少。也许您一生都是这么难，这么苦，但我要说您有我，有女儿的爱，真的，女儿很爱您。不管何时，何地，不管我说与不说，您都应该相信，女儿是世上最爱您的人，也请您相信，女儿是最懂您的。

亲爱的父亲，谢谢您对我的爱！

亲爱的父亲，愿您保重身体，长命百岁！

爱您的女儿

写给父亲的一封家书

王蕾蕾　中铁二院工程集团有限责任公司

亲爱的爸爸：

巴基斯坦的夜异常炎热，还伴随着不停歇的祷告声。亲爱的爸爸，您是否知道远在几千公里之外的女儿多么思念您。

现在国内已经是万籁俱静的深夜了。我坐在电脑前，成长的经历就像电影般在脑海中一幕一幕回放。日子总是如从指尖滑过的细沙，在不经意间悄然逝去，转眼三十几年过去了。

您一定还记得那个牙牙学语的我，还记得那个蹒跚学步的我，还记得那个调皮捣蛋的我，还记得那个窝心温暖的我。您总说不经意间已错过了我的成长，不知道什么时候女儿已经长大。

小时候，爸爸对于我而言，是一个熟悉而又陌生的字眼。在我成长的岁月里，有您在身边陪伴的日子总是少之又少。那时候，我总是难以理解，别的孩子有爸爸陪伴去公园的时候，我的爸爸在哪里？在我的记忆里，您总是在出差、开会、加班，总是没有时间陪我。因为您和妈妈没有时间照顾我，我 6 个月就上了幼儿园，我常常打趣地说，我的学龄比一般的孩子都长。小学到中学的 12 年，您只给我开过一次家长会，还因为要加班而提前“溜号”。可我依然还记得 5 岁那一年，您第一次带我去旅行，那次没有拍下一张美美的照片，因为您不会给我扎辫子。可是爬山的时候，您拉着我的手，告诉我无论前面的山有多高，只要坚持不放弃，一定能够登上顶峰。那是我第一次感受到通过自己努力爬到山顶的喜悦。还记得，不知道有多少个深夜，当我醒来时，您还在伏案工作，可当我起床时，您早已去上班。我也还记得，小时候我学游泳、学骑车，看着我满腿上的瘀青，您总是说呛口水、摔摔跤就学会了。那时小小的我无法理解，我的父亲为什么永远那么忙。我也会发脾气跟您说，您不爱我，您只爱工作。

2012 年，我第一次背起行囊踏上异国之行，参与到公司的海外项目建设中。40 多天的时间，让我认识了一群和您一样的铁路人，他们远离家乡、远离亲人。他们中最长的一年在项目部工作 300 多天；有的人刚结婚就到了项目现场；有的人初为人父，就不得不错过孩子最初的成长；有的人将为人父，却无法守在妻子的身边。让人特别心酸的是，他们的孩子总是以为爸爸在电脑屏幕的后面。这一趟远行，这些普通的工程师们用自己的付出让我震撼与感动，同时也让我第一次深刻理解了我的父亲，理解了您所有的付出与坚守。有谁不思念自己的亲人，有谁愿意错过孩子的成长，你们这一群普通的铁路人，用自己最质朴的努力，书写着中国铁路发展的壮美诗篇。

如今，我已经在这个您为之奋斗了一辈子的企业工作了 9 年。您付出一生陪伴着这个企业的成长，如今我用我的努力正见证企业的腾飞。9 年里，作为这个企业的法务工作者，我参与了几千个合同的审查，参与了成百个各类项目。我出差的时间越来越多，走过了世界的许多国家，坐过几十个小时的飞机，体验过近 50 度的高温，去过许多艰苦的工地，也体会过几个月见不到亲人的思念。我工作越来越忙，陪伴您和妈妈的时间越来越少。2015 年您做手术，我却在遥远的南美出差，当我回到您的身边，您身体那么虚弱却微笑着告诉我，没有关系，爸爸理解你，工作重要。

日子一天一天过去，您的女儿已经长大，传承了您的事业，继承了您的衣钵。我曾经以为，在我的世界里爸爸是一个缺位的概念，直到长大我才明白，在我的成长中，您一直伴随我左右，您用您身上点滴最可贵的品质潜移默化地影响着我，您教会我要勤勉工作、谦逊做人；您教会我要努力奋斗、持之以恒；您教会我面对困难要勇敢、坚毅。是您，让我一路长成更好的自己。

在我看来，家风，就是小时候的日常生活中，父母亲最简单而又最有道理的那些话语，家风虽是无形的、潜在的，但对我们的影响却是巨大的。父母的行为像一本多彩又鲜活的教科书，会伴随着孩子健康地成长，对孩子起着耳濡目染的影响。你们身上的那些点滴是一种家庭文化的积淀、伦理道德的传承，成为铸造我成才的熔炉。从小你们教我尊老爱幼，宽容博爱、善待他人、重礼谦让，勿以善小而不为，勿以恶小而为之。我的优秀品质，是在你们的言传身教中培养起来的，对我潜移默化的影响不可谓不深。

正如美国巴尔博士所说："孩子的心是块奇怪的土地，播上思想的种子就会获得行为的收获；播上行为的种子就会获得习惯的收获；播上习惯的种子，就会获得品德的收获；播上品德的种子，就会获得命运的收获。"家庭是一所学校，每个家庭教育有着自身独特的方式。此时此刻，我要对您说，如今女儿已经长大，终于可以理解您曾经因为工作忙碌错过了女儿的成长，更能体会您对工作百折不挠的付出精神。到今天，我多想告诉您，您从未错过我的成长，正是因为您的影响，我才能健康地长大，成为一个有理想、有追求、有情怀的人。您的女儿将以您为榜样，愿为企业的高速发展不懈努力，愿为中国铁路走出去的事业贡献自己的青春和热血。

爱您的女儿

写给父亲的信

周　莉　国网宜宾供电公司江南分公司

亲爱的爸爸：

这是我给您写的第一封信，您看到这封信会不会觉得很吃惊呢？因为在女儿心里有太多的话想要对您说，但是提笔重千斤，此时却又不知该从何说起了。

当我从医生那里得知您罹患癌症的消息时，整个人一下子蒙了，脑子里一片空白。我在心里不停地问自己：这是真的吗？一定是老天爷在跟我开玩笑吧！您的身体一向都是那么健康，每天锻炼的习惯也坚持有20多年了，体力让年轻人都自愧不如，让我怎么能相信和接受这个事实呢？这个突如其来的消息，让我的心久久无法平静，思绪也不禁回到了过去，往事就像电影般一幕幕地浮现在我脑海里。

爸，您年轻的时候参军到了西藏，妈妈和哥哥也随军和您一起待在了那里，把还在襁褓里的我留在了老家，交由外公照顾。当时的通讯和交通都很落后，你们回家的次数也是屈指可数。由于长时间的分离，父亲和母亲对于我来说是个陌生的字眼，我并不像其他孩子那样想念着父母，在我心里最亲的人就是外公。你们回家探亲时，我对你们的称呼还是“叔叔”跟“阿姨”，现在想起来都觉得好可笑。

在我上小学的时候，您和妈妈也离开西藏调回到家乡城市工作，也把我和哥哥接到了身边。这才开始真正意义上的一家人的相处，可惜相处的过程却并不融洽。

因为从小父母都没在身边的缘故，外公对我非常的疼爱，舍不得让我受半点的委屈，对于我的管教也很宽松，所以也养成了我自由散漫的个性。但偏偏你们都是异常严厉的父母，尤其是您。对我实施的就是军事化的管理。每当我犯了错，闯了祸，又或者是没有达到您要求的时候，您对我也从来都是正言厉色的责罚。就连吃饭慢了，成绩不好，回家晚了，同您顶撞，等等，都会成为我被您贬责的理由。这一切都让我无所适从，倍感委屈，很多时候都会独自偷偷落泪，更加想念远在家乡的外公。

所以小时候的我很是怕您，始终不曾与您亲近，然而这样的畏惧与不满并没有随着时间的推移而变少，反而让我们之间的隔阂与疏离越积越深。那时的我就在心里暗自发誓：我一定要早日逃离这个家，挣脱您带给我的桎梏。等到工作几年以后，我如愿以偿地有了自己的小窝，搬出了家里，拥有了梦寐以求的自由。终于再不用被您管束，不用再为了琐事与您争吵。我也很少打电话问候您和妈妈，就连偶尔的回家也被我当作是例行公事，完全没有考虑过你们的感受，就这样自顾自的生活了好些年。

我曾经以为我可以对您不管不顾，坦然面对您的一切，但当我知道您患重病的时候，心里涌出的感觉五味杂陈。在您生病住院期间，我们有了几次的促膝长谈。爸，您是一位不懂表达的父亲，而我也遗传了您的这个基因，成了一个不懂表达的女儿，我们平静对话的时候少之又少，更多的就只有争吵和谩骂，都给彼此带来了无尽的伤害。我们总是把最宽容的样子留给别人，却把最恶毒最伤人的话留给了自己最亲的人！

看着您满头沧桑的白发和那张爬满皱纹的脸，曾经像山一般的身体日渐蹒跚，我知道我还是放不下，您毕竟是赐我生命，同我血浓于水的父亲啊！我一直都被自己的偏执和恨意蒙蔽了心眼，没有听清您责骂中包含的爱，唠叨里透露的关心。没有看见您隐藏在心里最深处的爱！我用冷漠和不在乎来伪装自己，错过了太多与您相处的时光。直到此刻我才发觉自己的无知跟幼稚，在这里我要向您郑重的道歉！爸，请您原谅女儿过去的自私和冷漠！如果可以回到过去，我一定不会再让自己重复同样的错误，一定多听听您真正想说的话。

爸，虽然现在的您可能会面临时间的有限，也会遭受病痛的折磨，但请您千万不要放弃！我知道您有一颗坚强而乐观的心，还有军人的气魄和刚毅，所以也不要惧怕，让我们一起努力来对抗病魔。即使我们不知道分别的那一天会几时来临，但也请您不用担心，不管前方的路有多艰辛多坎坷，还有我与您共同度过！

此致

敬礼！

爱您的女儿

写给爸爸的一封家书

万 霞 华润三九（雅安）药业有限公司

亲爱的爸爸：

“总是向你索取，却不曾说谢谢你；直到长大以后，才懂得你不容易……”这朴实无华的歌词，时常萦绕在耳畔，牵动着我内心深处的思绪，梦里回到了那遥远而又熟悉的画面——永久自行车、熊猫黑白电视、秋收的场景……

记得那是1991年的夏天，因为新学期开学，我就要去离家5公里远的复盛中学上学，您省吃俭用给我买了一辆“永久牌”自行车。在那个年代，能骑上自行车上学的女娃儿不算多，我却是那为数不多中的那个幸福女娃。那时，您还给我们家买了一台熊猫牌黑白电视机，我们一边掰玉米，一边看聊着西游记的剧情……那时，您爱给我讲《西游记》《水浒传》的故事，还爱给我讲一些历史人物的故事。您总是鼓励我多读书，读好书。您，开启了我对知识的无限渴求，您，犹如汪洋大海里的灯塔，照亮了我人生前进的方向。

也记得那年秋收的情景：您一大清早就去麦田里割麦子，您挑着一担担麦穗回家，看着您满脸的汗水，看着您肩上那深深的扁担压痕，我的心好痛好痛；当您将麦穗拌在拌桶里时，那些拌出来的麦穗溅到了您的脸上，裸露的手臂上。您的脸上、手臂上满是麦穗的割痕；那时，我的心也是一道道的伤痕。您总是默默地劳动着，无私地付出着，从来没有一丝怨言。您，让我深刻领悟到了“一分耕耘，一分收获”的道理。

还记得在那个物质与文化并不富裕的年代里，邻居有时会为了一点点小事斤斤计较。记得我们家修盖新瓦房时，邻居为了宅基地的事情，和您争吵。您选择了忍让，选择了宽容，不但没和他们计较，还原谅了他们，处处为他人着想。“腹中天地宽，常有渡人船”，这就是您的心如大海、心胸宽广。您，教会了我在人生的道路上心胸辽远，让我的人生之路愈走愈加宽广。

同样也是一个夏天，一个我永远不会忘记的——1995 年的夏天。我从睡梦中醒来时，您走了。天真的我以为您的离去，那只是一场噩梦，等噩梦醒来，您还会回到我的身边。梦醒了，您却再也没有回来。我想拉住您曾温暖的手掌，我想投入您曾温暖的怀抱，我想……您却走得那样的匆忙，走到了比远方更远的远方，我哭啊、哭啊、哭啊……哭得痛不欲生，好像整个世界从此崩塌。

您走了，像一叶轻舟，轻轻地漂向远方。然而，那远方的您，却一直住在我的心里。您在远方还好吗？在梦里，您依然微笑着，依然牵着我的小手；无数次在梦里呼唤着您；梦醒却已是泪流满面。今天是父亲节，伴着那忧伤的歌——《父亲》；脑海里依旧回映着您的身影；笔下写着这封寄往天堂的信——想您、想您、想您……

此致

敬礼！

您的女儿：万霞

致父亲

李青雨　内江市市中区地方税务局

每每读到关于亲情的文章时，不禁勾起点滴过往，缕缕思绪蔓上心头，心如潮，久久无法平静，无法述说的情啊该是多么深沉才难以言表。

心宁如镜，不泛涟漪，写下点滴，难以感恩，深情难表，记下尔尔，以谢父恩。

年少时，父亲，您在我心中的形象是伟岸的，是一个人肩负一家人的重担，有您在的地方，就有满满的安全感。未曾想过您终究会老去，年少不更事，少年不知愁滋味。学生时代的我是一名乖学生，少有叛逆，做着自己每个阶段的任务。您也一直放心我不会在人生塑造品格和行为的阶段走偏，勉强算是平稳度过了学生时代。记得上小学您在给我听写语文课本的生字时，专挑文章后面不要求会默写的生僻字，不会写一个就会打一下手板。您还专门用竹子编成一个竹鞭，竹鞭打在手心火辣辣地痛，那个时候边挨打，边默默流泪，不敢哭出声，挨完了打，继续接着默写。不知为何记忆如此清晰，可能因为打得痛，痛刻在了记忆里，也可能是您严厉的双眼，冰冷的竹鞭在当时幼小的心灵中烙下痕迹，但我想无论是哪种解释，现在成年的我都做了一个合理正确的解释：因为每一个竹鞭印痕，都饱含的是您“望子成龙，望女成凤”的美好夙愿。

成年后，您渐渐温和了许多，刚毅中带着柔情，或许随着人的渐渐老去棱角也渐渐磨平，现在您更加温和平静。我工作后，远离家乡，您总是一有时间就和妈妈一起来看我，每次来都会给我装一车我需要的东西，为我添置棉絮，添置厨具，为我租的小房子增添了家的感觉，在我工作的城市小憩几天，陪我逛逛新城市的公园，叮嘱我认真工作学习，闲来唠叨几句家常。母亲最近两次来看我经常会说我像卫星一样慢慢失联，你们俩经常会担心我远在他乡不能照顾好自己，下雨天打电话提醒我带伞，不到几天会问起我回不回家，给我准备了我最爱的糯米粽子和水煮鱼。

前几天，周末休息，闲来重温了龙应台老师《目送》，还记得这是去年我考上公考后您送给我的一本书，里面女儿对母亲深深关怀与照顾，对母亲年轻时的回忆无处不让我引起共鸣，无限感慨，有时候读到感同身受之处，正准备掩上书作，才发现早已泪湿两行。两行之处写道：我慢慢地、慢慢地了解到，所谓父母子女一场，只不过意味着你和他的缘分就是今生今世不断地在目送他的背影渐行渐远。

你站在小路的这一端，看着他逐渐消失在小路转弯的地方，而且，他用背影默默地告诉你：不必追。

父爱如山。短短千字难表父爱，爱埋于心，由心领会。

写给天堂的父亲

凌　杨　重庆气矿垫江采输作业区

最爱的爸爸：

我又想您了！

提笔给您写信，知道您已经看不见，但相信在天堂的您能够听见。

总是想起您最后的那段时间。有一天，因为癌症引发的病痛折磨，您有些胡言乱语，未能感同身受的我却大声呵斥了您。“幺儿，不要吼我嘛，我都已经时日不多了。”说这句话的时候，您如同一个做错了事的小孩。我心里一颤：曾经伟岸如山的父亲，何时需要用乞求来换取女儿的温柔对待。转过身，我已泪流满面。

认识您的人都说您偏心，在姐弟俩当中，您独爱我这个没有出息的女儿。您总是呵呵一笑，又开始讲述那个重复了无数遍的故事。您说：“凌凌出生时，我还是井队的钻工，她妈是烟坡的焊工。因为两地分居无暇照顾她，我便请假带着还是婴儿的她回老家，希望她婆婆能帮忙照看。当时我都给重男轻女的老人家跪下了也没换来一句同意，最后只能一头挑着行李，一头挑着凌凌往回走。到火车站时，她饿得哇哇直哭，奶粉没有了，我只好买一碗清汤面条嚼碎了喂她，她竟然咧着嘴朝我笑了……那时候条件差，总感觉亏欠了她，自然就多偏爱一点。”

爸爸，您知道吗？一直以来，您让我感受到的父爱远不止这些。

犹记，上小学时，您把妈妈买给您下酒的鱼皮花生偷偷分出来一半，塞进了我的小书包；初中住校，周末没钱买车票回家，您骑着自行车往返60公里来接我，汗水湿透的背影还在眼前；离家200公里读技校后，您坚持每周给我写信，洋洋洒洒好几页信纸，同宿舍的小伙伴们羡慕死了；终于等到我工作了，我却不安心上班，私自办理了停薪留职异想天开要闯出一片天，是您默默地帮我缴齐了停薪留职费，在我无颜回家时，您又翻山越岭接我归来……

不只如此，在我成长的过程中，您的言行也一直是默默濡染我的心灵。

还记得您第一次打我吗？那是因为幼时的我嘴馋，偷偷从母亲口袋里拿走了5元钱。您当时下手可真狠，但当我疼得号啕大哭时，您也虎目含泪了。从那一刻起，我懂得了从小偷针、长大偷金的道理。

“幺儿，今天开始我是一名共产党员了。”暑假的一天，您下班回家，与我分享了这个好消息。从您满是激动和自豪的语气中，我明白了人应该有追求，活着就应该做出点让自己和家人骄傲的事来。

您和母亲调到一起工作时，正是卧龙河气田建设最热火朝天的时代，同在维修班工作的你们每天早出晚归安装管线、修建厂房，把年幼的我和弟弟扔在家里，让我不但很小就学会了做饭，还学会了独立、坚强和乐观。

后来，您开始兼职工会工作，家里存放了大量的工会物品和图书。虽然从不允许我私拿哪怕是一支笔或者一个小本，但您总鼓励我看书。于是，我阅读了大量的国内外书籍，在收获知识的同时，也培养了自己正确的人生观和价值观……

和很多的石油子女相比，我是幸运的。因为几十年来，我都在您的羽翼下从不曾离开您。您曾说：“只要我还活着，你就永远成不了大人。”就这样，我自私地享受着您的呵护与爱，做您眼中永远长不大的孩子。我以为我们的父女缘分还有漫长的几十年，我还有大把的时间可以回报您的爱。

“肝癌晚期!”2013年，医生的诊断让我和妈妈都措手不及、悲痛欲绝。我不愿意接受这样的结果，带着您的病历走遍了重庆市各大医院，我告诉自己，只要有一点点希望，都要倾其所有挽救您的生命。

“别折腾病人了，尽量满足他最后的心愿吧!”看过病历的专家、教授说话如出一辙，我才相信真的要失去您了。爸爸，我在您的病床前吼了您，对不起，其实那只是我强装坚强的表现，在您看不见的背后，是我碎了一地的心和流不尽的泪。三个月后，您带着不舍安静的离去，在我还没有弄明白您最后的心愿是什么的时候，就这样匆匆走了，让我的整个世界都失去了温度。

如今，您离开我们已经四年了，这些年我一直在思考，您一生最大的心愿是什么。爸爸，我现在终于长大了，也挑起了整个家的责任。不论您的心愿是什么，都请您放心：如今妈妈身体不错，相信我一定会照顾好她，为她养老送终；兄弟在单位的发展也挺好，就是工作很忙，难得回家一趟；馨儿在我督促下，已经考上了心仪的大学，并且加入了学生会，各方面发展都优秀；至于我，正在努力成为您的骄傲。

跟您汇报一下，这几年，我付出的努力都得到了肯定。先后获得了重庆气矿的“三八红旗手”，分公司的工会积极分子等荣誉称号。对了，去年我参加了气矿的女职工厨艺大赛，获得了第二名的好成绩。我还加入了气矿的文艺小分队进行巡演，参与创作的文艺节目获得了极大的好评。还有，我现在正努力学习新闻写作，已在报刊上发表了文章数百篇，作业区成立的“文学社”让我担任了社长一职……不知道这些成绩有没有让您为我感到骄傲?

爸爸，真幸运这辈子能够做您的女儿，我还欠您一句：谢谢您！还有我爱您!

有人说血缘是一种奇特的偶遇。如果有来生，我希望还能与您偶遇，继续做您的女儿；如果有来生，我一定在您的有生之年，便成为那个让您骄傲的女儿，让我们父女皆不留遗憾。

爸爸，我又想您了！愿您在天堂一切安好，勿以我们为念！

爱您的女儿：凌杨

一封无法寄出的信

陈　玲　眉山市供排水总公司

亲爱的爸爸：

您好！

几年不见，女儿非常想您。多少个日日夜夜梦到您在我身边，多么怀念有您陪伴的日子，多么希望您还活着，多想听听您熟悉的声音……如果上天能换回您的生命，让我做什么都愿意……可是，这一切对我来说是一种奢望。爸爸……我仰天苦笑，把眼泪憋回去，不许哭，爸爸可希望我做个有骨气的人哦，不能让他失望。

爸爸，您在天堂还好吗？想想当初，您被病魔折磨得骨瘦如柴，面黄肌瘦……而我那时刚到新的岗位，工作比较忙，只有晚上或周末去看望您，照顾您，尽管陪您的时间很短，可您每次都会觉得很欣慰，很满足，并微笑着说："没事，年轻人就该好好工作，这里有你妈在呢。"每每这时，我的眼泪都会在眼眶打转，养儿方知父母恩。我知道，您当时特别渴望亲人的关心和陪伴。您天天躺在病床上，内心充满孤独，面对病魔，仍然顽强抗争，面对死亡，内心难免恐惧、害怕，毕竟这是生与死的较量。最后的日子，病痛折磨得您痛不欲生，曾经多么乐观的您绝望至极，深深感到生不如死时，病魔终于夺去了您的生命，离去时，您的眼角还淌着泪水。我当时一个劲地哭，呼喊着“爸爸，爸爸”，眼前一片昏天黑地，浑身颤抖，妈妈说赶紧趁着热气换衣服（习俗，去世后要换寿衣）……我想，您当时是多么的舍不得离开，多么的不放心妈妈，不放心这个家……放心吧，爸爸，我已经长大，我会照顾好妈妈的，您一路走好。生命的结束对您来说是一种解脱，一种重生，一种幸福！要知道，人的一生，谁又能抵挡生老病死呢？每当我想到这些，不免觉得人生多么无奈。所以我要珍惜现在的时光，活在当下，不忘初心，方得始终，牢记爸爸的教导：乐观、顽强。

爸爸，每当我开心的时候，我就会想到您，多么希望您看到我开心的样子，多么希望我们像以前开心的生活。曾经我遇到挫折的时候，您为我排忧解难，关心我、劝解我，让我多看书，多和朋友交流。可那时我怎么听得进去呢？只想逃避，所以常常去打牌麻痹自己，烦您，甚至不想看到您。婚姻是人生的大事，有几个人经历婚变能轻易迈过这个坎呢？当时我一直沉浸在婚变的痛苦中不能自拔。过了几个月，您终于冒火了，狠狠地批评了我：“你要一直这样下去吗？你妈为你操碎了心，她的身体本来就不好。这多大点的事呀？你的人生还长着呢？就为这点挫折迷失方向，迷失自我，你的聪明才智去哪啦？枉费父亲对你一片期望，希望家人和睦，家庭和谐，开开心心。可如今，你已经遇到这样的事了，你就要勇敢地去面对，抛开一切，努力开创新生活。人生都会遭遇生活的不幸，就看自己怎么去想？开心也是一天，不开心也是一天，何不开开心心每一天……”听了您的话，我恍然大悟，胜读十年书，一下信心满满，振作起来，一颗受伤、脆弱的心立刻变得坚强，仿佛天塌下来我也不怕。我经历了人生的一次蜕变，就像毛毛虫破茧成蝶，内心是那么强大，一个全新的我，有足够勇气和胆量面对一切困难和挫折。父亲看到我这样，会心地笑了，朗朗的笑声回荡在屋里。

爸爸，您在那边放心吧！我们一家都很好！我会谨记您的教导：自信、勇敢、开心。

爸爸，每当我郁闷的时候，我也会想到您。想到您一天学也没上过，甚至大字不识几个的人，却能走南闯北，走遍大半个中国。我非常敬佩您。清晰地记得小时候，您每次休探亲假回来，就会给我带好多好吃的，除此之外，您最喜欢的一件事就是考我的地理知识。哪个城市的地名，哪个省会的名称等等，每次我都回答的胆战心惊，生怕说错。您常常教导我："学以致用，要做一个对社会有用的人。吃苦耐劳，踏实工作。"您就是如此，几十年如一日地践行着，深受同事们的喜爱。小时候的记忆就知道您非常凶，严厉，如果做错事，您一个凶狠的眼神，都吓得我掉眼泪。在您的严厉管教下长大，我胆子很小，但却严于律己，宽以待人，勤奋好学，强大自己。爸爸，感谢您的养育之恩，如今在工作上，我忠于职守始终努力做一个对社会有用的人。我会铭记您的教导：严是爱，松是害！

一年一度的父亲节即将来临，父爱如山，值此，我特意为您准备了这份特别的礼物——一封记载美好回忆的信。祝您在那边安康！

此致

敬礼！

爱您的女儿：陈玲

一封迟别31载的家书

王良宏　宣汉县胡家镇小学

敬爱的父亲、亲爱的四妹：

你们可好！

时隔31年，提笔泪沾巾。敬爱的父亲、可爱的四妹，你们在天堂生活得惬意吗？父亲，您是否还常常拉着手风琴伴着妹妹的歌声呢？

敬爱的父亲、可爱的四妹，你们可知我好想你们！妈妈好想你们！你们的亲人都好想你们！每逢周末、节假日，我们四姊妹组成的四个小家庭都会和古稀之年的母亲聚在一起。大家常常长吁短叹，要是你们还在，那该多好！每每在饭桌前，都会提及你们；每次逛超市，都会不由自主地想起父亲最喜欢吃的桃片糕和芝麻饼！越想越揪心，越想越怀念……

可爱的四妹，你可知道，1986年是一个让我终生难忘的夜晚，那是一个阴霾的深夜。那一夜，正在读师范学校的我突然接到电话，马上到县医院去一下，当时我的心一沉，扑通扑通地跳个不停，大脑一片空白。心想肯定又是久病住院的父亲病危！当我踉踉跄跄地赶到医院时，殊不知是年仅10岁的四妹突发脑炎，抢救无望。真是屋漏偏逢连夜雨啊，当时，我觉得天都快要塌了。我拍打着自己的脑袋不停地问自己，这是为什么？为什

么？为什么这不幸的事怎么又降到我们家！我们家的人可是十里八乡都知道的好人呀！为什么老天这么不公？此时，我的眼泪不住地往下流！但看见母亲过来，我强忍泪水，拼尽全力，搀扶着母亲来到抢救室里呆滞地、低低地挨着你苍白的脸庞，只听见你喃喃地说："爸爸……爸爸……"听着你越来越弱的呢喃，母亲和我早已泣不成声。过了好久，我和母亲才默默地整理了你的仪容，摸着还带着体温，汗漉漉的衣裤，却无法给你换上一身崭新、漂亮的花裙子送你去仙境，只能看着你穿着母亲亲手缝制的土布兰花的衣裤，躺在医院后面的土坡里而痛心。可爱的四妹，不是母亲舍不得，而是20世纪80年代咱们家经济拮据而只能这样；也不是父亲无能，而是我们把重病的父亲蒙在鼓里；更不是母亲狠心，而是母亲也有很多的不舍与无奈……

可爱的四妹，你可知道，那一天，父亲也病重！当母亲和我强忍悲痛前往重病父亲的床前，父亲喘着气疑惑地问："四妹病怎样？好了没有？宏，你是老大，一定要多关心妹妹，四妹好了，叫她快来看我，我好久都没看到她了，我多想听她唱歌啊……"

敬爱的父亲，我辜负了您的重托，我没给您带回可爱的四妹。您不曾知道，您最喜欢的四女儿，已经离您远去了！她已经到天堂去了……尽管您还发着高烧，神志有点模糊，但您依然还叨念着您的四女儿的病情。我听着你们不太清晰的话语，女儿呼喊着爸爸，父亲叨念着女儿，真真切切地感受到这就是"爱"，血浓于水的爱，感天泣地的人间真爱！

我想"爱"可能富有一种神奇的力量——可感动上苍，召唤生命。终于，父亲，您又奇迹般地好了起来。一睁眼，就不停地问："四妹怎么不来看我，我明天一定要回去看一看我的四闺女。"可父亲，您知道吗？您再也见不到妹妹了，但她会在天堂深情地为您歌唱。敬爱的父亲，后来您知道真相后，默默地看着四妹的照片，看了一天一夜，我们看着好心痛。第二天清晨，您硬是拄着拐杖，拿着口琴，来到医院河边的土坡旁，吹着四妹爱唱的歌。我想，您当时一定是看见四妹在跳舞，听见四妹在唱歌。敬爱的父亲，您把深深的爱藏在心里，谁不为之叹兮，父爱如山。

可曾记否，亲爱的四妹，你当时才 7 岁，我们的小妹高烧不退，全身发紫。母亲心痛之极，瘫软在旁。你一放学回来，马上抱着小妹不停地乞求：“妈妈，快去医院医治妹妹，妹妹好乖哦！”直到现在，我都不知你哪来的力量，7 岁的你抱着 5 岁的小妹直奔医院……我想，这就是爱的力量吧！

可爱的四妹，你放心，我们的小妹现在身体棒棒的，生活好好的，工作顺顺利利的。你的爱将伴着她和我们一起快乐地度过每一天。

敬爱的父亲，您放心，我没有辜负您的重托，我和母亲把三个妹妹都拉扯大啦！她们也都有了自己稳定的工作，和谐、美好的家庭。我、三妹、小妹都和您一样，从事着您未曾完成的事业，而且没给您丢脸。在学校，我们能与同事和睦相处；在家里，妯娌之间、长辈之间懂得谦让、孝顺；在社会，邻里之间能受到大家的好评；在学生、老师、家长的心目中，都是追求上进、兢兢业业、关爱学生的好老师！敬爱的父亲，这些优点都是您潜移默化地影响着我们！感召着我们！激励着我们！我们也会秉承您的优良作风，沿着您的足迹，脚踏实地地走下去！

放心吧，敬爱的父亲，亲爱的四妹，你们的爱犹如大自然对万物的付出，悄然无声，却生生不息。我们正传承着这份爱，去关爱我们的亲人、朋友，去关心身边需要帮助的每一个人。

我仿佛又看见，青青的柳河边，父亲拿着一本诗书，四妹拉着手风琴一句一句地教一群娃娃吟唱着：“只要人人都献出一点爱，天堂人间将会是美好的人间……”

祝：敬爱的父亲、亲爱的四妹在天堂幸福快乐！

爱你们的宏

Part 02

写给母亲

碧绿的回报

——给远在嘉峪关妈妈的一封信

杨兴华　中铁集装箱成都分公司

嘉峪关的春风，裹着无穷无尽的思念，不急不缓地吹拂着这片生我养我的土地。清明时节回老家扫墓，母亲带着我给父亲的坟头添了新土，报了平安。

母亲，虽然女儿已经到了知天命的年纪，虽然女儿的儿子——您的外孙早已长大成人，虽然您在西北，我在西南，相隔千里，但一想到坐在家里炕头的您，我的心就会很温暖、很安定。我多想把头埋在您的臂弯间，嗅着您身上的味道，那是自小就烙印在脑海里乳汁的味道。

多年前，在母亲的只言片语中，才知道出生于20世纪20年代的您，17岁就加入了中国共产党，曾担任河北省保定市顺平县腰山镇东北堡村妇女主任，协助八路军抵抗过日本侵略者，也曾因叛徒出卖被日寇抓捕……1955年，母亲随当铁道兵的父亲从河北老家来到西北大地——南河滩，成为西北铁路建设大军的一员。一程一程、一站一站，铁路线在延伸，母亲和父亲的足迹也在延伸，天水、武山、二道沟、玉门、嘉峪关，这一路走来，整整20个年头。那一年，我降生在了甘肃和新疆交界处的二道沟区间站。我本应是家里的老六，因条件恶劣，您的前两个孩子在小站生病无法救治夭折后，我成为老四。

回首往事，童年时的我，是受您关爱、倾听您教诲最多的一个孩子。虽然您的文化程度不高，但我总能从您关心鼓励的言行中感受到一种精神传承。20世纪60年代的自然灾害，是属于一代人的痛苦记忆。在甘肃、新疆交界处的二道沟小站，物资匮乏、生活艰辛，父亲一个人的工资要养活嗷嗷待哺的五张嘴，压力可想而知。您带着我们兄妹五人，开垦荒地、担水种菜，去工地上砸过石块、挑过土方……如今几十年过去了，您在戈壁滩上耕种的一幕幕依然历历在目。您种的菜、您揪的面片儿、您捏的窝头，不仅养育了我们，更接济了困难的邻里。母亲用被日头晒得黝黑的脸庞告诉我们：人生就是站在耙犁上，犁掉荆棘和野草，耙出一块平坦的田地。

今年春节前，年迈的您嚷着回了趟河北老家，昔日的东北堡村已更名为腰山村。住在村里亲戚家，当我们姐妹几个在抱怨洗澡水不够热，房间里蚊虫多的时候，90岁的您却穿着坎肩背心，坐着小木凳，用那弯曲变形的手指和大家一道掰着玉米，看得我和丈夫热泪盈眶。现在条件好了，兄弟姐妹们都已身居都市，楼宇环绕，闹市里的喧嚣充斥着耳畔，看着掰着玉米而一脸幸福的您，我反而沉默了。是啊，幸福往往是精神层面上的一种享受。出生于1949年之前的您，经历了旧社会，经历了战争，经历了中华人民共和国成立初期的艰难困苦，一波接着一波的苦难像风一样袭向您那一代人。当我们感知您的生命旅程时，才更加深刻体会到了那一代人身上这种坚韧不屈、难能可贵的品质。这一切的力量来自于生命赋予您的责任，来自于现实给予您的幸福和苦难。

时光如流水，蹚过岁月的河，母女间的旧日情怀总会在我心中烙下深深浅浅的痕。您一生心地善良、心直口快、自立自强，教育我们敢担当、做好事，这些已形成宝贵的精神财富，成为全家人生生不息的精神传承。

是您让这个家有了纯净之风，处处影响着我们，就像人生路上的航灯，时时都在照亮着我们前行。

又到别离时，我再次步行回到铁路边曾经的老院子、老房子，看着墙上用粉笔涂画的痕迹，窗台上腐朽脱落的红砖，矮墙边堆放整齐的柴火，脸上爬满皱纹的老邻居，不禁悲从心来。那门前的石桌上，是否还飘荡着昨日饭菜的味道？那屋顶的青瓦上，是否收藏了昨日遗失的风景？总是希望时间可以稍作停留，让我可以尽情地去感受和回味这片土地的记忆，让我可以尽情地去拥抱和依偎在您的胸膛。

一年一年，嘉峪关的云，飘在天边，飘在心里。绕过在水一方的熟稔家园，依稀传来您亲切的乡音，轻轻地呼唤我的乳名。您容颜沧桑依然孑然而立，宛若原野上朴素多元的蜡梅，迎着岁月的雪雨风霜翩翩起舞，默默地自我讲述那“梅花香自苦寒来”的往事。

临上火车前，天空飘下了淅淅沥沥的春雨。母亲您的爱就像这绵绵春雨，时刻滋润着我的心房，我一定会给予这无私的春雨一片碧绿的回报……

你的女儿：兴华

当我成为您

——致母亲的一封家书

唐娇娇　国网四川省电力公司广安供电公司

亲爱的妈妈：

记得上一次给您写信还是在我高考结束以后。一晃 10 年过去了，如今的我已从少不更事的青涩小姑娘成长为羽翼渐丰的职场女青年，组建了自己的家，有了自己的孩子。

此刻，我看着身边熟睡的女儿，7 个月大的小宝贝，已经能够坐立，开始牙牙学语。我想，曾经的我也是这样，喜欢躺在您的怀里，美美撒娇、甜甜酣睡。自从做了母亲，我总是时常想起和您在一起的那些事。

小时候，我总觉得您喜欢“说谎”。每次吃饭，您都一个劲儿地给我夹爱吃的菜。日常生活中，您会准备好我喜欢的零食和水果，可每次您都只看着我吃。幼时的我总爱问：“您怎么不吃呀？”您总是笑着说，妈妈牙不好，吃这些会牙疼。当时的我信以为真，长大后才知道在那个物资匮乏的年代，作为普通家庭的我们，每天能有面包、牛奶已属奢侈，您是想把好吃的都留给我。

小时候，我问您最幸福的事情是什么？您笑着说："就是生活中有了我的宝贝女儿。"当时我想妈妈可真会哄我开心。当我做了母亲，我才知道以前无论是考了多么优异的成绩，拿了多高的奖项，都比不上平安生下女儿那一刻的满足与自豪，我才明白孩子就是母亲最大的骄傲。

小时候，我总觉得您有些"抠门"。去市场采购，您总是喜欢货比三家、讨价还价。您很少为自己买新衣服，衣服穿得褪色了也舍不得扔掉，没有护肤品，从来不烫头。您很少去外面的饭馆吃饭，有时做生意太忙就随便吃点干粮，家里的日常用品也总是挑廉价的买。当时我想是因为妈妈挣钱太辛苦，所以每一分钱都不舍得花。可是，后来为了让我从小学英语，您花了大笔择校费，送我去实验小学读书。逢年过节或外婆生日，您都去商场给她买礼物，临走前还会偷偷在家给她放红包。小姨买房子钱不够时，您连还未到期的定期存款都取出来给了她。

那时，我不理解您为什么要这样苛刻自己，却对家人如此大方。当我成了家，我才明白为家人付出是一种执着的本能。当我做了母亲，我也变得很"抠门"，舍不得买贵的东西，记不得把自己打扮美丽，却不会忘记常常给孩子买漂亮衣服、益智玩具，那时我才明白孩子永远是母亲的心头宝。

小时候，我总觉得您特别"啰嗦"。每天上学前，您都会反复叮嘱我衣服要穿戴整洁，过马路要小心，书本饭盒要带好。走访亲友，您会多次教我要知礼数、懂礼貌。我一个人在家，您会一直念叨门窗要关好，不要用湿手去插电，烧开水别烫着。后来高中、大学时我住在学校，您每天都打电话问我饭吃没吃饱，有没有多穿点衣服，生活费还够不够……

我知道您是关心我，但有时我还会不懂事，嫌您唠叨，遇到学习压力大、心情烦躁时，我甚至不是很想接到您的电话。当我做了母亲，我才知道孩子是母亲永远的牵挂。在家时，我会每天反复摸女儿的手脚，确认她有没有穿暖；每晚醒来好几次，看看她是否盖好了被子。每当听到她哭闹，再累我也会去抱抱她，看她是饿了还是困了。她身体有哪里不舒服了，我也会担心得整晚睡不了觉，那时我才明白母亲永远都会为儿女操劳。

从小到大，我的学习成绩一直是您的骄傲，却也免不了两次高考与梦想的重点院校擦肩而过。当时的我觉得命运和我开了一个玩笑，我把自己关起来，我觉得我愧对您的期望，我的前途很渺茫。那时您给我写了长长的一封信，您说，妈妈最大的期望不是你要取得多大的成就，而是在成长中能学会勇敢、保持善良、心存感恩、懂得担当，上天给你关了一扇门，也会为你开启一扇窗，人生的旅途总会有更美的风景等着你。

当时的我以为您说这些只是不想给我太多压力，直到后来我从大学满载荣誉毕业，有了一份稳定的工作，身边有情谊深厚的同事和朋友，还遇到了爱我的丈夫，生下了可爱的女儿，我才知道以前的那些挫折和失败早已成过眼云烟。现在，我只想把您当初的话同样送给我的女儿，不求她大展宏图、功成名就，但求平安喜乐、健康无忧。

自从做了母亲，我总是会不经意间想起您对我所有的好。小时候，每当看到您辛勤忙碌的身影，我多么希望能帮您分担一些。您总是笑着对我说："等我的女儿将来上了大学有了工作，再来挣钱孝敬我，到时妈妈就在家享福了。"可等我真的大学毕业了，您又开始操心我的工作、我的婚姻。终于盼到我结婚、怀孕了，您又担心我不能照顾好自己，每天寻思着给我补身体。生下女儿后，您又担心保姆带不好孩子，毅然放弃了自己的工作，主动揽起了照顾外孙女的任务。

每当夜深人静，看到您因操劳疲惫而熟睡的脸，我总是百感交集、五味杂陈，我多么希望时间能静止在那一刻，让我为您盖好被子，抚平您脸上的皱纹。可我留不住时光，唯有在以后的岁月里用心守护您，让更多的欢笑陪伴您。

妈妈，谢谢您！哺育我长大，教会我成长，愿您年年岁岁幸福安康！

您的女儿：娇娇

给妈妈的一封信

陈远会　国网四川省电力公司盐边县供电分公司

亲爱的妈妈：

此时已是夜深人静的时候，我非常想念您。本来说好了孩子放假就来接您的，可是，您说，我是嫁出去的姑娘，您不适宜老往我家走。我不便和您争论什么，我理解你们那代人的想法，您总觉得传宗接代是儿子的事，养老送终也是儿子的分内事，有儿子还要靠姑娘养是大逆不道的。为了不让您不开心，带着思恋与牵挂的我只有远远地想着您。常回家看看，您是高兴的，您是不舍的，但刚陪您睡了一个晚上，您就开始撵我了，您说："既然身为人妇，媳妇是照顾婆婆家的，不能老是待在娘屋头。"每一次您送我出来，看着迟迟不肯上车的我，您总会倔强地转过身先行离开，望着您蹒跚的脚步，望着您在风中扬起的白发，我好想说："妈妈！我愿做您的儿子，这样我就不用远嫁，就可以陪您幕谢天涯！"然而，除了泪流满面，我不敢有任何的表达，我知道，您是爱我的，在车启动前行的那一刹，您的脚步明显慢了下来，您没有回头，您的身躯在风中轻轻地颤抖，我知道，您在悄悄地哭泣，儿行千里母担忧，我明白您对女儿幸福的期盼，也明白您对女儿的思恋。

妈妈，您时常教育女儿做人要厚道，不能太过计较。那天小舅来我家，告诉我您把外婆留给您的两个小玉坠送给了邻村的一个大妈，都知道您和那大妈走得很近，哥哥和嫂子都很尊重您，您决定的事，他们也不敢违背，也不会责怪您，但私下都怕您人老糊涂了。于是，他们悄悄地告诉了小舅，小舅着急上火，也不敢问您，因为您是姐姐，我们家没有小的管大的的道理。都知道您很疼我，或许都知道我有可能敢问您，都合计着对我说说，看看有什么法子。结果憋不住，上次回家我真就找借口说想看看外婆留给您的玉坠，您怕我心疼那玉坠，就故意东找找，西摸摸的。我怕您为难，就说，不看了，只是想外婆，于是您就带我去外婆的坟前，虔诚地跪着，您默默地祷告着，只是您还是不提玉坠的去处。

回家后，丈夫看我为这事有些不知所措，他建议去邻村大妈家看看，于是，他把股市里的钱支出了一万元现金，去了大妈家。一打听才知道，大妈的孙女从小就没有右耳，爸爸妈妈常年打工在外凑钱为给孩子做手术，钱还没凑够，大妈的孙女已不去学校上课了，说是有孩子嘲笑她，大妈无计可施，恰碰到您去她家串门，您便拿出了外婆留下的玉坠让她去卖了给孩子做手术费。丈夫听了非常感动，又跑回家取了1万元给大妈送去，大妈说什么也不收，还把保留得好好的玉坠还给了丈夫，经过丈夫再三的劝说，大妈收下了钱，却一定要给我们打了两万元的借条，不然她就不收钱。最近大妈的孙女手术很成功，正在康复中，怕您觉得没用您的钱帮助到孩子，担心您自责，归还玉坠的事就都没对您说。前些天我回家，趁给您收拾衣服洗的时候，我将玉坠用红绸包好放在您最喜爱的红木小箱子底下。

妈妈，俗话说："好人有好报！"突然生病的您，在医院没住几天，您的病情就日渐好转。但是妈妈，从小到大，我还是第一次看到您病得这么严重。在我的记忆中，您一直都很坚强，就没生过什么大病，这次确实吓人一跳。您一下子倒下，我怎么叫您都没反应了，送进医院，您一直恍恍惚惚的样子，哥哥嫂嫂都吓哭了。在医院的日子，我们都发现您在勉强着自己吃东西，您超强的生命力，医生都说像您这个年纪，突然倒下的没偏瘫、没有中风这真的是一个奇迹。

妈妈，窗外，静得掉下一颗针都能清楚地听到了，偶尔，远处农舍也传出了几声鸡鸣。对您的敬意与爱念，我无以言表，本来可以在电话里噼里啪啦的对您说上一大堆话的，我怕用电话的方式，影响我对您情感的交织和倾诉，于是我用了你们那个年代最时髦的方法，用最深的眷恋，给您家书一封来寄托我对妈妈您最深的思恋和祝福：妈妈！祝您健健康康、平平安安！

您的爱女：三儿

给妈妈的一封信

金丽芬　西南医科大学附属医院

亲爱的妈妈：

当您看到这封信的时候，想必是满脸的诧异与慌乱吧！

其实，这已不是第一次为您提笔了。只是之前的每一次，都不曾有谁知道我究竟胡诌了些什么。妈妈，我真的有好多话想对您说，可每次都如鲠在喉，欲言又止。而今日的我，再次执笔，再来读您，只为澄清那份显性与隐性交织的爱与恨；只为渴求您原谅我当初的愚昧与罪孽；只为实现内心深处的一次独白与自我救赎。

妈妈，明天又是一年一次的高考了。掐指一算，离我高考那年，已有8个年头了。

您还记得我高考那年吗？那一年，我19岁，扎着马尾，稚气满满；那一年，您47岁，身材匀称，一席黑发；那一年，您为我大肆庆祝，为我大摆宴席，为我昭告天下。您声势浩大，响彻云霄，生怕哪个旮旮角角的邻里不知道您的女儿考上了大学一样；那一年，您逢人要么直截了当，要么拐弯抹角，总是会把话题引到您女儿上大学这事儿上。然后，您就自豪地跟别人说：我家意浓（小名）呀，是耿马县的状元郎……她呀，去了成都读大学……去了四川大学读大学呢……尽管您的听众对大学并没什么概念，尽管您对这样一所学府也没什么概念，但我能深切感受到您发自肺腑的那份愉悦与自豪，还有那份难以掩饰的爱。

隔了两年，弟弟也考上了大学。您也为他悉心筹备，宴请宾客。您总说：儿女都一样。而我，深信不疑。我坚信您定不是那种重男轻女的母亲。只是，我曾经却有过动摇。

就在某年某月的某天，嫉妒心泛滥的我，竟沦为情感的奴隶，对您做了一件让我至今羞愧难当、悔不当初的蠢事。记得那是在小姨家吃年酒。席间，小姨无意提起您又给弟弟买了新衣服。姐姐和我似乎有着同样的失落。她低着头，抠着指甲说了句："我哟，好多年都没穿过妈妈买的新衣服了。""你嘛，都成家了，还需要你妈给你买啊?!"小姨赶紧说。而头脑发热的我，不知趣地补了一句："也没给我买啊!"说完，只见您撇开了暗自神伤的脸，没有为自己辩解一字一句，只留下了一片沉寂……

那是我第一次让您难堪，那是我第一次直面我所谓的不公平，那是我从小到大第一次不懂事。然而，原本以为怨气得以舒展的我会过得很轻松，怎知回到学校的我怎么也开心不起来，闷闷不乐了好长时间。后来我才发现，我的不快乐并不是源于您对弟弟的偏爱，而是我对您造成了伤害，是我让您的不快让我更加不快。

我似乎忘了那年暑假，您背着犯低血糖晕倒的我四处寻医；我似乎忘了每次回家，您总会提前煮好我爱吃的玉米；我似乎忘了每次囊中羞涩，您总会偷偷塞满我的钱包；我似乎忘了，在春夏之交的夜晚，您总会陪我捉我喜欢的萤火虫；我似乎忘了"爱子心无尽，归家喜及辰。见面怜清瘦，呼儿问苦辛"；我似乎忘了"谁言寸草心，报得三春晖"；我似乎忘了从小到大，您为我所做的一切……

或许妈妈不曾记忆，可女儿却难以释怀。每每想起那句"树欲静而风不止，子欲养而亲不待”，再想到自己做的这件蠢事，总会忍不住潸然泪下。妈妈，您知道我有多后悔吗？妈妈，您知道我有多心痛，多羞愧吗？可是，可是我既怯弱又吝啬，既高傲又倔强，致使那些个在心底重复过上千遍上万遍的对不起，终究没对您说过一次。

妈妈，对不起。

现如今，研究生毕业的我，选择回泸州工作。我只想离家近一点儿，就像我上高中那会儿，每到周末，我就可以回家看您。我现在在医院工作，领导和同事对我都很好，工作得很开心，每天过得都很充实，生活的幸福指数非常高。在医院工作，动不动就是悲欢离合、生老病死，这让我更近距离地感受到生命的脆弱，健康的可贵。在医院工作，不仅看到了父母对子女，子女对父母那难以割舍的小家之爱，更看到了台前幕后所有医务人员对患者那没有血亲的大家之爱。在医院工作，让我更加懂您，也更加懂爱。作为子女，作为一名医务人员，让我意识到大爱是无域、无疆的，是“此时无声胜有声”；而小爱则是任劳任怨的，是“蓦然回首，那人却在灯火阑珊处”。

还记得那天带您到我们医院看病。无意间看到某病床上躺着一位身体瘫痪，目光呆滞，枯瘦如柴的老人。他身边围了男男女女不下四个人，分不清是儿女，还是儿媳女婿。可以肯定的是，是孝！有的端茶倒水，有的抱起老人，有的为她擦拭着身体。恍惚间，觉得躺在那儿的，根本就不是一个老人，而是一个不能自理的小孩儿。那种错觉让我想起了小时候……我在想啊，待你们老了，就会变成“孩子”。那时，我也要像小时候你们待我那样待你们。

那一幕，让我仿佛看到“人家见生男女好，不知男女催人老”的悲凉；那一幕，让我深切感受到“及时行孝”的重要性。我在想啊，作为儿女，任谁都承受不起那种“子欲养而亲不待”的撕心裂肺吧。那种逝去，那种悔恨，那种遗憾，应该会让人变成一个没有期限的囚徒，还会被套上一副没有铰链的枷锁，谁都看不见摸不着，但就是无法挣脱……那一幕，让我更加担心您的身体，尽管医生说没什么大碍，但毕竟岁月不饶人啊。岁月这个老妖婆最是喜欢吸食女人的姿色。而她似乎早已缠上了您的身躯，还不紧不慢地爬上了您的额头，不仅划花了您的眼角，还千方百计地想要替您染白昔日那一头乌黑的长发。您常说：“白头发啊，见一根就要拔一根。不然啊，一根要发十根呢。”可是，妈妈呀，当我拨开您的头发，拔了一根，又一根……您知道我有多心痛啊！它们生长的速度，早就超出了我们的可控范围了……

妈妈，好想回到您身材匀称，黑发齐肩的时候。那一年，我 19 岁；那一年，我还在高考。

夜深了，就写到这儿吧。

愿您一切安好！

此致

敬礼！

您的女儿：意浓

亲爱的米丽

陈思霏　内江市市中区地方税务局

亲爱的米丽：

您好啊！

“米丽”这个名字不是您的本名，但您以前偶然和我提到希望自己的皮肤像米粒一样洁白美丽，所以就有了这个有趣的称谓。我很开心我有一位很可爱的妈妈，我和朋友们谈到您的时候都会亲切地称您为“米丽”呀！与其说这是一份娓娓道来的家书，倒不如说这是一封时隔5年之久的再一次建起的心灵桥梁。

这不是我第一次提起笔用文字的方式与您沟通，记得上一次大概还在高中……正值叛逆期的我贪玩，心思也不在学习上。从小您对我的学习成绩要求一直都很严格，当不理想的成绩单摆在桌上的时候，您甚至生气地拍了桌子大声地呵责我的不懂事，那时的我觉得成绩并不代表一切，我们为此还大吵了一架。那是第一次我们三天里一句话都没有和对方说，就像您说的，我的脾气和您的一样倔。第四天，还在睡懒觉的我听到关门的声音，睁开惺忪的睡眼，朦胧之中恍惚看见一个黄色信封摆在我的床头，好奇心让我没有了睡意。拿起信封，里面是三张写满了的信纸，从未想过您会通过这样的方式和我沟通，信中提到的不是对成绩的不满，最先看到的是因为前几天大声呵责我的歉意，告诉我不是要用成绩去和别人比成就，而是“希望我将来有更多选择的权利，选择有意义的工作，而不是被迫谋生”。

显然，读高中的我还并不能够很深刻地理解有意义的工作和被迫谋生的区别。但读完这封信后，您多了一个身份：我的朋友。我拿起笔，告诉我的朋友在学习中遇到的困惑和生活中与家人的小摩擦，我也学着您的样子偷偷把这封信放在你的床头。后来，我们用拥抱结束了这场冷战，所谓拥抱，是当我终于看清我的缺点，才懂了您的不容易；后来，偶然读到龙应台的《亲爱的安德烈》，我才知道那也是您为什么要求我用功读书；后来，我也能听懂周杰伦的歌——“长大后我开始明白，为什么我跑得比别人快，飞得比别人高……”

我想，您在我的人生中不只是扮演了母亲的角色，而是像超人一样的存在。您从未语重心长地对我说过应该去做一个怎样的人，自我记事以来，您身体力行地每天都在给我上这样的“人生一课”。从最开始工作家庭两头忙的同时还自考本科，我想我学会了上进和学无止境；您带我去农村亲戚家里掰玉米，晒玉米，看到我现在拥有的舒适的生活环境是多么来之不易，我想我学会了珍惜；当爸爸工作忙得不能顾及家庭的时候，仍然把家打理得井井有条，我想我学会了理解与支持；还有一次带我提着水果去看望乡下一户贫困人家，我被眼前的情景所震慑的同时我学会了善良；在遇到棘手的工作时，没有过多的抱怨，只为想着更好地完成，我想我学会了担当……这些小小的动作潜移默化，无论您在不在我身边，都是我明天的礼物。

慢慢的，我长大了；慢慢的，您变老了。您总是担心头上新冒出来的几根白发，我却比小时候更想陪伴在您的身边，就像小时候您陪伴着我长大一样。而陪伴就像旅人和星星，我不必一直见到它，但我知道它在那里。

谢谢有您，世界才不是寂寞荒野，而是四季流转的花园。

夜深了，您也一定睡了吧？

晚安，亲爱的米丽！

爱您的女儿

致公婆的一封信

李承华　南江县第四中学

亲爱的婆婆：

您好！

掐指一算，我们的婆媳关系已达9年之久。忆过往岁月，我们有过争吵，有过针锋相对，有过心灵间的对话，有过温暖的拥抱和开怀大笑。

人们常说婆媳自古是天敌，婆媳关系永远是家庭生活中最难搞的问题。9年前我与您的宝贝儿子相识相恋，最终修成正果走进了婚姻的殿堂。从此我成为你们家的新成员，同时我也多了一个妈妈。我倍感幸福，憧憬着美好甜蜜的婚姻家庭生活。

婚后的第一年，家中谱写了一首首溢满辛酸苦辣的小插曲。由于我们婆媳相互间了解甚少，一些鸡毛蒜皮的琐事使我们母子间产生了隔阂。您对我的言行举止很不满意，我说什么做什么您都看不顺眼，要么冷嘲热讽，要么摆出一副漠不关心的样子，这让我很苦恼，我忍不住在背后当着您儿子的面抱怨："你妈妈怎么这样，老给我脸色看，处处给我使绊子。我敬她是你妈妈不计较，麻烦你转告她，别太过分，否则休怪我不客气。我嫁到你家来不是受气的。”而您也觉得憋屈，常在您儿子耳边念叨我对您不好。日积月累，您儿子开始对我有了成见。我们夫妻聊私房话时，他会不经意间流露出对我的不满。我一再追问原因，他才说希望我对您好点儿，说您把他抚养长大成人很辛苦。我听了后觉得很委屈，想起在娘家爸爸妈妈对我的百般呵护，一时接受不了，就和您儿子赌气、吵架。有很长一段时间，我憎恶您，认为是您故意挑拨离间，唆使您儿子欺负我。我年轻气盛，心存怨恨，后悔自己当初嫁给您儿子，脑海里闪现过离婚的念头。在亲戚朋友的劝说下，我们的夫妻关系缓和了些。但我仍不愿搭理您，您说什么我假装没听见，您打来的电话直接挂掉。这样僵硬的关系持续了10个月，直到您的大孙子呱呱坠地才有所好转。经历了分娩的过程后，我渐渐明白了当一个母亲是多么的不易，也深深体会到了母亲对孩子的那份无私伟大的关爱。我学会了换位思考，学会了宽容。我找了个合适的机会与您谈心，说出了我对您的看法，剖析了我自己的不对之处，并请求您的原谅。我依稀记得您流下了眼泪，说您自己也做得不对，应当把媳妇当亲生女儿对待，希望我别怄气了。那次我们给了彼此一个温暖的拥抱。

自那以后，我们家里充满了欢声笑语。我和丈夫快乐而忙碌地工作着，您的孙子也上幼儿园了，您既要照顾心爱的孙子，又要收拾家务。每天回到家，茶几上总摆放着您洗干净的新鲜水果，餐桌上总有您精心准备的香喷喷的饭菜，我们一家其乐融融。

4年后，我们家双喜临门。您的大孙子学前班毕业了，到了上小学的年龄。您仍尽职尽责地完成自己的工作，又开始担心孙子的学习成绩、行为习惯养成问题。我宽慰您，对您说：“放心吧，您媳妇是一位优秀的人民教师，肯定有一套科学的教子方法，您的孙子不会比别人家的孩子差。”也许是您这位奶奶太慈爱的缘故，您的小孙子也迫不及待地来到了我们家。这下您更辛苦了：一边照顾我坐月子，一边照顾两个孙子。我提出请保姆来帮忙，您毫不犹豫地拒绝了，说将那钱用来给孩子买奶粉，没啥事能难倒您的。

九年如一日，春夏秋冬不停转换，不变的是您对媳妇儿孙的那份无私伟大的关爱与呵护，变的是您的容颜。生活的劳累和奔波透支了您的体力。时光从指缝间悄悄溜走，您的脸庞不知何时爬上了诸多的皱纹。一丝皱纹就是您为子孙们费的一丝心血，两个孙子趴在您背上一点点压弯了您的腰脊。婆婆，您辛苦了！

我的亲生妈妈孕育了我，抚育了我，将我培育成才。25 岁那年，她将我交给了您的儿子，交给了另一位妈妈——您。我们虽然无血缘关系，但是在同一屋檐下朝夕相处了九年，无声无息地滋长出一种令人倍感温暖的亲情，将我们紧紧地拴在一起。婆婆，在我内心深处早已把您放在了亲生妈妈的位置。您的爱像一首深情的歌，婉转悠扬，轻吟浅唱；您的爱像一阵和煦的风，吹去冬雪纷飞，带来春光无限。

高尔基说："世界上一切光荣和骄傲，都来自母亲。"婆婆，您是我丈夫的母亲，也是我的母亲，多少年风风雨雨，辛酸苦辣，您默默无闻地付出，从不求回报。您的爱就像音乐的旋律，时而振奋人心，催人进取，时而恬静安逸，营造幸福和美的家庭氛围。

我想以书信的方式来表达我对您的感激与崇敬之情。我会和您的儿子孙子一起好好孝敬您。感谢您的陪伴，感谢您的牵挂惦念，感谢您给予我们比生命更宝贵的爱。愿您永远健康快乐！

此致

敬礼！

爱您的儿媳

Part 03
写给爸爸、妈妈

给爸妈的一封家书

康卫蜀　宣汉县示范幼儿园

亲爱的爸爸妈妈：

你们好！

做你们的女儿已经43年了，却没有给你们写过一封家书。也许是女儿一直生活在你们身边不需要用书信的方式表达思念和爱意，也许是小时候不懂事对父母关心较少，也许是工作太忙忘记给你们写信，也许是用手机打电话或视频聊天比书信更方便更直接。今天，终于拿起手中的笔，向你们表达我对你们深深的思念和永恒的爱。

亲爱的妈妈，您辛苦了！我们家是半边农，爸爸一直在外面教书，您则在家务农。我和哥哥跟随爸爸辗转天生镇中心校、东乡镇东南乡中心校、柏树职业中学读书，只有寒暑假才能回来帮您忙一些农活。那时，奶奶是裹脚女人，不能干地里农活，只能做一些家务活，爷爷身体不好，经常打针吃药，也干不了重活。土地下户后，家里6个人的田地您一个人挑大梁，犁田、搭田坎、育秧、栽秧、杀虫、搭谷子这些男人做的活您一样都不会落下。挖地、栽种和收割小麦、玉米、高粱、红苕、花生样样都要挖泥拌土，肩挑背磨。您常常披星戴月、头顶烈日，不分白天和黑夜地劳作，很多时候饭都顾不上吃，常常饥一顿饱一顿的，以至于患上了严重的肠胃病。寒暑假是您最开心的时候，因为爸爸和我们兄弟姐妹都回来了，可以分担很多活了。记得有一次暑假，我们一家人挖一块很大的地，准备种小麦，白天我们一人戴一顶草帽，一锄一锄地挖，汗水如泉水从心窝、背沟直往外冒，大家渴了、累了就在旁边的桐子树下休息，我就负责去给你们打井水喝。一勺井水下肚又凉又饱，大家干劲又来了。晚上凉快更是劳动的好时机，爸爸点起马灯，我提着马灯给你们照明，你们挖一路我就指一路，大家很累，可是一家人在一起劳动真的很快乐。

1985 年，我们家“农转非”后，家里没有了土地，您也可以从面朝黄土背朝天的日子里解脱出来了，可是您却闲不下来，您想给爸爸减轻点经济负担，也想让我们一家人生活过得好点。您在爸爸他们学校的农场承包了几间猪圈，开始养长白猪，一种优良的瘦肉型猪。养猪也是很辛苦的活，每天要打猪草，除栽种专用的猪饲料黑麦草，还要栽种玉米、红苕、土豆、萝卜、白菜等庄稼。养猪最累的是猪生病和母猪产小猪的时候。猪生病的时候不管白天黑夜、刮风下雨都要去请兽医前来诊治。有一次我去请兽医，在回来的路上，我们的摩托车与迎面的大货车会车时，摩托车被挤到路边 2 米多深的坎下去了，所幸的是摩托车被一些网状的藤蔓植物网住，我们身体没大碍，只是我手里的手电筒前面的玻璃罩子和里面的灯泡摔碎了。回到家，我低着头很小声地对您说：“妈妈，对不起，我不小心把手电筒摔坏了。”当时以为您会大声地训斥甚至还要打我，结果您一把把我抱在怀里，走到药箱前，小心翼翼地给我洗伤口，边擦药边用嘴给我吹伤口，还关切地问：“疼吗？咋个这么不小心？以后要注意安全。”我好感动，妈妈，谢谢您！

敬爱的爸爸，我真诚的谢谢您！您既是我的父亲又是我的老师，从上小学一年级开始，我就一直跟随您辗转读书。那时您当校长，每天工作都很忙。当时的东南乡除中心校外还有 15 个村小，您经常一天徒步十多个小时，走访 3 到 4 所村小，家访几十个学生。在外面再苦再累，回到宿舍您一刻也不休息就开始给我们煮饭。为减轻您的负担，我和哥哥学着蒸饭、炒菜。一次放学后我们在家里边做作业边煮饭，一不小心把锅烧干了，菜烧煳了。情急之下，哥哥接来一盆水倒进锅里，只听“砰”的一声，锅炸开了一条缝，我们被吓傻了，心想，爸爸肯定要生气，还会打我们。您回来不但没打我们，还一直念叨，人没受伤就好。接着您给我们讲了一些生活小常识：锅烧红了不能加水，要先把火灭了，让锅冷却，热锅遇冷水，冷热一击就很容易炸锅。油烧燃了，也不能往锅里加水，把灶台上的火灭了后，用锅盖把燃烧的锅盖紧，让它因缺氧慢慢熄灭。加水不仅灭不了油火，还会助燃，火势会越来越大。

记得有一次，您在抽屉里放了一些零钱，我从里面悄悄拿了一角钱，和姐姐一起去买零食吃了。被您发现后，您问我们，我们都不承认拿钱了，您一脸的严肃，把我们三姊妹叫来站成一排，狠狠地批评到：“是谁拿的，给我站出来，撒谎的孩子和不敢承认错误的孩子都不是好孩子，如果不承认等我追问出来后就要挨打。”我和姐姐被爸爸的大声训斥吓坏了，第一次看到父亲发这么大的脾气。我吓哭了，哭着叫爸爸别打我，是我拿的，我们拿钱去买零食吃了。姐姐也急忙对爸爸说，是我叫妹妹拿的，要打就打我吧。爸爸教育我们，要堂堂正正做人，清清白白做事，有句古话“从小偷针，长大偷金”，您希望我们从小要有好的思想品德。您还给我们讲了列宁小时候在姑妈家玩打碎花瓶的故事，那个故事教育我们要敢于承认错误，敢于承认错误的孩子才是乖孩子。从那以后，我们再没悄悄拿过家里的东西，拾到的东西交给老师，老师夸我拾金不昧，并号召班里的同学向我学习。爸，您知道吗，我是多么自豪！

亲爱的爸爸妈妈，如今女儿已经长大，和父亲一样从事了太阳底下最光辉的职业，我会像父亲一样做一名好老师、一名优秀校长。爸，我会谨记您的谆谆教诲：敬业奉献、公正廉洁，做一名共产党的好干部。爸爸妈妈，你们身体不好，希望你们多注意身体，不再为我们操心，你们的健康就是我们的福分，希望你们健康、快乐、幸福，祝愿你们：福如东海长流水，寿比南山不老松！

爱你们的女儿：康卫蜀

给爸爸妈妈的一封信

唐　澄　大英县总工会

亲爱的爸爸妈妈：

你们好！

从来不曾想过，写给你们的第一封信是以这样的方式来表达，心里有千言万语，可是一到嘴边却说不出万分之一，那就让我把属于一个女儿的小心思先告诉你们吧！时间真是一把无情的刀，我渐渐长大，而你们却慢慢变老了，以后所有的风雨，都由我自己来迎接吧！

当初考上大学，人生第一次远离家门，心里是欢呼的，是雀跃的。总想远离了你们的束缚，没有了老师的困扰，自己终于可以肆意的放飞自我，去做高中不敢做的事，去做以前你们不同意我做的事，反正天高皇帝远。可是后来才发现，我是多么想念妈妈烧的菜，想念以前我一听到就冒火的私语。有一次军训，一个男生唱了一首《父亲》，所有的感情都在那一刻如洪水般涌来，我再也控制不住自己，最开始的兴奋早已消失得无影无踪，只是很想家，想把这首歌唱给爸爸听，想骄傲地告诉他，他的孩子已经长大了，可以自己撑起一片天。

读完大学，迈入工作的轨迹，很多时候给家里打电话，都是跟妈妈聊聊女儿家的小心思，从工作到生活，爸爸总是在边上仔细地听着，总要以他过来人的身份说几句，可是叫他说，他又不愿意，你们的爱其实都是一样的，一个在喋喋不休中表达关爱，一个在沉默中却又克制不住。都说女儿是小棉袄，可我却觉得我做什么事都不能让你们真正放心，总是想方设法带点吃的给我，害怕我亏待了自己；害怕我天冷没有加衣服，照顾不好自己，而我的心愿就是你们可以健康，可以欢乐地过每一天，每次放假，跟你们说我要回家，你们总是买好多吃的放在家里，熬好久的汤，做很久的饭，而最开怀的瞬间就是我张牙舞爪地把这些东西都吃得干干净净，你们的脸上就会露出会心的微笑。工作和生活中，听了太多生于不幸家庭的故事，感叹自己能做你们的女儿是多么幸福，给予我一个完整的童年，所有的欢乐都是真实存在的，没有因为我考得不好就让我放弃读书，所给予的永远都是鼓励，即使在家里条件不好的情况下，也要创造出更好的条件让我们读书，即使家里姐妹众多，也没有对谁偏袒，我在这样有爱的环境下成长，让我的心里始终都充满了阳光，无论在外面受了多大的委屈，一想到你们，全部的感情都可以得到释怀，抛开那些负面情绪，自己还是那个迎风奔跑的人，永远不会失去爱的勇气，一直有着一颗积极的心，而这些力量所有的源头都是你们。

爸爸妈妈，谢谢你们这么多年的谆谆教诲，谢谢你们这么多年的不辞辛苦，谢谢你们在我失意的时候给予我的无限的鼓励。我将谨记你们的教诲，在以后的人生中时时鞭策自己，努力提高自己。

祝你们身体健康，每天都开心快乐！

此致

敬礼！

永远爱你们的女儿

家书抵万金

邓　瑶　四川省第四建筑工程公司重庆工程公司

亲爱的父亲母亲：

近来一切可好？

岁月如梭，蓦然回首，你们的女儿已经走过了23个春夏秋冬了。如今女儿远在他乡，一去不复返的时间像一只无形的手推动着岁月的轮回更替，耳边却还依稀地回响着母亲离别时的叮咛嘱咐，在此我把满怀的情愿托付笔尖，倾诉我满满的情思。

23年前，是你们给了我宝贵的生命，让我来到了这美丽的世界；是你们给了我健康的体魄，让我能享受这五彩的生活；是你们给了我坚强的人格，让我能勇敢地面对挫折……你们给了我无微不至的爱，其间经历的辛酸也只有为人父母的你们才能体会。

母亲，您还记得吗？23年前，您十月怀胎生下了我，便开始了我的人生。那个只会在襁褓中哇哇啼哭、喃喃学语的小稚女，第一次光着小脚丫走路，感受这大地的温度；第一次使用筷子吃东西，第一次在本子上歪歪扭扭地写下自己的名字，第一次……也许她从没有注意到在她这无数次的第一次中，在她漫长的成长道路上，她的母亲，您，为她付出了多少心血倾注了多少爱。犹记得十多年前她第一次登上大舞台，紧张的无法控制自己的四肢，是您一直安抚着她，当“世上只有妈妈好”伴奏响起，是您在台下为她打着节拍，当她完美谢幕跑来拥抱您时，您才悄悄抹去您眼角的那一抹晶莹。她的一举一动您都牢牢记在心头，无论何时您都陪在她身边，用您那已长满老茧的双手给她温柔。

父亲，您的话很少，不像母亲那样唠叨，但您的每一次叮嘱我都铭记于心。1999 年，那时我才 5 岁，很是贪玩，每次去小朋友的家里，总是会发挥我这小“拆迁队”的本领，将别人家弄得天翻地覆，不时还偷拿别人家的玩具来玩耍。有一次不小心被您当场捉拿，提起便是一顿乱打，看着我泪眼汪汪，您便软下心来转换策略，给我讲了一堆大道理，其中一句至今记忆深刻——不是你的千万别拿。父亲，您永远像一座大山一样，坚强地担起生活中所有的重担，让母亲和我能活得轻松安然。可我知道，在您坚强的外表背后是早已被各种压力压弯的脊背。您整天为了我，为了这个家忙碌着，常年的早出晚归，让您的身体疲惫不堪，导致血压偏高，加上长期的高强度工作让您的胃也备受折磨，近几年您的脸上爬满了皱纹，头上也渐渐冒出了银发，但您却依旧无怨无悔。希望您一定要听医生的嘱咐，好好照顾自己的身体，等着我归来孝敬您。

如今，看着你们的女儿从一个不懂事的小丫头长成了大姑娘，心里是否有一丝欣慰呢？爸爸妈妈，你们放心，女儿在异地生活得很愉快。参加工作后虽逐渐离开了你们的怀抱，开始了独立的生活。但在新的地方，让我有了新的眼界，工作也让我变得更加坚强，让我学会了怎样与外界相处，同事们对我都非常好，很照顾我，经常跟我谈心聊天，交流经验。大家彼此之间相互帮助，相互学习，共同进步，在这里大家也是一个大家庭。爸爸妈妈，生活方面就不用为我操心了，我能处理好的！

23 年，你们陪我度过了我最美好的青春年华。23 年，你们把半辈子的心血都倾注在了我身上。23 年，你们没能给我什么山珍海味，绫罗绸缎，却给了我一个完整的家和你们无私的爱。

犹记得，你们总是花很多时间耐心地教我用筷子吃东西、教我穿衣服、绑鞋带、教我烧水煮饭、教我做人的道理。所以我今天的坚强、毅力、生存之道都是你们授予我的。

犹记得，年少的我讨厌你们的啰嗦唠叨，无意间与你们产生了嫌隙，总要等到遍体鳞伤后，才知道你们讲的都是金玉良言；

犹记得，你们无论再忙也总是耐心地听着我诉说委屈，包容着我的过错，做我的坚强后盾……

谢谢你们用双手给了我温柔的抚触，让我能感受到这世界的温暖；

谢谢你们用臂膀为我撑起了一片天地，让我能在其中自由翱翔；

谢谢你们用智慧为我指明前进的方向，让我能看见光明与希望。

一封家书千余字，倾诉不尽我对你们的情思与感激，但却字字牵动着我，激励着我。目前的我虽不能与你们分担太多生活的艰辛，但至少在生活上我可以让你们少为我操心了。感谢你们为我辛劳地付出了你们的大半生，如果有来生，我愿做你们的父母，用一生的心血来呵护你们，照料你们。

感谢你们，我的父亲母亲！

愿：

一生久安！岁月无扰！

爱你们的女儿：邓瑶

写给父母的一封信

贺华婷　宜宾市长宁县委宣传部

亲爱的爸爸妈妈：

你们好！

提笔写这封信时，我和你们已经两年未见面了，相隔5000里路，你们在北方，我在南方。没有距离的遥远，只有心中的牵挂。也正是有了你们的鼓励和支持，才有了我们一家人团圆的幸福生活，此时心中涌动的是你们给予我的温暖。

2015年，因为爱人，我的人生轨迹发生了改变。我随丈夫调动工作回到他的出生地——四川长宁。离开养育我30多年的爸爸妈妈，我是多么的难以割舍这份亲情。从出生到自己为人母，30多年了，我和你们从没有分开过……爸爸妈妈，你们又是多么的体谅和理解女儿，支持我跟随丈夫来到长宁一起生活。从此，在长宁，有我温暖的家。

初来长宁，我真的是因为爱上一个人而爱上一座城。长宁历史悠久、人杰地灵、资源富集、物华天宝，而且山清水秀、景色宜人，我被这不同于新疆的良好的生态环境所吸引，很快适应了这里的生活。

两年来，我随着“送文化下乡”的演出队伍深入县城及乡镇、社区、学校、军营、企业、贫困村，积极参加慰问演出、座谈、书画摄影展、笔会、文艺讲座、科技培训、文化扶贫等多种形式的文艺服务活动，我的足迹遍布这里的18个乡镇。我更被这片美丽富饶的土地、万岭逶迤的竹海、婀娜多姿的淯江河所深深吸引，更被纯朴的民风，淳厚的民俗，感染并热爱着。我发现自己已经深深地爱上了长宁这片土地。

夜深人静的时候，总是想家的时候。我时常为自己不能陪伴在你们身边尽份孝心而愧疚，此刻远离家乡的我，心中更多的懂得了你们这么多年来扎根边疆的情感。

记得我小时候总喜欢问您，为什么要远离家乡来到新疆工作呢？您的回答是响应党和国家支援祖国边疆、开发建设大西北的号召，踏上了支援新疆建设的征程。年轻时的您，是多么的有抱负和怀揣理想。从家乡江西永新出发，倒了十几天的车，来到首府乌鲁木齐学习了一年的医疗药品知识，还获得了中专毕业证，当组织上分配工作征求您的意见时，您打开中国地图，看到南疆是一片绿洲，于是选择了喀什——祖国最西部的边陲，那时您对未来充满了美好的憧憬。当您坐了几天几夜的汽车，来到荒无人烟的戈壁滩，并非看到所期盼的一片绿洲时，您没有退却和止步，坚定地留了下来，在工三师医院成了一名医务工作者。从此您无怨无悔，像戈壁的红柳、大漠的胡杨那样，深深扎根新疆。

我经常听妈妈说起，您和她一起走过的艰苦岁月，饱尝了建设新疆的酸甜苦辣……1970年，您和妈妈刚结婚一年，您所在的工三师医院在七公社设立了新的药品库房，条件艰苦，没人愿意去。您毅然向政委请缨，挑起重担到乡下去管理药品库房。那时候妈妈和您还闹了很长时间的矛盾，因为您的担当和付出，妈妈带着刚出生5个月的大哥，放弃了师部的工作来到乡下和您一起生活。当时在七公社没有一户汉族人，更没想到那里没有井水，喝水做饭都是涝坝水，不过聪慧能干的妈妈很快克服了生活上的不适应，还义务投入到中草药种植的工作中，喜欢与人交流的妈妈很快和当地的维吾尔族老乡混熟了，学会了一些常用的维语。在乡下，妈妈自己种了一些蔬菜，米、面、油都需要到县城去购买，生活条件十分艰苦，还要养育孩子，全家的经济来源就靠爸爸每月的工资32.2元来维持。艰苦的生活环境让爸爸妈妈养成了勤俭持家，从不浪费东西的习惯。直到1977年与莎车县人民医院合并，医院才将药品库房搬到莎车县城，我们因此在县城住上了一套新平房。那一年我出生了，家里算是过上了好日子。春节时，维吾尔族老乡们还来家里拜年，可以说在爸爸妈妈身上就能体现出军民融合、民族团结一家亲的深厚感情。

我和二哥相继出生在20世纪70年代中末期，那时国家经济萧条，人民生活条件也很艰苦。我上小学时，已经是1983年，生活条件开始变好了，父母的工资待遇也有所增加，但只要我们过多地提出来买什么零食或衣物等生活用品时，爸爸妈妈总是回忆起曾经的艰苦岁月并苦口婆心地教育我们一番，告诫我们是普通干部家庭的子女，要靠自己勤奋学习，有了真才实学才能立足社会。不要和别人家攀比物质条件，而要在学习上比知识，在学业上比进步。爸爸对大哥要求极为严格，考了99分，都不满意，让大哥给我们做榜样，激励我们好好学习，积极上进。爸爸每日都要训诫我们兄妹“吃饭要狼吞虎咽，干事要雷厉风行”，引导我们做事要讲效率，讲诚信，做正直的人。这也是时至今日在我耳边耳熟能详的声音，我也经常以此家训教育自己的孩子。在这样的家庭熏陶下，我们三兄妹上学时年年都被学校评为“三好学生”、“优秀班干部”，家里一面墙贴满了奖状，并且我们三兄妹都考上了大学，有了稳定的工作。我们的家庭在当地也算是首屈一指的“书香之家”。这也成了你们一生中最值得欣慰的事。

爸爸，您从一个懵懂少年来到边疆，在人民医院兢兢业业、勤勤恳恳工作了40年直至退休，所从事的药剂师职业是千千万万普通岗位中的一个，您却像螺丝钉一样“干一行爱一行”，一辈子无怨无悔……

妈妈，您年纪轻轻就来到边疆，为了支持爸爸的工作和养育我们兄妹三人，一辈子勤俭持家，洒下多少汗水，倾注多少心血，您付出得太多太多……

如今你们在新疆已经生活了50多年，你们的一生都是在边疆生产、边疆建设、边疆发展中渡过并老去。时至今日，你们已满头白发，退休十年有余，却还依旧眷恋着新疆这片土地，难以割舍。

因为在你们的血脉中，早已融入了新疆的山山水水；在你们的心目中，新疆就是生育、养育你们的家乡。

你们更懂得，祖国的边疆发生了翻天覆地的变化来之不易。随着国家确定的“稳疆兴疆、富民固边”的战略目标，明确了新疆作为西部大开发的重点，如今新疆的经济建设蒸蒸日上，一座座高楼拔地而起，街道宽阔又平坦，各大型购物商场内商品琳琅满目，公园广场越来越多，公共设施越来越齐全，城市环境越来越美；公路和民航建设快速发展，交通出行越来越便利，人民的生活越来越幸福。这些变化和发展的背后，凝聚着你们千千万万普通建设者的辛劳付出和无怨无悔的坚守。

多少次，在深圳工作的大哥劝说你们去深圳安度晚年，而我劝你们来长宁养老，你们都没答应，总是说：“新疆挺好的，只要你们过得好，我们就放心了。”是啊，支援边疆建设一辈子，你们无怨无悔。你们把最美好的青春留在了这片土地上，在边疆有你们感人的故事，所以你们总舍不得离开。

我们三兄妹土生土长在新疆，是你们为了边疆的建设献了青春献子孙的“疆二代”，我们愿意传承你们忠于职守、拼搏奉献的精神。在长宁县工作的两年中，我爱岗敬业，勤奋努力，认真干好各项工作。

长宁县已经确立了“国际竹生态养生名城”城市战略定位，打造“竹海之都·养生长宁”的城市品牌。随着“成贵高铁”的建成的指日可待、宜叙高速公路的开通使用，长宁人的未来更有盼头。长宁经济社会的快速发展也正是无数辛勤的长宁人坚持不懈、默默奉献、长期耕耘的结果。我愿意，也将努力成为这其中的一员！为长宁的建设发展贡献自己的力量！

两年来，每一次接到父亲的电话，您总是关切地对我说："要把长宁当作自己的家乡，努力工作。另外，要把孩子教育好。"

爸爸妈妈，请你们放心吧！在我心中，长宁是我的第二故乡，我热爱长宁，愿意奉献我的青春和热血。建设长宁，我在行动！

我一定会传承好我们风清气正的家风，并且能够世代相传。把你们这代"艰苦创业、开拓进取"的奉献精神传承给孩子们，让他们记得你们是如何用自己的汗水和智慧把新疆的荒芜书写成繁华，把苦楚艰辛变为幸福美满。而我们也要不忘初心，继续前进，勤勉敬业，奋发有为，成为孩子们学习的榜样，一定不辜负你们对我们的期盼。

祝愿你们身体健康，幸福平安！

永远爱你们的女儿：婷婷

一封简单的家书

杨丽坤　四川省第十三建筑有限公司康定指挥部

亲爱的爸爸妈妈：

你们好！

女儿时常不在身边，万望二老照顾好自己，保重身体。

近来诸事繁忙，一直想写一封简单家书，寄托女儿的感激之意和思念之情，却是久久未能成行。投身建筑行业，伴着工程的启动东奔西走，时常不能尽到做子女的孝道，我，也不例外，许多未尽孝道，还请二老谅解。心中有千言万语，却不知从何起笔，不知怎么用文字阐述出我二十几年血浓于水的亲情。

在我眼里，父亲永远是严厉的，感觉您对外人露出的笑颜多于给我的好几倍，说实话到现在我还是有点抱怨。小到碗筷的摆放，大到做人的品质品格，都有一套规矩时刻束缚着我，提醒我不能越界，一旦越界惩罚就是父亲的不苟言笑，这让我从小都有一点叛逆也有一点胆怯。爸爸，您别生气，人们常说“女儿是父母的小棉袄”，可我只是我妈的小棉袄，是您夏天里的军大衣。有时候我也不知道怎么会惹您不舒服，得到您“温柔”的回应。但是离开你们在异地上班，我才深深地感觉到，有些东西已经深深烙印在我的生命里，你们的爱不曾是嘴上的甜蜜，是时刻的担心，常常会担心我是否吃得饱，穿得暖，钱是否够用。事无巨细地问完后，嘴里不断地念叨:“好好工作，勿忘初心。”

爸爸妈妈，我可能永远是你们眼中的小孩，但是我也希望我们能相互倾诉，互相谈心。女儿已经是成年人了，该换我成为你们的小小避风港，外面的风浪再大，希望你们在指引我的同时，也换到我的怀里歇一歇。你们严格的家教，是我前进路上的指明灯，时刻提醒着我，生而为人，国有国法，家有家规。让我步入社会后少走弯路，不偏离正确的航向。家风是什么呢？顾名思义就是家庭风气，你们对我的谆谆教导，为我树立了正确的价值观，这个经济飞速发展的当今中国，重视道德准则，坚守原则尤为重要，上天会给你很多诱惑，能真正的抗拒诱惑本身的只有你内心的品德。

董必武的子女们虽然没有“世袭”他的高位，但是传承了他开创的家风，为人真诚、忠厚、勤俭、好学。他晚年最为疼爱的孙儿们，已经与普普通通的中国老百姓没有什么不同的了，但是他们良好的品德仍然颇有董老遗风！“一门多学子，学风铸家风”，陈云矢志向学，孜孜以求的品性对家人的影响很大。李先念重感情，重乡情，重亲情，但决不做违反原则的事。彭真留给他的子孙后代的精神财富是巨大的。他近百年的人生，自始至终的劳动人民本色；他对父母、对祖辈的孝顺，对人民的热爱，对祖国的深情，对党的忠诚，对真理的追求，对工作的认真精神，对我国法制建设的孜孜以求，兢兢业业；他对妻子的忠贞，对子女的严格要求；他生命不息，学习不止的坚强意志和毅力，等等。这些品质既是他们家庭的精神财富，也是全社会的精神财富！

爸爸妈妈，我也终于明白了你们的良苦用心，任何的行为习惯都是从小事培养起。习仲勋注意教育孩子从小养成节俭的良好生活习惯，经常用“谁知盘中餐，粒粒皆辛苦”的名言教育孩子，吃饭时掉在桌上的米粒都要捡起来吃掉，吃到最后还要掰一块馒头把碗碟上的菜汁擦干净。“忠厚传家久，诗书继世长”，清正廉洁，做人实在，是对家人的最好馈赠；家教严明，家风纯正，这种教育留下的记忆烙印也是对子女未来成长的最好礼物。人们常说从孩子身上，就看到父母的素养；从丈夫身上可以看到妻子的勤恳；从妻子身上能看到丈夫的品质。自己在生活中没有规矩意识的家长，就是对孩子的成长不负责任，就是孩子未来的损害者。经常看到年轻母亲手牵幼子，在公路上翻越隔离墩，公共场合大声吵闹，过马路径直闯红灯，带着孩子插队占便宜。正所谓“上梁不正下梁歪”，这些错误的示范将给孩子埋下极大隐患。等下一代长大，也不会自觉遵守法律红线、道德底线，不会自觉去尊重父母，眼里只有自己的舒服和利益最大化。

爸爸妈妈，如果没有你们的严肃对待，可能这个社会就会报之于我残酷。在此，我认真地谢谢你们对我的管教，社会就像大染缸，人人都能把家里的良好的风气宣扬，自然我们大家都会生活在一个纯净有秩序的社会当中，我为人人，人人为我。生活就像一面镜子，你是怎么样的，生活就会回之于你怎样，当我读了《阅读与家风》《阅读与家教》这两本书后，深深地体会到，社会就需要这样的正能量，需要所有人“严于律己，宽以待人”。“子不教，父之过”，父爱如山，大概父亲最大的希望就是我能做个自信，自尊，自爱，自重的人，母亲最大的希望就是我能平平安安，健康成长。

“十月胎恩重，三生报答轻。”一封简单的家书，其实只有四个字：我爱你们！

此致

敬礼！

女儿：杨丽坤

万爱千恩百苦，疼我孰知父母

——给爸爸、妈妈的一封信

谢会英　金溪镇中心小学校

亲爱的爸爸妈妈：

你们好！

此时一种难以言状的情绪让我拿起纸和笔，用微微颤抖的手记下了这时间穿行，空间辐射的万爱千恩百苦缩影之点滴……

多年来，你们对我那悠悠的牵挂，那谆谆的叮咛，那拳拳的真情，那款款的祝福，那一路走来的指点迷津，让我深感“十月胎恩重，三生报答轻”。

“哀哀父母，生我劬劳。”爸爸妈妈，在我的眼里，你们是我一生最敬重、最爱戴的人，不因斗转星移、沧海桑田而变迁。你们赋予我血肉之躯，养育我长大，在我成长的过程中，打开心灵的档案、记忆的闸门，抹不去那无尽的关爱……从自己咿呀学语开始，耳边就出现了你们的唠叨和叮嘱。“天冷了，你多穿点衣服。”“你要吃饱啊！”“路上注意安全哟。”“你把你那脾气、性格都改改，不然会吃亏的。”……从小到现在，唠叨一直不断。

几十年如一日，转眼间我已人到中年，随着岁月的匆匆流过，妈妈，您的额头上，时光老人为您描上了几道美丽的皱纹；爸爸，您的头发中，时光老人为您添上了几道银色的发丝。岁月不饶人，但爸爸妈妈，你们依旧是我心中最美的人。在我的记忆中，你们似乎没有太多的笑容和语言。你们太忙太累了，用肩膀撑起了整个家，我们之间的交流是那么的寥寥无几，永远是那几句简单的语言。你们不会陪我聊天，不会陪我下棋，不会陪我做作业——这一切的“不会”却让我更加成熟。是的，你们不陪我聊天，但却为我买了许多的书，在书中，我找到了交流的对象；是的，你们不会陪我下棋，却省吃俭用、节衣缩食给我买了很多玩具，在玩耍中培养了我的业余爱好；你们不会陪我做作业，却送来了资料书，让我学会了自主学习——因为你们的“不会”，我学会了太多太多。以前，你们对我的唠叨，我熟视无睹，充耳不闻，现在才知道那是世界上最美的语言；以前，我不明白为什么在我摔跤时，你们总是让我自个儿爬起来，现在才知道不扶我是要我学会坚强。爸爸妈妈，你们日夜为我操劳，我真的很感谢你们。你们像我的朋友，当我心情不好的时候陪着我，为我解愁；当我学习气馁的时候你们用爱支撑我前进；你们无私、无微不至地照顾我，使我能够这样健康、茁壮地成长。

父爱如山，母爱如海。爸爸妈妈，你们憨厚老实、热心、勤快，宽厚仁慈，我从小看在眼里，记在心里。你们几十年如一日地为这个家忙碌着、奔波着，有什么烦恼和痛苦，从来没有把情绪写在脸上，一直把对我的爱全都放在心里，你们那双饱经风霜、充满慈爱的眼睛我历历在目。我记忆中，你们的手一直很粗糙，长满了茧子，冬天手上到处裂着口子，时常流血，我知道你们很疼，但你们却常对我说：“不碍事，都没有感觉，我这是钢筋铁骨。”我心中充满了愧疚，我读书多年的费用开支让你们付出了多少心血啊！你们日出而作，日落而归。你们一直没有闲过，一直在为家操劳着，可从没抱怨过什么，你们总说，只要我好好的，有个好的将来、好的归宿，你们就安心了，你们的幸福很简单，就是让我能走出农村，我知道你们不是看不起农民，只是觉得农民实在是太辛苦了，你们的苦口婆心、良苦用心，都是让我争气。

羊有跪乳之恩，鸦有反哺之义。每当清晨，看着一缕缕暖暖的阳光照进窗子，我心中便充满了无限的幸福和满足。亲爱的爸爸妈妈，你们辛苦了，感谢你们用翅膀为我遮风挡雨，撑起一方晴空；感谢你们吞吐着我的委屈，包容着我的过错，做我的坚强后盾；感谢你们无私地为我付出那么多。我决定在以后的日子里，用我的工作成绩带给你们欣慰，用我的孝心带给你们快乐。鲜花感恩雨露，因为雨露滋润它成长；苍鹰感恩长空，因为长空让它飞翔；高山感恩大地，因为大地让它高耸……我最感恩的人——爸爸妈妈，是你们给予我生命，给了我一个“太阳底下最光辉的职业”。

爸爸妈妈，你们就像引航的灯，为我在迷茫的大海中指明方向；你们就像默默无闻的石子，让我前进的道路宽敞笔直……作为你们的女儿，我更知道“百善孝为先”和“滴水之恩当涌泉相报”的道理。我深知，你们对我的爱，我会永远铭记在心头，那是什么也无法代替的！爸爸妈妈，我爱你们，永远永远！

看遍了星空，却没有发现哪颗璀璨的星星比母亲的容颜更灿烂！

踏遍了土地，却没有发现哪个地方比父亲的肩膀更坚实！

由于工作关系，我很少回老家，这让我感到羞愧，感到悲哀，甚至为之哭泣。我多么想回去看看你们，但在我的日历里没有周末，没有节假日，因为对我而言都是工作日，每天备课、上课、学生作业批改、班级管理，我都用全部心血诠释对教育事业的忠诚。我常常想：“构成人生旋律的永远都是奋斗与追求。”正因为如此，我的努力就是报答你们二老的一种生活状态，或许把它凝于笔端却更能贴近心灵。

写这一封信我感到非常幸福、非常自豪，那是累并幸福着、自豪着。

顺祝：

爸爸妈妈永远幸福安康，万事如意！

永远爱你们的女儿

写给父母的一封信

代 畅 四川省移动南充分公司重要客户营销中心

亲爱的爸爸妈妈：

时光荏苒，当我一天天长大，工作、恋爱、为人妻，我才慢慢体会到你们对孩子那深沉的爱……

我慢慢地了解到，所谓父母子女一场，只不过意味着，你和他的缘分就是今生今世不断目送他的背影渐行渐远。而他，则用沉默的背影告诉你不要追。

无论是温一壶热酒，还是轻酌的品茗，连老人口中的烟卷也在阐述一个国人无法避免的话题。对，这就是感恩。我们潜意识中都承载了这些，时光依旧地下滴，论述着我们的情愫。

每每说到这里，一种情感漫上心头。仿佛我能读懂这些亘古不变的点滴。世间的变奏旁若无人地奏起，路上的行人落了泪。

作为即将三十而立的我，在你们心中永远都还是那个襁褓中的婴儿。工作的忙碌是事实，但也是个借口，对于家务我一无所知，妈妈您从来都是让我十指不沾阳春水，可您自己那双因常年做家务而受到磨损的手，却埋下了腱鞘炎的毛病，每每沾过水后都要敷上一层厚厚的药油。说到做饭，妈妈您吸过的油烟，那是抽油烟机远远不能比的。您是个极讲究爱美的人，但为了不断迎合我的胃口，您不但坚持一日三餐自己操刀，还经常向人请教厨艺。

因为我长期加班晚归，妈妈您总是担心我没到家，即使一天的家务劳顿让您再困也不会上床休息，并且从来不会打电话催促我，因为您担心影响我的工作，总是在家里默默等待，直到我敲门归来，您心里才踏实，然后静静地回房间睡觉。每天清晨无论多早，每个夜晚无论多迟，妈妈您都会给我准备一杯核桃露或是一碗鱼汤，并且监督我喝完，您老是说我工作太忙，用脑过度。这个理由听上去觉得好笑，但是细细想想，我喝下的不是一碗简简单单的汤，而是母亲满满的爱。

爸爸，您对女儿爱意的表达用眼睛是看不到的，而是要用心去感受的。您让我大胆地迈入社会，告诉我任何情况都可以无所畏惧；您让我自己看清大千世界的红与黑，您却在一旁默默保护，让我免受可能到来的危险。涉世较浅的我经常在危险来临之前无法预见，听不进去爸爸您的劝导，仍固执地坚持，您没有过多解释和劝导，而是默默地为我承担了一切。因为我无谓坚持，反而让这一击打在您身上更重更痛；可您从来都是选择原谅我，然后再慢慢地告诉我其中的道理。老大不小的我，在物质上还依然接受着父亲的“支援”。从小到大，关于钱，我从来都不会张口要，因为爸爸您知道我囊中羞涩了，就会悄悄地把钱放在我的床头上。为什么是悄悄呢？因为您顾忌我心里的感受。作为您那么好强的女儿，怎么会坦然接受父母的接济，成为一个“啃老族”呢！为了让我彻底下得了台，您还经常说：“现在我还想管管你，以后就彻底不用管你了。”我想，您说的以后，可能就是一辈子吧！

说了这么多，有一件事很重要，也是我很少提及，更是我身边朋友都看不出来的。其实，爸爸妈妈你们早已离婚了，但是为了我，你们刻意地成为隔壁邻居，从小让我感受了比其他父母离异的孩子更多的爱，让我拥有一个良好的成长环境和健康的心理。其实，我想说，爸爸妈妈，我长大了，每个人都有自己的选择，你们不必为此而愧疚和担心，每个人在社会上都充当多个角色，但在这些角色里你们无疑是世界上最好的爸爸妈妈。

曹文轩先生曾写道："厄运中的相扶，困难中的相助，孤独中的理解，冷漠中的脉脉温馨和殷殷情爱。我们需要感谢我们的父母。他们的抉择或许很艰难，甚至为我们做出了牺牲。愚钝的我们感知不了那脸色下或许苍白，或许纯真，或许纠结的心灵……"

人有比鸟飞得更远的梦想，人有比鸟更华丽的衣饰，人也有比鸟更纯熟的思想。却少了乌鸦反哺时的温情，堕入欲望的渊薮。他们忘了：终点有这么个人，拂起面庞的白发，轻轻地说道："孩子，你慢……慢……来……"

他们忘了，但是，爸爸妈妈，女儿永远不会忘！

女儿：代畅

Part 04
写给老公、男友

这个夜里有些想你

——致老公的一封信

张　玲　中国移动通信集团四川有限公司南充分公司

我最深爱的老公：

我爱你！最近我又迷恋上了刀郎的《手心里的温柔》这首歌，在缠绵悱恻的歌声中、在茉莉飘香的初夏夜里，我翻涌的思绪，在这样的氛围中升腾着、弥漫着，使我无力停息追思的泪河，想你的夜晚，就这样在每一个曼妙的瞬间流淌着……

我亲爱的老公，这是我们结婚后我亲笔给你写的第七封信了吧？尽管我们每天见面，朝夕相处，每天有说不完的话题，好像完全没有必要通过书信来进行交流。但我却不这么认为，我觉得夫妻之间仍然可以书信传情，这样更令人亲切自然，温暖的字句更令人宽慰。我时常开玩笑对你说："假如有一天，我因病离世，或者突发事故先你而去，在你孤单的时候，在你怀想我的时候，翻阅那些我曾写给你的信件，或许能陪伴你度过一个寂寞的冬天。"你是知道的，我是一个喜欢怀旧的人，所以喜欢以这样的方式雕刻时光、存储记忆、描绘色彩。因为我想等我们俩老的时候，戴着老花镜用颤颤巍巍的手铺展开我们曾经的信笺，沐浴在阳光下，静静地在时光的隧道里漫游，那时的我们，心中掠过的不仅仅是那些熟悉的身影，不仅仅是那一段刻骨铭心的记忆吧？

老公，你常对我说，在这个世界上，我们永远需要报答的人就是我们的父母。我懂得你说出这句话的心痛，记得就在2015年的9月，你的母亲被诊断出食道癌晚期，年近八十的她身体本来虚弱，加上有严重的高血压、糖尿病不宜做手术，医生建议最好保守治疗。在生病期间，你白天、夜里忙前忙后地伺候，一年多来，家——单位——医院，你风雨无阻，马不停蹄。看着你红肿的眼睛、消瘦的身体，我看在眼里，疼在心里。到了后期，母亲呕吐得厉害，总是不停地吐唾沫悬水，你于是干脆在母亲的床前铺了张小木床，彻夜守在母亲身边。为母亲修剪指甲、梳理头发、按摩麻木的手脚、清洗消瘦的身体。夜里你总是三番五次起来抱起母亲大小便，无数次一小勺子一小勺子地给母亲喂点温开水。最终饱受病痛折磨的母亲离开了我们。母亲是在叫着你的名字躺在你的怀里离开的，你猝不及防地、眼睁睁地、无能为力地看着母亲闭上了眼睛，你悲痛欲绝，号啕大哭。你现在经常对我说:“母亲怎么就这样走了呢，她含辛茹苦了一辈子，还没有来得及享清福就走了。”因此，现在但凡是节假日，你总会抽出时间来陪岳父岳母出去旅游，你时常叮嘱我:“趁父母还年轻走得动的时候多带他们出去看看，做儿女的应该懂得感恩，用爱为他们构筑一个幸福的晚年，闲暇的时候多听听他们的唠叨，陪他们吃个饭、散个步、拉个家常，就是对他们最好的回报。”

老公，谢谢你教会了我做一个平静的、善良的女人。之前我的脾气非常暴躁、无理取闹，经常为一些鸡毛蒜皮的事大吵小闹，唇枪舌剑。是你的包容、你的大度、你的温厚一次次化解了我们的危机。感谢你每月坚持为我购买书籍。最近我读了毕淑敏的《内心洁净》《破解幸福密码》这两本书。它们让我明白善良的女人似阳光般温暖照人，让人赏心悦目；善良的女人似雨露般滋润大地，让人心旷神怡。老公，你知道吗？今天我下班回家又看到小区门口那个卖菜的大妈了，她的菜和鸡蛋没有卖完，我看天色已晚了，加上今天是端午节，家里的人一定在等着她回家吧，于是我买下了她所有的青菜和鸡蛋，大妈是一个非常善良热情的人，非要送我粽子。并说："妹仔儿，今天下班怎么晚了些，大妈在这里等你呢，这是大妈亲自包的粽子，用芦苇叶包的自家产的糯米，香甜可口。"我双手捧着大妈给的"羊角儿"粽子，让我感受到了人性中最温暖、最美丽、最牵动人心的一缕温情。同时也深深地体会到了善良原来是无须灌输和强迫，只会相互感染和传播。

老公，在你过去的工作中，你一直做得不错，得到了学校领导和同事的认可。在四川首力律师事务所也得到了前辈与同行的肯定和称赞，家里有我陪你一路风雨同舟。我希望你一如既往地保持下去，但不能太累，在外面千万注意安全，开车一定要小心。老公，你知道我现在最喜欢听的声音是什么吗？是你下班或者出差回来，楼下响起的脚步声或是你开门时钥匙在锁孔里转动的声音，那是世间最美妙的音符，我的心头涌动起无比的甜蜜；老公你要知道，你在为家庭创造财富的同时，更要牢记"平安是福"。你知道我们这个家最需要什么吗？不是小康和殷实，而是健康和幸福！我不在乎你能为家庭挣多少钱，也不在乎你能给家庭做多少奉献，我此生唯一在意的就是你陪伴着我慢慢变老！你曾说过陪伴是最长情的告白，相守是最温暖的承诺。你要好好保护我，用你健康的体魄。你也说过你要比我多活一天，因为那样才有人埋葬我的香骨，在我的坟头种植我最喜欢的香水百合，我希望你是一个说话算数的人。

我亲爱的老公，不知什么缘故，今夜的我思绪万千、柔情满怀，特别想对你说一声"谢谢"，真诚地感谢你，绝无半点矫情。谢谢你让我明白了什么是家——家是一副重担、一份责任；家是彼此的真诚相待；家更是能够白头偕老的漫漫旅程。真难得有这样一个单独的夜晚，单独的时间，单独的自我，不知不觉已是夜里二点半了，这是你出差的第三天了吧？真是一日不见，如隔三秋！明天你就要回来了。没有老公的夜里真的有些孤单啊，有些想念，有些不舍得，吻你，我深爱着的老公！等你平平安安地回家来！

爱你的傻琳儿

给丈夫大武的一封家书

郭德勤　遂宁市船山区河沙小学

大武：

夏日里一个难得的好天气，天空有着夏日里独有的明媚，如梦如烟的细雨，让空气中飘荡着沁人的香甜。儿子小洋葱在临窗的小床边熟睡，小嘴巴嘟着，在他的梦中小世界，应该有他最爱的奶粉味。

此时的我，一个人，一本书，一杯茶，一帘梦。有时候，安静是这样叫人心动，雨从屋檐角飘落，风在窗外恣意穿行。这样的日子，适合倚楼听戏，临池赏荷，眉间留三分浅笑，眼底藏七分冷傲。车水马龙的市井繁华，被理所当然地关在门外，细雨轻烟留在了心底。如此安宁，哪怕过到无人问津的地步，亦不觉孤独。凉风吹起书页，这烟雨，让尘封在书卷里的辞章和故事，弥漫着潮湿的气息。独倚幽窗，看远处掩映在绿树之中若隐若现的庙塔，生活竟是如此美好。

想来谁都愿意做一个闲散的人，日子纯净简单，生活并无别事。有大把时光，用来虚度，而不去担心流年似水，转瞬白头。可我们都不是可以无忧无虑地消遣时光的人。我们有我们的责任，有我们的奋斗，有我们的理想。

我们有着逐渐老去的父母，他们都是地地道道的农民，他们与土地打了一辈子的交道，能凭借的，只有自己的身体。可韶光易逝，岁月渐渐地带走了他们的硬朗，留下了日渐佝偻的身影。生活在这个远离土地的城市，他们像个初出世界的孩子一样小心翼翼。我们的忙碌注定只能让他们自己寻找适合自己生活的方式，可我们的生活压力也注定需要他们的帮衬。而我们所能给予他们的，除了尊敬与孝顺，还应该有生活中的耐心，对他们不健康的生活习惯，我们需要慢慢地引导，而不是大声指责，也不是默认不管。对于他们缺乏安全感的小心眼，我们不能只是一味地保证，我们要做的是用实际行动告诉他们，他们在我们心里最重要的位置上，逢年过节、生日来临我们要送上礼物，哪怕他们嘴里一直念叨着“不要破费”。要让他们感觉到，我们这些做晚辈的，永远尊敬他们、孝顺他们。

小洋葱的到来为我们的家庭增添了无数的欢乐与趣味，他是那么招人喜欢，他也是我们家庭的延续。而他又是那么的弱小，在荆棘丛生的人生道路上，他会遇到多少的困难？我们能做些什么呢？陪伴，应该是最好的礼物。无论我们各自有多么的忙碌，总要挤出一部分时间来陪伴着小洋葱的成长。让他感受在爸爸肩上看天看地，看山看水的快乐；让他感受在妈妈怀里听风听雨、看花听鸟的美好。

都说父母是孩子的第一任老师，我们虽不能做最好的老师，可我们一定要做负责任的老师，我们要教会小洋葱善良，他才能与人为善，善待他人。我们要教会小洋葱理想，他才能成为一个有志向的人，一个脱离低级趣味的人。我们还要教会小洋葱仁爱，我们的身教，大于太多的言传，所以，我们一定得先成为仁爱的父母，摒弃我们身上那些所谓的疾恶如仇，让我们和孩子一起向上向善。

大武，我们也曾青春年少，也曾花前月下，也曾憧憬着童话般的生活。回忆往事，总是那样的美好，那样的甜蜜。可我们不能只待在回忆的长河里，生活教会了我们责任，教会了我们承担。有人曾说：两个人的生活，就如同在银行存钱，你存一点，我存一点，生活就越来越好。相反的，大家都指望着对方存进，自己取出，那么生活也将麻烦不断。

我只愿我们彼此尊重，彼此信赖，牵着我们的小洋葱，带着我们的父母，相约相伴，不求荣华富贵，但求衣食无忧。我只愿我们热爱生活，有各自的爱好，有各自的追求，有各自的生活圈，同时，我们又彼此牵挂，彼此相爱。尽管往事如流，而我却希望我们所拥有的每一天都可以涛声依旧。

当我们的父母老去，我们的小洋葱长大，我们就开间茶馆吧。在某个临水的地方，不招摇，不繁闹。有一些古旧，一些单薄，生意冷清，甚至被人遗忘，这些都不重要。只要还有那么，那么一个客人。在午后慵懒的阳光下，将一盏茶，喝到无味；将一首歌，听到无韵；将一本书，读到无字……我们彼此，将相伴生活中的每一个日落烟霞。

愿彼此安好！

爱你的妻子

家 书

黎 玲 中铁八局桥梁公司

亲爱的：

你还好吗？是不是不习惯我这样叫你，抑或是感到很惊讶。岁月穿梭，我们从相识、相知、相伴到相爱，最后走进婚姻的殿堂，这一切仿佛都那么梦幻却又实实在在。当刚开始决定写这一封信时，我还无从下笔，不知从哪里写起，因为我有太多的话想跟你说，可每次在跟你打电话的时候，都怕你在忙，不敢多跟你说几句，怕打扰你的工作，但是自己又很想和你好好的说说话。

还记得曾经年少懵懂的我们经历了多少爱情的磨难，差一点儿就彼此错过了，但最后我们还是经住了考验，生活在了一起。如今我们有了健康快乐的孩子，还有关心爱护我们的父母、兄弟姐妹、朋友，日子就这样平淡而幸福地延续下去。

这么多年我们风雨陪伴，虽然你离家很远，可我们正在用实际行动来证明我们的当初“执子之手，与子偕老”的结婚诺言。虽然爱这个字你不曾挂在嘴边，但是我深深地懂得你深沉的爱。亲爱的，我很想你，真的很想你！你在外面过得怎样？生活习惯吗？吃得习惯吗？生病的时候要去看病，记得吃药啊！当你离开家的时候，你说要为了我们的家，要为了以后我们有更好的生活，你要努力工作。可是你从来不会告诉我，你在外面的辛苦劳累。这一切我都懂，我理解你。你放心，家里有我，一切安好，我是你最坚强的后盾，是你最温暖的港湾。

记得上次你回家，在家睡了一整天，看到你疲惫的样子，想到你在单位每一天、每一刻都要面对工作的压力和未知的困难，想到这一切，都是为了我们小家的美好生活，为了国家铁路事业，我心疼得泪流不止，心里百感父集，有无尽的话想对你说，却总是缺少和你聊天谈心的机会。我总是告诉自己，在你心烦的时候不要和你计较，知道你在外地工作有太多的无奈，知道你的辛苦和压力，只有家才是能让你心情舒畅的地方，只有家人才能让你舒心。你总对我说，只要有时间你一定回来陪我，不要我受一点委屈，可是我何尝不知道，工作优先，你要听从安排，我则学着理解，学着宽容，学着体谅，让你减轻一点压力。

人无完人，男人也有压抑的时候，你要学会释放压力，但同时你也要注意自己的身体，多锻炼少喝酒。工作过程中，注意自己的人身安全，只有你在，这个家才算是完整的家。我愿意做你的倾听者与开导者，听你讲讲工作与生活，听你讲讲内心的想法与压力，帮你分担忧虑，因为我是你的老婆，是你的精神支柱。尽管我们有千里之外的距离，但是我们的心从未离开，我希望自己可以为你分担，让你知道你不是孤军奋战，你还有爱你的家人，你还有我。我们可以一起憧憬美好的未来。

对了，你一定要记住，不管什么时候你都要把安全放在第一位，当然说起安全，你比我更知道安全的重要性，你天天和现场施工打交道，时时刻刻都要把安全放在第一位，半点也马虎不得，你的安全是我们最大的幸福。

其实每个人都会有愿望，别人或希望青春永驻，或希望自己生活富有，我却希望时间过得快一些，当我们双鬓斑白，相互搀扶时，我们就可以，一起携手看夕阳，共享天伦之乐。我多么想补偿生活对你的亏欠，想和你牵手、散步、吃饭、想让你和我一起陪陪家人，想让你在我难过流泪的时候递上一张纸巾，想和你一起下班回家，一起变老。

不知不觉就写了这么多的话，才发现自己已经是泪流满面，好久都没有和你好好说说话了，原来我心中的梦想还在，本以为时间会磨淡我的浪漫和小女生的心性，这一封信又让我回到了以前。记住，我会等你，一直等你回家。

爱你的妻子

你若安好，便是晴天

——写给老公的一封信

唐紫君　四川省南江县长赤信用社

亲爱的猛猛：

窗外雨水如注，室内鼾声如雷。你躺在窄小的沙发上，无视世界一切。你拉起巨大的呼噜却似乎又人事不省，你喷洒着一屋的醉酒浊气，却听不见我愤怒的谩骂，看不见我幽怨的眼神，又一次，你醉了。

你醉了，摇摇晃晃地回家，扑通一声倒在沙发上，我问你基本情况，你只“嗯”了一声什么都没说。欲拉你去卧室，你却“啪嗒”一声滚在冰冷的地板上，随后几秒就听到了你如雷的鼾声。我想看看你是否是装睡，悄悄用指甲掐你，可你却浑然不知疼痛，我哭笑不得却又无可奈何，这140多斤的不规则物体，我是无论怎样也抱不上床的。好在帮忙带孩子的阿姨未走，醉酒的人真不是一般的沉重，我们好不容易才将你挪上沙发，这一切，你是不知道的，你也还不知道当时刚两岁的小儿子自发舞动双拳在旁喊加油的样子有多可爱。

你又醉了，躺在沙发上睡得一塌糊涂，可我却辗转反侧，难以入睡。

你醉了，什么都不知道了，无知者无畏，可清醒的我却一次次感到害怕。害怕你醉酒失联，害怕你酒后开车，害怕你摇摇晃晃地走在车道上，害怕你人事不省地睡在地板上……你屡屡酒醒后，我每每唠叨。起初我晓之以理动之以情地劝说，后来我如母老虎、河东狮的重现，再后来我以离婚相逼，让你戒烟，少喝酒，早睡觉，但你却软硬不吃，冥顽不化，你先说一大堆必喝的理由，什么好久不见的同学朋友回来相聚啊，什么上级领导检查工作，什么兄弟单位参观访问，等等，然后说我们怎么会因这小事离婚呢，几十年的感情，况且还有两宝贝呢！我真是拿你没着，这次你又醉了，我不想明早再对你发脾气，趁着小宝贝也睡着了，提笔决定给你写信。

上次写信应该还是读书的时候吧，那时候通讯尚不发达，我们常常是鸿雁传情，以慰相思，一箱子的情书是我们爱情的见证。数年的马拉松恋爱后我们步入婚姻殿堂，“不论贫穷与富贵，疾病与健康，不离不弃”是你我的承诺，“执子之手，与子偕老”是彼此的愿望。成家前几年，我们过得清贫却又幸福，我们辛勤创业，相亲相爱，孝敬父母，抚育长子。那时候，我们都还年轻，吸烟，熬夜，喝酒似乎伤害不了你，几年似乎都不曾生病，小小感冒睡一觉就好，就这样你挥霍着青春。然而，长时间的不良坐姿让你腰椎、颈椎悄然变形，三天两头的喝酒让你的胃大面积溃疡，每天至少一包烟让我早晨听见的第一个声音就是你的咳嗽声，几乎每晚12点以前不睡觉让你的前额植被稀疏……后来，双亲相继病倒在医院，病床前的焦虑让你消瘦，案牍旁的思考让你劳神，县城，成都，重庆间的奔波让你沧桑，但因为我，因为爱，因为家的温暖，因为孩子的笑脸，因为患难之中不变的承诺，即使生活给你无尽的苦痛与折磨，你还是深情地对我唱着，你还是觉得幸福更多。

后来，双亲的相继去世让你备受煎熬，特别是父亲去世时你腰椎病严重复发，你依着助行医疗拐杖艰难跪拜灵前哭泣的场景我还记忆犹新。时间是抚平伤口的良药，幼子的降临，给我们带来无限欢乐，但同时也赋予了压力。都说儿子是“建设银行”，你说我们要尽力为他们提供好的条件，你说你要给我们更好的生活，你说自己苦点累点没关系，只要我们好。你的一片情意我都知道，但我要告诉你的却是：我希望你为我、为我们家好好地保重自己。你是家里的顶梁柱，你是我们的天，你若安好，便是晴天。这么多年，你应该明白你的老婆是一个驾驭得了名牌也穿得了地摊货，上得了高档餐厅也吃得了街头小吃的人；虽出身贫穷，但却受过高等教育，虽不能说饱读诗书，但却也文理双修，我一定能教育孩子自尊自立自强，不会当“啃老族”。所以我们最好是保重自己，平平安安、健健康康、快快乐乐地生活。

还记得吗，唱歌的时候，你唱着《最浪漫的事》，望着我说要与我一起慢慢变老，看电视的时候你说陪伴是最长情的告白，一起读《与妻书》时你说老了不愿我孤苦，希望我死得比你早……这些我都记着，我希望你能信守承诺，少吸烟，少喝酒，少熬夜，多锻炼身体，多陪伴家人，多爱惜自己。好了，夜已深，雨未停，倾诉完毕，睡意来临，不再絮叨了，你只需记住：你若安好，我便是晴天！

爱你的妻：雪儿

一封家书

——我和王先生的9年

辜　丽　眉山市仁寿县文宫镇人民政府

亲爱的王先生：

很早之前就想写下我们的故事，只是未曾想到是以这样的方式。

认识你之前，我无数次想象过另一半的模样，和所有的女生一样，无非是高大、帅气、阳光，带点才气与文艺，最好还幽默可爱。直到遇到你，我才知道现实有多残酷。

2008年，初见彼此。那一年，我们读高四。那时我们只是最普通的同学。后来，我们莫名其妙地成为无话不谈的好朋友，谈天谈地、谈理想。你说你想在18岁生日时背着背包去流浪旅行。我说我想开间温暖的书吧，做个漂亮的老板娘。你看，那时的我们是如此不同。后来的后来，在你生日之后的第二天晚上，你表白，我答应。你轻声说我们要考同一所大学，我低头微笑着说好。

2009年的高考，你超常发挥，考得极好。查完分数后你立刻打电话给我，分享喜悦。而我，败在了最自信的科目上。第二天一早，你来到我家楼下等我，给了我一个大大的拥抱，对我说别难过，你是我高四那年最大的收获。我们依旧填报了同一所大学。只是高考之后的那个暑假，我们吵架分手了。所以大学开学时，我们各自去了学校。再见你，你依旧笑得像个痞子，而我，假装很好。大学的生活新鲜而忙碌，后来，我们像普通朋友一样联系，你要我带着你去吃各种好吃的东西，我们也绝口不提感情的事。那一年你的生日，我送了你一双红色的“匡威”帆布鞋作为生日礼物，你依旧笑得像个痞子，你说，你要穿着我送的鞋去找新的女朋友，我依旧假装微笑说：“好呀！”生日那天，你请我去看了电影《2012》，害怕的时候我忍不住抓住了你的手，你又像个痞子，对我说是不是觉得有你在很好。看完电影在回学校的路上，我把头靠在你肩上，轻声说：“可不可以和好，可不可以不要再让我难受。”你抓紧我的手，在我额头上留下一个吻。

2010 年，那时你很闲，所以即使不在同一个学院，我们依旧有很多的时间在一起。那个暑假，你对我说，想带我回家见你父母。我依旧点头微笑说好。

2011 年，那时你是学生会干部，你很忙。我们开始有了争吵，可是你总是很快能把我哄好，你说因为我是你的宝贝，你是我的王先生，所以你要让着我，宠着我，爱着我。

2012 年，我终于带你回家见了我的父母。你表现得很好，妈妈悄悄对我说，你是个好男孩。周围的朋友也笑着祝福我们。那时最喜欢的事，就是坐在单车后面，头靠着你。和你谈未来和理想，说毕业后，要牵着彼此的手去旅行流浪，要做你最美的新娘。

2013 年，我们开始忙着找工作。开始有意避开关于未来的话题。因为你的王牌专业，很好就业。可是工作的地方都离家很远。你征求我的意见，我沉默。因为不想你走得太远，亦不想用爱束缚你的前程。所幸，你最后留在了彭州这座离我不远亦不近的城市。那一年，我所有的不安你都明白。所以毕业的时候，你给了我一个大大的惊喜，给了我一场浪漫的求婚。你说，毕业不分手，我们要一直在一起。我清晰地记得旁边的小学妹听完你说的话哭得稀里哗啦，而我一直咧着嘴笑得像个傻瓜，不停地点头说好呀好呀。

2014 年，我们打破了毕业分手的诅咒，却成为“异地狗”。

没人喜欢异地恋，也没人想经历异地恋。可是人生不如意十之八九，老天不会让你一路顺风顺水，总会有这样或那样的现实问题把我们和爱人分隔两地。于是，我俩在什么都没有准备的情况下领证结婚了。

2015 年，我们举办了婚礼。婚礼上，我依旧咧着嘴，笑得像个傻瓜。我说：“余生，愿王先生多多指教。”婚礼后，我们所有的计划被突然到来的小朋友打乱。那时的我们没有做好为人父母的准备，可是还是对小朋友的到来感到开心。可是，我们依旧还是异地。那时，我经历了痛苦的孕吐，前 4 个月瘦得只有 80 多斤。你很心疼，可是依旧无能为力，因为隔着长长的距离。孕后期，更加辛苦，可是你依旧只能在回家的时候，加倍地对我好，弥补你不在的空缺。

2016 年，我们的孩子滚滚小朋友出生了。我们还是异地。所以生活变得更加的艰难。我们开始有了争吵。愈发觉得“独立”，在一段感情中有多么重要。因为我们分隔两地，从清晨到日落我们都在做不同的事，见不同的人。那么当我空闲下来、寂寞孤单的时候，你未必有时间有心情陪我。甚至可能一个电话一条信息也没有。当你晚上疲惫回家时，我也未必有时间陪你视频聊天，听你说说烦心事。

后来我们发生了最大的一次争吵，因为觉得太累，结婚、怀孕、生子、带娃，全都是自己一个人承担。一个人带小朋友去做儿童保健，一个人带生病的小朋友去医院。朋友笑着说，明明有老公，为什么活得像个单亲妈妈。所以我想离开，你挽留。

2017 年，我们过得不好不坏。但未来的路却逐渐清晰，为了早日重聚，大家都在努力。打算重新拾起丢掉的书本。最好的爱情从来不关乎合不合适，相不相配，而是在于和你在一起，才能成为更好的自己。所以亲爱的王先生，你要加油哦！

最后，余生，愿多多指教。愿年老时，繁华尽处，寻一处无人山谷，建一幢木制小屋，铺一条青石小路，与你晨钟暮鼓，安之若素。

爱你的妻子

只愿你一切安好

张金平　绵阳市安州区城市管理局

亲爱的：

又到周末，同事们都在谈论这周他们一家准备如何欢度周末，而我只能寄相思于清风了，希望它将我对你的思念与祝福带给坚守工作岗位的你。

刚接到你电话，你抱歉地说："对不起，这个周末又没法陪你。"其实，不用向我说对不起，我早已习惯，而我的"习惯"只源于你是一名人民警察。因为你是人民警察，我习惯了用一条真挚的短信来纪念我们结婚周年庆；因为你是人民警察，我习惯了用一通电话诉说佳节的思念；因为你是人民警察，我习惯了等到你平安的消息从电话那头传来后才能入眠。

说到这儿让我想起，我习惯每晚确定你安全后才能入眠的具体原因。那是去年冬天，你说你工作的镇上晚上特别寒冷，临近过年，喝酒庆祝的人也越来越多，而喝醉酒打架闹事的事件也随之增加。晚上十点一过，派出所接警电话响起，于是你立刻前去处警，一群喝醉的庄家大汉已经相互殴打起来，在酒精的麻醉作用下，他们将你打伤，你带伤阻止了事情的恶性发展，但最后你躺在了医院。而你害怕我担心一直没告诉我。半月后你回家，看到你额头上将好还没好的伤口，我很自责，后悔那天晚上睡觉前没给你打电话，询问你当天处警是否顺利、平安。有时我自私地想，你能不能遇到危险事情躲一边，但通过这件事，我深刻体会到了你这份职业的神圣意义，也看到了你肩上承担的那份责任，更感应到了你对公安事业的挚爱，我最终打消了这个狭隘的念头。亲爱的，答应我好吗：在奋力维护群众利益时，请保护好自己，因为只有你们安全了，你所全力维护的人民群众的生命、财产才会安全；因为只有你健康，我们这个小家才会圆满！

几次你说好周末回家，可你都放我“鸽子”。为了加班办案，早日给受害人一份公道；为了加班执勤，维护活动秩序。你可知道我也会吃这些“受害人”的醋啊？不过，我支持你，只是你加班一定要按时吃饭，有空时请给我一通电话，让我知道你平安，我会在远方祝福你一切安好。

每当看到警察因公殉职的新闻时，我就十分心痛，你们24小时守护着群众，用血，用生命书写着“人民警察，为人民服务”的誓言，然而网络上也频频爆出“警察打人”等颠倒黑白的新闻，以煽动群众不满。出于对你的爱，也出于对警察这一身份的爱，我自封自己为“公安的义务宣传工作者”，向群众解释其对公安的误解或曲解，给他们讲公安工作的难处，告诉他们你们的工作流程和工作方法。渐渐的，身边人都开始体会到警察工作的不易。其实，我对群众的这份爱也是你传染给我的。你爱你的公安工作，每一次节日的守护，每一个深夜的巡逻，每一滴执勤的汗水，每一年寒冬的奔走，都述说着你是位人民警察，你承担着你这份责任，你努力着你这份担当。

你说，自从入警察，只要你在单位，你每天晚上都睡不好，精神高度警惕，时刻关注接警电话，只有回家才能得到沉睡。我听着十分心疼，如不是警察的家属，是无法体会到这种疼、这种爱莫能助的心情。

自你穿上庄严的警服，斗志昂扬地宣读入警誓词，亲爱的你，已经是国家的守护者，群众的保卫者了。从此，你也成为你妻子心中的英雄、男子汉，将来，你会是孩子的榜样、心中的超人，我想他会骄傲地说：“我爸爸是警察。”是的，我也会骄傲地说：“我丈夫是人民警察。”

爱您的妻子

执子之手　与子偕老

——致我家先生的一封家书

汪　云　中铁八局集团市政工程有限公司

李先生：

见字如面！

如今的交流方式和聊天工具层出不穷，日新月异，哪怕是闲来时面对面的交流，也远远不如字面之语来得更为深刻正式，提笔写下这些话，略显生涩拙笨，但望共勉之。

相识相知至今已有10年之久，有了为之终生奋斗的事业，也有了幸福美满的家庭，你我也脚踏实地一步一步成长，各自平台争取发光发热。虽然棱角打磨得愈发光滑，却又愈发浑圆饱满，满是经验和阅历的痕迹，作为中铁八局市政公司双职工的我们互相加油鼓劲扶持向前，共同学习共同进步，最好的方式也就大概是这样，平行轨道上共同运行，互不干扰却又相互支撑，小日子过得简单幸福，儿子乖巧可爱，没有太多轰轰烈烈的故事，却又满是小小细节的甜蜜。

因为工作性质的原因，你基本驻守工地，奋战一线，而我一直从事财务工作，分居两地是常态。我也曾为此烦恼忧愁，为此默默流泪，怀宝宝时，你忙于工作，期间从未陪伴过我做任何孕期检查，生宝宝时又忙于赶工期，在我生完后才赶到医院，可是所有的委屈都在看到你风尘仆仆归来的那一眼消失殆尽，原来很多时候，我真正需要的不只是简单的陪伴，最重要的是心灵上的相守，抵过万千语言和日日夜夜。

“别离不惯无穷忆，莫误卿卿学太常。”你每一次离家时，我总会想起这一句诗，从不惯到惯，从相忆到相持，因为是你，因为你的追求我的坚守，我开始学着调整心态，给予更多的理解与信任，让你安心工作，为公司创造出更好的效益。当然，对于自己工作亦是踏踏实实，立足于自己的岗位，坚持工作原则。追求双份的优秀，不仅是为了小家，为了给孩子们做榜样，更是对于实现自我价值的体现，青春热血过后的温热气流，你我始终不忘初心。

我们的日子过得很平淡，很平凡，但我们都过得很满足，很幸福。这些年，我们所谓的幸福不是在别人眼里，而是在我们的心里，褪去浮尘之后，露出真实甜蜜的模样。我希望你的衬衫里装满时间对你的仁慈，兜住一张张图纸，一组组数据一厘一毫的精细；我希望我的裙子里除了俏皮还有成熟内敛，一笔一笔细节入微严谨专业；我希望孩子们天真灿烂健康可爱，我希望我们的家，是永远的港湾，平淡安稳亦经得起风浪。

比起从前，我更喜欢现在，时间刚好，年纪刚好，和你刚好，一切都好。

先生，青丝白发几十年，不忘初心共守之。

爱你的妻子：汪云

致最亲爱的你

徐丽华　巴中市平昌县尖山小学

亲爱的老公：

你好！提笔致挚爱的你一封信，纪念我们一如既往的爱情。

我们在最不懂爱情的年代，遇见最美好的爱情；嫁给你，可能是我一生做得最好的决定。

在那个不太热的夏天，我们两人一起牵手走过大街，谁知这一走，就走了20年。那时候的勇敢，你的手牵着我向前冲，向幸福狂奔，谁都不会明白我们当初爱得有多么义无反顾；故事的发展有很多意外，婚后的日子并没有想象中王子公主般来得激情依旧，我们都在外努力发展德智体美劳，婚姻让我们都有了奋斗的目标，也许这就是生活，两个人每天像打了鸡血一样奋斗，每天也像落汤鸡一样疲惫，但年轻气盛的我们会每天早上醒来说早上好，每晚睡前说晚安，累了就窝在不大的房子里一起说说悄悄话，任性的我总会爆发些小脾气，还带着稚气的你总会不顾形象地安抚我……

直到我们的孩子呱呱坠地，你依旧在外德智体美劳，而我则在家操持着柴米油盐酱醋茶，相夫教子。生活的压力无疑变得更加沉重，日子就像一杯沸水变成了凉白开，你更加劳累，我更加心疼，家庭逐渐走向成熟。由于双方父母和孩子的问题，我们两人总会出现倒刺，分歧让我们产生矛盾，免不了争吵，我们狠狠地爱过，但也狠狠地吵过。但生活的魅力就是，既然相爱，一切问题都不会变成问题。我们会有“吵架不隔夜”的规定，将争吵存档，放入垃圾箱，再清空。孩子渐渐长大了，开始上学，生活的压力没有丝毫变得轻松，但原本作为家庭主妇的空闲时间更多了，为了减轻你的经济压力，也为了我们“不住豪宅拼豪宅”的奋斗目标，我也开始参加工作，晚上累了回家，还是会像以前一样窝在一起说说工作和家里发生的有趣的事情，于是，我们创造了现在殷实的家庭，孩子也越来越懂事。

20 年了，我们的爱情没有惊天动地，没有大富大贵，现实中的层层考验让我们的手牵得更紧了，你对我包容体贴爱护有加，对孩子耐心疼爱教子有方，你的形象还是像我们热恋时期那般高大，作为女人我也依旧对你充满了崇拜。

都说婚姻是让爱情变成亲情的毒药，非也，爱情是两个人的甜蜜，亲情是爱情甜蜜的发酵，时间越久越香醇浓厚，互相成全各自变成最好的自己，也相互促进对方更好的发展，其实爱情和亲情是可以共存的，谁让我们相爱相守了这么多年都不曾动摇过我心中对你的那份执着，我相信你也是一样的。

我只爱对你发脾气，因为潜意识里我相信你不会离开我，对你的胡闹原来是对你的依赖；我心疼你的疲惫，没有你的完整付出或许就没有我们今天让我引以为傲的家庭和生活；我感谢你的宠爱，宠爱孩子宠爱我，把我的父母当作你的至亲，把我的朋友当作你的朋友。最幸福的事情是我此生嫁对了人，最浪漫的期望是我们的生活只如初恋。对你，我有说不出来的爱，那是一种深爱，无法离弃。

每个人心里都有一团火，路过的人只看到了烟，但总有一个人能看到这团火，然后走过来，陪我一起。我带着我的热情，我的冷漠，我的狂暴，我的温和，以及对爱情毫无理由的相信，走得上气不接下气。我结结巴巴地说："你叫什么名字？"从你叫什么名字开始，后来，有了一切。这是凡·高对提奥毫不掩饰地爱和承诺，很简单很纯粹。你，不善言辞表达，却用一颗真心敲开了我的心扉，你纵容我的习惯，并爱着我的一切，像银河一样，无法捕捉，却闪耀得动人，于是，我拥有了一切。

从早安开始，从晚安结束，这是属于我的最简单而持久的幸福。从老公到老头子，我们已经走过了两个十年，未来的路我们已经无所畏惧，还有很多个十年等着我们去创造。

愿我们婚姻幸福，家庭美满，双亲健康，你我恩爱。

爱你的老婆：丽

致男友：有一种幸运叫恰好遇到

李　润　内江市东兴区农村信用合作联社

亲爱的：

今天是立夏，天气骤凉。大家说这是一个假的立夏，没有艳阳高照，没有初夏的感觉，但是我不这么想。对，因为最近我身边多了一个你，在初春之时我便有了暖阳。

有人说，一年无非四季、一日无非三餐，一个家庭也无非始于两个人的心心相惜。有些话，当面说矫情，好吧，我承认，我也会害羞。

说来也是缘分刚刚好，3 个月前的今天我们是不相识的，3 个月后的今天，我们已经在一起了。那天，你问我："我们结婚吧！你准备好了吗？"我说，我想要的未来，简简单单，平平凡凡，无非是春有百花秋有月，夏有凉风冬有雪。其实还有一句话我没说，如果这个愿望可以更奢侈的话，我希望在起床的时候，能在窗前看到明媚的阳光，能在枕边看到自己喜欢的人。

我说，我是一个有心结的人，这几年一直都在这个心结中没有走出来，你说，一个人的心结，只有自己才可以打开，别人说再多也无济于事。很庆幸，你是如此理解我、包容我。我泡在外面与天南地北的朋友聊天、你不干预，我醉酒后完全失去形象，你不问原因、整夜照顾我，还会温柔地对我说下次少喝点，这样伤身体。其实，我真是个很不称职的女朋友，把最差的脾气和最糟糕的一面给了最亲近的你，有些事我不说，但都记在心里。

我说，我脾气不好，性子急，当工作上的事和家里的事加在一起我忙不过来的时候，经常发牢骚，找你撒气。就算我说了很过分的话，你也从来不生气，总是说："别气，别急，慢慢来，不想做就休息一下。"所以现在你承包了所有家务。

我知道我还有点小小的掌控欲，不准你抽烟、不准你喝酒，不准你沉迷游戏，当然也不准你嫌弃我的各种缺点，还必须让你喜欢我喜欢的东西，想方设法地努力让你成为一个四好男朋友。还好，你从来不生气，还总是笑着摸我的头。

其实，我年纪真的不小了，我知道，但是我没有想过将就，找一个人随便过过，我只希望我今后的另一半是我喜欢的、也喜欢我的，对我好、对我父母好、对我亲人好。写到这里，我突然觉得自己何德何能，遇到了这样一个你。人世间，最难能可贵是两情相悦和恰好遇到你，剩下余生与你执子之手，与子偕老！不早不晚，不紧不慢，就在这最美好浪漫的年华里，让我们相遇！

爱你的女友

Part 05
写给子女

吾儿弱冠生日赋

——致儿子十九岁生日的一封信

郭芝琼　川庆钻探公司企业文化处

吾儿：

见字如面。

梅谢燕归，三月春回，桃李吐芳菲。朗朗乾坤，璘璘玉美。遥想癸酉年杏月，妇女节前夕，吾儿诞生，节日礼物也！今节又至，恰值弱冠之辰，新旧历生日相叠，实为难得。十九岁，美好年华也！为母感慨良多，作此赋以记之，权当生日礼物，以赠吾儿。然因事繁，小恙缠身，头脑迟钝，仓促成文，请哂纳之。

笑忆当年，一声哭啼，吾儿诞生也。入浴盆，鲤鱼一滑腾细浪；上台称，蛙肢四蹬射清芬。添男丁，乐坏爷奶姑伯；得娇子，喜煞爹娘舅亲。于是抢抱嫩肉粉玉，争抚明珠新人。如琢如磨兮，七千个日夜；似雕似刻兮，十九度秋春。看今日，青年初成之俊秀，玉树渐壮而洁纯。

且观吾儿，眉带英气，目含晓星。鼻若玉峰直挺，齿如雪贝齐拼。文雅庄重大气，热情善良机灵。沉思之时，松立峭壁；活泼之际，兔穿丛荆。

开朗则似空谷阳光，化烦忧于心净；爽悟堪比长风皓月，吸兰竹之德馨。学习生活相顾，出游锻炼兼行。人见人欣兮赞美，自尊自爱兮图精。

忆往昔，栖陋室而家乐乐，沐亲恩而爱拳拳。父怀摇摇，柔曲轻唱，凝神如梦；母乳滴滴，娇子劲吮，昂首似蚕。一岁学语，咿咿呀呀，眼眉传情而呼爸；四月长牙，啃啃啮啮，耳鬓磋磨而咬肩。老妈爱怜兮，常亲子股；小儿发嗲兮，总撞母颜。三岁时进幼稚馆，五岁半读学前班。六岁后上小学，一挥间成少年。朝朝暮暮兮，送往迎来，秒秒分分不弃；岁岁年年兮，养育教诲，日日夜夜相牵。幼时背古诗，学书画；堆积木，装车船。既练跆拳之道，又习圣贤之篇。伶俐聪明，稀奇某事一学即会；顺从乖巧，内外兼听再多不嫌。因而凭实力进名堂，中学蓉城披星戴月；借寒窗酬壮志，大学异域吃苦攻坚。曾儿时，答疑解惑，儿羡父母无所不晓，父母告儿这有何难。到今日，玩笑谈天，父母望儿腹墨渐长，儿劝父母心怀应宽。

弱冠年，人生从头越雄关。

弱冠年，吾儿苦读正酣。

然而，为母明白：他邦求学，饮食相异，气候殊寒。语言尚未通达，学业倍加累繁。

儿当谨记：健康第一，安全为天。真诚是待人之道，微笑是最美之言。

学业固然重要，身心当是优先。三餐饮食，讲究营养；四季冷暖，加减衣衫。可顺潮流购物，但需节省用钱。时髦未必光鲜酷帅，整洁才能气定神闲。居室必须常扫，出行定要平安。如有想家，可以电话视频解思苦；倘生退意，要似青松苍柏咬泰山。虽在异国，不忘祖传。义仁礼智信，做人行事之根本，谨遵恪守；烟酒赌毒黄，毁人身心之康健，永拒不沾！

再告吾儿：跬步越千山而程远，涓流通四海而志宏。格物致知兮，乃做学问；正心修身兮，勿惧平庸。亲和恭敬，友善包容。爱同窗，中外礼仪妙在注重；尊长辈，代沟差异贵于沟通。驰骋书山，勤则乘骏马；遨游学海，勇则跨神龙。谦虚谨慎兮，人生时时努力；奋发图强兮，梦想步步成功。

愿吾儿：今日弱冠明心，胸怀大志；他年蟾宫折桂，凤翥苍穹。

亦愿天下学子：扬以壮猷，齐骧学业；酬以天道，并举云鸿。

好了宝贝：蔚矣若斯，春光正好；怡然如尔，生日乐融！

爱你的母亲

写给亲爱的宝贝

饶　然　中铁八局房开公司

亲爱的宝贝：

妈妈在给你写这封信的时候，你已经熟睡了，安静地闭着眼睛，有规律地呼吸着，喘着小小的鼻息。样子十分惹人怜爱。

此时，妈妈有很多话想对你说，也许你现在不能完全听懂，但是在未来成长的道路上，请你谨记以下几条家训，爸爸妈妈愿意牵着你的手，带领你、引导你，让你成为一位真正的男子汉，一个对社会有用的人。

"孝子之至，莫大乎尊亲"

亲爱的宝贝，你要记住："孝子之至，莫大乎尊亲。"在你的生命之初，你像一颗种子，在妈妈幽暗的子宫里生根发芽，慢慢长大。我用血肉为你提供养分，用身躯为你遮风挡雨，用情感与你沟通对话。妈妈每天小心翼翼，生怕撞着你碰着你。为你改变着口味，原本清淡的口味突然想吃甜食，妈妈知道那是你在肚子里提出的要求，于是每天早晨都去蛋糕店买块蛋糕吃下去；等你长到七八个月的时候，妈妈原本纤细的腰肢已经被你撑得又大又圆，肚皮也是痒痒的，那是你在里面拉伸的呀，妈妈已经顾不上臭美，看着肚皮上一条条妊娠纹，也不觉得丑陋，只希望你在里面能有足够的空间，不要把你挤着；你再大点的时候，妈妈每天坚持走路，只是希望生你的时候能够顺利。那时妈妈走路的时候已经看不见自己的脚尖了，走的每一步都很小心，尽量不要颠着晃着你，更不能摔着碰着。

你渐渐成熟，历时十月，你终于要破土而出，接受新世界的洗礼。还记得你出生前的那段时光特别的难熬，忍受十多个小时的疼痛，最后痛得都不知道怎样呼吸，但是妈妈一声没叫，手紧紧握着床栏，妈妈要保存体力，迎接你的到来。当妈妈听见你的第一声啼哭，心花怒放。你爸爸抱着小小的柔软的你，作为新手爸爸，也很快地适应了角色，给你冲奶、换尿布、洗澡。只要你一哭，你爸爸就从床上弹起来，看你是饿了、冻了还是尿了。你爸爸一个月都没睡一个完整的觉。亲爱的宝贝，妈妈对你说这些只是让你知道，爸爸妈妈给了你生命，陪伴你成长，这是父母对你的付出，不求你以后有多大的回报，但你要学会感恩，要尊敬父母。

“赠人玫瑰，手留余香”

亲爱的宝贝，你要记住：“赠人玫瑰，手留余香。”要懂得分享和付出。记得上次你跟宝妞姐姐争抢玩具，你一把夺过姐姐手里的小球，宝妞姐姐委屈得哭了，你当时抱着小球乐滋滋地玩了起来。爸爸看见了，让你把小球先让给宝妞姐姐玩，看得出，你虽有些不舍，但是居然摇摇摆摆走过去，把球递给了宝妞姐姐，还拿纸给姐姐擦眼泪。亲爱的宝贝，妈妈看到这里很欣慰，你还不到一岁半，却懂得去分享、去付出、去关心他人，这是很宝贵的品质，当你把玫瑰赠予别人的时候，你的手上一定留存着芬芳。

“勿以恶小而为之，勿以善小而不为。”

亲爱的宝贝，你要记住：“勿以恶小而为之，勿以善小而不为。”前天，你把妈妈种的花草给掐了，妈妈打了你屁股。昨天你在楼下看蚂蚁搬家，又按死了几只蚂蚁，回来妈妈也说了你。妈妈看似严厉的打骂也是为了你好，花鸟鱼虫都是有生命的，你作为一个高智商的人类，要对这些弱小的“伙伴”予以关照，而不是毁坏欺凌，不能以强欺弱，不能认为掐了花草、按死蚂蚁是小事不重要。宝贝，他们都是大自然的生物，你们要共同沐浴阳光，一起快乐成长，要时刻保持一颗善良的心，“勿以恶小而为之”。

现在每天吃饭前，爸爸妈妈都会让你把小凳子给奶奶搬好，放在饭桌前，请奶奶坐下。吃完饭又让你将板凳收拾好。你每次都会照做。亲爱的宝贝，你真棒！每天让你把桌上的废纸扔进垃圾桶，你也会迈着不是那么稳健的步子，把垃圾丢进垃圾桶里。爸爸妈妈看着心里特别高兴，这些看似小事，但实则关系到一个人的行为习惯，要从小养成良好的行为习惯，每天进步一点点，等你长大了会发现，你已成为一个优秀的人。要时刻记住“勿以善小而不为”。

“蹉跎莫遣韶光老，人生惟有读书好”

亲爱的宝贝，你要记住：“蹉跎莫遣韶光老，人生惟有读书好。”虽然你现在还小，但是从现在起，妈妈已经选择了适合你现阶段学习的书籍，有意培养你看书的习惯。常常，你因为贪玩，坐不了几分钟，心无法安静下来。爸爸妈妈以后会多抽出时间教导你，让你养成勤学、善思的好习惯。读书能丰富人的知识、提高对事物的认知、开拓人的眼界、陶冶人的性情。读书破万卷，下笔才如有神。学习是件苦差事，因为学海无涯，要学的知识太多；学习也是件乐事，因为书中有黄金屋、有千钟粟。学习要趁早，黑发不知勤学早，白首方悔读书迟，不要在少壮时不努力学习，老了后空悲切。

亲爱的宝贝，你是爸爸妈妈的希望，爸爸妈妈对你的训导还有很多，只希望能让你的人生之路少些蜿蜒曲折、湿滑荆棘；多些平坦顺畅、柳暗花明。请你时刻保持讲美德、会分享、助他人、心善良、敬父母、爱祖国这些人性之善，用一颗赤子之心，看遍人生路上美丽的风景！

爱你的爸爸妈妈

并肩成长　共谈人生

——写给儿子的一封家书

黄　莉　西南医科大学

亲爱的知哥：

应着达尔文的“物竞天择，适者生存”，让跑赢了上亿精子的你来到世上。“为人母者不患不慈，患于知爱而不知教。”曾一度惶恐的我们，弹指十年转瞬即过。如今的你性格开朗，敦厚大方，待人有礼，虽然学习差一点儿，身材胖一点儿，但各项成长指标总算是循着自家的教育传统轨迹在运行。

十年的光景，你人生路上还没有太多的失望、伤心、孤独、挣扎和痛苦，父母和老师灌输给你的“理想”还只是海市蜃楼，漫长而平凡的生活还没有磨掉你青春的激情和决心。我们作为你的第一任老师，教育好你的最大困难，就是没有任何文献可以查阅和参考，全靠摸着石头过河，有时还不得不采纳一下你的建议，所以与其说是教育培养你，不如说是和你一同成长吧！

春光不自留，莫怪东风恶

这是大文豪莎士比亚说的话，告诫大家要珍惜时光。2016 年的《世界卫生统计》报告中，中国人的平均寿命大致在 76.1 岁。保守估计你读到大学本科，最后 60 岁退休的话。那么你的人生大约五分之二的时间在求学，五分之二的时间在服务社会，还有五分之一的时间留着回忆逝去的青春。

求学的时光是人生中最美好的阶段，阳光、希望、关爱伴随你左右，但优厚的物质条件也会有“温水煮青蛙”的危险，难免会销蚀克服困难、战胜挫折的意志。自从你上了小学，我们就开启了“和尚念经”的模式，那些看起来不起眼的毛病，比如写字不认真、答题不思考、做事不坚持，等等，如果不提醒和纠正，日后必然会养成不好的习惯。良好的习惯比任何学习成绩都重要，学习成绩虽然差一点，但每天进步一点就是收获。

毛主席曾说过“一万年太久，只争朝夕”，不要去羡慕那些“富二代”、“官二代”、“星二代”，也不要去相信网络上一夜成名的神话，你只是个普通人，只能靠付出多少，收获多少来鞭策自己。再则，俗话说“富不过三代”，自己若没有适应社会的能力，再大的财富你也留不住。

人生贵在坚持，青春贵在奋斗，别到了回忆青春的年岁你却一无所有。

世事洞明皆学问，人情练达即文章

这句话出自《红楼梦》，意思是世间的事有书本中无法记录的智慧和学问，只有通晓了待人处事的方法，才会收获尊重和快乐。用你的话来说就是“人们相亲相爱，没有争执，没有冷漠，幸福地生活”，也被称为“人际和谐”，有人把它列为人生的十大财富之一，那么怎样才能人际和谐？

首先学会识人。这世间没有单纯的好人或坏人，学会运用从正反两面出发的辩证观点，在人际交往中多听、多看、多想，再去识人交友。孔子曰：“益者三友，损者三友。友直，友谅，友多闻，益矣。友便辟，友善柔，友便佞，损矣。”对于那些表里不一、妄自尊大、偎慵堕懒、贪得无厌的人是切不可深交的。

其次学会尊重。从尊重你的长辈做起，“孝”是人品格的根本，如果连对养育之情都不心存感恩，将来如何去教育子女，如何“家和万事兴”？那何来爱他人和爱国家。在交往中公平地对待他人，即使他是一个社会地位低，穿着普通的小区管理员或者清洁工，他们在社会中付出了劳动，便值得被人尊重。

再次学会合作。你看过《钢铁侠》《绿巨人》《美国队长》等电影，个人英雄主义是影视作品里的艺术加工。现实社会里，个人的成长永远在团队中。没有包容和忍让，就无法与人协作；没有沟通和分享，你就无法获得友谊和支持；没有付出和奉献，就没有收获和成功。

对人生饱含仁善之心、关爱之情、平和之态，才能够爱自己、爱他人、爱社会、爱世界。

嗜之越笃，技巧越工

这是一句英国谚语，说的是对一种事物或一个行当的兴趣越浓，就越容易精通它。正所谓“知之者不如好之者，好之者不如乐之者”。

作为中国人，要培养对文化的兴趣。古人常以“琴棋书画、诗书礼乐”作为对人能力的评判，侧重点是在文化上。而我们的现代人注重的是“学好数理化，走遍天下都不怕”，侧重点是在专业技能上。但两者对于人生的作用是相辅相成的，文化改变世界，科技改变生活。当然，漫长的人生学好生活技能也是必需的，还要培养多样的兴趣，比如阅读、写作、绘画、旅行、运动等，在学习工作之余不仅是很好的润滑剂，更能增长见识，丰富阅历，愉悦心情。

作为社会人，要发展对学习的兴趣。每个人都有自己存在的价值，都有自己必须完成的社会任务。成人的任务就是工作，为社会创造财富；小孩的任务就是学习，为社会储备人才能量。“流水不腐，户枢不蠹。”学习可以更新观念和知识，头脑要常用才能常新。要想成为佼佼者，就要靠自己脚踏实地不断实践。卖油翁的技艺也不过是“手熟”而已，所以学习也离不开反复练习。从小培养自己的“工匠精神”，心有远虑不自忧，身有长才不自弃，在任何时代都不过时。

“学问深时意气平”，越博学的人，越朴实无华，心气平和，才能真正成为一个“和谐人”。

我们是你生命历程的第一个朋友，虽不太优秀，但也不曾失职；虽不同岁，但也可并肩成长。人生中虽有痛苦和煎熬，但也有知足常乐——“春有百花秋有月，夏有凉风冬有雪。心中若无烦愁事，便是此生好时节。”

永远爱你的挚友：阿黄

给儿子的一封信

廖小莉　蜀南气矿安岳油气处理厂

亲爱的宝贝：

光阴似箭、岁月如梭，转眼间你已经4岁了。4年的岁月，因为有了你我感受了太多的快乐和幸福，由于工作的原因，妈妈长期不在你身边，因此错过了你很多成长的瞬间，妈妈很是遗憾和内疚，在这里妈妈先对你说声对不起，也感谢你的理解。

回想起从孕育你到出生的那段时间，是多么的漫长，以前经常听别人说起“十月怀胎”的辛苦，自己总不以为然，直到身临其境时才深刻体会到做母亲的艰辛。那是2012年的夏天，你来到妈妈肚子里的时候正赶上隆昌净化厂检修，作为生产办技术骨干的我每年检修都要负责所有工艺项目的实施。那一次检修我感受到了很大的压力，一方面我热爱自己的工作，不想因为你而放弃，另一方面又生怕你有什么闪失，不过庆幸的是，你在妈妈肚里还比较乖，没让妈妈受太多的罪，直到你平安出生妈妈才松了一口气。

记得刚把你带到五个月的时候妈妈就上班去了，刚上班就赶上安岳油气处理厂项目建设，当时由于工作需要到外地出差了一个月，等我回家的时候你就不认识我了，不要我抱，不要我喂，想起离开前你对妈妈那依赖的模样，妈妈是多么的伤心，甚至悄悄地哭泣。从那时起你就开始认生，以后的每一个周五我回家你都不要我抱，我就开始和你慢慢亲近，等刚好关系亲近了你舍不得妈妈时，又到上班时间妈妈又狠心地抛下你上班而去，可能就是这种原因造成了你对妈妈没有安全感，性格缺乏自信。妈妈只能尽量在休息的时间多陪你来弥补对你的歉疚，后来每个周末妈妈都把大部分时间交给你了。

由于妈妈不能长期陪伴在你身边，所以对你的要求特别高，很小就教你独立，教你懂事、勇敢，给你讲妈妈为什么每周都要离开你，因为你的人生路还很长，妈妈的工作性质注定了你不像别的孩子什么时候都可以依靠妈妈，只有你坚强独立妈妈才放心。结果造成了你两岁多就知道记事，知道今天周一妈妈要走，今天是周四，明天是周五妈妈就要回来了；很小就记住了我的电话号码，经常上班中就突然接到你的电话，电话中你用稚嫩的声音问：“妈妈，你好久没回来，我想你了。”妈妈听到好感动，恨不得马上就回来，可是妈妈不能，妈妈还要工作，还有很多事情要做。不知道原因的叔叔阿姨每次都夸你聪明伶俐、懂事乖巧，只有我知道这其中的辛酸。

刚满3岁妈妈就把你丢到幼儿园去了，当时你哭了两周，每天半夜醒来都在说：“把书包给我，我要回家。”当时妈妈真狠心，坚持让你每天去学校，当时你还说妈妈不爱你了，妈妈只是想你去学校接触更多的小朋友，更有规律的作息，事实也证明后来你很快就习惯了，而且有了很多好朋友，两周后你就能开开心心地去学校，到后来奶奶稍微送晚了你都会批评奶奶；而且你也学会了很多规则，明白了很多道理，自理能力也提高了。妈妈看到你的进步觉得好开心，那天你突然对爸爸说：“爸爸，你下班那么晚回来还要给我洗澡，你好辛苦哦，你有什么事就安排我啊，我都会帮你做的。”说起话来像个小大人，逗得我们都笑了。

宝贝，现在的你一天天长大，也越来越懂事，开始理解妈妈了，每周我上班走时你都会提醒我多吃点、多穿点，有时候还要把我送到地铁口；每周回来也会说妈妈辛苦了，一进门就会给我拿来拖鞋；慢慢地你变成了一个小暖男，时不时你会抱着我说："妈妈，我爱你，你骂了我，我还是爱你。"多么动听的语言，感动的瞬间也让我感到惭愧。有时候你调皮了，不听话了妈妈总是忍不住要对你大吼，其实妈妈也是初为人母，还是一个新手，有时候面对调皮的你总是管理不好自己的情绪，没有站在你的角度去想想。那天我看了一篇文章《懂事早的孩子很可怜》，里面有一段话深深地触动了我："懂事是一种毒，一旦形成了这个印象，它就会绑架你坚持下去。因为一个熊孩子只要做一件暖心的事，就会让人交口称赞，而一个懂事的孩子做了一件出格的事，会让父母大失所望，前功尽弃。所以有时候必须顶着'懂事'的光环坚持到底，不断地忍让。"妈妈突然明白了，太早懂事也是一种心酸，让人心痛，但妈妈只是不希望你做一个蛮不讲理的"熊孩子"，因为靠"撕心裂肺地哭闹"或"满地打滚"来达到目的的做法，并不值得仿效。真正懂事的孩子，无论是在学校，还是社会，往往会更懂得遵守规则，体谅他人，从而获得别人的尊重。但是如果孩子懂事"过头"了，这就变成了顺从，已经是没有原则的"懂事"了，所以妈妈希望我们一起把握这个度，好吗？

宝贝，妈妈谢谢你带给我的快乐，妈妈愿意和你一起成长，就这样慢慢长大吧，不要太快，不要太急，按着自己的节奏成为大人吧。现在的你，就好好享受自己的童年吧，妈妈也正和你一起享受这段每天都充满未知和成长的快乐岁月呢。现在妈妈对你没有太多的要求，只愿你健康、快乐，从小养成良好的生活习惯，做一个坚强、自信的人。未来，让我们一起努力，好吗？

永远爱你的妈妈

给儿子的一封信

赵　晋　四川省人民检察院公诉三处

亲爱的宝贝西安：

当你能读懂这封信时，一定很诧异在你们那个科技日新月异的时代，谁还用写信这种过时的方式和你交流，连妈妈也觉得很诧异，自己能够平心静气地坐在电脑前敲出这些字句。

首先妈妈要感谢你选择我作为你的妈妈，你能来到这个世界上，是上天赐给妈妈最好的礼物。在你未出世前，妈妈幻想了各种可能，当你真真切切地出现在我面前时，看着这么一个小肉团，眼泪却情不自禁地流了下来。从你牙牙学语到今天成为幼儿园的小朋友，当你面带骄傲的神色对我说："我是大哥哥了，我要上小班了。"我都是微笑看着你，不禁又浮想联翩。

妈妈一直想，你长大了一定拥有你爸爸一样刚直不阿的秉性与脾气。作为一个法律工作者，伸张正义、惩恶扬善已经成为生命里不可磨灭的烙印，为了一份判决文书的措辞用句而工作到深更半夜；为了调节双方的利益冲突，赶赴海拔几千米藏区实地取证；为了维护当事人的正当权益，杜绝一切打招呼和办人情案。法律人所谓的“承荣而生，载誉而死，心如吾剑，宁折不弯”在你爸爸身上淋漓尽致地体现了出来，妈妈欣赏爸爸身上的凛然正气！当然你也千万别有你爸爸那固执的牛脾气哦，这样很不讨女孩子喜欢。

妈妈一直想，你长大了一定拥有你外公一样敏捷的心思和灵巧的双手。看着你每天拿着玩具飞机和汽车拆拆拆、摔摔摔，你那吝啬的老妈心在滴血啊！但是转念一想，说不定你是个理工男呢？就好像你外公一样，大到上万伏的机械设备，小到家用电器，经过你外公聪慧的头脑和灵巧的双手，三下五除二就能恢复原状，所以你的外公在家里也是神一样地存在着。记得妈妈小时候的一个暑假，外公出差了，家里的电扇却偏偏选择在这个“恰当”的时机罢工，炎炎夏日，每人手中摇着把破蒲扇扳着手指头，盼星星盼月亮盼望你外公回家的情景，现在还记忆犹新，挥之不去。你外公一直感叹没有人继承他的衣钵，但说不定现在他和你能找到共同语言咯！

妈妈一直想，你长大了一定拥有你外婆一样热情洋溢的感召力。有人说，亲情是无须试炼的，每一个人的妈妈都是最美好、最无私、最伟大的。直到自己做了母亲，才深刻认识到这句话的含义。子女没有选择父母的权利，可是母亲却有着无私奉献的本能与天性。曾经的妈妈嫌弃外婆每天唠唠叨叨，“出门记得带雨伞”、“天冷记得多加件衣服”；也不喜欢外婆对我学业的苛刻，当我犯错误时，外婆对我的严厉斥责还记忆犹新，总觉得自己的妈妈没有别人的妈妈温柔，也曾在深夜偷偷啜泣。但自己做了妈妈后，当我亦步亦趋地跟在你后面，生怕你摔着时，我突然发现我不过是步入了母爱轮回的道路。虽然嘴里念叨要让孩子接受素质教育，不随波逐流，不拔苗助长，不严厉苛求，但是面对当今社会的残酷竞争现实又无所适从、患得患失。你外婆那代人经历了太多的国运坎坷与人生起伏，她没有太多大道理，对爱的表达方式简单又直接，但是却让周围的人感到热情又炽烈，随时被无微不至的关爱包围着。

妈妈一直想，你长大后哪一点会像妈妈呢？在怀孕期间，看了很多育儿书：男孩子的智商遗传自母亲。真是晴天霹雳，很抱歉妈妈把最不好的一面传给了你，但也是因为笨，妈妈慢慢明白了笨鸟先飞的道理。爱因斯坦说过："在一个崇高的目标支持下，不停地工作，即使慢，也一定会获得成功。没有人一出生就是天才，因为知识结构、社会背景、生活阅历才铸就了现在的我，别人出色是因为他在百分之一的天分下，付出了百分之九十九的汗水。"你现在太小，妈妈为了鼓励你总是夸奖你很聪明，很能干，但是这个世界上，聪明反被聪明误，"小时了了，大未必佳"的故事举不胜举。妈妈希望你能够慢慢理解做人、做事的道理，在你漫长的人生道路上一定会遇到各种曲折与艰难，我最希望你能和妈妈一样拥有坦然面对一切困难的勇气和力量。英国哲学家培根说过："超越自然的奇迹多是在对逆境的征服中出现的。要相信在经历风雨后才会看到美丽的彩虹。"

现在给你讲这些，你一定觉得晦涩难懂，不过没关系，即使这个过程很漫长，即便是如同牵着蜗牛散步，妈妈也愿意慢慢陪伴你长大。

最后说一句，晚安！祝你好梦！

爱你的妈妈

妈妈的期许

刘　虹　内江市资中县农村信用合作联社

亲爱的儿子：

见信如面！

最近，妈妈在一个姐姐的作文中看到了一句话，在这里想把它送给你，也把它作为对你的期盼：愿你走出半生，归来仍是少年。

儿子，妈妈对你没有望子成龙的期盼，也没有称王拜相的期许，妈妈只希望你能够保持一颗初心，在合适的时间，做着合适的事情，不好高骛远，也不畏畏缩缩。儿子，妈妈在年少的时候曾读过贺知章的《回乡偶书》，曾对“少小离家老大回，乡音无改鬓毛衰”无法理解，觉得人离开家乡，受到外部环境的影响，耳濡目染，口音的改变是理所当然的。现在，妈妈离开了家乡，有了更多的社会经历，也有了你，就明白了，人心皆有“执念”，只看是一念成佛，还是一念成魔。家乡就是妈妈心中的“执念”，是妈妈心中牵挂。在这里，妈妈也希望你守住心中的“执念”。

儿子，妈妈对你没有太多要求，保持初心是妈妈对你唯一的期望。

妈妈希望你的人生是肆意的，对待生活能够坦坦荡荡。当生活幸福、日子顺遂时能够保持自己前进的步伐，循序渐进，不骄不躁；当生活遭遇波折、遇到人生拐点时能够悉心分析所处环境，沉着应对危机，任何时候不忘自己的坚持，不忘保持初心。当然，妈妈最希望你的人生是顺遂的，平平安安一生到老，希望你的目光所及处都是美好，希望你所做的每一个梦都能够实现，希望你所做的每一件事都能够有所收获。

妈妈希望你的人生是圆满的，当你年迈时回首往事会觉得生而无憾：童年里欢乐无忧；少年时青春恣意；青年时奋力拼搏；而立之年事业有成；不惑之年儿女双全、家庭美满；老年时安享天伦。儿子，君子不立危墙之下是古而有之的经验，妈妈既希望你不立危墙之下，充分保证自己的人身安全，又希望你做人做事不要因为有危险、有顾忌就裹足不前，造成人生的缺憾。儿子，吃得苦中苦，方为人上人，你须知梅花香自苦寒来，有些事情你只有去亲身经历了才会有所成长。妈妈希望你的人生不仅有一路顺风的坦途，还有艰苦跋涉的陡峭山壁，希望你能享受到跋山涉水后登临高峰的成就感。

妈妈还希望你活得有所敬畏，慎初、慎独。儿子，孝字是中国传承千年的美德，“孔融让梨”的故事在你小时候妈妈就给你讲过，你须谨记，并踏踏实实地付诸行动。对待父母长辈要谦恭孝顺，对待兄弟姊妹要关爱谦让，对待朋友知己要心怀坦荡。儿子，妈妈要你活得有所敬畏，是要你划好自己的人生底线，并牢牢守住，比如孝、比如廉、比如公正、比如背后不言他人之过，不管是在台上还是在台下，不管是在人前还是在人后，都要坚守，做到慎初、慎独。

儿子，说了那么多也无法表达妈妈对你的爱和期许，只希望你真能做到保持初心，真能走出半生，归来仍是少年。

爱你的妈妈

写给儿子的一封信

——写在儿子24岁生日，即将大学毕业之际

刘兆芬　四川省阿坝州发展和改革委员会

亲爱的儿子：

你好！

今天是你24岁生日，祝你生日快乐！

24年前的今天，妈妈经过了一天一夜的阵痛，难产生下了不到3斤的你。刚来到人世的你，连哭都不会，全身皮肤起皱，像个小老头，再加之妈妈没有奶水，你没有吃过一口母乳，是我们用肥儿粉和羊奶把你喂活的，为了感谢“羊妈妈”的养育之恩，我们在你的名字里特意加了一个羊字旁。

在你成长过程中，妈妈因为忙于工作，对你关心照顾很不够。但你一直没有让妈妈操太多的心，从你牙牙学语到今天即将大学毕业，你一直都是那么善良、真诚、阳光，特别是进入大学以后，你不仅学习一天天在进步，同时还热心社会工作，你当班干部，当学校、学院学生会干部，当低年级的助理班主任，热心为同学们服务，办好事、办实事；你担任院辩论队队长，带领队员们在一次又一次的雄辩中为学院赢得了荣誉。这一桩桩、一件件的往事无不让我倍感欣慰。但一切又终将会成为过去式，今天你即

将跨出大学校门，步入纷繁复杂的大千世界，一切从零开始，踏上你人生旅途的新征程。在这个特殊的日子，我给你修书一封，嘱咐你在未来的人生道路上要记住的几点。

第一，学会做人。首先要学会感恩，感谢天地的馈赠之恩，父母的养育之恩，师长的教化之恩，朋友的帮助之恩。同时要永远保持一颗善良之心，对人做事永远做到无愧于人，无愧于天地良心。不畏强暴、不欺凌弱小，当有人遇到困难，需要我们帮助之时，而我们也有能力帮助别人的时候，请伸出你的援助之手，帮人一把，俗话说："赠人玫瑰，手留余香。"遇事一定要冷静，一定要改掉遇事易冲动的毛病，冲动是魔鬼，遇到事情，静下心来好好地想一想，再决定下一步该怎么办；在社会上遇到事情，只要不是原则问题，就多一些忍让、多一些包容，有的事情忍一忍就过去了，千万不要图一时之快，惹一些不必要的麻烦。俗话说："忍得一时之气，少得百日之忧"，"退一步海阔天空"。要慎重交友，要结交积极向上、奋发有为、有正能量的朋友，千万不要去结交一些不三不四、游手好闲、无所事事的人，正所谓"近朱者赤，近墨者黑"。

第二，学会做事。你刚刚走上工作岗位，对工作上的事情一无所知，一定要从零开始，认真学习。认真学习理论知识，不断提高理论素养；同时要虚心向领导、同事请教，在实践中不断磨砺，不断提高实际工作的能力。在工作中要勇于担当，勇挑重担，踏踏实实，认认真真地做好自己的本职工作，要做到三不争：不与上级争锋、不与同级争宠、不与下级争利。我知道你作为优秀的大学生，想去基层工作锻炼，我很支持你的选择。在这里，我想说，基层虽然条件相对要艰苦一些，却能更加磨炼人的意志。到了基层后，一定要视人民为父母，把他乡当故乡。做好基层工作，做好人民的公仆和儿子。

第三，关于家庭。虽然你现在还没有成家立业，但娶妻生子是一个人一生的必由之路，总有一天你会有自己的小家庭，有妻子和孩子。当那一天到来之时，你永远都是我家庭的成员，我将不再是你家庭的成员了。你一定要勇于担当，敢于负责，尊敬善待双方父母，把岳父岳母视为亲生父母，须知他们含辛茹苦地养育你的妻子是多么的不容易；经营好婚姻，和未来的妻子在事业上要共同进步，比翼双飞，相互支持，彼此都要成为对方强有力的后盾；在生活上更要相互关爱、相互照顾，遇事多商量，多一些包容，少一些争吵和怄气，更不容许有家庭暴力和冷暴力存在，夫妻之间更应该是亲人、是良师、是益友。现在的社会，有的人把结婚当儿戏，把离婚当游戏。我的观点依旧很传统：我认为：结婚之前一定要慎重考虑，一定要门当户对（这里的门当户对不仅仅是指出身，指家庭背景，更多的是指阅历和学识），不要轻易牵手；一旦牵手，就要“执子之手，与子偕老”，无论富贵还是贫穷、健康还是疾病，都要终生相伴，不离不弃，她成功了，有你伴她君临天下，她失败了，有你陪她东山再起。没有重大的原则问题，不能轻易放手。离婚对双方、双方父母都是沉重的打击，事业也会因此受到损失。更重要的是让无辜的孩子从此生活在不健全的家庭中，没有了童年的快乐，不能幸福地健康成长，甚至会影响孩子的一生。同时，当有了孩子之后，一定要给孩子营造一个健康成长的家庭环境，父母在各个方面都要做好表率，因为父母是孩子的第一任老师，父母的言传身教对孩子的性格形成起着非常重要的作用，甚至会决定孩子的性格。首先要教会孩子做人，只有学好了怎样做人，然后才能谈怎样成才。不要求每个孩子都能成为国家和社会的栋梁之材，但至少要求孩子的人生能够有价值，能成为社会的有用之人。

最后，祝愿我亲爱的儿子：

在人生的下一站遇见一个更好的自己！

在未来的日子里能够爱情事业双丰收！

我期待，有一天，我能因你而自豪！

永远爱你的妈妈

致我的孩子

曹　君　四川省核工业辐射测试防护院

我亲爱的孩子：

7 个月之前，你从妈妈肚子里呱呱坠地，用洪亮的声音向世界宣告你的降临。7 个月后的今天，你晃着圆圆的小脑袋，咿咿呀呀模仿着爸爸妈妈的声音，高兴了挥挥小手，啃啃小脚，兴奋起来还会献上一首男高音，尖叫不已。

每天下班回家，你开心地张开双手要我抱，我转身离开也要闹着跟过去。看着现在的你，我早已忘却生产时的阵痛，十月怀胎的不适。曾经怀疑自己能否当好一个称职的妈妈，能否给你提供优良的成长环境，现在这些疑虑已不复存在，因为成长路上有爱的陪伴便是最好的给予。

老舍先生说，在没有小孩的时候，一个人的世界还是未曾发现美洲的时候。小孩是哥伦布，把人带到新大陆去。在爸爸妈妈眼里，你就是我们的新大陆。刚出生的你还只会哭，饿了哭，拉了哭，慢慢地你会笑了，看见熟悉的人会笑，睡着了也会笑，突然有一天就会笑出声了。慢慢地你会咿咿呀呀发声了，当我们说话的时候你会很认真地盯着我们的嘴巴，小嘴还一扭一扭的，突然有一天你发出了“a ba a ba”的声音，可把你爸爸乐坏了。从此以后你开心了就会念“a ba”，饿了要睡觉了就要念“a ma”。每一天你都在成长进步，每一天的你都不一样，每一天的你都是新大陆。

敲下这些文字的时候，我的嘴角是上扬的，想起你的时候喝水也是甜的。虽然每晚睡觉爸爸妈妈被你挤到床角边上，看着你撒起泼来满床滚，心里竟泛起一丝丝甜蜜的无奈。多少次半夜把你哄睡着了，自己却失眠了，任凭你的小脚丫跷在我的肚子上，大腿上，还有你那抓着我不放的小胳膊，就这样望着熟睡中的你，感受着被你需要的爱。我怕来不及，想要抱着你，怕突然某一天你就长大了，不再被你需要了。

所以，孩子，我们家虽然不富裕，不能给你提供最优越的物质条件，但爸爸妈妈爱你的心丝毫不受影响。有钱可以买到很多玩具，但买不来爸爸妈妈的陪伴；有钱可以住大房子，但没有爱的房子，只是临时客栈。陪伴是最长情的告白，我们希望你在爸爸妈妈的陪伴下健康快乐自由地成长，不受世俗所困，不受金钱所惑，专注内心，追逐梦想，活出生命的高度。

孩子，爸爸妈妈都是从农村努力考上大学希望改变自己命运的那一代80后。那些年的贫寒经历不会在你们身上重演，你们将会拥有更多的选择、更丰富的生活，但同时你们将会遇到更残酷的竞争、更激烈的挑战。所以在你成年之前，爸爸妈妈可以做的就是训练你拥有一副强健的体魄和坚强不屈的斗志，培养你养成良好的习惯和品行。只有这样，在你成年之际离开爸爸妈妈的庇佑之后，才能在弱肉强食的时代撑起自己的那片天地，才有追逐自由的能力。所以，孩子，在未来爸爸妈妈不会满足你的所有要求，我们可能会严格的要求你，也可能会因你破坏了约定而严厉。但是这一切都是希望你成为一个强大的人，这一切因爱而生，你要相信爸爸妈妈对你的爱始终而坚定。同时爸爸妈妈的爱又是开放的、包容的，我们希望成为你不断前进的力量，而不是成长路上的束缚。如同风筝要飞得高远，就要懂得在恰当的时候放手。当那天来临的时候，愿爸爸妈妈的爱化作一盏灯，能够一直温暖你、照亮你前行的路。

这一路，感谢你陪伴我们走过，我亲爱的孩子。

爱你的爸爸妈妈

不能一直陪伴，就试着松开你的手

——给我最亲爱的孩子

向　影　国网四川省电力公司攀枝花供电公司

经历了10个月噩梦般的孕吐，终于迎来了我生命中最美好的礼物——亲爱的你，我的孩子。初为人母的我手足无措，你那么小，像一碰就会碎的水晶，连哭声都带着软糯的战栗，一切是那么的神奇，你就这样仿佛凭空出现，而我的生命里也突然地多了一个你，这是一件多么奇妙的事情，所以，从你出生的那一刻开始，我就下定决心，一定要凡事亲力亲为地好好照顾你。

刚开始真的很辛苦，你每个夜晚都要醒来五六次，每每听到别的孩子喝许多奶就一夜睡到天明，而你和我的作息完全不同，我在熬夜的时候你已经吹着粉红色的泡泡安眠了，我在补觉的时候，你已经扯开了嗓子开始练声了，身心的巨大疲惫让我对自己产生了怀疑，我不得不开始慢慢地适应着你的存在，改变着我的生活习惯，累并快乐着。

在经历了几个月寸步不离连小区大门都很少跨出的日子后，我们磨合出了越来越多的默契，你开始熟悉妈妈的乳汁和妈妈身上的味道，然而问题也很快来了。

有一天，因为妈妈有事离开，不久之后就接到你外婆打来的电话，电话里你让人心碎的哭声牵动着我的每一根神经，我开始懊恼自己为什么要离开家离开你，恨不得立刻飞奔到你的身边，十几分钟的车程仿佛有一个世纪那么漫长。到了楼下，邻居老奶奶说你哭得一把鼻涕一把泪，抱到院子里也哄不好，也拒绝别的妈妈给予的乳汁，就像在漫长的黑夜里迷失的小兔子，我把你接过来之后，哭声止住了，抽泣却持续了好久，我的整个心肝仿佛绞成了一股一股的麻花，那一刻，我突然开始沉默，开始反思自己。

作为一个母亲，你对我的依恋，让我觉得熨帖而欣慰，记得有位母亲曾经写过一句话：怀胎十月，是你独属于我一个人的时期。那种你依恋我，不依恋他人的像孩子护着自己心爱的玩具不肯分给他人丝毫一样的私心而又常情的爱恋。但因为我的亲力亲为，随着你的慢慢成长，你开始认人，你开始只要看到我出现就要我抱抱；开始在我转过房间拐角后伸着脖子来寻找妈妈；开始在妈妈不在的时候难以入睡……

这些依赖，若我时时陪着你照顾你，我会很幸福你有这样的情怀，但我不能时刻在你身边，而随着产假的终结，我必须回到工作岗位，去实现妈妈的人生，去努力争取给予你更好的物质生活，这样的依赖，就变成了剜心的针，每一次离别，都让我无比担心你是否安好，是否又哭闹了，是否吵着要找妈妈，既不能好好地陪伴你，也难以安心沉淀下来工作。

思前想后，我开始慢慢地放手将你全权交给你的外婆，因为年龄、教育和思想代沟，加上身体上的不便，好几次都想从她的手里把你接过来，但想想还是放弃了，妈妈没有时间照顾你，就必须让其他人试着学着去做，而他们也都是发自内心真的爱你。

终于经过了两个月的适应，你慢慢地不再依恋妈妈，有了自己的玩法，看着你兀自玩得高兴，仿佛看到了你将来第一天入学的样子，背着小书包向妈妈挥手再见，虽然苦涩，但也欣慰于你一天天的成长和改变，虽然不能时时刻刻在你身边，感受并发现你的每一个新的改变的惊喜，但我明白，你的人生，注定会有许多的第一次，无须妈妈的见证。

所以，亲爱的孩子，并非妈妈不爱你，妈妈多么希望在你有能力独立前的每一刻都陪伴着你，见证你的每一次成长、每一分进步，分享你的每一份喜悦，心疼你的每一点失落，但我知道，妈妈必须要工作，而你也会慢慢地走进校园，走上社会，步入你自己的家庭，终会离我越来越远，妈妈不可能永远牵着你的手把你保护在羽翼之下，而我对你最大的保护，就是试着松开你，让你自己光着小脚，蹒跚学步。终有一天，你会走得越来越稳、越来越坚定！

给未来孩子的一封信

宋　洁　四川地质医院

亲爱的你：

原谅我还没有为你想好一个美丽的名字，我的孩子。在你还没有来到的这个世界里，你对这个世界还一无所知，如同，对你一无所知的我，我不知你是一个漂亮的女孩，还是一个帅气的小子，但我知道，你就是你，我最爱的你。

曾经我无数次地想过，未来我把你带到这个人世间，我想要教会你什么，或者说，我可以告诉你什么，此刻的你还不识字，更不用说让你去理解我接下来想在这封信里对你所说的话了。但是我已经苦思冥想了好久，关于你即将面临的人生以及我的生活，我反思我所经历的，学会的，思考一个母亲的职责，你今天并不能理解这封信的含义，但是某一天，当时机成熟，我希望你能在我与你分享的内容当中找寻到些许的智慧和价值。你还未出生，生活还尚未开始摧残你，没有在你的人生道路上布置失望、伤心、孤独、挣扎和苦痛。还有很多美妙的阶段会来到你面前，你要懂得付出，学会珍惜。

我想告诉你的第一件事，就是要学会爱自己。

爱自己的身体，爱自己的灵魂，爱自己不是高傲，自大，而是完全的接纳自己，既接受自己的拥有和优势，也接受自己的缺点和不足，不可以刻意地张扬和炫耀自己的长处，也不用有意地遮掩自己的短处。既不嫉妒别人的拥有，也不为自己的缺少而悲怨。当你完全接受自己时，你也能够接受世界是不够完美的，人间不总是温暖的，人生的路不总是平坦的。人的一生是一个不断接受自己与不断完善自己的过程。只有完全地接受了自己，你才能够觉得生活幸福。完全接受自己的人心中踏实，有信心，知道自己有价值，懂得珍重自己、爱惜自己和保护自己。也能做到体谅别人、关心别人和宽恕别人。

我想告诉你的第二件事，你不用太完美，但一定要够努力。

妈妈的经验是，最喜欢的日子不是浑浑噩噩，每天没有目标的生活，而是拼尽了全力，想要去做好一件事的日子。不要受制于别人为你贴上的标签，做一个独一无二的你，认识朋友，但不要随波逐流，有自己的梦想并努力去追求。我不会为你制定一个未来，我要微笑地看着你，在你迷茫无助时帮帮你，去圆自己的梦，去过自己的人生。因为妈妈会告诉你，最高级的生活，就是删繁就简的过程。

我并不想你做一个别人眼中的完美孩子，完美学生，你大可以做你心中美好的你，快乐的你。你不用每一科都考满分，别把时间浪费在追求全面上，在你喜欢的领域去学习发展吧，我相信你会生活得很好。你要记住，外界对我们的评价，别人所得到的成绩，都是诱惑，你会遇到一些人，他们总是试图超过你，在中学，大学，在工作中。他们想要拥有更好的车，更大的房子，更好的衣物，更酷的小玩意。对他们来说，生命就是一场竞赛——他们不得不比同辈做得更好来让自己感到快乐。然而生命并不是一场竞赛，而是一段旅程。如果你在途中一直都试图给他人留下深刻印象，超过别人，那你就浪费了这段旅程。与之相反，学会享受它，让生命成为快乐之旅，永恒的学习之旅，持久的进步之旅和爱之旅。不要为拥有一辆更好的车或一栋更好的房子或者任何物质的东西，即便是一份薪水更高的工作而操心。这些会让你短暂的满足，但不会使你真正的快乐。你可能在拥有了这些之后只是想要更多的。与之相反，学会满足你已经拥有的——然后学会用宝贵的一生去做你真正热爱的事。找到你的激情，坚持不懈地追求它。最重要的是，我们每时每刻要记住，自己想要什么以及拥有什么。我不想你被世界看见，因为，我想要你看见整个世界。

第三件事，生活并不总是那么美好。

是的，对于稚嫩的你，甚至是我，这很残酷，这个世界上有不得不失去的东西，不得不离开的风景，也有拼尽了全力也做不到的事，但不要逃避生活，不要躲藏，要面对你的悲伤，难过，并最终走出来。我们把一些东西珍藏在心里，然后继续拥抱新鲜事物，经历全新体验，接触新的人。你会长大，会经历友情，爱情……会遇到很多可能会使你心碎的时刻，但不要关闭你的心门，相信我，会有美好的风景在等待着你；你可能会遇到各种粗鲁，卑劣甚至丑恶的人，但你也会遇到更多的不可思议的，使你快乐的人，他们会陪伴你，包容你，帮助你，爱你。请不要放弃善良、爱这些美好的字眼，爱你的家人，爱人，朋友，也爱你的邻居，同事，甚至陌生人，给别人一个亲切的微笑，一句友善的话语，一只伸出的手。

希望你“看过许多风景，读过许多好书”，春天你可以在赏花，夏天你可以游泳，吃冰棒，你可以喜欢写作，数学……只要你喜欢，我都希望你去尝试，我会在你结婚的时候偷偷地掉眼泪，但我不会让你看见。我跟你爸爸还商量了，以后绝不会在你面前提“别人家的孩子”，所以你大可不必担心活在别人的阴影里，生活就是一个接一个的概率，至少你大长腿的概率还是很高的，毕竟你爸一米八六的身高也不是虚的，所以希望你以后不会嫌弃你的“嫩妈”如此“不靠谱”。我们能给予你的真的不多，但是爸爸妈妈会继续努力，请你相信我们。我希望你的心能够像山峰一样坚强，不会因为风雨摧残而倾斜，心胸像大海一样宽阔，装得下一切快乐、忧伤却不会决堤。爱你，深深地，广阔的，波澜不惊又汹涌的，爱你。

爱你的妈妈

孩子，我陪你长大，你陪我到老

徐　宇　内江市隆昌农商银行迎祥支行

亲爱的宝贝：

请允许妈妈以这样亲昵的方式称呼你，现在的你还是一个只有半岁大的婴儿，你就是上天赐予我们的宝贝。看着你黑溜溜的大眼睛，小小的嘴巴，胖嘟嘟的脸蛋，你可爱的模样让每一个爱你的人都忍不住想亲亲你。你是那么的天真无邪，就像一朵深藏在幽深山谷里的小花苞，没有经受半点世俗的浸染。你开心时，张开没有牙齿的小嘴巴，笑得那么天真无邪，你如花的笑容可以消除妈妈劳累一天的疲倦。每当妈妈心情烦闷时，只要看到你的笑容，心情就立刻变得舒畅。从你来到人世间的200多个日日夜夜里，你每天都会带给爸爸妈妈不同的欣喜。看着一个小小的人儿，每天一点点长大，爸爸妈妈由衷感叹生命的神奇。

孩子，妈妈想问你："究竟是什么神奇的魅力，让你的爸爸妈妈对你如此着迷？"

孩子，现在的你还如此的渺小，但是随着时间的推移，你会一点点慢慢长大。你会慢慢学会说话、走路、自己吃饭……学会做很多的事情。你会拥有金色阳光的童年，朝气蓬勃的少年，激流勇进的青年。

孩子，妈妈想对你说，人的一生很漫长，在此过程中，你会经历许多的事情，你的经历会塑造你的人格、品质。妈妈希望未来的你会是一个正直、善良、坚韧的男子汉。面对不公，你可以勇敢地站出来伸张正义；面对弱小，你可以伸出友爱的援手；面对困难，你要做不惧风浪的水手，逆风起航。对有的人来说，也许这样的要求有些严苛，但你的妈妈就是这样的人，妈妈愿同你共勉，一起成为那样的人。

孩子，自从你来到这个世界，妈妈为你改变了好多，妈妈开始变得耐心、细心、努力。耐心到直到哄着吵闹到半夜的你睡着，也不忍心不耐烦地冲你大喊；细心到你的睫毛又长长了，也会在第一时间发现。不管在生活还是工作中，你都像一股无穷的力量鼓舞着妈妈更加努力，因为孩子是看着父母的背影长大的，妈妈希望能够给你树立正面积极的良好示范。

孩子，妈妈会努力为你营造温暖的家庭氛围，让你感受亲人之间的爱与宽容，妈妈希望在你的心中播下纯洁的爱的种子。现在，妈妈已经为你准备了好多儿童读本。“沙漠之所以美丽，是因为它的某个角落隐藏着一口井”，这是启示你在经历痛苦、绝望时，不要遗忘了雨后的彩虹。“微风吹过，绿油油的麦田犹如一池湖水泛起层层波浪”，这是带给你大自然纯美的画卷。

孩子，今后你长大了，你的爸爸妈妈也会逐步走向衰老。但爸爸妈妈不会给你留下许多的物质财富，妈妈希望你用男子汉的双手创造属于你的物质生活，因为不劳而获的财富从来不叫人珍惜。只有通过自己的努力奋斗，那份沉甸甸的收获才最亲切。

孩子，在空闲的时候，妈妈就会想象你人生中会经历的每个阶段，想象着你成长中的点点滴滴，体贴、善良、上进、懂事，甚至还有调皮、叛逆。也许妈妈想得太多、太远，但我想天下母亲大抵如此吧。

孩子，妈妈多么的希望：我陪你长大，你陪我到老！

永远爱你的妈妈

我想与你共成长

——给宝贝的一封信

肖 宏 广安市岳池县国家税务局

亲爱的小美：

自2014年初为人母，不知不觉间，三载时光已飞逝。随着你渐渐长大知事，当初纯然的喜悦开始掺杂着深深的惶恐，我不懂该如何教育好一个孩子，感觉自己都是一个未长大的孩子，尤其当我注意到才两岁半的你已经养成了一些不良的习惯，例如：依赖性强、好胜心强、自我意识强，等等。我害怕随着你的进一步成长，这些不良的行为习惯也会一直伴随着你，让你成为一个不受欢迎的孩子。我开始阅读许多关于家教的书，其中一篇文章《最好的教育是人格的感染》深深打动了我，她告诉我作为父母，想教育好孩子，自己必须首先具备人格魅力，这样才能吸引孩子，孩子自然会受到父母人格魅力的熏陶。

我想到了我的妈妈，你的外婆，她在退休前是一个基层公务员，在乡镇上了30多年的班，可以说和老百姓打了一辈子的交道。她的身体并不好，经常感冒生病，更是因为胰腺炎曾两次住进重症监护室，病危通知书都接到好几张。但是她的精力非常旺盛，特别喜欢热闹，乐于帮助别人，退休了单位若有什么活动，只需要一个电话，她就会去牵头组织，通知每一个参加活动的人，若有谁实在不能参加，她也会替他们带去应有的礼品。

我总是难以理解你外婆的行为，作为一个80后的年轻人，我有着许多80后的通病，例如过盛的自我意识和“事不关己高高挂起”的冷漠。说实话，在我的整个成长期间，我和你外婆相处的时间并不多。我小时候，她总是忙于加班，疏于管教；初中之后，我就上了寄宿学校；大学更是远在浙江。反而是大学毕业之后，回到这个四线小城镇当起了公务员，和她接触才多起来，对她的了解逐渐加深。你外婆是一个非常传统的中国女性，身上似乎具备着所有的中国传统美德：勤劳、善良、节约、忠诚、容忍、朴实……她喜欢唠叨，念叨我奢侈浪费的生活习惯、斤斤计较、自认“聪明”的职场之道、随意许诺毫无原则的教子之道，等等，我们之间存在太多的理念冲突，我已经成型的价值观显然无法接受这些她以“过来人”的身份给予的告诫。刚开始的时候，我们口头争锋，甚至吵得不可开交，她说我们聚餐时的AA制毫无人情味，我驳斥道这才是现在年轻人最流行的生活方式；她说我工作时和同事职责分得太清，对于不在自己职责范围的事情就高高挂起，我反驳说职责分明才是王道，否则一旦出了事情，大家都推诿塞责。

但是慢慢的，随着与你外婆的相处的增多和工作阅历的增长，我开始逐渐理解她简单的人生智慧——“吃亏不是祸是福，人生难得装糊涂。”这是她常常挂在嘴边的人生箴言。外婆所谓的“吃亏”，吃的是物质上不合算的亏，赢得的却是精神上的超额快乐。不能吃亏的人，往往在是非纷争中斤斤计较，只局限在“不亏”的狭隘的自我思维中，这种心理蒙蔽了我们的双眼，物质上的不亏也伴随着精神上的不赢，我们求不得心灵的平和与宁静。而那些能够吃亏的人，用吃亏换来难得的和平和安全，换来身心的健康和快乐，往往是一生平安，幸福坦然。而妈妈所谓的“装糊涂”，就是说凡事不要太钻牛角尖，不要太想不开，不要太计较，睁一只眼闭一只眼，退一步海阔天空。人与人之间不免会产生摩擦，引起烦恼，如若斤斤计较、患得患失，往往越想越气，这样很不利于身心健康。如果能做到遇事糊涂些，自然烦恼就会少很多。

我开始践行她的人生智慧来，我感觉这并不容易。这或许意味着当周六同事家中临时有事时，我代他去开一场本不属于我职责范围内的会议；这或许意味当和朋友一起去唱 KTV 时，我放弃了我中意的那条小白裙而去买了单；这或许还意味着当你向我哭诉被幼儿园的小朋友抢走玩具时，我不再教唆你抢回来而是告诉你学会分享。这并不完全是愉快的经历，甚至伴随着郁闷与委屈，然而我慢慢发现，人其实是一个很有趣的平衡系统，既没有无缘无故的得到，也没有无缘无故的失去。当我们在失去物质上的满足的同时，也获得了心灵上的平和。而前者易求，后者难得。而更难得的是，我欣喜地发现在这个过程中，你也在逐渐发生改变，你逐渐变得更加懂事、更加大气、更加忍让。

在你成长的道路上，我愿把时间留给生命中最重要的人——那就是你，我想与你共学习、共努力、共改变，我们一起成长，长成我们期望的模样。

你不懂事的妈妈

一封家书

陈川兰　自贡硬质合金有限责任公司

亲爱的女儿：

最近还好吧！英语四级过得顺利吧！

又到了粽叶飘香的季节。你外婆又包了粽子，打电话叫我回家拿，提着那重重的口袋，脑海里总浮现着你外婆蹲坐在小板凳上，洗粽叶，包粽子，晚上又要按时煮粽子的情形……

自去年 3 月，你外公去世后，你外婆的身体就一直不大好，她一直沉浸在失去外公的悲伤中，身体就越发地不好，我和你舅舅一直开导她，劝慰她，可这样的悲痛也不是几句劝慰、几天陪伴就能医治好的，只有寄希望于时间的流逝，能让她慢慢地从中解脱出来。

你外公的去世，既在我们的预料之中，又出乎我们的预料！这样说，是因为医院确诊为食道癌晚期后就知道情况不妙，但那时外公积极地配合医生治疗，医生才刚刚告诉我们治疗有了效果，可你外公瞬间就离世，让我们又接受不了。那时情绪真的是挺绝望的：看着外公承受着医治的痛苦，我也不知道这样的治疗对他是否真的好，也许换一种治疗方式，是不是外公也许会活得更久？或者没有那么痛苦？是不是不应该接受这种过度医疗？那时深刻地感受到了：人在绝望境地的无能为力，人的弱小和无奈！

也许在第一时间接到你外公患食道癌的消息时，潜意识里，我已经知道不好了，因为在焦虑地收集相关信息后，求助于北京的同学，我话未说完就先哭了，在她再三的劝慰下，泣不成声的我才能静下心来，和她商量你外公治疗的问题，她给了我很多建议。

时间真的是一个很好的治愈剂，只有它才能慢慢地治愈我们失去亲人的痛苦，治愈我们曾经的绝望，让我们恢复某些隐隐的希望。

你外婆能这样慢慢地恢复过来，我很感恩：那些在她痛苦时给予帮助和陪伴的亲朋好友们，那些无言的、充满鼓励的拥抱和眼神，那些无声的体贴，都让我觉得我们的世界还是处处都有爱和希望！

生活虽然处处都会出现我们无法预料的意外，但它也处处呈现给我们温暖和温柔。就像你外公去世时，我简直就是茫然无措，一片空白，朋友们、同事们、发小们、同学们都赶来帮忙，让你外公的丧事得以顺利完成！这些陪伴和支持支撑着我及家人渡过难关！

回想那些逝去的岁月，虽然艰难但却温暖的过去，我充满着感激！都说知足的人，虽然睡在地上，如处在天堂一样；不知足的人，即使身在天堂，也像处于地狱一般。人，一生的历练，不过是心灵的修炼；一切的欲望，不过是心灵满足的程度而已。

人生，心灵的富有最重要。若囿于物质欲望，即使拥有再多，也会觉得不够，这就是贫穷；反之，物质生活清贫，并不影响心灵的充实，知足而能自在付出，就是真正的富有。

心简单，世界就简单，才会滋生幸福；心自由，生活就自由，到哪都有快乐。得意时要看淡，失意时要看开。人生有许多东西是可以放下的。只有放得下，才能拿得起。多一些宽容和大度，谈笑间，一切的伤害、欺骗、斥责、绊倒……都会成为过去。

愿我的女儿能够成为真正富有的人！简单却幸福！

爱你的妈妈

盼你长大，又怕你长大

——写给女儿的一封信

龚晓萍　成都铁路局成都北车辆段

宝贝：

你还记得吗？你小时候，我总盼着你快些长大。老在你面前说："等我的宝贝长大了就好了！妈妈就轻松了，就可以享你的福了！"

小小的你一脸期待地望着我问："那我长大了，妈妈会长成什么样子啊？"

我笑着回答道："等你长大了，妈妈就变老了啊。像你外婆现在一样，满脸皱纹了……"

你一脸疑惑地又问："那我外婆呢？"

一旁的母亲轻轻地捏捏你的小脸回答道："等你长大了，外婆可能就不在了……"

话还没说完呢，你清澈的大眼睛里，顷刻便溢出了泪水，质疑地哭着喊道："不会的，等我长大了，妈妈也不会变老，外婆也会活得好好的……"

我们在一旁哭笑不得，不知道怎么安慰你，怎么能让你明白，这是人的自然规律。那时我们总哄着你："好了，等宝贝长大了，妈妈不会变老，还是永远年轻；外婆也长命百岁，万寿无疆……" 同时也为你的善良和孝心而感动。

你小时候每晚睡前，我们都一起读一个故事。读完故事，你才愿意躺好休息。我逗你说："你多幸福啊，有妈妈陪着，有的宝宝是没有妈妈的哟。"

机灵的你，立刻回我："你也幸福呀，有的妈妈是没有宝宝的。"好吧，我们各自承认了自己的幸福。

你已熟睡了，我还舍不得离开，盯着看你许久。台灯微黄的灯光里，你小脸粉嫩，呼吸均匀，手指微微蜷曲，周身散发着娃娃香。你有安定我心的神力，什么都不用做，就能让我心旷神怡。

从你出生那日起，我就无数次这样看你。你酣睡，你开怀大笑，你咕咚咕咚地喝水，你嘟嘟囔囔玩卡片拼图，你聚精会神地看动画片……我看着你，欢喜溢满心底。

我用心哄你入睡，给你擦眼泪，抱着你小小的身体，欣赏你笨拙的画作，捕捉你无邪的笑声。

你上学了，每天来接你放学时，你欢天喜地地扑进我怀里。晚上你不愿意一个人睡觉的时候，你偷笑着把被子抱进我的卧室要跟我睡一起。你受了委屈时扬起脸哽咽着叫妈妈泪落如雨，你还会在第一时间把心事愿望与我分享。你毫无保留地爱我，粘我，信任我。我就是你的全世界。

盼你长大，又怕你长大。

时间不听我的话，它在悄悄制造一个分岔，你正在出发。

不知不觉，你从软软糯糯的顽童，变成独当一面的中学生。周末回家，开门进屋，喊了一声妈，而不再是那个重叠词"妈妈"。我冲出去，特别想紧紧抱你一下，却终究没好意思。我听你讲学校的见闻，看你跟同学朋友闲侃。你戴着耳机听音乐，你积极准备参加学校的英语大赛，你关上了卧室的门……

想要买的东西会自己去买，不再泪眼汪汪搂着我恳求。出门会自己骑单车，不再紧紧牵着我的手做我的“跟屁虫”。生了病会自己去校医务室拿药，不再无精打采赖在我身上。有麻烦会自己解决，不再下意识地来告诉妈妈。

我知道，妈妈再也不是你的全世界。

那个整天赖在我怀里求亲亲求抱抱的小奶娃，再也不会回来。我抱不动你了，更不能时刻跟你在一起。

你长大了，我开心又失落。开心能讲，失落却不敢说。我要学会隐藏我的留恋和宠溺，免得你太烦。我要轻轻放手让你远远飞走，不管多么失落惶惑舍不得。

“我慢慢地、慢慢地了解到，所谓父女母子一场，只不过意味着，你和他的缘分就是今生今世不断地在目送他的背影渐行渐远。你站在小路的一端，看着他逐渐消失在小路转弯的地方，而且，他用背影告诉你，不必追。”我越发能够感同身受龙应台写下这段话的心境。

其实，我想告诉你，你不用多么争气、多有出息，不用反什么哺、养什么老，只要我们一直相爱，就足够了。

我的确为你付出很多，但你给我的幸福，早已无数倍偿还。你纤尘不染的童真和爱意，温暖着我，唤醒了我，感染了我，改变着我。若要感恩，我更该感恩你。

只要你健康存在，我已经很感谢上苍，在这个美丽的世界上走一遍，让我有机会与你同行一段……

爱你的妈妈

感谢有你

——致女儿小希的一封信

唐雪珍　四川省蓬安县周口中学

小希：

此刻，妈妈独坐一隅，细细地咀嚼着幸福，情不自禁地从嘴角溢出四个字——感谢有你！

看到你一次次地捧回你的努力所得来的收获，妈妈真的好欣慰！你听到我的心声了吗？最亲最爱的宝贝——希儿。

那是一个鸟语花香的春天，你带着清新的气息来到的我身边。那时的你，精巧的身体，精致的五官，如同一个天使，让我的世界顷刻间香气四溢。那时的我，带着惊喜和不知所措，捧着小小的襁褓，亲爱的希儿，你知道吗，妈妈真的好怕，上帝将这样一个玲珑的生命交给我，我该拿什么去陪伴你成长？你的妈妈，你今生的依靠，除了满腔的爱，还有这包容着爱的躯体，还能给予你什么呢？不够啊，远远不够！小小的你，有着晶莹剔透的眼睛，有着不染纤尘的心灵，你是一个完美的天使，你的到来，是上帝送给我最好的礼物，我倾注一生的时间和生命，也无法答谢你带来的快乐啊！亲爱的宝贝，妈妈只能说一声——感谢有你！是你的到来，让妈妈的世界变得多姿多彩！

我要感谢你拥有健康的身体。亲亲宝贝，从出生到现在，你很少生病，仅有的一次住院是你五个多月时，妈妈意外怀孕，导致奶水不足，那时的你天天饿得捧着矿泉水瓶子也能如饥似渴地舔上半天，而你的还不到22岁的妈妈，还太年轻，看着你日渐黄瘦，居然不明白你是因为太饿，于是，你终于住院了。你知道吗？看着那小小的针管插入你那娇嫩的额头，妈妈还得残忍地按住你挣扎的手脚，心在那一刻，碎了。你那么小的手脚，妈妈却花了所有的气力才能按住。孩子生病，对于爸爸妈妈来说，那是怎样的一种折磨啊。而亲爱的希儿，小小的你似乎从妈妈的眼里看到了你生病所带来的伤痛，自从那次住院后，你除了偶尔的小感冒，从来没有生病到住院，你健康地成长着。于是，妈妈好感激，希儿，你也不舍得妈妈去受折磨吧，你是怎样懂事的一个孩子啊！

我要感谢你的善良。亲亲宝贝，你一直都是面对强大的事物，不退缩，面对弱小的事物，又是那么有爱心。每一次有小孩到我们家做客，都能看到你温和地逗着她们，更让人不敢相信的是，平时妈妈怎么也抢不来的遥控板，你居然可以让给弟弟妹妹们。每一次爸爸妈妈生病，都是你跑前跑后照顾。平时，你总是佯装冷漠，佯装对谁都没爱心，而只有妈妈才明白，你冷漠的外表掩藏着一颗多么火热又多么善良的心灵啊！

我要感谢你是一个上进的孩子。亲爱的宝贝，妈妈其实一直内疚，在你上小学时，一心忙于工作，而忽略了对你的照顾，更是常常把你一个人丢在家里，让电视陪伴你。因此，在知识这一方面，你的学习基础一直不是很好，进入初中，到了重点班，在班上的排名远远达不到你爸爸对你的要求，于是，时常的责骂伴随着你。其实，你知道吗，爸爸他很爱很爱你，对你的每一次责打，你爸爸都痛彻心扉啊！他好想你能努力学习，好想你能在学业上取得好成绩。可是，他没有办法让你去主动学习，只能无助地拿起棍棒。

我真的没想到，我的希儿，我的这么小的希儿，居然能体谅到爸爸妈妈的苦心，居然能顶住这层层的压力，每一次考试，妈妈都欣喜地看到你的排名在上升，妈妈太高兴了，不是因为学习成绩的进步，而是，我的宝贝，在这样大的压力下，依然在健康地成长着。心里没有一丝的阴暗。宝贝啊，那该是怎样一个优秀的你啊！

今天你非常认真地对我说："妈妈，为了以后的生活能轻松点，我觉得我应该努力了。"当时妈妈好快乐。亲亲宝贝，妈妈就是辛苦一辈子，也定要让你衣食无忧，但是，妈妈更希望你能幸福快乐啊！而幸福，却只能靠你自己去努力奋斗得来。等你成年时，如果不能从工作上得到满足感，又怎么可能真的幸福呢？而工作的愉悦感，却需要现在打好基础，为将来工作得更轻松些做准备。只有你幸福了，妈妈才会真的幸福，所以，看到你努力学习，妈妈就看到了幸福生活的希望之光啊！亲亲宝贝，感谢你有一颗进取的心。

我要感谢你是一个很有才能的孩子。小希儿，你瞧瞧啊，你拥有了太多的优点：组织能力强，表达能力强，一张能言善辩的嘴，还总能冒出那么多的幽默语句。你的普通话标准，音色也动听，看到你在台上用你的朗诵征服观众时，妈妈的心里涌起太多的骄傲！你的独立生活能力那么强，你一点也不娇气，你能和各个年龄阶段的人相处得很好。你写的小说，故事情节曲折生动。你是一个很有主见的孩子……还有那么多的优点，妈妈说不完啊！

亲爱的希儿，你说，妈妈到底要用什么语言才能表达心里的感激呢？妈妈为你做得太少太少，而你，回报给妈妈的实在太多太多。感谢你来到我身边，感谢你带给我的欣慰和快乐！无论将来会是怎样，有你陪伴的日子，是妈妈最最幸福的时光！

爱你的妈妈

给女儿的信

兰中华　四川省巴中市巴州区第六小学校

亲爱的宝贝：

都说女儿是妈妈的小棉袄，没错，你就是我最贴心的小棉袄！今天，是妈妈第一次给“小棉袄”写信，提笔才觉得心情有些复杂，有甜蜜，有温暖，也有愧疚。妈妈感谢上天把你带给了我，希望这封信能给你带来更多的快乐与自信，更多的帮助与鼓励。

宝贝，妈妈常为你感到骄傲！妈妈记得你5岁那年在麦田边即兴诵出的那首小诗：露珠是草儿的眼泪，雨滴是白云的眼泪，黄河是鱼儿的眼泪，我爱你——可爱的眼泪。记得你8岁时站在舞台中央领唱时那稚嫩嘹亮的歌声，也记得主持台上你那自信的身影。酷爱音乐的你在小学时就崭露头角，你用清脆甜美如百灵鸟儿的歌喉一次次抚慰我疲惫的心灵，聆听你的歌声成为妈妈唯一的慰藉。踏入中学的大门，你又走进了绘画的世界，无师自通的你画出的那一幅幅栩栩如生的漫画作品，让妈妈看到了一位绘画天才的诞生。

还记得吗？你3岁时总是缠着我一遍又一遍地读绘本故事，先是我读你听，再是我讲上句你讲下句，再后来变成了你讲我听，一个故事渐渐变成了许多个版本，绘本中的故事深深地根植进你的心里；6 岁时我们一起读童话故事，一起穿梭在古今中外的童话王国中；8 岁时我们一起畅游《绿野仙踪》，那奇幻的世界打开了你想象的大门，滋润着你幼小的心田；10 岁时我们一起讨论《水浒传》和《三国演义》里的精彩情节，一起回味林冲风雪山神庙的精彩瞬间，让一旁的听众——你的爸爸赞叹不已；14 岁的你在放学路上兴奋地跟我大谈林徽因的才华和曲折情感路。一路走来，古今中外的文学作品陶冶了你的情操，也滋润着你的灵魂。古人云："读万卷书，行万里路。"哲人也说："书籍是人类进步的阶梯。"宝贝，你的阅读习惯已经养成，愿这一习惯能陪伴你一生、让你受益一生。

宝贝，妈妈想为你分担忧愁！

古书曰："人谁无过，过而能改，善莫大焉。"

宝贝，每个人都会犯错，在你的成长过程中，妈妈也犯过错，但妈妈愿意主动去改正。妈妈希望你也能做一个有责任、有担当的人，能够知错就改。所谓"吃一堑，长一智"，从失败中总结经验，从错误中吸取教训，避免在同一个地方摔倒两次，这样方能获得成功。还记得上次考试时你把机读卡涂写错了，导致那一次的成绩在年级排名下降一百多个名次吗？妈妈不批评你，但妈妈希望你记住那次的失误，以后不要再犯同样的错！

宝贝，如何合理兼顾学业与兴趣爱好是你目前需要面对的问题。目前的你正处于人生的一个小小岔道口。妈妈知道你喜欢唱歌，喜欢画画，但是马上就要参加中考了，妈妈希望你能分清主次，将这些爱好暂时放一放，争取尽量获得一张好一点的高中入场券。也许你觉得在哪儿读书都差不多，但是妈妈想告诉你，如果你能进入好一点的高中，跨入好的大学，你将有机会在更优质的环境里学习和生活，将有机会遇到更好的老师，结识更优秀的同学，也能更好地发展你的兴趣爱好，让将来的你走得更远。

宝贝，妈妈愿为你掌灯引航！

青春期是一个充满着一切可能的奇妙时期。一直以来，你都把妈妈当朋友，喜怒哀乐都愿意跟妈妈分享，我也希望你一直这样。说到青春期，妈妈想借用麦家老师的话跟你谈谈以下几个观点：首先你要守护好自己，要守护好你的生命，要爱惜身体，冷暖自知，劳逸结合，更要远离一切形式的冲突，言语的、肢体的，个别的、群体的。生命是最大的，生命面前你可以理直气壮地放下一切，别无选择。你要尽量守护好你的心。它应该是善良的，宽敞的，亮堂的，干净的，充实的，博爱的。善是良之本，宽是容之器，亮了，才能堂堂正正，不鬼祟，不魍魉。关于爱，你必须做它的主人，你要爱自己，更要爱他人，爱你不喜欢的人，爱你的对手。爱亲人、朋友是人之常情，是天理，也是本能；爱你不喜欢的人，甚至仇人、敌人，才是道德，才是修养。宝贝，请一定记住，爱是翻越任何关隘的通行证，爱他人是最大的爱自己。其次，你要坚持自己的梦想，梦想就像一只雄鹰，你决不能将它束缚在笼子中，一定要伸出双手通过自己的努力让它展开双翅，在蓝天中自由自在的翱翔。梦想是每一个人都应有的东西，它是我们生活的动力。拥有梦想，就拥有了前进的方向。

宝贝，在这奇妙的青春期里，妈妈想永远做你的知心朋友，和你一起让这段美好时光变成人生最美好的曙光。从懵懂走向成熟，走向强大，成为一个对社会有价值的人。

永远爱你的妈妈

给我女儿的一封信

——送给上漂女儿旭妹

陈　尧　四川省攀枝花市公路养护管理总段

亲爱的旭妹：

你好！近来可好？工作情况如何？

自从你2008年9月到上海读大学离家至今已有9年，时间转眼即逝，虽然经常电话联系，由于远隔千里，爸爸妈妈不免有些担心，你现在生活愉快吗？工作是否顺利？

旭妹，你从小就是爸爸妈妈的骄傲。你是爸爸妈妈的独生女，出生在20世纪80年代末，2岁半进幼儿园，记得那年正好是你爸到重庆交通学院脱产学习，家里只有妈妈一个人带你，但是你上幼儿园从不像别的孩子那样哭闹。大概3岁左右时，一天妈妈骑自行车带你上街买菜，由于妈妈着急，不小心差点把你弄丢了，你也被吓得病了一场，爸爸听说后也虚惊一场。5岁半时看到年龄相近的同学都准备上学了，妈妈带你到小学报名，因年龄相差半岁，无法报上名。你的启蒙老师告诉妈妈等你年龄到了6岁再去上学前班。6岁时，妈妈带你去报名还是曾老师，直接就报了小学一年级，当时曾老师告诉妈妈："你这小孩没上学前班，年龄太小，如果学习进度跟不上，就先读学前班。"就这样你进了小学，上学后你从小学一年级到六年级都是全年级第一或第二名，还当上了班级学习委员，获得"三好学生"奖励。小升初时，你的运气不怎么好，也正好那年是笔试加面试，你因面试差 2 分没录进重点中学，读了一般普通中学。初一开始成绩仍然名列年级前三名，同学推选你担任了班长。学校一次意外事件，记不清时间是某天早上因全班没出早操，这事影响了班级集体荣誉，你被班主任张老师叫到了校长室，妈妈被请去了学校，当时妈妈考虑这事怕对你的学习有影响，与校长和班主任提出了转学要求，不管校长和老师如何挽留，我让你毅然转学去了另一所中学。初三毕业，你以超出全市最好重点高中 30 多分的优异成绩考入市重点中学学习，2008 年高中毕业，以超重本线的成绩选择了上海的一所大学学习。2012 年临近大学毕业，考研和工作等待你选择，最后你自己选择放弃考研，通过面试进入了一家公司就业，从事软件工程专业。妈妈说的这些曾是你学习阶段过程和成长经历简况。

在上海就业，是为了实现你的人生价值。你在上海工作后，由于爸爸妈妈没有退休，加上路程遥远，现在见面的机会很少，只有通过电话联系，也不知道你现在过得好不好，你是爸爸妈妈的牵挂，爸爸妈妈希望你生活愉快，工作顺利。你现在已成年，因为从小养成了独立的习惯，所以你现在的生活、工作、爱情仍由你自己做主，爸爸妈妈不会过多干涉。2017 年 9 月，你即将再次进入大学深造，在职学习研究生课程，攻读硕士学位。爸爸妈妈希望你在未来的人生里程中走好自己的路，30 岁前选择好自己想做的职业和专业，工作上爱岗敬业，勤学上进，生活上注意良好的饮食卫生习惯，按时就餐，锻炼好身体，保持健康的体魄，爱情甜蜜。孩子，家里一切好，有事多与父母沟通，爸爸妈妈永远都是你的坚强后盾，期待今年 10 月上海的见面，你想父母时也可请假回家。希望你把精力用在学习、工作上，成为学习上的尖子，单位的骨干。相信你通过自己的努力，会获得学习、事业、爱情的进步，在社会大家庭里学到更多东西，提高自己的处事能力，坚信自己选择立足上海发展的正确性，去实现你未来的理想。

旭妹，你永远都是爸妈的骄傲和牵挂……

爱你的爸爸妈妈

给一周岁女儿的一封信

邹　佳　南京市西充农商银行

亲爱的伊伊：

妈妈的宝贝女儿，今天是你一周岁的生日。妈妈从心底感到欣喜和快乐。清晨推开窗，一夜的春雨把花园的花草冲刷得清新灵动，窗口那株原本光秃秃的无花果树上满是嫩绿的小芽儿，轻轻的微风吹来，晶莹的露珠不停滚动着，好像你亮晶晶的眼睛在一闪一闪。那一瞬间，妈妈的双眸湿润了。

回首这一年，妈妈依稀听见耳畔一阵啼哭声，那分明是一年前你刚出生时的那声呐喊，响亮又急切，好像在向全世界发出宣告："我来了！"那时候妈妈虚弱无力地躺在手术台上，身体不能动弹，但我清楚地知道一个美丽的小天使降临了。虽然过程是那么艰难，经历两次大出血，曾经连续输液长达3天，一分钟滴8滴，甚至医生对我说得最多的话是："我们尽力，但也不一定能保住孩子，你要做好心理准备。"甚至我不得不放弃好不容易争取来的工作岗位回家躺了三个多月，每天除了吃饭、上厕所和洗澡，其余时间都躺在床上，妈妈不曾怀疑，我的宝贝不会那么脆弱，她一定会像妈妈一样坚强出生。总是在最深的绝望里，遇见最美的惊喜，妈妈就是怀着这样的希冀，终于把你盼到了。

回首这一年，妈妈时常回味轻轻怀抱你的幸福时光，闻着你独特的气息，这样妈妈就像拥有了全世界。一年，在生命的长河里，不过是稍纵即逝的一朵小浪花。但对妈妈来说，这一年，却是我生命中最美好最有意义的一年啊。你哭了，笑了，渴了，饿了，你用自己的方式成长着，适应着这个全新的世界。而我这个新手妈妈，也在手忙脚乱、跌跌撞撞地学习着，实践着，希望给你全部的关爱和呵护。头发一把一把地脱落，精力明显感觉不如从前，似乎反应都慢了好几拍，但对于一个母亲而言，一切都显得微不足道，妈妈为上天这来之不易的馈赠感到无比幸福！

回首这一年，妈妈难舍你成长的每一个珍贵瞬间，生怕每一个点滴转瞬即逝，来不及细细感受就不知所踪。妈妈又老了一岁，而你像小树一样，茁壮地成长起来。慢慢的，你用牙牙学语代替了嗷嗷啼哭，用蹒跚学步挣脱了襁褓的束缚。你那双单纯明亮的眼睛，闪烁着喜怒哀乐的光芒，传递着给妈妈的每一份希望。你时而乖巧时而调皮，那奶声奶气的一句“妈妈”，那仰起头的微笑，那笨拙却坚定不移朝向我的脚步，都让妈妈感动得想流泪！宝贝，你真的长大了，你不再是一个懵懂无知的婴儿，你有你的思考、你的脾气、你的喜好！妈妈很遗憾，因为工作的原因，没能把所有时间都给你，没能陪着你经历每一分每一秒，但请相信，工作之余，妈妈愿意无条件地陪伴你，这是妈妈给你的唯一礼物。

宝贝女儿，在你一周岁生日之际，妈妈写下这封信，除了回忆与珍惜，更多的还是想寄托妈妈的希冀，愿你在第二个、第三个、第四个甚至以后的每一个生日能读懂妈妈的心意……

宝贝，妈妈希望你是一个纯真善良的人。善良是快乐的源泉，纯真是幸福的根源。无论将来你从事什么样的职业，妈妈都希望你做一个善良的人，一个纯真的人，一个无忧无虑的人，不用烦恼得失，不要忧愁未来，开心快乐地生活就好。

宝贝，妈妈希望你是一个自强自立的人。在妈妈眼里，你永远是全世界最美丽的天使。妈妈希望你要自信，无论外表美丽与否，都要坚信“腹有诗书气自华”的道理，要养成阅读的好习惯，因为那是使你变得更美的唯一途径，要用学习和自强自立铺砌走向成功的道路。

宝贝，妈妈希望你是一个踏实诚恳的人。人生太过短促，外界喧嚣嘈杂，妈妈希望你游历世界，但不要眼花缭乱，最终一事无成。我们要用诚实的内心对待每一个人，用诚恳的行动做好每一件事情。不要轻视平凡的人，不要投机取巧。写好一本书，做好一个主妇，干好一件工作，乃至成就一番事业。你长大后会知道，坚持做好一件事很难，但决不要放弃。

宝贝，妈妈希望你是一个珍惜感情的人。相遇是上天安排的缘分，相知相恋更是几世修来的福气，要学会爱，要懂得和珍惜被爱。妈妈希望你的内心是如潺潺的泉水一般柔软，要有感动和流泪的能力，能够正确对待人生中的喜怒哀乐，切勿大喜大悲，你也要懂得欣赏悲剧，因为悲剧也能丰富你的心灵。

宝贝，妈妈希望你是一个善于发现和创造美的人。希望你要学会发现生活中的美，即使遇到不幸，也要坚信只要抬头就能够看到阳光，要知道，只有保持积极向上的心态，生活才会变得更加美好。妈妈希望你懂得“赠人玫瑰，手有余香”的道理，用阳光灿烂的心态带给身边的人多一分帮助、多一分感动、多一分快乐、多一分美丽。

宝贝，妈妈希望你是一个懂得感恩的人。我们身边和经历中的每个人，都给了我们或大或小的帮助，是身边的每一个人让我们收获了快乐、高兴、成长、进步。困难时伸出的一双援手，难过时给予的一句温暖的鼓励，成功时一声真挚的祝福，都是最珍贵的恩惠。更要知道，别人的东西，再好都是别人努力创造的。

还有一件事，虽然做起来很难，但相当重要，这就是要有勇气正视自己的缺点。你一年年长大，渐渐会遇到比你漂亮，比你优秀的人，你会发现自己身上有许多你所厌恶的缺点。宝贝，不用沮丧，不用自卑，不要躲避，战胜自己比征服他人还要艰巨和有意义。

妈妈永远是你身边最啰嗦的人，也是最不怕被你嫌弃啰嗦的人。不管未来如何变化，人的优秀品质却是永恒的：正直、勇敢、坚韧、独立。妈妈愿陪你一起成长，一起成为一个积极向上的人，一个优秀的人。

永远爱你的妈妈

积焦百年福　书传三代贤

——写给女儿的信

王宇卉　中国水利水电第七工程局有限公司城轨分公司

亲爱的小帷：

见字如面！

今年我们一起，完成了很多事。点点滴滴中回味无穷的就是我们一起整理出了我们家的百年家训——《积焦百年福，书传三代贤》。

通过整理，你知道了我们家百年家训源自于曾祖父彭忠尧亲笔真迹，对我们全家来说是一个价值连城的传家宝。曾祖父是一个才华横溢、精通琴棋书画、国学、恒通古今、知识渊博的文人雅士，同时也是一个两袖清风、刚正不阿的党的好干部，曾经搞过土地革命，可惜你与曾祖父俗缘太短在你出生后8个月他就离世了。尽管如此，曾祖父对我们仍然有着深远的影响，你好听的名字就是他给起的，因八字缺金所以第二字为“铭”，他希望你时刻警诫自己清正廉明勿贪不义之财，“帷”代表着做事运筹帷幄、统筹大局。

我的宝贝，家训中曾祖父用“积焦百年福”作为横批的起笔，必定是希望我们品行端正、积福善良、造福他人、积福传承。“书传三代贤”作为横批的收官之作，由此可以看出我们家是个书香门第，读书以明智，博学而多思。家训共分为四个篇章：第一篇章，人生重于品德，涉世慎于言行。这个篇章是教育我们子孙要注重品行修养，做一个品德高尚的人，家训对于我们后人将受用终身。第二篇章，教育我们在顺境和逆境时如何更好地去应对，同时教导我们勤学好施、同情弱小、勤俭节约、守住祖业、发扬光大。第三篇章，是教育我们如何待人处事、交朋结友。第四篇章，是教育我们感恩、包容、仁慈、厚爱。

我的宝贝，了解了家训的具体内容后，我们一起追溯了家训是否得到了有效传承。作为祖辈，外婆在曾祖父的言传身教、耳濡目染下廉洁奉公，工作期间曾是四川省妇联执委委员、劳动模范、政协委员。作为父辈，你爸爸和我受此家训熏陶坚持清正廉明、积极上进、刻苦努力工作，爸爸身为一名眼科医生还无数白内障患者以光明，妈妈作为一名施工建设者为轨道交通建设奉献着韶华。

我的宝贝，你说也要做一个品德高尚有爱心的人。我带你一起去参加电子科大 mba 慈善大赛，后来你说你的感受就是要有一颗宽广包容的心，还要学会同情怜悯弱小，要有大爱才能有大为！百善孝为先，尊老爱幼是中华民族传统美德，我们家的家训自然也会涵盖。每逢佳节倍思亲，你都会要求我们带你回老家看敬爱的爷爷和奶奶以及从小一起长大的堂姐和堂弟。尊师重道是家训的一个重要组成部分，今年，宝贝在关爱你的老师们的带领下和同学们一起去杜甫草堂开启你的国学之门，完成了人生第一份国画雅集“鸡年大吉”。宝贝意味深长地告诉妈妈，说感觉到中华传统文化贯穿着我们家的家训，家训是对传统文化的进一步传承。

我的宝贝，你说国学里面让大家要好好学习才能强国兴邦，我们家训里面无时无刻不提醒我们多学习。通过学习，你会拉一些小提琴曲子了。这将成为你的爱好，等你长大了，可以用另外一种方式抒发你的感情，独处时能自己同自己交流。通过学习你会画一些国画和剪纸了，可以用国画和剪纸表达你内心所想。参加完巴蜀文化博览会，宝贝回来告诉我，你加深了对中国文化的理解，觉得我们自己家的家训其实就是文化的又一传承！当时让妈妈感觉到你是如此的融会贯通、敢于思考。

我的宝贝，你知道吗嘛，看到你的绘画作品《节约粮食》《诚信校园》《社会主义核心价值观》《龙腾国强》《昨日再现》等取得一定成绩，参加校园剧《诚信的骗子》《和乐之美》等视频拍摄获数家媒体播放和转载，我和爸爸心里倍感欣慰。我们听老师说起泰国小朋友来学校交流学习时，他们送你礼物，你却以琴和画为礼送他们文化时，我和爸爸内心震撼到以你为荣。

我的宝贝，好朋友过生日时你以画为礼相送，你说这是君子之交淡如水。你说要学会持家、勤俭节约、未雨绸缪，要求我们带你办理了一张属于自己的银行卡，从此管理支配好自己的零用钱时，外婆的眼眶都湿润了，她说你是我们的骄傲。但是，宝贝，爸爸说成绩只能代表过去，要不骄不躁沉着稳重应对未来。

我的宝贝，家是社会最小单元，家好了社会和谐，我们全家将坚持遵循百年家训教导。妈妈希望你如同自己画中的芭蕾舞者，更好地把家训的教导记在心中。努力坚持、善良包容、阳光智慧，把我们家的百年家训传承光大，未来我们要奋发图强，努力将我们家发扬光大，同时为社会的发展添砖加瓦。

我的宝贝，路漫漫其修远兮，吾将上下而求索。关于未来，妈妈还有很多话想对你说，最后，妈妈想送几句话与你共勉：好命是北风呼啸随风而起踏雪寻梅，一无所有能安之若素不卑不贱努力。富贵时明人间疾苦世事无常不骄躁，享受的起好运承担得起坎坷与凄凉。

祝：

健康成长！

爱你的妈妈

良好家风：父母给你的第一笔人生财富

——致女儿的一封家书

程艳燕　重庆气矿长寿天然气运销部

梓涵，我的宝贝：

人生数十年，弹指一挥间。你从一个呱呱落地的婴儿成长为一个五年级的小学生。虽然妈妈经常给你写信，但还是第一次和你谈论关于家风的话题。所谓家风，就是一个家庭或者是家族的传统风尚，是你怎么认识世界，认识人生的第一堂课。良好家风，是一种无言的教育，如春天的雨露，润物细无声。一直以来，我和你爸爸深知，引导你健康成长，是我们的义务；引导你树立正确的认知，是我们的责任。良好家风，是需要代代相传，让你拥有健康的人格和美好的品德，是父母最大的心愿。今天要和你讨论的话题，希望能成为送给你的第一笔人生财富。

诚实守信，做一个有信誉的人。诚信，是中华民族的传统美德，也是我们作为社会人的重要素质。有诚信的人，往往会让人相信，而没有诚信的人，将失去别人的信任，变得寸步难行。恪守诚信，要做到不欺骗他人。在你很小的时候，爸爸经常教育你，要做一个诚实的人。我们可以容忍你其他方面小的毛病，但是不容忍你撒谎。孔子言：“人而无言，不知其可也。”一个诚实的人，会得到他人的信任和帮助。恪守诚信，还要做到对自己的承诺负责。常言道：“言必行，行必果。”做到不轻易许诺，诺必行。从小爸爸妈妈只要答应你的事情，都会完成，因为要对自己的言行负责。这也是基本的行为准则，是你扣响他人心门的钥匙，希望你能成为一个有信誉的人，受到他人尊重，也让自己更加快乐。

孝亲爱老，做一个孝顺的人。百善孝为先，孝是德之本。知父母恩，感父母恩，报父母恩，是做人的根本，也是一个子女应该具备的优良品德。从小妈妈教育你，要尊重爷爷奶奶，外婆，要对他们多关爱，因为他们老了，需要你更多的尊重和爱护。每次家人生病的时候，爸爸就要求你去陪护，你陪着妈妈去输液，陪着爸爸去看病，也在深夜给外婆喂药，这些都是希望你能建立家庭的观念和孝顺长辈的意识。我也很欣慰，现在的你很好，家人生日的时候会收到你的礼物，你会认真地教外婆使用电子产品，还会在公交车上给爷爷奶奶让座，让我看到了你爱老敬老的品德，做一个孝顺的好孩子。

勤俭节约，做一个朴实的人。勤，就是勤奋努力，用自己的能力创造财富。节俭，就是生活简单，爱护合理使用自己的财物。劳动创造财富，从小妈妈就要求你要靠自己的双手，创造自己的生活，不要期望天上会掉下馅饼，不要去做白日梦。在现在物资丰富的年代，在你们学校也会有很多同学会有很多的零用钱，也会在班级中炫富，希望你对这种事情要有清晰的认识。父母的财物永远不会变成你的，想要过什么样的生活，是取决于你对劳动的认识的。勤奋创造就能拥有更多的财富，属于自己的才是最好的。而要求你节俭，是一种自我约束方式，因为资源有限，肆意浪费，会导致资源的枯竭，不利于人类的生存和发展。而孩子，简单生活，不被物质欲望绑架自己也是你最好的生活方式，健康而美好。生活中，要少干一些无益的事情，而应该将时间让出来有更多精力干一些有益而快乐的事情。要做一个简朴的人，让自己的生活简单又而精彩。

崇尚阅读，做一个有高度的人。习近平总书记把价值观比喻为人生的第一粒扣子。价值观、世界观、人生观的形成，是可以决定一个人的高度。而怎么来形成正确的观念，读书！读好书！书读多了，能够明事理，能够感悟人生的意义，才会有精神的支撑，才会有拼搏的力量，才会创造出多彩人生。从你牙牙学语开始，妈妈会每天陪你读画本，记得那套《费洛格的故事》吗？那只青蛙教会你要和小朋友好好相处，要好好学习，要用心来看世界。从画本到拼音读本，再到现在的文字书，你的阅读量大了，也会有很多自己看待问题和世界的想法，也经常愿意和妈妈爸爸讨论。我们非常珍惜，明白这是你人生的一次次自我超越。读书，是一次次心灵的洗礼，也是一次次内心的对话，愿你继续保持阅读的良好习惯，变为一个对生活热情，对生命善待，对目标完成的有高度的人。

孩子，做事先做人，希望中华民族的良好品德能通过我们家庭的良好家风来体现，孝亲、明礼、忠厚、诚实、勤俭等良好的品格，能通过妈妈爸爸的一言一行传承给你，让你在成长的过程中，也沉淀在你的身上。让你成为一个热情、乐观、勇敢、有担当的人，也会让你在人生路上越走越美好。良好家风，也是父母送给你的第一笔人生财富。

爱你的妈妈

你的青春你做主

——给 14 岁女儿的一封信

陈万霞　四川省水利电力工会

亲爱的天小妞：

给你写这封信的时候，你即将告别懵懂的儿童时光，成为 14 岁的少年，吹响激扬的号角，扬起前进的风帆，开启青春的航行。

14 岁，是青春年华的起点。青春，是美好鲜妍、活力无限、激情澎湃的代名词。正如郭小川说得那样："在青春的世界里，沙粒要变成珍珠，石头要化作黄金，青春的魅力，应当叫枯枝长出鲜果，沙漠布满森林，这才是青春的美，青春的快乐，青春的本分！"

14 岁的时候，李清照荡罢秋千，起来慵整纤纤手，羞涩地嗅着青梅倚门回首，她书写的关于青春的一阕词，至今让后人吟诵。

14 岁的时候，邓小平告别父母，只身一人，远赴法国勤工俭学，他抱持着振兴国家和民族的理想，革命的种子已然在他青春的心里萌芽。

14 岁的时候，彭丽媛坐着拉煤的卡车，由郓城一中考入山东艺术学院中专部，专攻民族声乐，她精彩辉煌的艺术生涯，由此徐徐展开。

天小妞，一路携手走来的这些年，你一直是爸爸妈妈的骄傲。你善良、懂事、自觉、自立、自强、有远大的目标、有美好的向往，在学习和生活上都没让我们操多少心，爸爸妈妈深深地相信，你的14岁，也将是你美好、精彩、快乐青春的起点，你想要什么样的青春，你做主！

但是，正如《摔跤吧！爸爸》中的摔跤天赋极高的女儿也需要爸爸恩威并重打磨一样，在你青春的道路上，爸爸妈妈的关爱陪伴、沟通交流、严格要求，一样也不能少。

今天，我们要告诉你关于青春的一些话题。

关于压力和烦恼

进入初中以来，你课内、外的学习任务一直比较重，放假回老家的时间越来越少，即使回去，你也基本上是换个地方写作业，但是，你还是向往回老家，所以，每一次从老家回来的时候，你总是撅着嘴，一脸不情愿。这次五一，依旧如此，临要走的时候，你说了一句：“唉，要回地狱去啦！”外婆听到了，如临大敌，忐忑不安，虽然我们告诉她，课外的所有补习班，都是你自己选择，我们一再地让你少学或不学，是你自己坚持要学，而且你其实学得很快乐，也很享受学习带给你的乐趣，只是因为不想走，在亲人面前发泄一下而已，但是，外婆还是担心你，那一周的时间里，她都睡不好觉，反复给妈妈打电话，让我们减轻你的学习负担。而你，其实早就没事了，正为自己数学或物理又考了个满分而热血沸腾。

亲爱的天小妞，爸爸妈妈很高兴你能把你的想法，哪怕是一个不舒服的闪念表达出来，让我们知道，让我们帮你分担，知道你的付出和辛苦。但是，发泄也好，表达也罢，都要注意对象，外公外婆已经60多岁，我们不能经常陪伴在他们身边，好不容易回去一次，你却在临走前，丢个“炸弹”给他们，不仅缓解不了你的辛苦和不快，还让外婆忐忑不安，这有什么意义呢？

进入青春时光，肯定会有各种压力和烦恼，我们需要发泄，任何不良的情绪，都需要发泄，但要注意方式和方法。妈妈在你这个年纪的时候，有个带锁的日记本，有烦恼和压力的时候，就诉诸文字，笔尖在纸上沙沙作响，就像和一位友人在倾诉衷肠，写完之后，心中的压力和烦恼也就淡了很多，慢慢地，就烟消云散了。爸爸有烦恼的时候就去打乒乓球，把那些烦恼和压力当成乒乓球来打，看着白色的小球，砰砰砰砰，来来去去，烦恼和压力，也被打没了。你可以选择适合自己的方式来舒缓压力和烦恼，写一篇日记，听一首音乐，弹一曲古筝，看一段搞笑视频……当然，爸爸妈妈最希望的是，你把我们当成最值得交心的朋友，有什么不快随时随地都可以和我们说，我们一定认真倾听，用心分担。

关于环境和影响

青春时光，面临中考、高考，面临能考上怎么样的高中和大学，爸爸妈妈读书时所在的乡村中学，高考的时候，能考上四川大学的就是多年不遇的佼佼者，值得学校鸣炮庆祝。而你知道的，处在林荫街的七中，宁夏街的九中，考上清华北大的才值得宣传。这就是环境，环境决定着我们的认识、方向和目标。而决定环境的是什么？肯定是人！和勤奋的人在一起，你不会懒惰；和积极的人在一起，你不会消沉。与智者同行，你会不同凡响；与高人为伍，你能登上巅峰。人生就是这样。想和聪明的人在一起，你就得聪明；想和优秀的人在一起，你就得优秀。这就是一个班的同学，40多名学生考上清华北大，一个寝室的同学，全部考上名校研究生的原因。

这个问题，我们相信你已经明了于心，从你给自己定下的高中和大学目标学校我们就知道，你要为自己争取最好的环境！

关于吃苦和心态

马云曾说：“当你不去拼一份奖学金，不去过没试过的生活，整天挂着

QQ，刷着微博，逛着淘宝，玩着网游，干着我80岁都能做的事，你要青春干什么？”

龙应台告诉儿子：“我要求你读书用功，不是因为我要你跟别人比成就，而是因为，我希望你将来拥有更多选择的权利，选择有意义、有时间的工作，而不是被迫谋生。”第一次看到这段话的时候，你还是小学五年级的学生，但是却被深深地震撼了，还分享给妈妈，从此，这段话就成为你和我们的座右铭。

你早早地就明白，没有谁的青春是在红地毯上度过，只有你优秀，你才拥有大把的选择机会，否则你只能被迫谋生。所以，你读书用功，也不怕吃苦，这让爸爸妈妈欣慰和自豪。但是，随着学习任务的加重，你脸上的笑容越来越少，叹气的声音越来越多，这让我们看着心疼。

亲爱的天小妞，很多事情，我们无法改变和选择，但我们可以积极乐观地去面对。都说积极的人像太阳，照到哪里，哪里就亮；消极的人像月亮，初一十五不一样。人生有太多的不尽人意，有了平和的心态，积极的态度，我们就不会为一次不理想的考试烦恼、不会为朋友间未达成一致的争执伤心、不会为一次短暂的分别哭泣、更不会为了一次超量的作业而长吁短叹。爸爸妈妈希望你宽容、自信、乐观、开拓、进取，不论遇到什么困难，都积极向上，乐观对待，不抱怨自己，也不抱怨别人，你有积极的乐观的想法，你就有积极乐观的未来。

亲爱的天小妞，青春的帆已在风中张满，爸爸妈妈的爱在你青春之路的两边守护，我们陪着你，一路欢喜，做最好的自己！

爱你的妈妈

听从自己的内心

——写给女儿的一封信

万冬梅　四川省审计厅计算机技术中心

亲爱的女儿：

这是一封你将来才会读到的信，因为现在你还只是一个连走路都摇摇晃晃却开心地到处乱窜的一岁半的小宝宝。你知道吗？在产房里初次遇见你的时候，妈妈心都融化了，那一刻，只觉得之前经历的所有痛苦瞬间都烟消云散，一切都是值得的。爸爸说，你是唯一。我就那样痴痴地看着你，你是那么的纯净，那么的安逸，妈妈仿佛也得到了重生。

宝贝，谢谢你来到我们的家庭，谢谢你让我陪着你长大，谢谢你让我有机会爱你。你的每一次成长进步都让我们兴奋不已，你一直在教我怎么做一个好妈妈，你教得很好，我呢，也在不断努力学习。我一直认为言传身教很重要，所以，妈妈总是不断审视自己的言行举止，希望能做一个还不错的榜样。我会常常直接地表达对你的爱，不要太含蓄，中国人的传统含蓄让多少家庭错失了表达爱的机会。妈妈想告诉你，学习爱与被爱，是人生最重要的功课。所以，除了爱你，妈妈也会好好地爱爸爸，好好地爱自己。

我不需要你成为所谓的“听话、乖巧、懂事”的孩子，我们这一代人有多少被“听话”、“懂事”埋没了天性。我会教你基本的文明礼貌和良好的行为习惯，其他的，我不希望你有太多的束缚。只要不触及法律和安全，你愿意做的事情，如果你还不能完全自己做出决定，我会提出我的建议或提供选择的可能性，最后让你自己做出选择；如果你已经完全可以自己做决定了，比如18岁以后，我可能会建议得更少了。人生会有很多个时候需要做出选择，我不希望你瞻前顾后太多，我不希望父母成为你做出违心选择的绊脚石。哪怕选错了，也比别人代替你做出的正确选择要好，我希望你听从自己的内心。妈妈不会说“听我的吧，我都是为你好”，妈妈更不会说“看吧，没听我的选错了吧”这种冷嘲热讽的话，妈妈只想在你需要依靠和安慰的时候，抱一抱你。

我希望我们以后的关系是平等的，你是一个独立的人，我不会想要控制你。我希望我们既是亲人，又是朋友，甚至是彼此的老师。我不想成为那种“高高在上”的父母，我不想我们彼此产生不信任。我希望我们能学会尊重对方，既要有亲密的关系，也要给彼此足够的空间。我希望以后你也能参与到我们的家庭重大决定中来，我会跟你商量，我会征求你的意见。如果妈妈有时候犯了错误，我希望你能及时指出来，而不是默不作声把它当作日后你犯同样错误的筹码。

我不会跟你谈“孝顺”、“感恩”的事。因为我觉得，如果在你小时候我们对你很好的话，我们老了你自然会对我们好，我觉得那是一种发自你内心的感情；我不想把这种自然而然的事情，当成伦理道德的压力施加给你。抚养你的确是一件很辛苦的事，你的一切都会成为我们担忧的焦点，但你不必内疚，我想说的是，你带给我们的快乐，带给我们的活着的意义，远远超过了我们付出的辛苦。我不会像我们的上一辈人一样总是说“你的妈妈十月怀胎，含辛茹苦把你抚养大”、“你的妈妈生你的时候遭受了很多痛，差点就没命了”……好像你是一个罪人一样。不，不是这样的，你的到来是爸爸和妈妈的选择，所需要承受的苦与痛都是我们自愿的，甚至，我们应该抱歉没有征得你的同意就把你带到了这个世界。

孩子，今后的路还很长，让我陪你慢慢长大。无论以后你是选择“面朝大海，春暖花开”，还是选择“宠辱不惊，看庭前花开花落；去留无意，望天空云卷云舒”，我都希望你忠于自己的内心，做你自己就好！

爱你的妈妈

写给女儿的一封信

谢　娟　广安市武胜县沿口镇第二幼儿园

彤彤：

时光如白驹过隙，不知不觉你已经11岁多了。11年中，你一直是我和你父亲唯一的焦点。饥则喂食，寒则添衣，我与你父亲撑开我们并不宽大的枝头，努力为你支起一片能避风挡雨的树阴。

小鸟总有出窝经历风雨的时候。而今，11岁的你，即将进入初中，已经成为一棵茁壮的幼树。长成一棵根深叶茂的参天大树，应是你的目标，更是我与你父亲的心愿。参天的树能够为人们提供更广的树荫，更清新的空气，更优质的木材，对人们有更大的作用。你就应成为像参天大树一样对人们，对社会更有用的人！

当你是幼苗时，我与你父亲为你浇水，用尽了呵护。而如今，你已是幼树，想来父母亲浇灌的那点呵护之水已难以满足你的需要。所以你自己应该努力扎根于更广阔的天地，从更多的土地与空间中吸收营养与呵护之水。老师、同学与朋友就是你的营养与呵护之水，深深地扎根于与老师之间的师生情、与同学之间的同窗情、与朋友之间相互扶助之情，爱老师、爱同学、爱朋友，爱他们胜过爱你自己，你就会营养充足，根深叶茂。也就会有着抵御各种风雨吹打的本领。从而克服各种困难，从而踏上一个又一个成功的台阶。

你看到过大树的年轮吗？它记录了一棵幼苗成为参天大树的过程，每年增大一圈，每年膨胀壮大自己。你也同样应该如此，时时有成绩，年年有新高。大树的膨胀过程其实非常的辛苦，它需要不断努力吸收各种营养才会去掉自己身上的旧皮，从而生长出更加粗壮的新皮，想一想这是一种多么痛苦的过程呀。你的成长如同大树一样，需要不断克服自己的缺点，修正自己的不足，努力学习，付出汗水，才会真正有所收获，真正有所成就。你能像大树一样不惧学习中的辛勤与劳苦吗？我相信女儿你一定不会让我们失望的！许许多多的参天大树，直的可做建房的栋梁之材，而弯的却只能用来烧火煮饭，虽然都发挥了自己的作用，但栋梁之材的作用更大是显而易见的！大树成为栋梁之材，那就必须直挺，那就必须正立。风吹不弯，雨打不屈。同样，对你的成长来说，遵守《弟子规》及《中学生行为守则》这一类行为规则才能保证你不走或少走弯路，从而能够走得更远，进步得更快，真正成为栋梁之材，能在一生中为社会发挥更大的作用。

纸短话长，以后有机会咱们母女再好好交流一下！

爱你的母亲

一封家书

李　娟　达州市电力集团有限公司

亲爱的宝贝：

每当看到你粉雕玉琢般熟睡的脸庞都会让我的心被无数的幸福填满，如同平静的湖里扔下的石子泛起的波浪层层扩散开来。又像一股热浪，拥抱着我，将我举起来，那么温暖，让人沉浸。回想当初发现有一个小生命孕育在我身体里的时候，非常喜悦，你的爸爸更是万分激动，高兴之余夹杂着隐隐的担忧，生怕你会像时间一样在不经意中偷偷溜走，于是全家都保持高度警戒，密切关注，谨遵医嘱，把我当“国宝”级对待。印象最深的一件事：由于前三个月胎位不稳，必须每天打针，可是春节诊所不会开门营业，怎么办呢？你的爸爸似乎早有准备，一副胸有成竹如天使般光芒的样子，在我不知道的情况下，他已经学会了打针，开始的时候他会不知轻重推着注射器，可是，这样的情况妈妈还是装着不痛的样子鼓励你那古板而又厚重的老爸。我亲爱的宝贝，你注定会当我跟你爸爸的孩子。所以，那时我就暗暗下决定：“我要自己带这个孩子，要陪着她，有足够的时间观察她，欣赏她。”在孕育的过程中，我把很多有关婴幼儿的书籍找出来，去研究，去琢磨现在肚子里的孩子处在哪个阶段。同时，我也努力调节心情，时刻保持身心愉悦，当然这时候遇到想吃的东西也变得理直气壮起来。记得某天夜里，突然很想吃六十一队那家店的羊肉米粉，你的爸爸二话不说，奔出门，来回花了近一个小时给我买回来，但我只吃了两口，又开始想吃葡萄，他又转身出去买葡萄……这样的事伴随着孕育你的整个过程，也让我们都乐在其中。

直到2012年8月9日阵痛开始，我住进医院，那时才发现生孩子是这样的辛苦。一次一次的阵痛把我折腾得筋疲力尽，几次都想放弃顺产，直到听到主任医生告诉我顺产对孩子好，才让我打消念头，坚持，坚持，再坚持。开始一点点地算时间，盼到天明，再到日落。终于，医生说："开至三指，可以进产房……"在医生的帮助下，一个肉嘟嘟的孩子，来到了这个世界，同时告诉我说是个千金，做了一些简单的护理抱到我面前。看着你那充满生机的小脸蛋时，我的眼泪流了出来，哽咽不止，那是喜悦的泪，是梦想成真的泪。我的女儿，欢迎你来到这个世界，是你让我和你爸爸承担起艰巨的抚养责任，让我们开始了一段重要的人生成长历程；开始了陪伴你成长，我们自己也成长的过程；让我开始了一个女人学习做妈妈的过程。

时间飞逝，转眼5年已过去。我常常感叹，太多的东西都来不及回味，你就已经长大了，翻开为你写下的日记，一幅幅场景尽现眼前：你第一次叫爸爸，妈妈，什么时候开始会坐，会爬，会走，又是什么时候可以从你嘴里听到自己想表达的意思……此时想想依然幸福无比，如同欢快的鱼儿可以在大海里自由徜徉，又仿佛走进了一片绿油油的草原高歌跳舞。那么宝贝当你看到这些日记时，也请你认真品味，因为那是妈妈给未来留下一些回忆的线索，想在日渐消逝的时光里，多留下一些生命的痕迹。

最近读到龙应台《目送》里面的一句话让我印象深刻："所谓的父女母子一场，只不过是意味着，你和他的缘分，就是今生今世不断地目送他的背影渐行渐远，你站在小路的这一端，看着他逐渐消失在小路转弯的地方，而且他用背影默默告诉你：不必追。”是啊，我的宝贝，你在长大，以后或许会远行，去一个陌生的地方开始你生命新的旅程，也是完全属于你自己的未来航程。那时我们再也无法做你的翅膀为你遮风挡雨，尽管不舍，尽管无奈，我们还是站在你的身后，祝福你，陪伴你，支持你。但是宝贝，到那时候也请你要明白，将来过什么样的生活，取决你今天走什么样的路。切记：天上不会掉馅饼，一分耕耘，一分收获；不忘初心，方得始终。

最后，我亲爱的宝贝，妈妈永远爱你。

爱你的妈妈

有一种爱叫“放手”

韩晓灵　广安市岳池县凤山小学校

萌姐：

我习惯了这样叫你。24 年了，老爸老妈是第一次提笔以书信的方式和你交流，又是在你研究生学业即将结束的特殊时候。要说我们此时的心情，那真是百感交集，手中的笔也是沉甸甸的。老舍先生在《忆北京》一文中说过这样的话：世上最深沉的感情无以言表。此时的老爸老妈就是如此。

一想着你成年了，老爸老妈都异常的开心。我们看着健康、阳光的你，心中有说不出的快慰、自豪。但一想着成年的你离家远飞去追寻自己的梦，我们心中又有很多的思念与不舍。

在老爸老妈眼中，你一直都是个“乖乖女”。童年时，“乖”得几乎就像一只温顺的小绵羊。跟老爸老妈去逛街，从不主动要吃的、要玩的、要穿的，老爸老妈的指示都是无条件地服从。即使正在号啕大哭，老爸的举得高、落得轻的一巴掌，你的哭声就会戛然而止。看着街坊邻里羡慕的眼光，老爸老妈别提有多得意。以至于上幼儿园、学前班，老师都特喜欢你，你几乎是在老师的怀抱中长大的。其实得意之后老爸老妈也在想，长大后的你会不会是一个没有思想、没有个性、没有主见的“笨小孩”。

你一直都很刚强，我们也一直把你当“女汉子”养着。记得在你蹒跚学步时，老爸为逗你开心一时忘乎所以，让你从快速转圈的学步车里“飞”了出去，当回过神来把你从地面抓起来，血和泥混在一起，已变得“面目全非”，而你也只有短短几分钟的痛哭。因为自己悄悄地吊在小姨坐着的椅背上，不知情的小姨一起身，你一仰就倒在了外婆家的“磨石”地面上，几天后，才发现后脑勺软绵绵的，一个大大的血包已经在大脑皮层下形成。医生要用空针吸出皮下的血，并用绷带压迫止血，那种钻心的痛是成人都难以承受的，连你异常坚强的老爸也差点儿流下眼泪，而幼小的你却坚强地挺了过来，也就是在这一刻，我们体验了“心疼”的感觉。事后的几天，虽然脑袋因为绷带紧压肿得像个皮球，但你脸上挂着的却是开心的笑。

5 岁那年，老爸老妈尊重你的意愿让你开始学钢琴，但短暂的兴趣之后你开始找理由弃学，在老爸的一顿“帮助”下，无论是天寒地冻、烈日当空，无论是因为“冻疮”小手肿得像“胡萝卜”，你都和上学一样，没迟到过一次、没旷过一次课、没让老爸老妈陪读过一小时，一咬牙坚持到初一，马马虎虎过了钢琴十级，虽然现在你将这个特长暂时搁置了。

在老爸老妈的眼中，你一直是我们的骄傲。小学一年级起，你就在学校的合唱比赛中拿过指挥的全校第一名，多次担任学校大型活动的主持。我们还能清楚地记起舞台的“漫天雪花”下翩翩起舞的天使，激情音乐下动感十足的青春少女……初二，在老爸的“教唆”下，萌生了转学成都的想法，你又凭着自己良好的学习功底“榜上有名”。一时间，被朋友们传为佳话，家族里奉你为偶像，你成了弟弟们追随的目标，家里饭桌上的“活教材”。在我们还在犹豫着是否将家里宠着、老师捧着的你送去成都求学时，你却坚定着自己的选择，说“我一定要去，考上太不容易，我会努力，我不会是差生”。到了七中嘉祥（那时叫七中育才东区），你是一头扎进书本里，半学期以后，就进了年级前 30 名，一学期以后，就成了班上的领头雁，一年以后，获得了学校的“西萍奖学金”。班主任易老师没少夸过你，学生辅导郑老师也说你最不让人操心。年级中，你给同学介绍学习经验，连老妈也沾你的光，在班级家长会上“露过脸”，自己表扬自己“教子有方”。真的，现在想起来心里都美滋滋的。一直到初三毕业，以年级第12名的优异成绩考上嘉祥理科实验班，挣得了人生的又一桶金——高中三年全免的6万元学费。

老爸老妈知道，从你进入嘉祥的那一天起，你的心中一直揣着一个美好的梦想，你的脑海中一直有一个让你魂牵梦萦的地方，这也一直是你进取的动力。高中三年，你一直为之努力，为之拼搏，没有松懈。因为身边高手如云，自己开始不再有过去那耀眼的光环笼罩，你开始暗暗和自己较劲。跌到了、爬起来，再跌倒、再爬起来，始终保持积极向上的心态，你已经蜕变成一个有主见的“小才女”。老爸老妈佩服你的毅力、你的韧劲，你是老爸老妈的骄傲！

老爸老妈从来对你都比较严厉，因此你老妈被舅舅、小姨冠以了“铁匠”的“美名”。爱是好钢，好钢得要用在刀刃上啊。老爸老妈培养教育你虽说不上呕心沥血，我们自认为也是尽心尽责。为了让你不比其他同龄人过得差，老爸老妈从工资中挤出钱，供你高费用的异地求学；为了见证你的求学之路，分享你成功路上的酸甜苦辣，老爸老妈不舍得放弃每一次学校家长会的机会，千里迢迢，五年如一日地奔波在成都与岳池之间；为了能经常和你聊天、谈心，老爸老妈几乎是一天一个长途电话，以至于身边的同学、朋友觉得太“幼稚”……但这一切我们都无怨无悔，谁叫你是我们的女儿，天下父母的心情都是一样的。这个世上的一切都是有条件的，但父母对子女的爱是无条件的。老爸老妈最希望于你的不是荣华富贵，不是升官发财，甚至不是成名成家、光宗耀祖，但一定要一生幸福！

在你成长的路上你要感谢你的外公外婆，你一直是他们心中的“宝贝疙瘩”。成都读书的五年，每一次回家休假，他们总是使出浑身解数给你改善生活，恨不得烹调出天下的山珍海味；每一次离家回校，他们也总要悄悄地在你的口袋里塞上200元钱；每年一到冬天，他们唠叨得最多的一句话就是“把手保护好，别冻着”；每年的春天，外婆总是干着同一件事，买最好的毛线给你织出最温暖的毛衣。五年，他们毫无怨言、别样满足。

因此，成年的你，不仅要学会写“我”，而且应该学会写好“我们”。这个“我们”包括父母、长辈、老师、同学，包括我们这个充满生机和希望的祖国。

……

一提笔就啰里啰唆写了这么多，也没有多少文采，不知算不算是在你即将走向工作岗位时一份特殊的礼物。你老说老爸的短信很给力，那这封信就以你老爸曾经发给你的一条信息作为结束语吧！

“儿子”，“十二五”载你进入梦想的大学和研究生时代，“十三五”就是你大显身手的时候，加油！

祝：顺利！

爱你的老爸老妈

致初一女儿的一封信

吴再华　广安市广安区质监局

亲爱的宝贝：

自从你上初中以来，特别是这一学期以来，我发现你变了。一方面更独立了，更有思想了；另一方面不愿和我接近了，更自我了，不愿和我交流了。我知道，你已进入青春期，这些表现是青春期的正常表现。一个人在人生一些关键节点上，需要慎重把握，也需要正确的引领。如果内力自醒，或有正确引领，可能一路阳光；反之，可能会跌跌撞撞步入暮年，甚至误入歧途。青春期就是人生一个重要节点，作为从事多年教育工作的妈妈，我很想和你作一些探讨，或者是给你一些提醒。本来想当面和你说说，可你不耐烦的样子，经常让我欲言又止，只有选择这种方式和你交流。

女儿，你永远是妈妈的骄傲，你懂事、聪慧、诚实、善良、独立，很有责任感，希望这些美好品质永远伴随着你！人无完人，金无足赤。每个人都会有一些缺点，有些虽然无法改变，但人生态度通过人生的历练后，特别是遭遇了一些挫折后，是会发生很大的改变的。比如，妈妈原来就追求完美，喜欢较真，可事实上世上哪有完美无缺的东西？什么事都是退一步海阔天空！有些看似好事也会有不合心意的地方，有些看似坏事也会给我们一些良好的启示，什么事都有两面性。一个人生活得是否幸福，关键是看一个人的心态。著名学者余知行说过：“你的内心光明，世界就不会黑暗。”只有具备海纳百川的胸襟，方可内心淡定、从容，内心就会幸福满满！妈妈希望你永远保持一颗向善、包容、博大的心！当年妈妈在青春期或一些人生节点上，对于父母给的建议，因为没有认真思考，乃至于今天才认识到这些问题，所以我不希望女儿待到我这个年龄才明白这些道理。你的基础比我好，比我优秀，如果早明白这些道理，你会一路走得很轻松。

女儿，妈妈一直注重你自由发展，可自由发展必须保持一颗平常心。你性子比较急躁，这个缺点其实很多人都有，况且妈妈也很急躁，你爸爸更是个急性子，也许是遗传的因素，你从小就非常急躁。性急就容易出错，我们要学会控制自己，做作业、做家务活，做任何事都要有一些耐心，特别是上了高年级，你的课业量更大、难度也会增加，必须要有耐心，才会很好地驾驭。试想，什么事可以一蹴而就呢？但凡取得成就的人，都要花费一定的时间和精力的。就拿你的学习来说吧，妈妈一直都很注重过程，不计较结果。只要努力了，必然功到自然成。学习成绩好当然是好事，它是对你这方面能力的一个检验。然而，成绩好也并不意味着将来一定生活得很好，特别在你现在这个时期，更应注重综合能力的培养，比如，参加学校活动、参加社会活动、干家务活、学会自己整理自己的用具，等等。在初三或高三时，要做好最后冲刺的准备，取得好成绩。你是一个情商非常高的孩子，在社会活动方面，你已经在积极的努力，妈妈很欣慰！希望你能自己确定一个能够达到的目标，逐渐改变一些坏习惯，特别要学会管理自己，战胜自我，管理好上网的时间，充分利用年少时光，多吸取知识的营养，多看书，看好书！亲爱的女儿，无论你走多远，飞多高，你要学会做自己的冠军！无论明天怎样，和自己的昨天相比，有一些进步，就 OK！

女儿，在金钱方面，我们经常发生争执，我希望你养成一个勤俭节约的习惯。妈妈从小在农村长大，知道艰难困苦，因此养成了节约的好习惯。但我并不吝啬金钱，该花的得花，可花可不花的尽量不花。尽管现在你的条件很优越，不像妈妈当年那样为钱发愁，但勤俭节约是我们中华民族的传统美德，妈妈希望你从小就养成有计划花钱的习惯，减少不必要的浪费。妈妈不是要让你过我小时候的穷苦日子，条件改变了，我们的消费也要合时宜，我们的消费要和我们身处的环境相适应，学生应该过学生的生活，成人的消费也应量力而行。爸爸妈妈不能供给你一生的经济需求，一旦成人，经济来源都是自己的事了。如果长期养成大手大脚花钱的习惯，一旦自己将来挣钱不多，又不能满足自己的消费需求，很容易放纵自己走上违背道德、法律的道路，那是让妈妈非常痛心的事！如果自己能挣到很多钱，也能满足自己的消费，如果能养成节约的习惯，何不将节约的部分捐给那些急需要金钱的人呢！

女儿，妈妈再和你探讨一下关于感情方面的事情。你已经进入青春期，对异性的爱慕是很自然的事，也是一件很美好的事，有时也会有淡淡的忧伤。希望有一天，你能与妈妈分享那份美好、喜悦或者淡淡的忧伤。平常与你摆谈中，意识到你在这方面有些掌控，特别是你谈到不能因为恋爱耽搁自己的前程，妈妈感觉你是个很有思想，很有分寸的孩子！感情方面，女孩子往往比男孩子更容易投入，受伤更多的也是女孩子，希望你坚持好自己的底线。一个人让人爱慕，一定有值得爱慕的理由，或者这个人成绩好，或者这个人品行好，或者这个人外表堂堂，或者这个人对你好……由于你们正值思想、学业、身体、品行等向上生长的阶段，这些东西会随着自己慢慢地成人发生很大变化，只有成人后，才会慢慢固化，也就是说你现在看到的这个人和他成人后这个人会有一些差异。再说，人的认识标准也会随着年龄的增长发生很大变化。年少的美好时光非常短暂，这大好时光孰轻孰重，孰是孰非，自己一定要认真掂量，好好把握！

最后，亲爱的宝贝，妈妈告诫你人生三件事千万不能触碰，即：伤害自己的身体的事不可做；危害他人利益的事不可做；违反法律的事不可做。希望你切记！切记！

祝愿女儿：永远阳光！向上！健康！

永远爱你的老妈

Part 06
写给其他亲人

一封家书

王　玥　东方锅炉股份有限公司技术中心

亲爱的爷爷奶奶：

你们好！

已经很久没有和你们聊天了，不知道近来可好？

前段日子听叔叔、姑姑他们聊天，总提到那些我不曾经历的您二老的过往，让人生得几分唏嘘，几分敬佩。爷爷是旧时出生的小少爷，受过教育，享过富贵。然而小小年纪却因为丧父分了家，成年的兄长只分给爷爷几亩收了租子的田地。但爷爷也很有骨气，十一二岁赶着牲口翻山越岭做起了生意，咬着牙还了租子收回了田地。总猜想，爷爷当时心里是否也怨恨过？然而在我记事后听您提起那段往事，却从未提及自己小小年纪的心酸，总是劝诫我们人生无常，切莫只看眼前。您说：分家分得多少又如何，附近多少村庄只有您活到了90多岁，这可是张学良才有的福分。是呀，那时候焉知不是福分呢？

奶奶在几岁的时候便与爷爷定了亲，爷爷等奶奶长到二十七八岁才结婚。我曾开玩笑："奶奶，那个年代爷爷可算等成大龄男青年了。"爷爷坚定地说:“那时候我们是要讲信用的。”奶奶，您说那个年代没结婚是不能见面的。唯一的一次婚前与爷爷相见，朋友远远地跟您指，然而奶奶却羞得用纱巾紧紧地遮住了自己的脸。爸爸说，后来您和爷爷总吵架就是因为这一见，爷爷误把奶奶秀丽的四姐认成了自己未来的老婆。奶奶和爷爷结婚后，勤勤恳恳地在饥荒的年代养活了一家老小，身体落下了不少毛病，父辈们对您既是感激又是心疼。遗憾的是您和爷爷两人婚姻中却一直吵吵闹闹。我无法确定这样的相遇，婚姻生活中有多少爱情，然而亲爱的奶奶，您二老儿孙满堂，在您最后生病的那些日子里，爷爷心心念念、悉心照顾又岂是责任和信用就能说清楚的。“执子之手，与子偕老。”如今您二老又在一起了，不知是否开始别样的幸福!

前段时间总是读关于老人的书，爷爷奶奶，这些老人如你们一样往往令人敬畏又心疼，却又充满了爱，总是看得回忆满满的我泪如雨下。如同蔡崇达写父母，一本《皮囊》道尽了失去女儿的阿太、重病的父亲还有倔强坚韧的母亲在艰难的环境中的亲切可爱。没文化的阿太确是有人生智慧的，或生或死都要来得干脆利落。“别让这肉体再折腾它的魂灵。”历来死亡是哲学家们的终极议题，然而最终看透人生的往往是这些不谈哲学的老人家们。几十年过去了，从人生的一端走到另一端，不长不短，却足够经历生命从无到有到兴盛再到湮灭。哲学家对死亡的追求多少带着矫情，毕竟从死亡中带来衰败的美才显得无以替代。人生尽头的回头终究豁达洒脱得多，曾经拥有过多少，舍不得多少，最后也就能放下多少。“悠然见南山”和“人生有味是清欢”终究是不一样的。说到底其实都是简单的自然规律，却因为人们有了感情所以才显得大自然多少有些无情了。

人终究是不能无情的。近年每每与爷爷聊天，爷爷总是淡淡地谈到人生四季，谈到生命轮回，似看破似劝说。爷爷有自己的一套理论体系，不容他人撼动。这个民国时期就出生的小少爷，经历过富裕的童年、波折动荡的一辈子，老了总算又过得平平稳稳了。想起上一次见到爷爷，您就那么静静地躺在那里，穿着厚厚的大衣，面部极其瘦削，完全没了以往倔强精干的样子。那么看着，只觉得特别心疼。而最后一次见到奶奶，依稀是在梦里，记不清您的模样，也记不清您当时说了什么，只记得我不停地哭泣，直至从梦中哭醒。或许，我只是想念您了。我已想不起第一次与奶奶相见的模样，但爸爸说您是这个世界上第一个拥抱我的家人，我想我是愧疚的，在最后的时刻我没能拥抱您。

爷爷奶奶，我总是试图去体会，在人生最后的时刻，您二老的心情是什么样的，恐惧还是留恋不舍，抑或是看透后的洒脱。然而，我终究是不得其法。如今，我只能给您二老写下这么一封信，总觉得似乎通过这样的方式或许能让短暂的生命得到些许的延长，让风沙般轻微的人生多少显得有些存在感。在那个渺远的宇宙中，在某个蓝色的星球上，我们不断地在沙岸上行走，行走在沙土与泡沫之间，留下印记又被潮水抹去。但是至少在这漫长的岁月中，我们存在过，我们曾是多么的有意义，至少渺小的我们曾经对渺小的彼此如此重要。

此致

敬礼！

爱你们的孙女：玥

给婆婆的一封信

廖丽娟　资阳市移动公司乐至政企客户部

亲爱的婆婆：

您最近还好吗？

细想之下，这却是我第一次给您写信，提起笔竟不知该写什么，您为我做了那么多，我为您却是做得那么少。从我有记忆开始，爸爸妈妈就因生活所迫去了外地工作，是您将我和弟弟抚养长大。这份恩情，永生不忘！

犹记小时候躺在床上，您常常跟我说您以前生活的艰辛，您说："一截人生，万劫难！"4 岁的时候您就成了孤儿，是您的爷爷将您养大，所以您说穷人家的孩子早当家，生活的不易会让人变得更加坚强，虽然那个时候的我还不明白何为"当家"。但后来慢慢的，我和弟弟都长大了，爸爸妈妈依然很少回家，您和爷爷的鬓间已有了苍苍白发，额间已有了深深的皱纹。身为长姐，我不得不慢慢地学会担当，学会让自己变得坚强。

时至今日，我仍然记得我读初一时，我不小心扭伤了脚，老家人说是伤哪补哪，所以您想给我补身体，便用砂锅为我炖了一锅猪蹄，因为家离学校比较远，您怕给我送来凉了，就把刚煮好的猪蹄连同砂锅一同给我背来，哪知不小心摔了，为了不让锅倒，您竟生生用一双手去接着。送到的时候您满手都是水泡，我看着眼泪一直往外冒。后来因为我的脚第一次接骨没接好，医生说要拉开重新接，那次其实很疼很疼，但我看着您手上的伤，我忍住了，接完了我告诉您说不疼，经过简单的包扎就回教室上课了。那是我第一次明明白白地感受到坚强忍耐。

前几天无意间看到家长们等待高三学生们高考结束走出校门的情景，让我想到我高三那年您也是这么陪着我一路走过来的。当时的我刚考完第一科，心情并不轻松，一下考场无意间听到几个同学谈论选择题答案，我就知道我语文考砸了！您一看到我好像知道我的心思一般，在中午吃饭的时候装作无意间跟我说起您小时候的事，您说您很小就没了爸爸妈妈，您说当您的爷爷过世的时候，您几乎绝望了，那个时候您觉得生活从来没有善待过您，您以为您和您的妹妹肯定活不下去了，您说你们饿了没饭吃就吃草根，冷了没被子就盖蓑衣，日子那么难你们却撑下去了，您告诉我世上没有过不去的坎，不管有多难都要坚强地走下去，这一次您的话让我领悟到坚强就是明明很害怕却还是要勇敢地走下去。于是我听您的话好好考试，没有辜负您的期望，终于迈入了大学的校门。

白驹过隙，转眼间我进入移动公司工作快一个年头，在这里我认识了新的朋友，得到了新的实践和锻炼，我很高兴能在这里奉献我的青春。婆婆，谢谢您！您用一生的实际行动在指导孙女，谢谢您教会我充满爱，让我不惧跌倒；教会我什么是责任，如何去担当！

思想这面铜镜，总是靠岁月的摩擦来现其光亮。小时候总渴望快快长大，这样就能脱离束缚；而今真的要自己背上行囊，去走自己脚下的路了，幸运的是我的行囊中装满了您的爱，还有您教给我坚强的心态。

每次想到“树欲静而风不止，子欲养而亲不待”这句话时，心里总是一阵阵害怕，害怕时间过得太快，害怕您会离我而去。上次回老家无意间摸到您后背凸起的骨头，心中更是不安。但愿时间走得再慢些，岁月待您再温柔些！现在我和弟弟都已经长大了，您能不能稍微歇一歇，给我们一个奉养您的机会？

此致

敬礼！

孙女：廖丽娟叩上

一封家书

——致外婆

吴继沙　四川省工业设备安装公司第三分公司

亲爱的外婆：

您好！

第一次用正式的字眼问候您，觉得有些不自然，想来是平日里嬉笑惯了。您不识字，我们远距离的交流便从未考虑过书信，这也算这22年来我们的第一封书信交往。这么多年，其实这并不是第一次想给您写信，现存手机的笔记里尚有两篇，但都中途搁置。内容总显得空乏，实在不敢用自己的文字去概括您的一生，害怕您的苦难与荣光都被轻描淡写。

我是您看着长大的丫头，无病无灾地蹦跶到现在，您总说，精神劲儿老那么好。然而，这漫长的陪伴里面，时间却以您为对比，不停歇地衰老，而今白发苍苍，步履迟迟。您大概不曾设想过，岁月把从您那里偷走的活力给予了我，有时候，我总是期望自己还小，而您也身强体健。

我是父母的第一个孩子，年纪轻轻的父母那时候都才初入社会，没有经验和金钱专门来照顾新生的我。在父母手足无措的时候，你同意了母亲的请求，帮助抚养尚不足6个月的我，而那时，您自己膝下也有年仅几岁的小舅舅。后来父母的生活费总不能定期打来，日子拮据，您也总是教育舅舅让着我，细致到吃穿住行，我都是比舅舅相对优越。记得有一次，那时已经开始念初中的舅舅每周只能回家一次，返校的那天，您忙完地里的活，匆匆回来给我们做午饭时，才发现舅舅为了赶时间随便吃了早上的剩菜剩饭便走了。那是我第一次看见您流泪，我竟没想到您对舅舅的愧疚会这么大。我知道，每个母亲都想把自己最无私的爱给予自己的孩子，丝毫怠慢都不舍得表现给孩子。其实那些年，外公也在外奔生计，您一个人负担起家里的田地和两个小孩、一个老人的生活。每天都连轴转，但您从来不抱怨，总是把最大的热情与爱赋予养育您的土地和您养育的孩子们身上，朴实而又善良。您总说，能看着日子好起来，家人健康和美，辛苦一点都是值得的。

您在不经意的时候，也会带着笑意跟我们讲起您的过去。您经历过饥荒的年代，同老一辈的女人一样，紧着脑汁为一家人的口粮思虑。您爬过火车，走过崎岖的山路与漫长的黑夜，辛辛苦苦养活了一家人。我信赖您的勇毅坚强，小时候的我，以您为依靠，以您为我的安全感。而您也在年老体弱之后，仍然还努力地给我安全的陪伴。然而在去年年假，我第一次见您因夜晚门外的声音而惊慌。您是护犊的孤狼，永远害怕却永远冲锋陷阵。

亲爱的外婆，我知道，这些年您太孤独了，您一直都想我们能常伴身旁。你禁着自己的性子，但我们谁都知道，您是个爱热闹的人，喜欢花，喜欢歌曲，喜欢一切明媚而欢快的事物。然而我们却令您失望了，我们都选择了去远方，搁置一切地去闯一闯。您成了真正的留守老人。父母劝我们留在家乡，留在熟悉的故土，您站出来支持我们出去闯。您说，您一辈子没出过重庆，虽然家人分布在各大城市，但自己一辈子陷在生活里，哪里都去不了。您在家待久了，您舍不得家里的田地，舍不得家禽，舍不得亲邻，您怕我们也会变得跟您一样。其实您最舍不得我们，您却成了最支持我们的人。外婆，您还真是没变。您记得我上初中您到学校来替我开过家长会吗？回家后您因随意讲了我一句笨，之后跑来郑重地向我道歉。您说，家长会让您懂得，家长要永远鼓励和相信孩子。您永远相信我、鼓励我。您与土地交集一辈子，兢兢业业，哪里懂半点教育，却永远把我们放在第一，不希望用自己来限制我们。外婆，我们在传统家庭里，从父母的口中尚且听不到道歉，您却永远在革新自己，永远坦白自己的正误。

近来又有两天没跟您通电话，您还好吗？大致是不好的。外公旧病复发，卧病在床。您好不容易盼回来陪您过日子的人，如今却如此衰微。我们每个人轮番地每周问候，我倒是怕极了，怕不能与您感同身受。命运真是逗趣，您一心祈求的陪伴，而今却是这番景象。都说出门在外的游子，家书报喜不报忧，您倒是反转了过来，家里的事永远报喜不报忧，永远都说自己好。我们大家心里其实谁都明白您的艰辛。家里人说您命苦，年逾花甲，仍然还有一堆事情烦忧。您偶尔也眉头紧皱，叹命运多舛，但也易被大家几个刻意的笑话化开。岁月的波折尚未抹掉您弯弯的眉眼。

亲爱的外婆，您说谁带的孩子就像谁。现在的我跟您年轻的时候是不是很像，一个人无所畏惧地远离家乡，不愿回头地走在自己的路上。一个人的路有时候很孤独很迷茫，但想着自己此行的意义与目的，沿途的风光又美妙不少。您经常交代我把生活过好一点，怎样才算把生活过好了呢？我要跟您一样，永远热爱自己生活的每一天。我会积极努力地去接受身边的新事物，去革新与提高自己。我也会像您一样喜欢咯咯地笑，笑起来眉眼弯弯。我好想再回到您的身边，想回到小时候，听您和您的姐妹拉家常，讲我小时候每次路过庙宇都会进去拜拜，振振有词地念叨要保佑您安康。

外孙女敬上

给妹妹的一封信

周　苹　四川凯力威科技股份有限公司

路路：

你最近身体可好？当我听大姑说你有了身孕，姐姐真心为你高兴。25年了，25年的日子里你总是唤我苹姐，而我内心总是挣扎着并轻声地告诉你，我是姐，你的亲姐。

你可还记得，童年的我们，只能在每年的暑假相聚数日。我们总喜欢和你的龙凤胎哥哥一同坐在树下乘凉，过瘾似地吃着解暑的冰糕，然后追逐在田间小道。那时总有陌生人指着我俩说："你们是双胞胎吗？"而你哥哥也总是不服气地反驳道："你错了，我和我妹妹才是龙凤胎！"每次回到老家，我总是怀着好奇心问爸爸怎么回事，爸爸却略显慌张地回答道："大姑的爷爷是爸爸的外公，也许这叫隔代遗传。"爸爸在女儿心目中的形象是正义、神圣的化身，所以爸爸的每一句话我都相信。

但是在我10岁的那年，我帮忙整理杂物柜的时候，无意中发现了杂物柜的背后挂着一张1991年的挂历，挂历的背面写满了密密麻麻的字。我哽咽着读完了整封信，如今都能清楚地记得那封挂历信的开头就记录着一个小女孩出生的时辰，剩下的都是一个父亲的无奈和不舍。看完信后，我慌张地跑去质问爸爸妈妈，为什么要把妹妹送给大姑，我的童年原本应是多姿多彩的，为什么送走妹妹让我的童年变得孤独？那时的我不能理解爸爸妈妈的做法，我甚至没有给他们解释的机会就跑去奶奶那里哭诉。最后奶奶告诉我，爸爸妈妈这样做是为了妹妹和我过得更好。其实在我出生时，奶奶就劝说爸爸把我抱养给结婚多年都无小孩的大姑，因为家里已经有 3 个小孩了，可是爸妈很犹豫，恰巧那时大姑传来有身孕的喜讯，所以最终打消了这个念头。但是就在我还未满周岁，你也悄悄地来到这个世界，大姑生了个儿子，那时她家的条件比我们家好很多，为了我和你，为了你能吃饱穿暖，受到良好的教育，爸爸妈妈无奈地将你抱养给大姑，和她儿子凑成了龙凤胎，并且爸爸妈妈和大姑商量，让这件事成为永久的秘密，永远不要告诉你。

当我知道整件事情的经过后，我除了因为有妹妹而激动之外，但更多的是内心对你的愧疚。25 年里，没有亲生父母的陪伴、教导；25 年里，你总是在别人生日的那天吹蜡烛吃蛋糕，接受着生日祝福。也许这一切都是因为我，如果当初抱出去的是我，你就能有爸妈的陪伴，有姐姐们的疼爱……但是这一切都不能重新来过，我唯独能做的就是当一个亲姐似的堂姐，关心你，爱护你，排解你的忧愁，弥补多年来你所失去的爱。

其实今年你结婚前，大姑跟我商量过，她说想在你结婚的时候把身世告诉你，让我们的爸爸妈妈以父母的身份见证你的幸福，但是被我和爸爸妈妈拒绝了，因为我们不想破坏你现在平静、幸福的生活。今后不管我们以怎样的身份出现在你面前，只要你面带笑容，这就是我们内心最大的满足。写这封信，我并不是要告诉你真相，我只是想慰藉自己，心里默默地告诉你，你就是我唯一的妹妹，爸妈的女儿，我们一直都关注着你，关心着你，打听着你的一切。这些年爸爸悄悄地写下了好多信，他以为我们不知道，以为自己隐藏得很好，他不想让我们看出他对你的挂念，他也知道这些信到不了你的手里，他只是想用文字去寄托，寄托那份被埋藏在暗处的父爱。

你知道吗？我每周打电话给爸爸时，他总会问的一个问题就是："跟路路联系了吗？"我说："有。"然后他就会笑着说："那就好。"因为他知道，只要我和你联系，他就会对你放心，他就会知道你现在一切都好！而希望你一切都好就是我们一家人的愿望！我们不奢望你能叫一声爸爸妈妈、一声姐，我们只希望当某一天你知道这个秘密时，不要太生气、伤心。因为我们一直都爱着你，只是你不知道而已。养育之恩并不小于生育之恩，我们只希望你好好孝顺大姑，快乐地生活着！

爱你的苹姐